主办单位 四川大学近代法文化研究所 四川大学法学院

主　　编 里　赞　刘昕杰

投稿地址：《法律史评论》期刊协同采编系统 https://falv.cbpt.cnki.net/

法律史評論

第21卷

里赞 刘昕杰 主编

2023 秋

巴蜀书社

目　录

为学应是一片欢喜境界

（改版序）

刘昕杰*

罗志田教授曾引清儒陈澧“为学是一片欢喜境界”之语，论及“学习本应当是愉悦的事”,① 他希望现代学术能够“重拾或鼓舞一种‘乐’于‘道’、乐于学问的风气”。我想，这一风气的形成需要主客观的共同作用：一方面，学者要能一心追求学术，因学有所得而心生欢喜；另一方面，需要有较为宽松自由的学术环境，尤其是成果发表的环境，让学者在学有所获正升起欢喜之意时，不至于愁困于发表，甚至因为发表困难而不再继续欢喜的研究。

通观当下的法史学界，本科生面临着日益增加的课业和以保研加分为目的的活动；硕博士生面临着小论文发表和毕业难、就业难的挑战；学术“青椒”遭遇着非升即走的长聘考核困境；中年教师想要在法学院校立足还得报课题评头衔。从学生到老师的所有科研考核，都重在一个“快”字，以青年老师为例，三年要获得国家级课题，五年需发表十来篇核心期刊论文，才能填满考核的表格。相较于部门法学者的论文产出速度，为了在法学界站稳脚跟，法史研究者只能选择成文快、发表易的主题，论文还需要凸显法学的问题意识，以便在重视转引率的期刊评价中不至于让编辑为难。这样的学术环境让需要厚积薄发的法史学者身心俱疲，难以选择感兴趣的学术问题与研究范式，开展持久而宽松自在的研究，而是陷入焦虑、苦闷乃至悲怆的学术氛围之中。宽松自在的学术环境不可得，学术研究的

---

* 刘昕杰，四川大学法学院教授。

① 罗志田：《道大无外：校园与社会》，社会科学文献出版社，2016，第3—6页。

“欢喜境界”就更加遥不可及了。

在《法律史评论》创办之初，学术环境虽不至于此，但也有了趋紧的态势，里赞老师与我决定通过集刊来扩大法史研究的交流，更多地还是要展示四川大学在近代法律史领域的研究成果。幸蒙学界同仁不弃，一路陪伴，尤其是在法律出版社丁小宣老师和陈慧老师的支持下，法律出版社连续出版本刊至2017年的第10卷，又得到社会科学文献出版社芮素平老师的支持，在该社出版并改为半年刊，每年两卷。出版到20卷，历时十六年。近年来已先后被中国知网、维普、万方、超星、北大法宝、中国集刊网等知名数据库全文收录，并于2021年入选为中文社会科学引文索引（CSSCI）来源集刊，2023年，集刊成为中国人文社会科学期刊综合评价（AMI）六种法学核心集刊之一、郭沫若中国历史学奖优秀刊物奖的六种史学获奖集刊之一，在法学界和史学界均得到充分认可。同时，《法律史评论》还是少有的被《人大复印报刊资料》全文转载多篇论文的集刊，因此成为目前法律史学术成果的重要发表平台。

《法律史评论》所载论文的转引率并不出众，但仍陆续被纳入多项核心集刊的评价体系，可见学术评价体系已在某种程度上进行着微调。科研主管部门近年来曾多次行文，重视和扶持包括法律史学科在内的基础理论学科的研究，如果这种趋势得以持续，法律史学的学术环境应该会有更可想像的未来。不过，仅就当下高校之间的排名竞争和人才争夺状况来看，既有的学术生态在短期内应该很难有根本性的逆转。

《法律史评论》自创办以来，一直以文稿质量为先，既发表过资深学者的大作，也刊登过本科生、硕士生的论文。仰赖学界同仁慷慨赐稿，近年来的来稿日益增多，虽然我们一再扩充两卷的篇幅，但论文的采用率也仅在百分之十五左右，大量优秀论文因为篇幅所限无法刊登。集刊编务都是在读博士生兼职担任，回复时间固不能让作者满意，刊发周期也日益延宕，确定用稿后都几乎需要一两年时间才能见刊，如出版时遇到特殊情况，作者与编者都只能翘首期盼却无能为力。鉴于这种情况，经反复考量，我们决定自本卷起回归成都的出版机构，由在文史古籍出版领域享有盛誉的巴蜀书社负责集刊的编辑出版，出版频率增加到每年四卷左右，以最大程度地为优秀的法律史研究成果提供发表的可能。

扩版增刊会给我们的出版成本和工作量带来艰巨的挑战，但我们仍将一如既往地重视中华优秀传统法律文化研究成果的刊载，并通过法史本硕论坛等学术活动大力扶持法史青年学子。我们还新增了一些固定的栏目，如学术访谈等，对于论文和书评，我们会更多以专题方式集中发表，促进学术对话和问题意识的形成，做好法史学术共同体建设，将《法律史评论》做成法律史学成果发表、论点切磋、学术传承之地。我们也呼吁有更多的学术评价机构和期刊编辑单位能够看到基础学科的不易，一起来做学术生态的改变者：考核单位更重视代表作本身质量而不受期刊等级所限，期刊编辑更看重论文的学术价值而非转引次数，研究者更愿意从自己的喜好出发寻找感兴趣的研究对象而非迎合时势和发表需求。若果能如此，虽不一定能使人人达至学术研究的"欢喜境界"，却能为学术研究开辟一片片欢喜的自留地。

我们希望并相信，未来的法史学者从事法律史学研究不仅为生计计，而且能发乎心，并于研究之中心生欢喜，且于研究所得之后欢喜于成果的顺利刊发和学界同仁的真心认同。在这片"欢喜境界"的整体风气到来之前，通过这次改版，我们多刊载几篇文章，缓解现实中法律史论文发表之难，也算是为"欢喜境界"创造更好的客观环境略尽些绵薄之力。

主题研讨一：

——大一统时代的法律治理——

长沙五一广场东汉简牍中的“格杀”*

朱群杰**

摘　要　长沙五一广场出土的东汉简牍（以下简称“五一简”）记载了多起格杀案件，包括一般主体的“格杀”和特殊主体的“格杀”。通过比较格杀诸案与龙格斫案中杀伤行为的差异性，可知五一简中的“格杀”指格斗时一方致使对方在保辜期内死亡的激情行为。这丰富了《二年律令》对“格杀”所做的立法释义，即“格斗而杀之”。在东汉县廷司法适用过程中，“格杀”的责任承担存在区别，行为人或构成“贼杀人”“斗杀人”。若官吏“格斫”他人，但保辜期内未致人死亡则被认定为“以县官事他贼殴人”，构成“贼伤人”。官吏、百姓捕格他人若满足正当条件，则不负刑责。

关键词　长沙五一广场东汉简牍；格杀；司法适用

长沙五一广场东汉简牍是研究东汉基层司法的珍稀史料，为复原东汉县廷司法运行的机构、管辖、证据、执法等制度提供了宝贵的线索。2015 年以来刊布的长沙五一广场东汉简牍记录了多起格杀伤案件，扩大了“格杀”法律问题的研究外延。中国古代“格杀”法

---

* 本文系国家社科基金重大项目“甲、金、简牍法制史料汇纂通考及数据库建设”（项目号：20&ZD180）的研究成果。本文写作受到王沛、周海锋、于洪涛、陈迪、史志强等师友的指导帮助，特此致谢。

** 朱群杰，华东政法大学法律学院博士研究生。

律问题多聚焦于对“格杀勿论”的探讨，[①] 存在利用“格杀勿论”的材料来研究“格杀”，而得出一些片面观点的情形，如（1）汉代的“格杀”主要分为正当防卫类和拒捕类；[②]（2）“格杀”是古代刑罚之一；[③]（3）“格杀”应是“勿论”的。[④] 随着五一简的不断公布，“格杀”的类型、具体语境，以及“格杀”所承担的法律后果可以据此进一步探究。笔者试图就以上问题逐一分析，不妥之处，祈请方家指正。

一、“格杀”的两种类型

“格杀”的记载初见于《史记·荆燕世家》，“郢人等告定国，定国使谒者以他法劾捕格杀郢人以灭口”。通过对两汉传世文献中“格杀”材料的归纳，“格杀”被认为是“在对方有反抗拒捕的情形下或经过相互搏斗而将对方杀死的情形”。[⑤] 而出土文献的早期研究又将“格杀”解释为“罪人拒捕，捕者与罪人格斗而杀之”，[⑥] 或认为是“所捕格斗而杀伤之”。[⑦] 以上认识都将“格杀”的外延限于拒捕的情形下。拒捕的高危环境易诱发“格杀”案件，但并非“格杀”的必要条件。唐代李贤为《后汉书·刘盆子传》作注时认为，“相拒而杀之曰格”。联系《二年律令》来看，“捕盗贼、罪人，及以告劾逮捕人，所捕格斗而杀伤之”。[⑧]“格杀”应解读为“格斗而杀之”。

汉代传统“格杀”材料绝大部分记载的是官吏格杀罪人的现象，《二年律令》对“格杀勿论”所做的规定，亦是与捕人息息相关。史料的倾向性易使人形成这种错误认知。五一简出土的新材料缓解了材料不足的研究现状，能够丰富《二年律令》对“格杀”所作的立法释义。通过对五一简中格杀案件的分析，我们认为，“格杀”可分为一般主体的“格杀”和特殊主体的“格杀”。

---

① 闫晓君：《唐律“格杀勿论”渊流考》，《现代法学》2009 年第 4 期；郑显文：《中国古代关于见义勇为的立法》，《中外法学》1999 年第 6 期。

② 吴雪飞：《长沙五一广场东汉木牍相关法律用语探析》，《中国古代法律文献研究》（第 9 辑），社会科学文献出版社，2015，第 196 页。

③ 李伟民编著：《法学辞源》，黑龙江人民出版社，2002，第 2595 页。

④ 赵进华：《“格杀”为何“勿论”?》，《人民法院报》2021 年 3 月 19 日，第 7 版。

⑤ 闫晓君：《唐律“格杀勿论”渊流考》，《现代法学》2009 年第 4 期，第 148 页。

⑥ 吴雪飞：《长沙五一广场东汉木牍相关法律用语探析》，《中国古代法律文献研究》（第 9 辑），社会科学文献出版社，2015，第 187 页。

⑦ 闫晓君：《唐律“格杀勿论”渊流考》，《现代法学》2009 年第 4 期，第 148 页。

⑧ 彭浩、陈伟、[日] 工藤元男主编：《二年律令与奏谳书》，上海古籍出版社，2007，第 151 页。

（一）一般主体的“格杀”

因行为人的身份没有限制而称之为一般主体，指普通百姓。传世文献中便有在特定情形下百姓格杀他人免罪的描述，郑司农云：“若今时无故入人室宅庐舍，上人车船，牵引人欲犯法者，其时格杀之无罪。”① 五一简可见两起普通百姓格杀他人的案件。

1. 罪人格杀亭长

睡虎地秦简《法律答问》简 66 便有“罪人格杀求盗”的法律解释：“求盗追捕罪人，罪人格杀求盗，问杀人者为贼杀人，且斗杀？斗杀人，廷行事为贼。”② 五一简保存了盗墓贼格杀亭长的刑事案件，即区义格杀亭长案，现将简文迻录于下：

A 面：

1 永元十六年十月丁亥朔廿日戊午，南部游徼栩、柚州例游徼京、縲溪例亭长福叩头死罪敢言之：

2 廷前以府唐掾书阴微起居，逐捕杀独栎例亭长、盗发冢者男子区义

B 面：

3 南部游徼张栩名印

4 十月　日邮人以来。③　　史白开

1 兼南部游徼栩言，格杀亭长贼区义

2 同产兄累与捕者吏格斗，格杀累解书。　　十月廿三日开④

区义格杀亭长案是亭长被贼人格杀的实例。男子区义不仅盗掘墓冢，还格杀独栎例亭长，因此被官府通缉。区义的亲属因此而受牵连，其中便包括他的同产兄累。⑤ 这引发了福格杀区累案：累拒捕与亭长福格斗，而被福格杀。区义格杀亭长案说明“格杀”的主体不

① （清）阮元校刻：《十三经注疏·周礼注疏》，中华书局，1980，第 878 页。

② 睡虎地秦墓竹简整理小组：《睡虎地秦墓竹简》，文物出版社，1978，第 179—180 页。

③ （张）栩、京、福、区义为人名，长沙市文物考古研究所等编：《长沙五一广场东汉简牍（贰）》，中西书局，2018，第 174 页。周海锋对本枚简牍进行了释读。参见周海锋：《〈长沙五一广场东汉简牍（贰）〉选读》，http://www.bsm.org.cn/?hanjian/8010.html，2023 年 2 月 15 日。

④ 栩、区义、累为人名。长沙市文物考古研究所等编：《长沙五一广场东汉简牍（贰）》，中西书局，2018，第 175 页。

⑤ 长沙市文物考古研究所等编：《长沙五一广场东汉简牍（壹）》，中西书局，2018，第 253 页。

单是官吏，普通百姓也可“格杀”他人，甚至“格杀”官吏。

2. 百姓捕格罪人

从五一简来看，东汉存在普通百姓捕格罪人的情形，以夜略尼为妻被格案为例，见下简：

1☒□多，谁复加功者，护应捕格罪人不？书到，趣逾

2☒辩状及晨、葵等奸诈，明证检所，正处言。兴、福[①]

护捕格罪人，晨、葵二人提供了辩状，兴、福则是调查本案的官吏。护的身份可从以下简牍继续推敲。

1详弟终、终弟护；晨与父宫、同产兄夜、夜弟疑、疑女弟捐；戆与母妾、同产

2弟强；除与妻委、子女婴俱居自有庐舍伦亭部。尼、晨、除，汉丘；戆，上辱丘，与[②]

本枚简牍介绍了护的人际关系，并对护进行身份认定。[③] 护应是住在某丘的普通民众。

1等证。案：夜、斗、功共摻（操）兵擊顿尼。夜略尼以为妻，臭知情，通行给饷。护踵追夜，夜斫伤

2尼，护其时刺夜，以辜立物故。夜强略人以为妻，贼伤尼不直，数罪。斗，助者。护所杀有罪。斗、护各[④]

从本枚简牍来看，护捕格的罪人即夜。夜强掠尼作为自己的妻并贼伤尼。护在追捕夜的过程中格杀夜。[⑤] 夜死亡后，护、斗、臭作为本案的关键人员被官府通缉，见下简：

---

① 护、晨、葵、兴、福为人名。长沙市文物考古研究所等编：《长沙五一广场东汉简牍（贰）》，中西书局，2018，第188—189页。

② 详、终、护、晨、宫、夜、疑、捐、戆、妾、强、除、委、婴、尼皆为人名。长沙市文物考古研究所等编：《长沙五一广场东汉简牍选释》，中西书局，2015，第140页。

③ 参见李均明：《长沙五一广场东汉简牍所见身份认定述略》，《出土文献研究》（第17辑），中西书局，2018，第325—333页。

④ 夜、斗、功、尼、臭、护为人名。长沙市文物考古研究所等编：《长沙五一广场东汉简牍（壹）》，中西书局，2018，第201页。

⑤ 有关木两行2010CWJ1①：100的具体分析，参见吴雪飞：《长沙五一广场简牍法律用语续探》，《出土文献研究》（第16辑），中西书局，2017，第309页；陈鸣：《试析长沙五一广场出土cwj1①：100号东汉简牍所见案件》，《出土文献与法律史研究》（第8辑），法律出版社，2020，第371—384页。

1☐兵亡，尽力逐捕护、斗、臭，必得，考实，有曾异，以后情正处复言。兴、诵、伦职事惶恐叩

2☐死罪敢言之[①]

东汉县廷的普通百姓也成为抓捕贼人的有生力量，甚至发生捕格贼人的情形。从五一简来看，这种情形承担刑责与否显然需要经过官府严格、反复的调查。

（二）特殊主体的“格杀”

特殊主体指在抓捕等具体事务中行使公权力的官吏。五一简中格杀他人的官吏职位十分丰富，主要包括亭长、伍长、待事掾、守史，见下表1。

表1　官吏格杀统计表

案件名	格杀人者身份	简文（部分）
董种格杀案	亭长	谨移案诊男子刘郎大奴官为亭长董种所格杀爰书、象人一读。[②]
郴、宗格杀案	亭长等	斗，刺亭长，中衣，亭长其时格之。[③]
堂格杀案	伍长	时堂为伍长，受诡阴微起居乏、各等。到五月十四日，堂于半山中格杀乏。[④]
福格杀案	亭长	兼南部游徼栩言，格杀亭长贼区义同产兄絮与捕者吏格斗，格杀絮解书。[⑤] ☐絮右肩二所，福复以把刀斫絮胁，创二所，絮[⑥]
王纯格杀案	待事掾	待事掾王纯叩头死罪白：男子黄倗前贼杀男子左建，亡。与杀人宿命贼郭幽等俱强盗女子王绥牛，发觉。纯逐捕倗、幽，倗、幽不就捕，各拔刀、戟、矛，与纯相刺击。纯格杀倗、幽。[⑦]
陈汎等捕格案	守史	兼北部贼捕掾暘言，考守史陈汎等捕格劫人贼周冯辞状书。[⑧]
殖格杀案	亭长	靡亭长殖言，格杀耐罪大男区敢解书。[⑨]

① 护、斗、臭、兴、诵、伦为人名。长沙市文物考古研究所等编：《长沙五一广场东汉简牍（肆）》，中西书局，2019，第182页。

② 刘郎、官、董种为人名。长沙市文物考古研究所等编：《长沙五一广场东汉简牍（壹）》，中西书局，2018，第205页。

③ 长沙市文物考古研究所等编：《长沙五一广场东汉简牍（壹）》，中西书局，2018，第242页。

④ 堂、乏、各为人名。长沙市文物考古研究所等编：《长沙五一广场东汉简牍（肆）》，中西书局，2019，第186页。

⑤ 栩、区义、絮为人名。长沙市文物考古研究所等编：《长沙五一广场东汉简牍（贰）》，中西书局，2018，第175页。

⑥ 絮、福为人名。长沙市文物考古研究所等编：《长沙五一广场东汉简牍（贰）》，中西书局，2018，第178页。

⑦ 王纯、黄倗、左建、郭幽、王绥为人名。长沙市文物考古研究所等编：《长沙五一广场东汉简牍（壹）》，中西书局，2018，第240页。

⑧ 暘、陈汎、周冯为人名。长沙市文物考古研究所等编：《长沙五一广场东汉简牍（肆）》，中西书局，2019，第181页。

⑨ 殖、区敢为人名。长沙市文物考古研究所等编：《长沙五一广场东汉简牍（贰）》，中西书局，2018，第178页。

表1所列举的七起格杀案，除了殖格杀案不详外，其他六起均是官吏在抓捕逃犯时格杀犯人的案件。官吏格杀犯法者在传世及出土文献中都是最常见的现象。亭长是抓捕盗贼的基层小吏，[①] 格杀贼人最多，共有四起。除此之外，伍长、待事掾、守史也是维护地方治安稳定的重要力量，负有抓捕贼人的义务。被官吏格杀的主要是有罪者及其关联人，包括盗贼、劫人贼、杀人贼、盗墓贼及其亲属、奴仆，并存在相应的逃捕、拒捕现象。

综上所述，根据行为人主体身份的不同，五一简中的“格杀”可分为一般主体的“格杀”和特殊主体的“格杀”。在研究“格杀”的概念时，不可仅将视角囿于官吏捕人这一种情形。应回归材料本身，“格杀”的主体、对象皆可为一般主体，它仅仅在描述“格斗而杀之”这种行为。

二、“格杀”的具体语境

《二年律令》对“格杀”的立法描述简洁明了，即“格斗而杀之”。两汉传世文献对“格杀”案件的阐述亦以记事为目的，未突出具体的细节，呈现为单一叙述模式，如《史记·酷吏列传》“宣使郿令格杀信”。五一简保存着丰富的格杀伤案件记录，通过比较“格杀”与格伤的差异性，“格杀”的具体语境可总结为“相拒而斗”“格物故”这两种要素。

（一）相拒而斗

“格”为拒捍、击斗之义，“格斗”指相拒而斗。[②] 双方互相格斗是“格杀”的必要条件。一方需有暴力行为使另一方陷入危险之中，如果只有单方的杀伤行为，很难称之为“格”。现将五一简对“格杀”的描述统计如表2。

① 有专文介绍长沙五一广场东汉简牍中的亭长，参见戴卫红：《长沙五一广场东汉简牍所见亭长及其职务犯罪》，《出土文献与法律史研究》（第9辑），法律出版社，2020，第355—372页。

② 吴雪飞：《长沙五一广场东汉木牍相关法律用语探析》，《中国古代法律文献研究》（第9辑），社会科学文献出版社，2015，第187—199页。

表2　“格杀”的具体过程统计表

案件名	“格杀”的具体过程
夜略尼为妻被格案	大怒，呼尼归，语绝。斗去，臭、斗未复还视夜。护恚夜将尼去，即持所有木柃矛一，之山草中追求尼，到旱山中，见尼与夜俱在舍下，未到廿步① ☒□俱□命□护呼尼曰：“汝来出！”尼□欲□☒② ☒□尼手创一所，护以所持矛刺□☒③
董种格杀案	官以矛刺种，种以所持刀斫官，创三所。④
郴、宗格杀案	起，刺郴左腋下，中衣，不伤肉。郴其时斫知右臂。知出东户，复斫常，常以木盾自鄣，中盾，常却。知东走五步所，与宗相逢。宗曰：“就佝（拘），不者格若。”知曰：“却，却，勿相迫死。”⑤ ☒[刀][斫]郴、宗，[郴]、宗格杀知，考实□☒⑥
福格杀案	即日人事起居推本义不得，得义兄絮、母缥、絮妻狼，皆收缚，及缥、狼载福船中，福其日餔时起柚州，日未入到雁亭东岸，絮求出更衣，絮、缥解东，上岸得一大木可长⑦ ☒絮右肩二所，福复以把刀斫絮胁，创二所，絮⑧
王纯格杀案	纯逐捕倗、幽，倗、幽不就捕，各拔刀、戟、矛，[与][纯][相]刺击。纯格杀倗、幽。⑨

我们可以直观地发现，“相拒而斗”的材料表现多是一方率先使用武器的暴力行为使另一方陷入危险状态：董种格杀案中官先用矛刺亭长；福格杀案中絮逃跑并用大木当作武器；王纯格杀案中倗、幽拒捕并使用戟、矛作为武器。夜被格案和郴、宗格杀案虽未直接道明被格者所使用的武器，但是从“尼手创一所”“刺”等描述推断：被格者使用了武器。《汉书·王尊传》也有类似记载：“王变色视尊，意欲格杀之，即好谓尊曰：‘愿观相君佩刀。’尊举掖，顾谓傍侍郎：‘前引佩刀视王，王欲诬相拔刀向王邪？’”东平王以观刀为名，想要诱骗王尊拔刀，借此机会格杀王尊。

“相拒而斗”是行为人受到暴力行为刺激而产生异常情绪的对抗行为。在实际的格斗场景中暴力会反复发生，死者身上留下的多处伤痕是重要证据，详见董种格杀案、福格杀案。

---

① 尼、斗、臭、护、夜为人名。长沙市文物考古研究所等编：《长沙五一广场东汉简牍（壹）》，中西书局，2018，第205页。

② 长沙市文物考古研究所等编：《长沙五一广场东汉简牍（伍）》，中西书局，2020，第153页。

③ 长沙市文物考古研究所等编：《长沙五一广场东汉简牍（贰）》，中西书局，2018，第236页。

④ 官、（董）种为人名。长沙市文物考古研究所等编：《长沙五一广场东汉简牍（贰）》，中西书局，2018，第252页。

⑤ 郴、知、常、宗为人名。长沙市文物考古研究所等编：《长沙五一广场东汉简牍（贰）》，中西书局，2018，第201页。

⑥ 长沙市文物考古研究所等编：《长沙五一广场东汉简牍（陆）》，中西书局，2020，第195页。

⑦ 义、絮、缥、狼、福为人名。长沙市文物考古研究所等编：《长沙五一广场东汉简牍（壹）》，中西书局，2018，第253页。

⑧ 絮、福为人名。长沙市文物考古研究所等编：《长沙五一广场东汉简牍（贰）》，中西书局，2018，第178页。

⑨ 纯、倗、幽为人名。长沙市文物考古研究所等编：《长沙五一广场东汉简牍（壹）》，中西书局，2018，第240页。

暴力不会因为创伤的形成而停止。这种反复行为说明格斗时人已进入高度紧张的精神状态，而陷入“恐慌进攻”。[①] 正是因为兵器的使用将格斗者禁锢于你死我活的囚笼中，这种困境在捕格罪人的情况之下愈发明显。在郴、宗格杀案中，为了避免互相格斗，宗在遇见逃跑的知时，便提出“就佝（拘），不者格若”的警告。这种“格”的行为会使双方都陷入危险的状态。基于这种期待的可能性，格杀者可在对方做出暴力行为后实施“格杀”。从五一简来看，这种暴力行为多表现为武器的使用。

（二）格物故

“格物故”指因格而死，即格杀与死亡之间存在直接因果关系。五一简提供了丰富的例证。“胡……名数……冯□建格物故。”[②] 男子建等便因格杀而身亡。官吏需要对格物故的人数进行统计：“☑捕得，三人格物故，一人亡，时令蒋君、左尉姚荣、贼。”[③] “☑□长孔祉主一发七人，三人得，三人格物故，一人亡。”[④] 若发生格物故，官吏必须进行调查并对实际情况进行说明：“临湘贼大男谢守格物故名状书。”[⑤]

在东汉基层司法过程中，证明被格者的死亡与格杀行为存在直接因果关系，是通过验伤来完成的，董种格杀案提供了细节。

1 兼左贼史英、助史寿白：阳马亭长种言，掩捕小盗男

2 子刘郎所有奴吉、官，官以矛刺种，种以所持刀斫官，创三所，官君教若

3 以格辜物故，吉捕得系亭。丞优、兼掾重议：属功曹辟

4 行丞事，兼贼曹掾、史各一人迎取吉，并诊官死，得吏便[⑥]

5 刺遣。当言府，复白。

延平元年九月廿八日壬寅白[⑦]

---

① 参见［美］兰德尔·柯林斯：《暴力：一种微观社会学理论》，刘冉译，北京大学出版社，2016，第90—99页。

② 胡、冯、建为人名。长沙市文物考古研究所等编：《长沙五一广场东汉简牍（壹）》，中西书局，2018，第225页。

③ 蒋君为县令的尊称，姚荣为人名。长沙市文物考古研究所等编：《长沙五一广场东汉简牍（伍）》，中西书局，2020，第141页。

④ 孔祉为人名，或为亭长。长沙市文物考古研究所等编：《长沙五一广场东汉简牍（伍）》，中西书局，2020，第141页。

⑤ 谢守为人名。长沙市文物考古研究所等编：《长沙五一广场东汉简牍（肆）》，中西书局，2019，第202页。

⑥ 英、寿、种、刘郎、吉、官、优、重为人名。长沙市文物考古研究所等编：《长沙五一广场东汉简牍（贰）》，中西书局，2018，第195—196页。

⑦ 长沙市文物考古研究所等编：《长沙五一广场东汉简牍（壹）》，中西书局，2018，第253页。

在听取左贼史英、助史寿的汇报后，丞优、兼掾重二人经过商议，请嘱功曹选任行丞事，兼贼曹掾、史各一人调取吉，并查验官的死亡情况，事情完成得当之后，及时向长沙府汇报。

“诊官死”是分析官的伤情、诊断死亡时间的尸检程序。死亡时间的确定与“格杀”的构成密切相关。《二年律令》规定“斗伤人，而以伤辜二旬中死，为杀人”。[①] 保辜制度利用时间的法律拟定，规避了故意伤害致死与故意杀人致死之间因果关系区分难的问题，并将这种因果关系的认定转移成死亡时间的确定，规定斗伤人保辜期内死亡拟制为杀人的故意，具有极强的操作性。

若被格者未在保辜期内死亡，则格伤的行为不构成“格杀”，以龙格斫案为例，将简文迻录于下：

> 1 龙格斫建时，冥不知建。扶到乃知，不以隐切。独龙格斫建，无复有他人加功者。考问龙，辞具服，与
>
> 2 黝、广、扶、姬等合验。护、度辟则不问。即度、黝、姬等证，憙以前别处·案：龙、仁皆坐，吏以县官事[②]
>
> 1 斗，刺亭长，中衣，亭长其时格之。憙曰：“可，今当往。”龙去。时，憙所苦未能差，不能行，令德呼鲔，与俱诣龙
>
> 2 格建所。时，建尚未物故，鲔还归亭，德以状报语憙。讫其夜，憙不往之建所。明日憙以龙格[③]

龙格伤建，但是建尚未死亡。“我语绝，建直去，番建见建去时，着黑帻衣、白布单衣，空手无所赍持（?），不见有吏卒以憙勑呼建者。”[④] 从证人的描述中，我们可知建当时并未持有武器。

通过比较格杀诸案与格伤案件的差异性，我们可大致还原“格杀”发生的情景：双方格斗时，一方率先使用武器等暴力手段，对抗者使其在二旬内死亡，常见于官吏抓捕罪人的情形。故五一简中的“格杀”指格斗时一方致使对方在保辜期内死亡的激情行为。

---

① 彭浩、陈伟、[日] 工藤元男主编：《二年律令与奏谳书》，上海古籍出版社，2007，第 99 页。

② 龙、建、扶、黝、广、姬、护、度、憙为人名。长沙市文物考古研究所等编：《长沙五一广场东汉简牍（壹）》，中西书局，2018，第 240 页。

③ 憙、龙、德、鲔为人名。长沙市文物考古研究所等编：《长沙五一广场东汉简牍（壹）》，中西书局，2018，第 242 页。

④ 长沙市文物考古研究所等编：《长沙五一广场东汉简牍（肆）》，中西书局，2019，第 186 页。

三、格杀伤人的法律后果

“格杀”只是描述因格斗而杀人的行为，不是一种罪名，也不是一种刑罚。行为人格杀、伤他人后，司法官将根据犯罪情节的不同依律令作出区别裁断。虽然目前五一简还未见到对格杀案直接的裁断，但我们仍可利用一些线索试分析格杀、伤人所需承担的法律后果。

（一）贼杀人、斗杀人

睡虎地秦简《法律答问》记载了“罪人格杀求盗”的法律解释：“求盗追捕罪人，罪人格杀求盗，问杀人者为贼杀人，且斗杀？斗杀人，廷行事为贼。”可见罪人格杀求盗的罪行，同时构成贼杀人和斗杀人，属于想象竞合，应当依贼杀人从重处罚。《二年律令》简21：“贼杀人、斗而杀人，弃市。其过失及戏而杀人，赎死；伤人，除。”① 求盗受亭长管理，《汉书·高帝纪》：“高祖为亭长，乃以竹皮为冠，令求盗之薛治。”因此罪人格杀亭长的行为也应处贼杀人。以此为基础，可大致推测在区义格杀亭长案中盗墓者区义格杀亭长的行为，最后应认定为“贼杀人”，弃市。

一般主体格杀他人，若只满足“斗杀人”的形式要件，只构成“斗伤人”。格伤他人，但对方在辜期内死亡，行为人也将构成“斗杀人”，这是法律拟制的故意杀人。《二年律令》规定：“斗伤人，而以伤辜二旬中死，为杀人。”②

（二）贼伤人

除了格杀他人，五一简还有格伤他人的记载，即龙格斫案。

> 1龙格斫建时，冥不知建。扶到乃知，不以隐切。独龙格斫建，无复有他人加功者。考问龙，辞具服，与
>
> 2黝、广、扶、姬等合验。护、度辟则不问。即度、黝、姬等证，憙以前别处·案：龙、仁皆坐，吏以县官事③

龙独自格伤建，最后被认定为“吏以县官事……”。缺简。但是我们可以从其他五一简

① 彭浩、陈伟、［日］工藤元男主编：《二年律令与奏谳书》，上海古籍出版社，2007，第98页。
② 彭浩、陈伟、［日］工藤元男主编：《二年律令与奏谳书》，上海古籍出版社，2007，第99页。
③ 长沙市文物考古研究所等编：《长沙五一广场东汉简牍（壹）》，中西书局，2018，第240页。

中找到答案，可见以下三枚简牍。

1 受所监臧（赃）到六十，以县官事他贼殴人，无疻痏，数罪。戎以劾，前失不分别处，谨傅议解

2 左。唯廷言府，谒傅前解。错、甫、戎惶恐叩头死罪死罪敢言之。[①]

1 胡朗议誧吏盗赋、受所监臧（赃）皆二百五十以上，以县官事他贼殴人，有疻痏，

2 数罪。龙为人行言，以钱账与吏，所不当得为。前失不分别并结，誧假错所。[②]

1 病物故，推辟无般伯由贤充尤武鰯等为家私使，及对主等，不问，不知何自言，

2 辞：纯就郡无他奸诈。即疑，威、態、参、内等证。纯以县官事他贼殴人，以律削爵。[③]

可见五一简中的“以县官事他贼殴人”是固定搭配，指“官吏为县廷行事时故意殴打他人”。[④] 这构成了“贼伤人”，《二年律令》规定“贼伤人，及自贼伤以避事者，皆黥为城旦舂。”[⑤] 文景改制废除了黥刑。二年律令中应处以“黥为城旦舂”的罪行，在胡家草场汉简中被处以“髡为城旦舂”或死刑。[⑥] 所以说龙格伤他人的行为构成“以县官事他贼殴人”，应认定为“贼伤人”，推测最后可能处“髡为城旦舂”。

（三）除罪

“除罪”指免除刑罚。《奏谳书》案例五保存了求盗逐捕并格伤他人而免除刑罚的实例，简 47—48：“·吏当：黥武为城旦舂，除视。·廷以闻，武当黥为城旦，除视。”[⑦] 格杀他人若满足特定的条件，行为人不仅不会受到刑罚，甚至还能得到一定的奖赏。《二年律令》简 152：“捕盗贼、罪人，及以告劾逮捕人，所捕格斗而杀伤之，及穷之而自杀也，杀伤者除，其当购赏者，半购赏之。”[⑧] 而从《东海郡下辖长吏名籍》来看，官吏捕格群盗特别优

---

① 长沙市文物考古研究所等编：《长沙五一广场东汉简牍（壹）》，中西书局，2018，第 200 页。
② 长沙市文物考古研究所等编：《长沙五一广场东汉简牍（肆）》，中西书局，2019，第 180 页。
③ 长沙市文物考古研究所等编：《长沙五一广场东汉简牍（贰）》，中西书局，2018，第 196 页。
④ 李均明：《长沙五一广场东汉简牍所见职务犯罪探究》，《郑州大学学报（哲学社会科学版）》2019 年第 5 期。
⑤ 彭浩、陈伟、[日] 工藤元男主编：《二年律令与奏谳书》，上海古籍出版社，2007，第 100 页。
⑥ 参见陈伟：《胡家草场汉简律典与汉文帝刑制改革》，《武汉大学学报（哲学社会科学版）》2022 年第 3 期。
⑦ 彭浩、陈伟、[日] 工藤元男主编：《二年律令与奏谳书》，上海古籍出版社，2007，第 343 页。
⑧ 彭浩、陈伟、[日] 工藤元男主编：《二年律令与奏谳书》，上海古籍出版社，2007，第 151 页。

异的还可获得升迁的资格。[①] 显然，满足一定条件捕格盗贼、罪人的行为不会受到处罚。

五一简目前虽然没有官吏捕格罪人免责的法律记载，但王纯格杀案间接表明了符合条件的捕格是免责的。待事掾王纯格杀僩、幽后，便继续履行公职，“到今年二月不处日，纯使之醴陵追逐故市亭长庆睦，不在”。[②] 这说明王纯的格杀行为并未受到刑罚。从董种格杀案等材料来看，免责需要经过严格的审查程序，并满足正当条件，即官吏应有捕格权，且拒捕人存在暴力抗捕的行为。

四、结语

立法语言和司法语言之间存在差异，但目前东汉的立法材料不足，我们只能从五一简的司法语言中考察司法实践中的“格杀”。在东汉县廷司法运行过程中，格杀、伤人需承担的责任存在差异。行为人可能构成“贼杀人”“斗杀人”，依律当弃市。若官吏“格斫”他人，但保辜期内未致人死亡则构成“以县官事他贼殴人”，依“贼伤人”处罚。综上所述，五一简中的“格杀”，指的是双方殊死搏斗时，一方致使对方在辜期内死亡的激情行为。这种行为多发生在罪人拒捕的语境之下，官吏抓捕罪犯往往会出现“以暴制暴”的冲突。这种冲突的存在使得“格杀”容易产生，但不能以此否定“格杀”在其他语境下发生的可能性，而将拒捕视为“格杀”的必要条件。

---

① 参见连云港博物馆等编：《尹湾汉墓简牍》，中华书局，1997，第85—92页。

② 长沙市文物考古研究所等编：《长沙五一广场东汉简牍（壹）》，中西书局，2018，第240页。

唐代判书中的审判推“理”模式及其当代启示

李　平*

摘　要　传统中国的审判推“理”迥异于现代西方式法律推理，但却与当下中国法官审判思路具有相关性。以唐代判书为例管窥，可析分出推理模式框架为“问（查）明事实—析理—辨理—权理—案验律文—权断—裁判”。推断过程以说“理”为中心，关键在辨明事实中所含之事理、伦理、法理、情理等殊理，通过行“权”（权变）以解决其中存在的诸理不洽、冲突，进而做出最合理的裁判。审判不必完全依照法条，法律以法理的形式参与其中，扮演“殊理”之一的角色，成为权理、权断时的参考项。以上模式虽不同于当下对法官依“法”判案的原则性要求，但却同样可以维系社会秩序，且能更好地顺应国人的价值诉求并化解社会矛盾，可以之观照当前日益多见于判决的天理、人情等表述和诉求并为之进一步规范提供启发。

关键词　审判推理；理；权；判书；司法

法官应当如何判案？最常见的说法莫过于“以事实为根据，以法律为准绳”。可是这个过于笼统的要求与其说是具体审判的原则，倒不如看作是现代法治的愿景。实践中审判者从遭遇案件到最后做出判决，哪怕是看上去事实极其简单明确且法有明文可依的案子，也不只是适用与事实相对应的法律尔后依法裁判这么纯粹。对此，近年来国内学界表现出越

---

* 李平，清华大学法学院副教授。

来越强烈的理论兴趣，并以西方法律推理、法律解释、实践理论等为依托进行了大量细化研究。这些研究的理论造诣自不待多论，但总难免“不接地气”，与（包括法官在内的）国人的思维方式脱节。表现之一是司法从业者专业化水平和西方式法学理论基础日益提升的同时，司法实践却又越来越明显地融入传统文化质素和本土思维方式，天理、人情、人伦等不那么“法律化”的语词屡屡出现在裁判书中，甚至被当作裁断的实质性理由。这一方面无法契合于任何一种既有的西方式司法理论，或者说没有一种西方式理论可以为之提供有效的理论支撑；另一方面传统中国的司法理论经过近代“浩劫”几乎荡然无存，即便有史料可考，也没有成型的理论资源可资利用。

近代以来人们喜称中国古代非“法治”而崇“人治”，甚至为批判而特别强调法律制度与实践中不堪之事。是故传统司法不按法而断、主审者可得随意定罪用刑等印象渐渐形成。并且由于近代化进程中传统审判乃至整个法律文化受到不少污名化的讥评，导致今人对之颇有误解。[①] 近些年来，随着学者对本土文化的态度由抵触、批判转为理解与认同，古代审判中越来越多的面相被呈现出来，人们也愈发认识到其中的合理性。法史研究的诸多成果业已表明，古人判案除了依律之外，尚需考量理、礼、情等，甚至以之为据。不过这种“印象”式的理解太过模糊，有点类似于开篇提到的“以事实为依据，以法律为准绳”，既不足以澄清古代社会的审判方法，也于今人借鉴利用难有助益。其中的关键问题在于审判者究竟如何为“判”始终不甚清晰。现在学界大都主张古代审判在很大程度上需要且能够做到依法裁判，但又有大量案例表明依法并非充要条件。无视甚至悖反律令成规做出裁断者不乏其人。这些不依法的裁判显然不能径直归为擅权或臆断，因为时、地悬隔的相同或相似案件中主审者每每会做出相似判断，表明其中存在某种“共识”。不少学者认为这是由于当时审判者断案要依“理”，而非仅仅按法。这确实解释了为何依法并非审判的充要条件，可是因为对“理”的内涵阐说尚显含混，且理、法之间关系并未董理清晰，如何审判仍旧不可确知。亦有学者强调援引儒家经义等，但多只偏于一隅而未得尽解。

接下来本文将以唐代判书作为观察对象，尝试析出唐人法律推“理”的基本模式。[②] 而之所以取唐代判书为例，一则因为唐代法律文化的成熟程度和有效运行使之具有足够代表性，堪为传统法文化的巅峰和典型；二是由于唐代奠定的法律制度、运行模式为之后历代

---

① 我曾撰文对此做过一些针对性的反驳，并尝试描述传统审判的方法，整理出“背景观念—预置判断—耦合机制”的逻辑脉络，但同样显得较为粗浅。参见李平：《传统中国审判机制的法理与道理——从刘锡彤断杨乃武小白菜案说起》，《法制与社会发展》2017年第4期，第135—151页。

② 之所以说审判推“理”，一是为了凸显传统审判以“理”为核心，二则也是为了强调与西方“法律推理”学说和概念的差异。传统语境中的推理，即是“权理”，而非建立在形式逻辑大小前提框架下的推断过程。二者之间有本质差异。不过这个话题太过复杂，相关细节只能有待日后补足。关于“权理”详见后文论说。

所遵循，虽有损益而大体格局不变，研究可具窥斑见豹之效；三是考虑到唐代文化相较于之后的宋元明清诸代更加开放，知识界真理在“西方”的观念与正统意识形态之间存在张力，① 这与当下中国的情景多少有些相似。

一、唐代判书与审判推“理”模式

进入具体研究之前，有必要对唐代审判和判书略做一些前提性交代。② 唐代，乃至整个传统中国，始终不存在现代意义上的“司法”“司法权”“法官”等观念和制度。③ 这根源于传统中国与现代西方式思想文化、制度文明存在的整体性差异，也是“类”观念之别的表现。④ 传统中国所有的朝廷“命官”都可以也需要成为审判者，所审判的案件是否属于今人认定的司法权范围，古人自然不以为意。在他们看来，所有审判性质都相同，也都遵行同一套审判原则、思路、方法，只有权限和事类之别。⑤ 顺着这个思路，古代中国没有专门且独特的“法律推理”，只有审判推“理”，当然这种推理对于审理按照今人标准厘分出的司法案件同样合用。这些特质集中体现在唐代的判书中，而判书本身又非常典型地反映出审判推理的状态。

唐承隋而兴科举，⑥ 列明经、明法、进士等科，⑦ 科举只相当于唐代选士的“门槛”。通过科举获得“出身”之后，尚需经由吏部铨选才能任官，其中书判是所有参选者的必考

---

① 唐代知识界真理在“西方”的观念，指的是当时佛理占据了整个理论界的制高点，而当时包括士大夫在内的大部分人普遍认为绝大多数理论难题，若是在汉传佛典中找不到解答，就需要到佛教发源的“西方”，也就是印度去寻求确解。这正是唐代屡有僧人西行“取经”的原因。

② 近年来专门针对判文展开的研究成果颇丰，其中视角以文体、文辞、法律内涵、司法制度等为多，审判推理方法方面多见概述而精研较少。概要可见汪世荣：《中国古代判词研究》，中国政法大学出版社，1997；于晓雯：《唐判研读举隅之（二）》，载徐世虹主编：《中国古代法律文献研究》（第 12 辑），社会科学文献出版社，2018，第 324—325 页；陈登武：《再论白居易〈百道判〉——以法律推理为中心》，《台湾师大历史学报》第 45 期，2011，第 41—72 页。

③ 这些差异蕴含了非常重要的问题，关乎如何正确地理解和诠释传统中国的法律文化。现当代学界往往囿于近代以后舶自西方的“类”观念，先入为主地对古代制度、思想、事件做了具有强烈以今度古、以西释中意味的分判，并有意无意地随着类分将今人的观念注入对古文化的诠解中。这类现象比比皆是，造成了诸多误解，很有必要详加辨正。限于论题，在此不多展开，日后将另撰文专论。

④ “类”观念对理解中国传统推理、思维方式非常重要，甚至有学者径直将传统中国的推理模式概括为“推类逻辑”。参见刘明明：《中国古代推类逻辑研究》，北京师范大学出版社，2012，第 19—42 页。

⑤ 古人以“事类”分别案件的思路，可以参照《文苑英华》卷五〇三至卷五五二收录唐人判书所作的分类。其他如张鷟《龙筋凤髓判》，虽不若《文苑英华》周备细致，但理路相同。

⑥ 明法一科唐人亦称“法科”，可溯及《开皇律》颁布后隋文帝在大理寺设置律博士八人，各州县设律生。唐朝中央的教育机构国子监设有“律学”，生员称“律学士”，取自八品以下官吏的后代和其他愿习法律者。制度设置和运作情况，见诸《唐六典》卷二“考功郎中”、《通典》卷十五《选举·历代制·唐》、《通典》卷十七《选举·杂议论》、《新唐书·选举志》等，史料汇集可参见谢思炜：《白居易文集校注》，中华书局，2017，第 1555—1557 页。

⑦ 明法科向为法学界所关注，却不被当时士人看重，是故有学者据之判定唐代重文轻法云云，实失之武断。

科目。[①]《通典》卷十五《选举三》记述："吏部选才，将亲其人，覆其吏事，始取州县案牍疑议，试其断割，而观其能否，此所以为判也。"故试判是唐代选士的"必修"科目，几乎所有官吏，即便职分与今人所谓司法审判毫无关系，也都曾学习、操练如何行判并撰写判书。同时为应试应运而生了诸多判书"范本"，考生争相模仿，如洪迈所言：

> 唐铨选择人之法有四：一曰身，谓体貌丰伟；二曰言，言辞辩正；三曰书，楷法遒美；四曰判，文理优长。凡试判登科谓之入等，甚拙者谓之蓝缕，选未满而试文三篇谓之宏辞，试判三条谓之拔萃。中者即授官。既以书为艺，故唐人无不工楷法，以判为贵，故无不习熟。而判语必骈俪，今所传《龙筋凤髓判》及《白乐天集甲乙判》是也。自朝廷至县邑，莫不皆然，非读书善文不可也。[②]

换个角度来看，所有为官，以及候补为官或被辟除为吏者，甚至可以说当时绝大部分知识人，都经受了相似的行判训练，随之也使得审判思路、模式、知识乃至标准具有了共性。

现存的众多唐代判书，保留在《文苑英华》中的就有千余篇，[③] 此外还有专门结集的张鷟《龙筋凤髓判》、[④] 白居易《百道判》[⑤] 以及敦煌残卷中的《唐安西判集残卷》《文明判集残卷》等，[⑥] 另有部分散见于五代和凝所编的《疑狱集》以及如《酉阳杂俎》等唐五代笔记小说中。其中既有实判，也有考试中的试判答卷，还有举子们为了应试练笔而作的拟判，最著名者便是前述张鷟和白居易的作品。[⑦] 所判的案件只有一部分属于现在的司法裁判，另外还有众多与礼、乐、经、史相关者。[⑧] 这恰好印证了前文对古今"类"观念差异的论说。

---

① 唐代科举和吏部铨选试判，参见陈登武：《唐代知识人对唐律的理解与诠释——以白居易〈百道判〉的法律推理为中心》，载黄源盛主编：《唐律与传统文化》，元照出版公司，2011，第322页。

② （宋）洪迈：《容斋随笔》，孔凡礼点校，中华书局，2005，第129页。

③ 参见（宋）李昉等编：《文苑英华》，卷五〇三至卷五五二，中华书局，1966，第2581—2823页。同时这些篇目也大多以作者为目收录于清代董诰等编的《全唐文》中，二者文字上略有出入，可互为校勘。

④ 参见（唐）张鷟撰：《龙筋凤髓判》，田涛、郭程伟校注，中国政法大学出版社，1996。

⑤ 参见谢思炜：《白居易文集校注》，中华书局，2017。

⑥ 据刘俊文：《敦煌吐鲁番唐代法制文书考释》，中华书局，1989。

⑦ 相关考证参见霍存福：《唐张鷟、白居易两大判词考》，载杨一凡主编：《中国法制史考证》，甲编第四卷，中国社会科学出版社，2003，第400—434页。

⑧ 例如陈登武将"百道判"题旨所涉议题区分为四大类型：单纯法律案件的判、礼法兼容或冲突的判、单纯礼教问题和无关礼法案件。参见陈登武：《再论白居易〈百道判〉——以法律推理为中心》，第45页。

对古人而言，今所谓司法裁判与其他主题的判并无性质之别，只有内容之分。① 宋人李昉、徐铉等人在《文苑英华》中做出的类分才符合古人的“类”观念。

审判推理方面，② 几乎所有的判书都表明，唐代（其实其他朝代也是如此）不存在单纯、完全依法裁判的情况，也不以“依法”或寻求“事实—规范”联结为要务，而是以通过各种“理据”来说“理”为中心。审理过程大致可以被解析为如下框架：“查明事实—析理—辨理—权理—案验律文—权断—裁判”。③ 当然这是综合众多判书后归纳出的理论化表达，实际的判书往往会缺失掉其中的若干环节，最多见者当属查明事实、案验律文两项。

下面首先从唐代前中期张鷟的《龙筋凤髓判》、中后期白居易的《百道判》和敦煌《文明判集残卷》中各取一例来呈现前文归纳的审判推理模式的应用实态，为后续论说作一铺垫。

判例一：张鷟《龙筋凤髓判》载：

> 右金吾卫将军赵宜检校街时，大理丞徐逖鼓绝后于街中行，宜决二十。奏付法，逖有故不伏科罪。（金吾卫二条）
>
> 中尉掌徼，起自秦朝；郎将司阶，行于汉制。御曹执革，雕轮光紫陌之前；武库禁兵，缇骑拂红尘之外。弯弧状月，肃肃盈衢；挺剑含霜，辉辉满路。辛庆忌之威重，乃应斯荣；汉光武之微时，犹钦此职；赵宜名参列校，务总戎昭。蹑贯复之前规，追寇恂之旧轨。乳虎之号，响溢于京畿；苍鹰之名，声充于辇毂。
>
> 既而鲸钟隐隐，路绝行人；鹤鼓冬冬，街收马迹。徐逖躬沾士职，名属法官，应知玉律之严，颇识钩陈之禁。岂有更深夜静，仍纵辔于三条；月暗星繁，故扬鞭于五剧？前途尚远，归望犹赊。未侵豹卫之司，忽犯兽冠之吏；既缺瓜田之慎，便招楚挞之羞。付法将推，状称有故。但犯夜之罪，惟坐两条。被捉之时，曾鞭二十。元犯已从决讫，无故亦合停科，罪既总除，固宜从释。④

① 仝玉霞曾对白居易“百道判”中的案件类型做了细致分类，其中严格意义上的司法裁判仅有三成左右，与司法不相关的判文占了半数有加。这个情况与唐代判词的整体状况大体吻合。参见仝玉霞：《“甲乙判”研究》，西北大学法学硕士学位论文，2018，第 12—13 页。

② 就判书所呈现的审判推理，学界已有一定数量的研究，但整体上仍显得比较初步。其中以陈登武之论最为细致。他的结论性看法大体是：“白居易判词的法律推理，明显有以下几个特色值得注意：一、重视违法事实的厘清。二、注意罪刑轻重的区分。三、采取‘息讼’‘无讼’的态度。四、兼顾儒家礼教与法律规范。”很明显，以上认识尚不足以细致地反映在唐人审判推理的过程中，“理”如何“致用”。参见陈登武：《再论白居易〈百道判〉——以法律推理为中心》，第 41—72 页。

③ 这个模式本应当作为全文的结论置于文末总结出来，之所以提前到此处，未作任何论证便早早地和盘托出，主要是为了后面的论说更易展开，也方便读者理解。

④ （唐）张鷟撰：《龙筋凤髓判》，第 99 页。

作判书者（张鷟）此时扮演的就是本案的主审。这道判书给定的事实大致是：大理寺丞徐逖违反宵禁出行，被右金吾卫将军赵宜巡街时拿获，当即处以了二十鞭之罚。之后赵宜还进一步请有司再行定罪处刑，徐逖不服。案情本身清晰明确，并无疑点。查明事实自然是审理案件的首要工作，也是做出裁断的前提条件。仅从后世流传的《疑狱集》《折狱龟鉴》以及诸多公案小说对于主审官推问事实精妙技法的记载可知，古时审判者查明事实确有成熟且行之有效的专门性技法。不过一则由于这些具体技法与审判推理关系不是太大，二则也因为今天所见的唐代判书大多是"命题作文"，在给定事实前提下作出，至于这些给定的事实是来自主审者推问还是命题者想象难以确定，故如何查明事实的具体技术在此暂且不论。①

上引判书首先陈说了赵宜的职分与巡街查禁的事理，理据主要来自历史传统（如所言"前规""旧轨"），其中也隐含有本朝法规为之支撑。接下来说到鼓绝后净街的应然状态，再接着说徐逖的职分、责任、所应当的行为方式以及犯夜所应承担的后果，其间同样用到历史典故作为支撑。以上部分可一总看作是结合事实进行"析理""辨理"，将事实中所蕴含的事理、法理等加以剖析。由于此案事理、法理相统一，且不涉及其他诸理，因此"权理"一步就变得非常容易了。在上述过程中，赵宜处断合理合宜和徐逖行为悖法当罚两个判断已经成型。

厘清了案件所含之"理"并得出基本判断之后，接着需要"案验律文"。判书说"犯夜之罪，惟坐两条"，即《唐律疏议·杂律》之"诸犯夜者，笞二十；有故者，不坐"。以之为据再对事实、事理加以权断。张鷟认为赵宜已经做出的二十鞭之罚与律文中"笞二十"等质等量，故徐逖应被视为已经接受完了处罚，所以最后的裁断是"罪既总除，固宜从释"。这里比较特殊的是判定二十鞭等同于笞二十是一次"权"。② 因为据《唐律疏议·名例》"汉时笞则用竹，今时则用楚"，而鞭不在律令之中，非是合法的刑制。③ 但判者结合之前"权理"和"案验律文"加以"权断"，将二十鞭视同为笞二十，进而做出最后的裁判。

① 后世曾对唐人试判命题做出过追述，如《通典·选举三》曰："初，吏部选才，将亲其人，覆其吏事，始取州县案牍疑议，试其断割，而观其能否，此所以为判也。后日月浸久，选人猥多，案牍浅近，不足为难，乃采经籍古义，假设甲乙，令其判断。既而来者益众，而通经正籍又不足以为问，乃征僻书、曲学、隐伏之义问之，惟惧人之能知也。"

② 或曰行权以权理，由此获得最合宜结论的过程。

③ 《唐律疏议·名例》疏议曰："《说文》云'杖者持也'，而可以击人者欤?《家语》云：'舜之事父，小杖则受，大杖则走。'《国语》云：'薄刑用鞭扑。'《书》云：'鞭作官刑。'犹今之杖刑者也。又蚩尤作五虐之刑，亦用鞭扑。源其滥觞，所从来远矣。汉景帝以笞者已死而笞未毕，改三百曰二百，二百曰一百。奕代沿流，曾微增损。爰洎随室，以杖易鞭。今《律》云'累决笞、杖者，不得过二百'，盖循汉制也。"

经由上述分析，可以看到这则判书中包含有前述“查明事实—析理—辨理—权理—案验律文—权断—裁判”的审判推理链条。其中很明显地体现出与当代司法理论的差异，例如主审者并没有严格地依法（律）裁判，也没有置之罔顾；同时不曾尝试做法律规范与事实之间的匹配勾连，更像是据理而非依法论事。

判例二：敦煌《文明判集残卷》载：

奉判：石崇殷富，原宪家贫。崇乃用钱百文，雇宪淘井。井崩，压宪致死，崇乃不告官司。惶惧之间，遂弃宪尸于青门外。武侯巡检，捉得崇送官司，请断。

原宪家途窘迫，特异常伦，饮啄无数粒之资，栖息乏一枝之分。遂乃佣身取给，肆力求资。两自相贪，遂令涛井。面欣断当，心悦交关。入井求钱，明非抑遣。宪乃井崩被压，因而致殂。死状虽关崇言，（人）命实堪伤痛。自可告诸邻里，请以官司，具被雇由，申兹死状。岂得弃尸荒野，致犯汤罗？眷彼无情，理难逃责。遂使恂恂朽质，望坟垄而无依；眇眇孤魂，仰灵榇而何托。武侯职当巡察，志在奉公。执崇虽复送官，仍恐未穷由绪。直云压死，死状谁明？空道弃尸，尸仍未检。检尸必无他损，推压复有根由。状实方可科辜，事疑无容断罪。宜勘问得实，待实量科。[①]

这则判书是典型的拟判，案件事实中用到的石崇、原宪取自历史人物，事件则源于现实而或有加工。[②]“奉判”至“请断”部分是给定的案件事实，看似清晰，但实则需要进一步确认，即“直云压死，死状谁明”。行判者先是据既有的事实做了析理工作，将原宪为雇工、原宪与石崇之间的雇佣契约、原宪被意外压死、石崇抛尸、武侯执拿石崇送官等事实背后之“理”一一说明，但考虑到事实本身未得完全查明，判文并未进入案验律文、权断、裁判三个阶段便中止了。这体现出查明事实作为前提的重要性，也表明判书本身以说理为重的特质和论理的严密性。

案验律文环节经常被省略，说明行判者对法律和制度的细节不必精熟，通“理”和能够在复杂的诸理冲突情景下行“权”才是考察重点。试判时如此，实际的案件审理中也是如此。如何将所做出的“判”（判断）与具体法律条文相适配，通常交由专门的吏员，如唐代的法曹参军、司法参军以及后世的师爷等来完成。通常情况下主审者不必完全知悉相关

① 刘俊文：《敦煌吐鲁番唐代法制文书考释》，第 438 页。

② 刘俊文对《文明判集残卷》的性质做了考察，据之可知此判集为初唐判书范本，流传和影响非常广泛，甚至远及日本。参见刘俊文：《敦煌吐鲁番唐代法制文书考释》，第 450—451 页。

律令的细节，但又需要确保判断与“法理”相吻合。这其中的复杂曲折将在后文中展开。

判例三：白居易《百道判》载：

> 得甲去妻，后妻犯罪，请用子荫赎罪，甲怒不许。
>
> 二姓好合，义有时绝；三年生育，恩不可遗。凤虽阻于和鸣，乌岂忘于反哺？旋观怨偶，遽抵明刑。王吉去妻，断弦未续；孔氏出母，疏网将加。诚鞠育之可思，何患难之不救？况不安尔室，尽孝犹慰母心；薄送我畿，赎罪宁辞子荫？纵下山之有怒，曷陟屺之无情？想《芣苢》之歌，且闻乐有其子；念《葛藟》之义，岂忍不庇于根？难抑其辞，请敦不匮。[①]

这则判书同样蕴含了前述审判推理模式，亦可据之加以解析。案件事实是甲之妻被出后犯罪，请求以儿子的封号荫庇赎罪，甲不允许。所要判断的核心问题在于被出之妻是否可以用其子的荫庇赎罪。《唐律疏议·名例》对此有明文规定：“其妇人犯夫及义绝者，得以子荫。”注云：“虽出，亦同。”疏议曰：“妇人犯夫，及与夫家义绝，并夫在被出，并得以子荫者，为‘母子无绝道’故也”。[②] 若按今人的观念，这是个可以直接依据法律条文做出裁判的简单案件。但白居易花了大量笔墨解说出妻、用子荫、犯罪处刑背后的“理”，反倒是对律条只字不提。判书开篇先说婚姻之理、离婚之理、犯罪用刑之理、母子（血亲）之理。其中离婚之理与血亲之理存在冲突，白居易为之权理并认为“诚鞠育之可思，何患难之不救”，意味着在此案中当以血亲之理为上。所用的论据主要来自五经经义和历史典故，换个角度来看，白居易借助经义与史事，既明晰了最终判断所据之理，也为载于唐律的法条提供了义理支撑。不过这则判书缺少了案验律文、权断两个步骤，在权理后直接做出了裁断。这种缺省在唐代判书中非常常见，尤其是对应法条明确，且权理的结果与法律规定相吻合时，不失为是唐代审判以“理”而非“法”为重的体现。[③] 据此还可明了，即便是可直接适用法条的案件也需要说理。纯粹按法而判虽说并非不可，但唐人多不取。[④]

通过以上三篇判书，我们可以观察到唐人审判推理的实态，与开篇提出的模型，即“查明事实—析理—辨理—权理—案验律文—权断—裁判”可相印证。这个模型本身业已呈

---

① 谢思炜：《白居易文集校注》，第1623页。

② （唐）长孙无忌等撰：《唐律疏议》，中华书局，1983，第41页。

③ 类似状况和成因后文中将有详细论说，此处从略。

④ 现存判书中也有直接套用律文为断者，如敦煌《文明判集残卷》71－86行“豆其谷遂被下毒谋财”案，判词曰“案律云，犯时幼小，宜从幼小之法，事发老疾，听依老疾之条”（刘俊文：《敦煌吐鲁番唐代法制文书考释》，第442页）。但这种情况整体而言非常少见。

现出与现代西方式法律推理理论的巨大差异。不过仅仅观察到并提炼出这个审判推理的理论模型，对于真正理解唐人的审判方法仍然不足。因为据之虽可知晓唐人判案以“理”为要，又与法律条文相关，可是究竟所析、所辨、所权之“理”是什么，如何行“权”，以及在审判过程中法律制度究竟扮演什么角色，这三个问题仍待解决。这些问题直接关乎唐人如何审判，以及为什么他们这种审判推理模式具有合理性，下面各节将逐一解决。

二、诸“理”竞合

前节解说判书中的推理模式，其中最核心者莫过于“理”和“权”。甚至可以径直把唐人行判概括为行“权”以求“理”的过程。由此不免会有两个问题：所求之“理”是什么？如何行“权”？这一节将围绕“析理”“辨理”“权理”三个阶段来解释判书中的“理”。

唐代判书中普遍表达出，“理”是做出实质性判断的最主要依据。① 但在唐代思想文化环境中，“理”并不是一个被充分讨论过的理论命题，甚至完全不被当作专门性的论题去审视。时人大多是以“日用而不知”的状态承认、使用“理”，却又难以将它的内涵、外延界说清楚。② 大体上唐人对“理”的认识、认同来自儒家经教、历史典故、官方意识形态、先秦子学的论说，以及普及化的佛、道二教知识，等等。以这些复杂的知识来源为基础，产生了关于“理”的常识性认知和共识，但往往只可意会不可言传。正是因为“理”一方面是共识，另一方面又缺少明确界定且为审判者日用而不知，③ 故而有必要基于判书来尽量明晰：唐人眼中有哪些殊理，相互间的关系如何。附带还要谈到，唐代判书中通常借助经典文句和历史典故来说理，很少把诸理用定义化的规范性语句直接陈述出来。这给今人理解增加了难度，故而今人需要在这些理据中再加以提炼。

关于唐人对“理”的理解，还有一点需要首先明确，即当时几乎所有人都认同这个世

① 中国古代裁判中论“理”，与现今法学界论的“实质正义”颇有相似性。并且当下的状况似乎是法律人只能也只会用西方正义理论的话语和思路来理解、讨论案件所蕴含的价值。很少有人关注到，这与古人论“理”貌合而神离，以及二者之别所带来的不同价值诉求。简而言之，求理的前提是世界本是一理分殊，和谐有序乃是应然。因此审判中求理的宗旨是辨理以求“和”。正义理论的前提则是个体化的法律主体各自以为“在”和利益最大化，是故审判强调公平的利益之“分”。关于正义理论的剖析，参见江山：《再说正义》，《中国社会科学》2001 年第 4 期，第 106—122 页。

② 这个状况成因很复杂，一直到北宋张载、二程立崇理、气之说以后才有了根本性改观。

③ 其实像《唐律疏议》等成文法律制度中也谈“理”，甚至将之直接作为法律的内容，使之具有了类似今人所言正式“法律渊源”的地位。但所称之“理”的内涵同样如当时一般观念一样难以把捉。参见高明士：《唐律中的“理”——断罪的第三法源》，《台湾师大历史学报》第 45 期，2011，第 1—40 页。

界有着终极、唯一且得一以贯之的真理，多名之曰“天理”。① 但是“天理”本身又极其抽象，甚至不免有些空洞。它的内涵需要通过世间事物的存在、运行方可具体呈现，与西周“天视自我民视，天听自我民听”（《尚书·泰誓》）的理路别无二致。顺着这个理解，世间的人、事、物自处与流形都有自身内在之“理”（暂名之为“殊理”），这些殊理本质上应该合于天理。② 可是现实中却往往会出现各殊理之间不洽甚至冲突的局面。在唐人看来，争讼之所以存在的重要原因即在于此，理讼与审判的首要使命自然也就被定位在明理。而各自相殊的诸理往往又混杂于单一或复合的事件、现象中，因此审判者的首要工作便是在弄清事实的前提下，把事实中蕴含的诸理一一清理出来，此即“析理”。要注意，唐人的判书中极少直言“天理”和以之为判断理据，这与今人常言“天理人情”而又语焉不详差异甚大。之所以不直接称引，也是因为天理过于抽象且上位于“析理”中所要析分的诸理。

表现于判词的诸理主要分为事理、法理、情理、伦理。下面结合图示依次简要举例以明之：

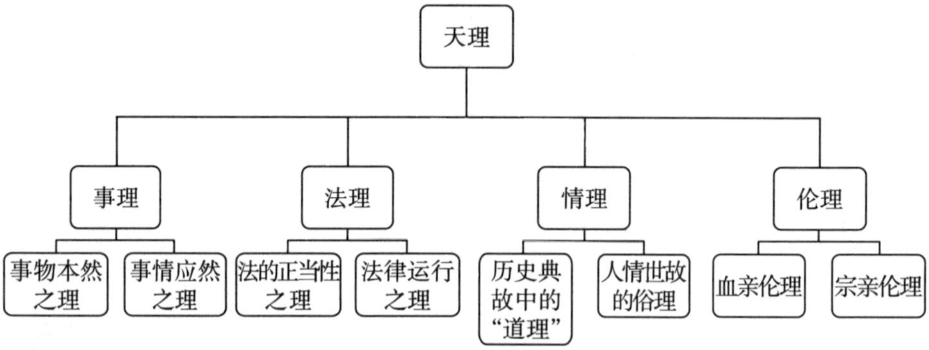

图1　唐人之“理”结构示意图

事理，简而言之，内涵是事物、事情本应如何出现、存在、运转。这类理的内容最为庞杂。按照当时的观念，每事俱有其自身之理，理解这些事理需要以知识为支撑。事理据内容大致又可分为事物本然之理和事情应然之理。前者类似于今人说的自然规律，不以人的意志、行事为转移。例如赵和璧《对伏日出何典宪判》：

广汉等四郡，俗并不以庚日为伏。或问其故，云：地气温暑，草木早生，异于中土，常自择伏日。既乖恒经，出何典宪。

① 此“理”，亦多见以“道”名之者。唐人关于道、理的一般性认识，概要可参考刘泽华：《中国政治思想史（隋唐宋元明清卷）》，浙江人民出版社，1996，第129—193页。

② 对这种唯一之“天理”与世间万象“殊理”之间关系的理解，构成了宋代理学特为推崇的“理一分殊”学理的观念先导和基础。参见景海峰：《“理一分殊”释义》，《中山大学学报（社会科学版）》2012年第3期，第125—138页。

> 天平四序，有寒暑之殊；地列九州，著华夷之别：风土既其不等，节候于是莫同。广汉夷陬，境连巴俗，岷隅沓转，云峰与霞岫争辉；江溜横分，锦派共沙湍递映。候乖中壤，叶茂三秋；气离炎州，草长二月。至若时钟季夏，节一重阳，金方始萌，火德不竞，非无典司之主，必告伏匿之辰。当复取舍因循，何得辄为改革？国家明堂布政，象法已行，岂使均雨之乡，翻闻易日之义？虽殊风俗之典，恐非得时之宜。勒依恒式，谓符通理。[①]

大意是地处边陲的广汉等四郡因为气候与中原有别，不依官方法令而自定节气，被纠问后提出申诉。判书中“候乖中壤，叶茂三秋；气离炎州，草长二月”就是事物本然之理。

事情应然之理则是人在遇事行为中所应遵循的常理，大部分情况下建立在时人的常识（或曰观念共识）上。例如针对雍州地狭人多，主官请迁民至宽乡，判曰“雍州申请地狭，百姓口分不充。请上之理虽勤，抚下之方未足”。[②] 事情应然之理是判书析事理时关注的重点，其中往往又裹杂有情理、伦理、法理等内涵，难以完全析分。[③] 并且见诸判书的单一事件中有可能还含有若干事理，是故“析理”的重要性和难度都可见一斑。

法理，即法律制度所蕴含之理。判词中呈现出法理与律令科仪等成文规范有别，大致可判分为两类，一是关乎法的正当性之理，有些类似于今所言立法精神、法律原则。例如前引赵合璧《对伏日出何典宪判》中支撑最后否定性裁断的最主要依据是“国家明堂布政，象法已行，岂使均雨之乡，翻闻易日之义？虽殊风俗之典，恐非得时之宜”，即法律的稳定性象征政权权威，而非以合宜适用为重。二是法律本身及其运行的机理，如“计理虽合死刑”，[④]“行盗理合计赃，定罪须知多少”之“理”都属此类。[⑤]

要注意，这些法理以法律条文的具体规定为载体，贯注其中又以之为表现，但是主审者多数情况下更愿意言“理”而非据“律”。即便是律令有明文者，亦需在判文中说“理”。首节所引判例一即是一例，另可见于张鷟面对“太庙郊社令朱景方行大祀，乃于散斋而吊丧，御史弹付法，大理断官减一等，征铜五斤”这等具有明确法律依据的案件作判时，仍大段论理，并强调“不恭之罪，法有常科；失礼之愆，宜从明宪。官减一等，铜坐四斤，数外更求，未为通允”。[⑥] 这印证了前节所论，即主审者的主要工作是辨理、明理而不是依

---

① （清）董诰等编：《全唐文》，卷二九六，中华书局，1983，第 3003 页。

② 据刘俊文：《敦煌吐鲁番唐代法制文书考释》，第 439 页。

③ 这正是常识以这些殊理为支撑的体现。

④ 刘俊文：《敦煌吐鲁番唐代法制文书考释》，第 442 页。

⑤ 刘俊文：《敦煌吐鲁番唐代法制文书考释》，第 438 页。

⑥ （唐）张鷟撰：《龙筋凤髓判》，卷四，第 137 页。

法裁判。所以即便是法有明文可依，也有必要将其中的法理抽绎出来，置于与其他殊理相同的逻辑层次上加以辨析。

情理，类似于今人所谓人之常情。唐代判书中所及大致有两类：一是像“五经”等经典中的义理、历史典故中的“道理”之类；二是和社会风俗、人情世故有关的俗理。例如前引判例二井崩致死抛尸案判词言“眷彼无情，理难逃责”。① 另外还有些被唐人普遍认可，虽说拿不上台面，却又需被裁判者考量在内的若干殊理，像佛教、道教经义中的理，有时也被当作情理来看待。②

情理在大多数情况下都汇于事理之中，毕竟它们以常识为基础。只不过情理渊源于人的“天命之性”，涉及人的良知、善端等，③ 与时为正统的儒家学理关系密切，所以一些主审者倾向于把情理单独析分出来作为理据。另外“人心所向”也构成情理的内涵，而这又与习俗、风俗、礼俗等民间文化与观念有关。例如中宗朝卢俌的《对筑墙判》：

> 洛阳县申：界内坊墙因雨颓倒，比令修筑。坊人诉称皆合当面自筑。不伏，率坊内众人共修。
>
> 帝王是宅，河洛之阳，云阙岩岩，列绮城之万雉；环途隐隐，分体国之九经。重闬交关，楼台相距，属阴风回扇，累日沉辉，洒洪雨于四溟，布族云于千里。烟凝万井，萍汎中衢，半露宫墙，坐见室家之好；全颓环堵，行瞻湫隘之居。且揆务黄图，参荣赤县，理虽谨察故典，遵牧黎人，必使沟洫广开，垣墙甚厚，因兹法令，正叶随时。坊人以东里北郭，则邑居各异；黔娄猗顿，乃家产不侔。奚事薄言，伫遵恒式，既资众力，须顺人心。垣高不可及肩，板筑何妨当面？④

判文中强调“须顺人心”和“垣高不可及肩，板筑何妨当面”，正是缘“情”而论。

伦理，即人道、人伦之理，它的内涵与儒家学理和官方意识形态联系非常紧密，甚至可说

① 刘俊文：《敦煌吐鲁番唐代法制文书考释》，第438页。

② 尽管唐人崇佛、道，并普遍受到二教教理影响，但直接论说佛、道二教之理并以之为据的情况在唐代判书中非常罕见。即便是直接涉及二教教徒或者寺庙、宫观的判书也是如此。这背后的原因当与官方对于政权“正统”性的塑造有关，当然还可能有其他因素促成，这里不做深论。与本论相关者，只需理解佛、道二教之理对观念有影响，可以作为审判理据，但不为时人所常用和倚重。

③ 唐代尚无学理层面所谓气质之性与天命之性的分判，这类论说是到了北宋张载以后才渐为理学家所论证清晰。但是《中庸》《孟子》关于人性的论说在唐代的影响是毋庸置疑的，且天命之性至少在中唐以后已经肇端于学理讨论，最典型的例子莫过于李翱的《复性书》。唐宋之际的“性”论迁转，参见唐君毅：《中国哲学原论·原性篇》，中国社会科学出版社，2005，第201—233页。

④ （清）董诰等编：《全唐文》，卷二六七，第2713—1714页。

直接奠基于儒家学说且为政权所尊奉、推崇。伦理是以“仁”，即“爱人”为核心，由亲亲、尊尊推展开一系列原则，像经常在判书中出现的孝亲、敬长、婚姻、服制等都是伦理的具体表现。通常伦理原则可在官方崇立的“五经”以及大量历史典故中找到直接依据或印证，所以只要不涉及专门性的学理化辨析，当时接受过经教教育的主审者们对伦理原则总体上具有共识。由于伦理的内涵过于复杂，在这里不做具体展开。需要注意，由于伦理以“家”为起点，强调家、乡、国、天下一以贯之的伦理原则，因此它本身兼有“私”（即个人、家庭、家族）和“公”（以“公家”与天下为主）两个维度。在权理的时候，案件所蕴含的伦理侧重于私还是公的维度，对它们作为理据的权重会有直接影响。略举《对为父杀牛判》一例以管窥：

> 韩孝随父行，牛惊抵人。恐损父，遂以刀杀牛。牛主论告，孝请价赔填事。
>
> 天经地义，道冠生灵，立身扬名，德光终始。见危授命，宣尼以为美谈；临难捐躯，马迁述其遗烈。韩孝忝曰人子，先随父行。逢莹角之初惊，似冲燕垒；遇奔蹄之暂跃，若走秦郊。仓黄贻性之忧，倏忽虑庖之患。霜锋一举，若庖丁之刃游；冰锷聊挥，似宰夫之断割。原始虽称犯罪，要终未可论辜，既符名教之规，还申壮勇之节。酬价匪亏公理，与直有惬私家，庶叶平反之词，以表从轻之典。①

韩孝的行为以今天的法律术语可称之为假想防卫，而按《唐律疏议·厩库》“诸故杀官私马牛者，徒一年半”，属于较严重的犯罪。所以他面临刑事追责和民事赔偿。为判者的看法与今人出入甚大。“析理”过程中首先强调的就是伦理，包含了孝（忧父）、仁（爱人）、义（见危授命、临难捐躯），并将之上升到了“天经地义，道冠生灵”的高度。同时也谈到了法理（即杀牛违律）和事理（即欠债还钱）。很明显，权理以后的结果是以宗亲伦理为主，兼顾事理和法理，曰“酬价匪亏公理，与直有惬私家，庶叶平反之词，以表从轻之典”。

所有这些殊理中还需厘分出合于官方意识形态的理和受到社会文化认同、却又往往不能登堂入室的理（或可简称作“俗理”）。两者在权衡时所被赋予的重要程度存在差异。虽说伦理、法理较受关注，显得更加重要，但严格说来，这一系列被当作审判理据的殊理，并没有明确且稳定的效力等级分判。面对殊理冲突，如何确定其中的哪一种或几种占据优势，并可作为审判依据，有赖于审判者行“权”。至于如何行“权”，将在下节阐释。

① （宋）李昉等编：《文苑英华》，卷五四七，第 2793 页。

三、何以行“权”

首节判例二可说是整合诸理、加以权衡、获得合理裁判的典型裁判过程。这个案件包含复杂的事理、情理、法理要素，主审者首先须得一一辨明。用最简单的语词来概括，无论是辨理、明理还是做出判决，最重要的方法是“权”，或曰“权理”，即在诸殊理中加以权衡并做出判断。行“权”的对象是诸殊理，逻辑上始于析理、辨理完成以后。但和其他几乎所有判文的作者一样，文中并没有澄清主审者如何行“权”。虽然如此，这仍是理解唐人审判推理时不得不澄清的核心内涵，所以接下来我们需弄清唐人究竟如何在诸殊理冲突的情况下做出合于理的判断。

唐代审判者行“权”，给后人最大的直观印象莫过于拥有巨大的自由裁量权，甚至极端论断以之为古代“人治”而非“法治”的直接证据。可是通过对比不同作者针对同一判题作的判书，可知绝大部分情况下判者所用的文辞甚至理据有差，但所析之理和行权后做出的裁判相同。现存判书中有不少应属于试判的同题判词，大多可以印证上论，例如武后时张洌的《对嗣足不良判》：

> 景食一县嗣子足不良，请立其弟，礼司不许。云：古有其道。
>
> 藉庆食邑，象贤继踵。承家之道，将不愧于前修；畴嗣之宜，庶遥符于古义。眷言长嫡，疾乃天然，既类郤克之刑，将同孟絷之废。且仲子立衍，循鲁礼而知归；韦家封成，镜班书而有序。瞻惟乙请，未爽通规，在律虽违，行权则可。请停司禁，无拒乙辞。①

另有康璀的《对嗣足不良判》：

> 景食一县嗣子足不良，请立其弟，礼司不许。云：古有其道。
>
> 大夫称家，荣高食采；冢子当室，业茂本枝。盈大足徵，期克昌于魏国；六三能履，或取笑于齐堂。弱足者居，奉身而退。遵康叔之命，以崇次及；察韩黯之衷，雅符高让。则先茅旧土，今也载传；孤竹遗风，此焉无替。法听弃疾，礼贵象贤，立弟

---

① （清）董诰等编：《全唐文》，卷二六〇，第2633页。

舍兄，理复何惑？[①]

上列两判判题和给定的案件事实全同，但两人说理用到的理据各异，所得的结论也异词，然而表达出的实质性判断却非常一致。类似情况在《文苑英华》中大量出现，足以表明看似“自由”的“权”背后其实有一套潜在规则和方法为主审者普遍认同且使用。换个角度来看，唐代吏部铨选采取试判的动机之一正是考察候选者是否掌握了这套“潜规则”，也是考察从仕者是否把握了与官方（立法者）相一致的政治理念和原则。

绝大部分情况下“权”都发生在合法范围内，毕竟法理、事理、伦理等本应皆合于天理。而且立法者立法建制的思路也建立在与审判者大体相同的“理”观念和常识基础之上。如果权理的结论总是与法律条文相悖，那么势必要怀疑当时的法律是否合天理了，或者说法律本身的合理性是否会受到严重损害。但事实上并没有出现这种情况。只是人们通常更关注少数情况下出现的权出于法外的个案，因为这些个案更便于理解“权”的特质与方法。

不过由于没有任何时人关于这套规则与方法的理论论述，我们只能借助既有的判书做出推论。顺着首节中提出的框架，主审者查明事实并完成了析理、辨理之后，接下来须得审视诸理之间的关系，并确定权衡方案。现有判书大致会呈现出以下四种状况：

一是事件清晰可辨、诸理均无冲突，按法而断即为合理。这想必是主审者最愿意看到的局面。二是事实不清，诸理无冲突，这时需待事实勘问明白后再做判断。但如何判断只涉及到如何用法，而无需在诸理中做出权衡。要注意，即便是面对事实不清的状况，主审者仍需先行辨理，也就是说之后进一步查明事实会受到辨理影响。三是事实清晰，但所蕴含的诸理存在冲突。这便需要主审者实质性地行“权”。四是事实不清且诸理冲突。这种情况最为棘手，主审者会要求继续勘验事实，也会陈述诸理并提供行“权”的方案和理据，有点类似于上述第二、三两种情况的集合体。考虑到绝大部分情况下主审者不会在事实不清的情况下贸然做出裁断，但是仍会结合可能的状况辨理、说理，所以我们讨论实质性行权和裁判可以暂且将事实不清的情况排除出去。

历代儒生都将“权”视为至难又至关重要的论题。《春秋公羊传·桓公十一年》中所提供的基本原则被认定为不刊之论，曰：“古人之有权者，祭仲之权是也。权者何？权者反于经，然后有善者也。权之所设，舍死亡无所设。行权有道，自贬损以行权，不害人以行权。

① （清）董诰等编：《全唐文》，卷二六〇，第2640页。

杀人以自生，亡人以自存，君子不为也。”[①] 从中可知“权”必是因“反经”（在现实中可化约为反常、违法等）而起。如果诸理之间无冲突，事与经、法相合便无所谓“权”了。而行“权”的基本原则，包括为向善、不为己（或曰不自利）和不害人。但除了《春秋公羊传》，更无其他足以指引具体践行的细化方法或规则，几乎每个个案都需要特事特办式地辨理以获得行权的方案。

尽管如此，还是可从唐人判书觅得一些共性。其中最普遍者是遇到殊理不可权且必得遵守时，权才可以当然地出于法外。那么哪些殊理属于不可权又必得遵守呢？综合全部判书来看，似乎除了事物本然之理外，其他诸理都可权。如白居易《百道判》载：

> 得景进柑子，过期坏损，所由科之，称“于浙江、杨子江口，各阻风五日”。
>
> 进献失期，罪难逃责；稽留有说，理可原情。景乃行人，奉兹锡贡。荐及时之果，诚宜无失其程；阻连日之风，安得不愆于素？览所由之诘，听使者之辞。既异遑宁，难科淹恤。限沧波于于役，匪我愆期；贩朱实于厥苞，非予有咎。舍之可也，谁曰不然？[②]

因天气原因导致延误，按照前节所说当属于事物本然之理所致，即今所谓不可抗力。正是因为人力所不能及，其方可以成为对抗法律（今曰“免责”）的理据。文中“进献失期，罪难逃责；稽留有说，理可原情”和“舍之可也，谁曰不然”的表达非常具有代表性。这类事理显然不可权且应作为裁判理据。

可权的诸理又有轻重之分。判（词）要做的工作，先是确定不变之理，而后在可权之理中“权”以求得“合宜”（亦即“合理”）之判。[③] 一般而言，关乎政道（即政权正当性）的“理”有较高的效力（或曰说服力）。众所周知，传统中国政权正当性最核心的根基一则在“天命”，以人心、民生为之反映，二则是宗亲伦理。所以这两者在权理时往往被置于首要位置，甚至可以“不由分说”地成为权出于法外的理据。两者均可以白居易判书为例：

> 得甲年七十余，有一子，子请不从政。所由云：“人户减耗，徭役繁多，不可执礼

---

① 汉代以后降及清代，人们一直奉之为行“权”的基准。参见田丰：《“反经合道”为“权”的再诠释》，《华侨大学学报（哲学社会科学版）》2012年第4期，第12—21页。

② 谢思炜：《白居易文集校注》，第1696页。

③ 如《文明判集残卷》“请看问一之规，庶广在三之教，将何决罚，窃未合宜”。据刘俊文：《敦煌吐鲁番唐代法制文书考释》，第436页。

而废事。”

役且有辞，信非惓力。老而不养，岂谓爱亲？恋若阻于循陔，怨必兴于陟岵。顾惟甲子，及此丁年。户减事繁，政宜勤于昼夜；家贫亲老，养难阙于晨昏。在子道而可矜，虽王徭之宜免。事闻诸《礼》，情见乎辞。天子敦风，犹劝养其三老；庶人从政，亦何假于一夫？况当孝理之朝，难抑亲人之请。所由之执，愚谓不然。①

这则判书中宗亲伦理之孝亲就构成了判决的主要理据。又如：

得丁为郡，岁凶，奏请赈给百姓。制未下，散之。本使科其专命，丁云：“恐人困。”

临邦赈乏，情本由衷；为国救灾，美终归上。丁分条出守，求瘼居心，岁不顺成，人既忧于二鬴；公有滞积，户将饩以一钟。是输济众之诚，允叶分忧之政。然以事虽上请，恩未下流，稍违主守之文，遽见职司之举。使以未有君命，何其速欤；郡以苟利国家，专之可也。恤贫赈廪，邓攸虽见免官；矫制发仓，汲黯不闻获罪。请宥自专之过，用旌共理之心。②

此篇则以情理中的“人心”作为了判决的主要依据。

当然，虽说在与其他殊理权衡时它们在多数情况下会被给予较大的权重，但以上两者又都不必然导致权足以出于法外，或曰非是权出于法外的充分条件。表现之一是宗亲伦理也不必然能够对抗王法，例如《文明判集残卷》有一例：

奉判：秦鸾母患在床，家贫无以追福。人子情重，为计无从，遂乃行盗取资，以为斋像。实为孝子，准盗法合推绳。取舍二途，若为科结？

秦鸾母患，久缠床枕。至诚惶灼，惧舍慈颜。遂乃托志二乘，希销八难；驰心四部，庶免三灾。但家道先贫，素无资产。有心不遂，追恨曾深。乃舍彼固穷，行斯滥窃。辄亏公宪，苟顺私心。取梁上之资，为膝下之福。今若偷财造佛，盗物设斋，即得着彼孝名，成斯果业，此即斋为盗本，佛是罪根。假贼成功，因赃致福，便恐人人规未来之果，家家求至孝之名。侧镜此途，深乖至理。据礼全非孝道，准法自有刑名。

① 谢思炜：《白居易文集校注》，第1675页。

② 谢思炜：《白居易文集校注》，第1663页。

> 行盗理合计赃，定罪须知多少。既无匹数，不可悬科。更问盗赃，待至量断。[①]

秦鸾之举如判题中所言，看似是因孝亲而盗窃，产生伦理与法理冲突，但其实不然。审判者所应为，是要析出案件中所具之理，并加以分析，判断是否行权、如何行权，并且做出“合理”的判断。判书中析出了几组可能的冲突：（1）公与私，即“辄亏公宪，苟顺私心”；（2）名与实，即孝亲之名与罪行之实；（3）礼与法；（4）伦理与法理。其中后两者构成判题所疑，但判书的论理过程证明了本案实际并不涉此二者，关键理据在于“礼全非孝道，准法自有刑名”。

于诸理俱可得通，即“如存理而无伤”[②] 的情况下，或者诸理冲突而又无一理足以统摄其他诸理时，权的方案多如现今常言的利益权衡，以此来助成择取一理而从之的依据。所权衡者包括国家之公利，也包括当事人之私利，但大多数以公利为先。由于主审者侧重有别，考量各异，判断亦会出现分歧。例如“两贯判”四则，[③] 给定的案件事实是“甲先有两贯，一延州，一属鄜州为定。甲诉云先属延州”，大意是说甲在延州、鄜州均有户籍，官方判定为取其一而属鄜州，甲以本籍在延州为由不服。四则判书如下：

> 版图（一作籍）堤防，生灵纪纲。用收（一作悛）不道，是禁奸慝。为政之要，莫先此途。若能守之，人无散逸。甲关西男子，陇外游客。从沙塞之荒泽，弃田园之故乡。先为流民，近为编户。同狡兔之三穴，匪王人之一心。或因官迁，数奇以建庄，舄以班崇（一作荣），吟越钟仪，以幽系思楚，编彼乐土，歌于归来。兰署以鄜州临戎，人稀地旷。留实边户，公利实（一作心）多。割近甸之有余，助遐陬之不足。依省为定，又何可疑。若从诉端，诈道滋蔓。（佚名）
>
> 淳维不虔，塞门多事，险其走集，虽称有典。当其奔冲，安得无战，或逃或死，家无康业。且人户平分，文昌之旧也；边郡以实，先王之制也。甲无一德，遂编两贯。礼不忘本，延州密迩于京毂；武以戒严，鄜府远邻于河县。详其动静，徇欲滋深，违之则苦，从之则乐。国有大事，在戎为急，邦之荣怀，阜人斯可。益其远也，不亦宜乎？（王翰）
>
> 人则怀土，狐乃首邱，然荡析离居，罔能定极。且甲义殊三徙，编贯两乡。作可封之比屋，名标鄜部；寻本枝之百代，籍挂延州。所以旧里驰诚，是混新丰之犬；故

① 刘俊文：《敦煌吐鲁番唐代法制文书考释》，第437—438页。

② 语出《货有滞于人用判》，（宋）李昉等编：《文苑英华》，卷五三〇，第2712页。

③ 并见（宋）李昉等编：《文苑英华》，卷五二九，第2708页。

乡摇思，不食武昌之鱼。想邑呻吟，深嗟变橘，瞻关敬止，实慕维桑。欲遣三缄，终无二见，仙台制则，方阐长途。匹夫之志，信难可夺。（佚名）

国正封略，甿编邑闾。定要荒之制，莫非王土；开版图之职，司于封人。甲唯常流，迹齿编庶。居先零之地，早及戎风；近烧当之俗，久覃宏化。既因流寓，终是播迁，失延州之故乡，隶鄯部之外郡。亦犹宰嚭辞宋，陶朱去越。蓬飘萍转，曾何足以少留？维桑及梓，固不忘于祇载。省司既定，诚合三缄；甲且有词，须分二里。至若军落关右，地阔流沙，总六郡之兵马，当三边之要害。戎羯时抄，边人屡耸，事资捍御，安可辄移？如或身列荣班，苟非规免，情有深于怀土，人何系于匏瓜？叩其两端，宜不然矣。（庾光先）

上述四则判书的作者在权理时实际上是在权衡判决可能造成的后果，基本上可算是诸利相权取其重。但是这又不可看作是纯粹的利益权衡，而更接近于价值权衡，与《周易·文言》“利者义之和也”的论说相一致。[①] 主审者更多考虑的是社会利益和政治治理所能、所应实现的价值如何更大化。

尽管上文努力尝试从判书中寻绎一些较易于掌握和运用的原则、规则，但是很明显，要想获得操作手册般的行权规则毫无可能。“权”本身“反经”“反常”的性质决定了它不能以严格规则化的方式呈现。要想能够把握“权”背后的“理”并形成观念共识，有赖于整个社会文化、价值取向、思维方式等方面的共同支撑，非是单纯的方法性指引可得解决。

四、“法律”的角色

前述诸节中引述的判书足以表明，对审判者而言，包括律、令、格、式、敕等形式的“法律”条文不可或缺，[②] 但又不是裁判的唯一依据，甚至有的时候还可以被反对。再者，成文法律显然在“天理”之下，且当以合于“天理”为正当性根基。此外，当时的法律既

---

① 朱苏力曾经提出过著名的“海瑞定理”，引起了学界不小的反响。不过试图以西方的法经济学为依托阐明古代中国审判中“权”的理路，存在的问题很多，最严重在于与传统文化和古人的价值追求几乎完全悖反。这里无意对类似这种以西释中的理论解说作过多评论，将之视为一种解释而非理解的方案似乎也无不可。参见苏力：《“海瑞定理”的经济学解读》，《中国社会科学》2006 年第 6 期，第 116—132 页。

② 唐代人使用“法律”一词，所指类似于现今所言正式法律渊源的内容，或曰法条。例如唐玄宗《详定刑名诏》：“爰逮朝贤，详定法律。”（《全唐文》卷三三）再如玄宗《加天地大宝尊号大赦文》：“顷者详诸条目，已从简易，至于结断，尚虑深刻，所贵从宽，示其知禁。宜令中书门下与刑部大理寺法官审更详定。法律之间，有所不便者，具条目闻奏。”（《全唐文》卷四〇）这个“法律”概念与单独使用时的“法”和“律”都有差别。本节所用的“法律”沿用唐人的观念，而非当代法学的法律概念。

自有其理，即前文说到的作为殊理之一的“法理”，同时内容中又包含了其他殊理，[①] 而且与当时思想文化的一般状况一样，从来不曾对“理”作精确界定。以上三方面其实可以汇总并集中地反映到一个问题上，即法律在唐代审判中究竟扮演什么角色。

判书中反映出来的情况，一是几乎所有的殊理都可以构成不据法而判的理由，且如何权理并无一定之准。二是律令的“在场”感不强，如果依照首节呈现的模式（即查明事实—析理—辨理—权理—案验律文—权断—裁判），很多判断在案验律文之前就已经做出了。现代法学学者很容易将案验律文之前的阶段整体上视为审判者具有强烈主观性的前见、预设等，并认为这是传统审判人治而非法治特质的表现。出现类似看法，一方面与西方式司法理论强调以法律作为大前提的三段论式法律推理有关，认为只有遵循这种逻辑才算得上是依法；[②] 另一方面也与以往人们对案验律文之前的阶段缺乏细致阐释和理解有关，于是不免只见其颇有主观色彩的“然”而不知其所以然。

西方解释学说法是，如此做出裁判依靠内心确信和“前理解”。至于这个“前理解”怎么来，代表者如拉伦茨认为是从常识、学理等地方来，但始终语焉不详。如果按照西方法学法律推理的理路，传统审判推理从查明事实到案验律文之前都属于这个“前理解”。古代审判的重心在于“前理解”和案件事实碰撞，也就是析理辨理之后就已经有判断了。法条在判断形成之后才入场。拉伦茨等人的理论都从法条入场之后开始讨论，只承认之前有“前理解”，不承认之前有判断，这与他们的“法治”相违背。

大体对唐代主审者而言，所有既有的法律制度都是审判的前提，但又不当然地必须遵守。这个前提有点类似于将成文法作为前提性的参考项，以之为政权的立场、态度和一般性规则。无论判书中是否直接提及或称引法条，都不妨碍这个前提“临在”式地影响每个案件和裁判。这从绝大部分判书的实质性裁判结果都合于律令即可见得，其实也表明唐代的法律制度本身以及背后的“法理”在时人观念中“合理”（或曰合于天理）。

可是审判者又确实需要面对法理与法条的冲突做出权衡，例如《避市籍判》：

---

① 据高明士考，“唐律中单独使用‘理’字之例甚多，就《名例律》而言，如曰‘理同十恶’（总6条《疏》议，以下为节省篇幅，均只标示总条数）、‘笃亲亲之理，故曰议亲’（总7条《疏》议）、‘律贵原情，据理不合’（总11条《疏》议）、‘以理去官’（总15条《疏》议）、‘理务弘通’（总18条《疏》议）、‘理亦无别’（总19条《疏》议）、‘死罪上请，敕许留侍，经赦之后，理无杀法’（总26条《疏》议）、‘一家二丁，俱在徒役，理同无丁之法，便须决放一人。’（总27条《疏》议）、‘略人为奴婢者，理与强盗义同。’（总43条《疏》议）等。”参见高明士：《唐律中的“理”——断罪的第三法源》，第4页。

② 这种过于理想化的理论即便是在西方法学界也已经受到了越来越多的批判，尤其是在解释学、实践理论、商谈理论等兴起以后。但是这些批判带来的更多是对原有理论模式的修正，而非颠覆。也可以认为，西方学界难以割舍他们对法律的“信仰”，尽管这在局外人看来更近于一种虚妄的执念。

大理称人多避市籍远役，自陷于圜土。所以每年旨条别有处分，不得如律。若依旨则此刑将措，若依法则无以代更。请省定。

裨贩所兴，闻乎往代，入四人之伍，隶九市之籍。邪赢所尚，锥刀必争，曾不昏于作劳，徒乘时以射利。故汉之定法，禁其未淫；秦之设规，谪以边戍。发号施令，岂徒然哉？且民者曰甿，懵夫立理。避要荒之征役，弃父母之版图，虽欲利于飘蓬，终见陷于圜土。国家罪惟宁失，德存好生，济宽猛于随时，审科条于庶慎。大哉至化！刑措其宜，但能峻以堤防，明其教令，则有符古之道，无遗（一作其）代之更。政在养民，何须如律。①

这则判书不署撰者，据判题可知是大理上请之事。大理认为当时人们多规避市籍以及由之而产生的“远役”义务，据律应属于犯罪。② 可是每年都有针对性的特别法令（“旨条”），据之可不按律论处。大理的困惑在于：如因循现状，则律文形同虚设；但若是严格依律处断，又有损“旨条”的权威性和效力。其实采取无论哪种方案，官方的权威都会受到损害。判书先是分别阐述了律令之禁与现状两者各自的合理性，而后提出了支持依从现状的实质性理由并做出判断。实质性理由包括：（1）以宽恤为本的立法原则，即“罪惟宁失，德存好生”，“政在养民”。（2）法度需合时宜。（3）刑罚“够用”即可，无需周备。即“刑措其宜，但能峻以堤防，明其教令，则有符古之道，无遗（一作其）代之更”。三点中包括了政、治两层：（1）关乎为政，（2）（3）涉及为治，类似今人所言立法、司法技术原则。三者又都本自儒家经义，并为当时所公认。要注意，判书并没有解决大理纠结的困境，而只是给出一个合“理”的“说法”并做出了明确判断。通过这则判书同样可以看出，判的核心就是“权理”，所“权”的对象可以遍及任何事类，包括法律的合理性。

殊理之中能够在权理时上位于律令之法的“理”，大抵是与政道相关的伦理、法理，以及具有客观性的事理。另有一些与律令可算平级，主要是涉及治道、治术的事理、情理等。审判者针对这些案件往往会呈现出具有个性化和差异性的判断。涉及治道、治术的诸理与法律之间的权衡，可以《对不拘文法判》二则为例：

甲为守，不拘文法。科其罪，曰：“无为而已。”

---

① （宋）李昉等编：《文苑英华》，卷五三〇，第2715页。

② 唐代“市籍”及“远役”，参见姜伯勤：《从判文看唐代市籍制的终结》，《历史研究》1990年第3期，第21—28页。

建官惟贤，临下以简，爰合大中之道，可还淳古之风。甲委质清时，分符列郡。崇简易之道，化洽百城；削文法之苛，人安千里。如汲黯之为守，卧理淮阳；若龚遂之能官，行歌渤海。无为而理，不肃而成，固良吏之可嘉，何深文而见劾。且政有经矣，岂必拘之守常？人可化焉，自当变而至道。欲科厥罪，不见其宜。（佚名）

垂范作则，资政教而为本；居上训下，在文法而为先。甲非异能，职忝专守。理人之辔策，曾未奉于公家；为政之脂粉，且闻隳于吏道。必也心疑有待，道贵无为。远企华胥之朝，或使人迷日用；久异大庭之俗，何不事与时迁？况浇风大行，淳化已寖。宜奉先王之法，用革小人之心。奚乃不拘，自速伊咎！纵引古训，亦置今科。（卢鍓）①

对待官员行使权力不守法，整个律令时代都有明确的禁止性规定，且通常都附带有相当重的惩罚。

还要注意到律令的另一个重要功能是提供校准、矫正的依据。这表现在两个方面：

一是为主审者提供校准和矫正的依据。并非所有主审者对律令都了如指掌，甚至有可能大部分官员都只是把握了法律的“精神”和主要原则，对具体规定则不甚了了。因此经过查明事实、析理、辨理、权理而得到初步判断之后，再案验律文。这时主审者便会面临一次自我校准，看之前形成的判断与律文是否合辙。如果合辙自不必说，一旦不完全相合或者相左，则须得进一步“权断”，考虑之前所权之理和行权是否存在问题，理据是否充分，等等。

主审者选择做出与法条相悖的裁断时可以也应该明知被当事人进一步申诉或被职官纠弹的可能性，故此他必须保证判书中所析、所辨之理和行“权”而做出的判断具有足够的合理性与说服力。并且作为官僚体制内一员的主审者，在做出判断时势必会预估自己所判可能遭遇的后续审查，以及这些可能对他本人的考绩、声望等造成的影响。

以上种种都是“案验律文”之后“权断”所需考虑的情况。这时就不仅仅是权“理”，即回头去校验自己之前所辨之理是否妥当，还要权据理而判的可行性与得失。这次“权断”很显然会给最终裁判带来实质性影响，尤其是当“权理”的结果与“案验律文”不一致时。尽管如此，唐代的主审者们在不少情况下会无视这种不一致，选择坚信自己说理足够充分可靠。所以法律条文尽管会对裁判过程和结果带来影响，但绝非是唯一的标准。

二是为当事人进一步申诉，以及御史、廉察等官员进行纠察提供依据。唐代法律制度为当事人上诉提供了多重途径，同时官僚系统内部的检举、案验、纠察极其频繁且严格。

① （宋）李昉等编：《文苑英华》，卷五三三，第2726页。

判书中很多案件其实就属于上诉或纠弹以后的审判。例如元稹《父病杀牛判》：

壬父病，杀牛祈祷。县以行孝不之罪，州科违法。

力施南亩，屠则干刑；祭比东邻，理难逢福。冠带纵勤于侍疾，铓刃宁同于彼祆。壬忧或满容，杀非无故。爱人以德，未闻易箦之言；获罪于天，遂抵椎肥之禁。志虽行孝，舍则乱常，父病诚切于肺肝，私祷岂侔于茧栗。且宋人皆用，或免乘城之虞；魏郡不诛，终非弃市之律。令不惟反，政是以常，县恐漏鱼，州符佩犊。①

据判题，案件已经县、州两级裁判，这次作判属于（或被拟定为）哪类程序不可确知，但是第三次审理无疑。县、州两级判决结果截然相反，很明显县级审判是“权理”以后的结论，以孝，即血亲伦理为重；州审则是“案验律文”之后以县审为违法，主张按法而断。因为《唐律疏议·厩库》明确规定“诸故杀官私马牛者，徒一年半”。这印证了法律条文为重审案件提供“口实”的推断。但即便看似按法而断的州审，也绝不会单纯以县审违背律条为据而直接推翻。它同样是经历了从推问事实到裁判的一系列步骤以后做出的结论，核心仍然是“权理”，只不过这次行权后的结论合于律文。这个推断可以在第三次审理，也就是上引元稹的这篇判书中得到体现。他同样遵循了从推问事实到裁判的那些步骤，重心仍落在了“权理”上。

如果套用前文给出的审判推理模式，案件中涉及的诸理冲突非常明显，父病子行孝属于血亲伦理，私杀牛违反法理，这两点很明确。问题在于以牛行祷是否合理？这背后涉及的观念很复杂。笼统地说，按照当时的俗观念，祷可以除病，顺着这个思路以牛行祷就多少能具有合理性了。反之，持“非其鬼而祭之，谄也”（《论语·为政》）的观念来审查，以牛行祷毫无合理性。以非必要的不合“理”且违法的行为行孝，不当视之为合理。元稹大致是这个态度，因此得出“县恐漏鱼，州符佩犊”的结论。

这则判书恰好可以体现出，唐代主审者在处理复杂的诸理冲突时有可能会出现“权理”偏差过误的情况，这时法律条文可以给主审者本人和后续的救济举措提供参考依据和理据。

再如“权”并不当然地意味着可不依法而判，恰恰相反，依法审断乃是常态。唐代提供了众多纠察诉谳方式为之保障。

得丁私发制书，法司断依漏泄坐，丁诉云：“非密事，请当本罪。”

---

① （宋）李昉等编：《文苑英华》，卷五四七，第 2796 页。

君命是专，刑其无小；王言非密，罪则从轻。丁乃攸司，属当行下。不慎厥德，擅发如纶之言；自灾于身，难求疏网之漏。然则法通加减，罪有重轻。必也志在私行，唯当专达之责；如或事关枢密，则科漏泄之辜。请验迹于紫泥，方定刑于丹笔。[①]

判题中法司前判的法律依据是《唐律疏议》卷九《职制》“诸漏泄大事应密者，绞。非大事应密者，徒一年半”，《注》曰：“大事，谓潜谋讨袭及收捕谋叛之类。”丁辩诉以为私发制书内容不涉密，不合于律文。这时律文起到的校准作用已然明显，如果没有这个严格且标准化的校准依据（也可以说是“口实”），也就不会有上诉的可能了。不过要注意，尽管丁上诉的事由本自法理，但判书却不具备如今之法律解释的功能，而仍以辨理、权理为要务，如言“王言非密，罪则从轻”即是说法理，“自灾于身，难求疏网之漏”则是陈事理。

得甲为所由稽缓制书，法直断合徒一年，诉云“违未经十日”。

王命急宣，行无停晷；制书稽缓，罪有常刑。将欲正其科绳，必先揆以时日。甲懈位败度，慢令速尤。蓄怠弃之心，既亏臣节；壅骏奔之命，自抵国章。然则审时勾稽，考程定罪。法直以役当期月，所由以违未浃辰。将计年以断徒，恐乖阅实；请据日而加等，庶叶决平。是曰由文，俾乎息讼。[②]

判题中上诉者否认“稽缓制书，法直断合徒一年”的初断，依据是《唐律疏议》卷九《职制》“诸稽缓制书者，一日笞五十，一日加一等，十日徒一年”。这里律令扮演的校准角色与前例相同。而文中白居易行判的方式以及对待律令的方式也与前例相合。

上述两篇判文也反映了唐代判书的一个共性，即无论哪一层级的主审者，也无论在审判中如何对待法律，他们绝少会直接针对法律条文做出评论。评价、修改法律制度在当时属于与“判”相异的事类，两者并不交涉。也就是说，对主审者而言，法律条文以及其所承载的“法理”仅仅作为审判的必要且重要的参考项之一。在这个意义上，洞悉法律制度者专门进行的立法建制确有其独特的“理”，且会异于一般观念。[③] 这反过来也说明主审者普遍将“法理”作为殊理之一对待的合理性。

---

① 谢思炜：《白居易文集校注》，第1779—1780页。

② 谢思炜：《白居易文集校注》，第1781页。

③ 关于文中说到的独特“法理”的内涵，当前学界尚没有很好地理解和诠释。我们只能姑且目之为立法建制以为治的一套独特原则、方法、机理。它与专门性的律学，即律令解释学的关联相对紧密，但两者所循之“理”是否为一并不清楚。这些问题有待日后进一步研究。

五、当代启示：今案古判

前述诸节论述的传统审判推理模式看似已为现代司法理论所不取，实则与当下司法裁判的发展趋势密切相关。近年来的裁判文书中，以“理”为据且引入法外之典以论理作判者比比皆是。可是法官大多只能囫囵言“理”，且所据之典又无共识，引发争议者不在少数。如此状态，好的一面是司法者对传统文化的价值已有认同，且能够亲力践行；不足处则在于缺乏成熟且行之有效的共识性方案，容易造成争议，进而影响裁判的效力和公信力。

上述不足产生的主要原因之一，在于现有的舶自西方的司法理论非但不足以提供完备的纳理入判的方法，而且还存在某些原则上的抵牾，同时传统的审判方法又尚未被理论化地诠释出来。[①] 为此，针对性地研究古代审判究竟如何据理而判，并做出合于当下理解习惯的理论诠释是当务之急。下面仅借近年来引起巨大社会反响和学界热议的于欢杀人案，做一点类似今案古判式的探讨，借此呈现传统审判模式之于当下中国司法文化发展的“可用性”。

于欢案的案件事实，以二审认定为据，大致可归纳为：于欢之母苏某及丈夫向吴某、章某借款未还清，赵某1与杜某2抢占苏某所抵押的房屋，两次报警后调解未果。赵某1纠集郭某2、郭某1、苗某、张某3三至苏某所在公司讨债，并报假警。警察调解未果后，杜某2、杜志浩等人限制苏某及其子于欢的人身自由，并辱骂、羞辱性伤害二人。冲突中于欢持尖刀，警告杜某2等人不要靠近。杜某2出言挑衅并逼近于欢，于欢遂捅刺致杜某2经抢救无效死亡，严某、郭某1重伤二级，程某轻伤二级。[②]

本案一审、二审出现重大分歧，涉及认定事实、犯罪性质和量刑多个方面。其中学术界争议最大者在于欢的行为是否应被视为正当防卫，由此还引发了学界关于正当防卫界定、定罪量刑和法律推理（论证）方法等方面的理论探讨。[③] 公众舆论则近乎一边倒地认为于欢因母亲受到侮辱，护母心切而致伤人情有可原，即便有罪也应尽量从轻。而一审认定被告

---

① 传统司法者更多是处于一种“日用而不知”的状态，并没有做出理论化诠释，更不曾给出足以大规模推广的理论方案。

② 参见山东省高级人民法院（2017）鲁刑终151号。

③ 三方面的讨论可参见姜敏：《正当防卫制度中的“城堡法”：渊源、发展与启示》，《法学评论》2018年第5期，第47—60页；姜涛：《行为不法与责任阻却：“于欢案”的刑法教义学解答》，《法律科学》2019年第1期，第92—102页；刘媛：《以司法三段论的视角分析于欢案一审判决》，《理论观察》2017年第8期，第100—102页；卢建平：《于欢案量刑的几点思考》，《人民法院报》2017年7月11日，第2版；李晓明：《“正当防卫”四十年：“于欢案”映射刑法第20条的修改》，《河北法学》2020年第4期，第46—63页；车浩、陈兴良、周光权等：《从于欢案谈正当防卫》，载陈兴良主编：《刑事法判解》，北京大学出版社，2019，第151—192页。

人于欢犯故意伤害罪，判处无期徒刑，剥夺政治权利终身，并赔偿附带民事原告人经济损失，① 旋即引起了一片质疑甚至谩骂之声。伴随这些质疑与否定出现最多的说辞便是“不合理”。② 而常识与一审判决的抵牾引发了与上诉有关的山东省高检、高法重视，很明显二审改判并非仅仅是一次基于法律知识与技术本身的矫正，而是包含了对社会观念的考量在内。③ 同时最高法对山东省高院的这种做法也予以了认同，不仅表现为相关人员有“司法审判不能违背人之常情”的表态，④ 还将二审作为了指导案例。⑤ 学界对此也不乏反思，⑥ 其中存在的问题，或者说困境与本论开篇中所谈可相印证：我们国家的司法确实需要，也不能离开社会观念中对天理、情理、伦理等“理”的诉求。但是现有的司法理论、理念基本上都基于西方学理而形成，与这些本土化的观念诉求难以完全兼容。导致的结果之一是不免牵强地为合理诉求千方百计地套上严格依法裁判的外包装。而且所合之“理”又难以说得分明，直接用来支撑判决既显得单薄，又于法无据。

如果用类似唐代审判推理的模式来审视于欢案，查明事实以后要析理、辨理、权理，案件同样可以析出之前谈到的事理、法理、情理、伦理四类。事理的部分并无事物本然之理，只有事情应然之理。而相关的事情包括欠债者应如何履行契约、讨债者应如何讨债、纠纷应如何化解、是否应当行凶伤人等。这些事理按照常识其实都不难做出判断。案件中的伦理内涵也很清楚，母子相护，源于天性。因母亲受到侮辱而奋起，视侮人者为仇雠，无论置于经典还是社会观念都合于伦理。最复杂的部分要算是法理，因为要考虑现代法律与传统和常识存在差异的特殊法理。如果仅以传统的法律观来审视，法律应当惩恶扬善、应当止暴、应当让有过错者承担责任、应当保护秩序等等。再以情理论，本案中讨债者因为反复催要未果而恼羞成怒，于欢因为母亲受辱而冲动伤人，都事出有因而有情可原。

析理且辨明之后就需要权理，和传统案件一样，这是最困难也最关键的一步。现代社会文化和观念中，宗亲伦理已经失去了现实的社会、政治基础，但是它的人道、人伦意涵仍然广受认可。因此案件中的伦理因素尽管不能像传统社会那般居于高位，但是仍应在行

---

① 参见山东省聊城市中级人民法院（2016）鲁15刑初33号。

② 关于本案引起的舆情状况，可遍见于各大网站的报道，以及微博、知乎、百度知道等讨论性网络平台，在此不一一转引。

③ 现有山东省高检的案件经办人李文杰的回顾性文章可查，参见李文杰：《于欢案办理回顾》，《中国检察官》2018年第18期，第3—5页。

④ 参见胡永平：《沈德咏：个案审判要置于天理国法人情之中综合考量》，http://www.china.com.cn/legal/2017—04/06/content_40566032.htm?f=pad&a=true，2017年4月6日。

⑤ 参见中华人民共和国最高人民法院：《指导案例93号：于欢故意伤害案》，http://www.court.gov.cn/shenpan—xiangqing—104262.html，2018年6月27日。

⑥ 例见李奋飞：《论司法决策的社会期望模式——以“于欢案”为实证切入点》，《法学》2019年第3期，第3—17页。

权时占有重要位置，它与法理之间须得相互妥协以求得平衡。再考虑事理和情理，整个事件发展到最后的状况，参与的多方其实都或多或少地合于事理、情理，但又都存在不合理，即过度的情况。如果把所有这些都汇集起来考虑，争利之理与人伦之理相较又当更为下位，毕竟前者源于理性而后者来自天性本然。所以合于伦理的方面更近善端，应予以更多宽容。有鉴于此，对任何一方的行为作严格追责和惩罚，例如径直将于欢的行为与其他恶意行凶无差别地视作故意伤害、故意杀人等显然不合理。但完全不加惩罚也不合理，毕竟于事理、情理而言都已失之过度。

有了以上权理的结果，再来案验法条，显然不能适用一审所用到的《刑法》第二百三十四条第二款“（故意伤害他人身体）致人死亡或者以特别残忍手段致人重伤造成严重残疾的，处十年以上有期徒刑、无期徒刑或者死刑”。同时又不能完全不追究于欢的责任，所以也不能适用特殊防卫，即《刑法》第二十条第三款“对正在进行行凶、杀人、抢劫、强奸、绑架以及其他严重危及人身安全的暴力犯罪，采取防卫行为，造成不法侵害人伤亡的，不属于防卫过当，不负刑事责任”。现行法律中合宜的条文即是二审适用的《刑法》第二十条第二款“正当防卫明显超过必要限度造成重大损害的，应当负刑事责任，但是应当减轻或者免除处罚”。

既然有明确的法条可以对应权理的结果，那么权断就显得相对容易，只需要结合权理的结论在“应当减轻或免除处罚”中做出选择并适当量刑就可做出裁判了。整个审判推理过程中最需要谨慎思量乃至考辨的非是当时热议的如何依法定罪，而是如何使得判决合理。

上面的今案古判的尝试想必会遭到接受过现代法学理论训练的学者们“不由自主”的质疑，因为这看起来明显是法官有着强烈预设甚至带着结论去适用法律，违背了法律作为审判推理大前提的要求。可是如果我们放弃视这西方法律推理与论证模式为当然，以理解传统审判推理内在脉理、合理性及与当下本土文化和法律观的连续性为基础，再虑及这套模式的有效性，或许不难发现它的价值与生命力。

当然，这篇文章所作的理论解释尚属于初步阶段，显得非常粗略，特别是对“理”和“权”两个关键环节的解释深度和广度都存在明显不足，只能算是基本呈现出传统审判推理的框架及其用于当下的可能性。真正要实现传统与现实的有效融合，除了进一步细化、深化研究之外，如何理解与古代存在差异的现代国人合“理”诉求，如何形成法律人与民众共识性的“法理”观念，如何将合理诉求与依法治国做理论和技术层面的融会，等等，都需要日后投入大量努力方可解决。毕竟这些工作所面对的，归根结底是本土与西方两种近乎异质的法律文化有机融会的大问题。不过试想，如果我们对传统的审判推理模式作充分的理论建构与阐释，并使之融入司法裁判，甚至法律制度之中，将本土之“理”与现代之“法”有机结合，是否可以避免司法过程中不必要的法、理角力，并更好地促成合理判决呢?

《元典章》异文校读琐议*

王　阳**

摘　要　《元典章》作为一部重要的元代法令文书汇编，因其内容丰富，版本明确，语言通俗，成为研究元代历史、法律、政治、语言文字等的重要文献材料。现存刊刻时间最早、内容最为可靠的《元典章》版本为故宫发现的元刻本，但是由于在该本成书过程中，编写、刊刻等人员多粗疏大意，书中脱、讹、衍、倒等失误之处比比皆是。虽然已有论著对《元典章》中的失误之处进行了校勘，但是仍有许多未及之处。今择取《元典章》中二十一则失误之处，通过比对异文，运用文字、词汇、语法等多种语言文字学的方法，对其进行校勘。

关键词　元典章；法律文书；异文；校勘

《元典章》原名《大元圣政国朝典章》，是一部重要的元代法令文书汇编。该书内容丰富，版本明确，语言通俗，是研究元代历史、法律、政治、语言文字等的宝贵文献材料。现存元刻本《元典章》是目前所见刊刻时间最早、内容最为可靠的版本，但是由于该书多为编者删节原始文书而成，加之该书成书于吏胥、坊贾之手，他们在抄录、编纂、刊刻的过程中多粗疏大意，以致书中脱、讹、衍、倒等失误之处俯拾可见，这严重影响了该书的

* 本文系国家社科基金后期资助项目“《至正条格》笺注”（项目号：20FFXB061）的研究成果。

** 王阳，商丘师范学院人文学院讲师。

利用价值。前辈学者已经意识到了这个问题，并对《元典章》进行了系统整理，代表有陈垣的《沈刻〈元典章〉校补》《〈元典章〉校补释例》，日本岩村忍、田中谦二的《校定本元典章·刑部》，祖生利、李崇兴的《大元圣政国朝典章·刑部》，陈高华、张帆、刘晓、党宝海的《元典章》。其中，又以陈高华等的《元典章》为目前所见《元典章》之最佳整理本。该整理本在对《元典章》进行校勘的过程中，重视利用同源史料（如《至正条格》《通制条格》《宪台通纪》等）所构成的异文进行他校，创获颇多。尽管如此，《元典章》中仍有一些失误之处未予校出，这给该书的研读工作带来了一定的困难。今尝试通过比对异文，运用文字、词汇、语法等多种语言文字学的方法，对《元典章》中二十一则失误之处进行校勘，以期局部还原该书的本来面貌。不当之处，敬请斧正。

1. 若有不知造水车去处，仰申覆上司，开样成造。(《元典章·户部》卷九《劝农立社事理》)①

按，《元典章》作“开”，《至正条格·田令·农桑事宜》②《通制条格·田令·农桑》③载有同一条文，皆作“关”。今按，“开”当是“关”之形讹字。“关”有“领取”义，如《至正条格·仓库·关防行用库》：“其差来〔库〕官、库子计会宝钞总库，〔库〕官、库子人等不依元料，多关上料大钞，少关下料零钞，以图便于交检。”④ 卷第二十三《仓库·冒关衣装赏钱遇革》：“冒名代替怯薛歹等关请衣装、赏钱，革前已招明白，罪经释免，未纳钱物，拟合追征还官。”⑤ 例中“关请”指领取。又如《元典章·户部》卷六《打算平准行用库》：“近为各路平准行用库元关钞本买到金银、倒下昏钞并工墨息钱，不见起纳，诚恐埋没。”⑥ 皆其证。上举例中“关样成造”，谓领取造水车的式样制造水车。若作“开”，则文意不通。因此，上举例当校作“开（关）”。陈校本《元典章》直录作“开”，⑦ 失校。

2. “休交当和雇和买者。”么道，俺根里与了文书有。(《元典章·圣政》卷二《延佑三年十月诏》)⑧

按，《元典章》作“里”，《至正条格·赋役·均当杂泛差役》⑨《通制条格·赋役·杂泛

① 《大元圣政国朝典章》，卷九，中国广播电视出版社，1998年影印本，第995页。
② 《至正条格》，卷二十五，Humanist出版集团，2007年影印本，第38页。
③ 《大元通制条格》，卷十六，华文书局股份有限公司，1968年影印本，第476页。
④ 《至正条格》，卷二十三，Humanist出版集团，2007年影印本，第8页。
⑤ 《至正条格》，卷二十三，Humanist出版集团，2007年影印本，第18页。
⑥ 《大元圣政国朝典章》，卷六，中国广播电视出版社，1998年影印本，第775页。
⑦ 《元典章》，卷九，陈高华、张帆、刘晓等点校，中华书局，2011，第918页。
⑧ 《大元圣政国朝典章》，卷二，中国广播电视出版社，1998年影印本，第67页。
⑨ 《至正条格》，卷二十七，Humanist出版集团，2007年影印本，第83页。

差役》[①] 载有同一条文，皆作“底”。今按，当作“底”。若作“里”，则“根里”不辞。若作“底”，则“根底”成词，其是元代直译体文献中特殊的方位词，用来对译指人的蒙古语名词、代词等的与位格附加成分，表示动作行为的间接对象。此处表现为“谓语是给与义的动词，‘根底’标记间接宾语，表示动作行为的接受者”，[②] 如《元典章·刑部》卷十五《传闻不许言告》：“有罪过的人干勾当呵，他每根底与了肚皮，勾当完备了呵，怎肯告他每有?”[③]《至正条格·田令·禁索官田》：“近年以来，那田土各寺里并官员人等根底多与了有，不合与。”[④] 皆其证。上举例中“俺根底与了文书有”，指与了俺文书。因此，上举例当校作“里（底）”。陈校本《元典章》直录作“里”，且校云“疑为‘根底’之误”，[⑤] 实则不必疑，当据校出。

3. 已除赴任官员在家装束暇限。(《元典章·吏部》卷四《赴任程限等例》)[⑥]

按，《元典章》作“暇”，《至正条格·假宁·丧葬赴任程限》[⑦]《元典章·吏部·官员迁葬假限》[⑧]《元史·选举志三》[⑨] 载有同一条文，皆作“假”。今按，“暇”当为“假”之形讹字。若作“暇”，则“暇限”不辞。若作“假”，则“假限”指假期，如元王仲文《救孝子贤母不认尸》第四折：“我今元帅根前，告了假限回家，探望母亲去。”[⑩]《至正条格·假宁·奔丧迁葬假限》：“奔丧迁葬，既以人伦重事，许给假限，其限内俸钞，拟合支给。”[⑪] 皆其证。上举例中“已除赴任官员在家装束假限”，意指已除赴任官员在家限制假期。因此，上举例当校作“暇（假）”。陈校本《元典章》直录作“暇”，[⑫] 失校。

4. 如今师父根底、学文书的孩儿每根底种养着吃的田地，与他每呵，怎生？(《元典章·礼部》卷四《种养学校田地》)[⑬]

按，上举例中“师父根底”与“孩儿每根底”不相对应，疑“师父”后脱“每”字。在元代直译体文献中，“称谓词语＋每＋根底”为称呼某一职业人的常用套语，如《元代白话碑·一二七六年龙门禹王庙令旨碑》：“这平阳府有的尧庙、后土庙、禹王庙里住的姜真

---

① 《大元通制条格》，卷十七，华文书局股份有限公司，1968年影印本，第540页。
② 李崇兴、祖生利：《〈元典章·刑部〉语法研究》，河南大学出版社，2011，第259页。
③ 《大元圣政国朝典章》，卷十五，中国广播电视出版社，1998年影印本，第1957页。
④ 《至正条格》，卷二十六，Humanist出版集团，2007年影印本，第53页。
⑤ 《元典章》，卷二，陈高华、张帆、刘晓等点校，中华书局，2011，第76页。
⑥ 《大元圣政国朝典章》，卷四，中国广播电视出版社，1998年影印本，第395页。
⑦ 《至正条格》，卷三十二，Humanist出版集团，2007年影印本，第135页。
⑧ 《大元圣政国朝典章》，中国广播电视出版社，1998年影印本，第2242页。
⑨ （明）宋濂等撰：《元史》，卷八十三，中华书局，1976，第2067页。
⑩ （明）臧懋循编：《元曲选》，中华书局，1958，第771页。
⑪ 《至正条格》，卷三十二，Humanist出版集团，2007年影印本，第134页。
⑫ 《元典章》，卷四，陈高华、张帆、刘晓等点校，中华书局，2011，第375页。
⑬ 《大元圣政国朝典章》，卷四，中国广播电视出版社，1998年影印本，第1184页。

人替头里董真人，交先生每根底为头儿祈福者那般。”[①]《通制条格·户令·儒人被虏》：“已前的圣旨里，真个的和尚、先生、秀才，不拣谁讨虏要来的，休做主者。道有，圣旨既有，如今秀才每根底却做主有。更与赎的价要出来，么道，道呵，不教出来有。”[②] 皆其证。同时，《至正条格·赋役·学田免税》[③] 和《通制条格·赋役·学田地税》[④] 载有同一条文，皆在“师父”后作“每”。因此，上举例当在“师父”后校补作“每”。陈校本《元典章》直录，[⑤] 失校。

5. 腹里州城诸投下官司仰（信）从人户，江南等处作买卖为由，滥放文引，纵（般）取军人在逃，使管军官不能拘系，遍行合属禁治事。（《元典章·工部》卷二《海船阻碍官船》）[⑥]

按，上举例作“江南等处作买卖为由”，句意不顺，疑脱字。《至正条格·关市·滥给文引》[⑦]《通制条格·关市·滥给文引》[⑧]《元典章·吏部》卷三《有司衙门给引》[⑨] 载有同一条文，皆在“江南”前作“以”。“以”为介词，“以……为由”为固定结构，指“拿……为理由”，如《至正条格·赋役·冒科差发遇革》：“其当该官吏，指以推排为由，中间若有循私受贿，冒科开倚，放富装贫，照勘明白，依例改正。”[⑩]《元典章·刑部·李旺陈言盗贼》：“内有船户十万余户，其间避役，结党成群，以揽载为由，中途将客杀死，劫夺财物。”[⑪] 皆其证。因此，上举例中“江南”前当脱介词“以”，应据补。陈校本《元典章》直录，[⑫] 失校。

6. 除边远军人出征奥鲁、上都、大都其间自备首思站赤外，不拣谁，与民一体均当差役者。（《元典章·礼部》卷四《儒人差役事》）[⑬]

按，《元典章》作“军人出征”，《至正条格·赋役·均当杂泛差役》[⑭]《通制条格·赋役·杂泛差役》[⑮] 载有同一条文，皆作“出征军人”。今按，“军人出征”当系“出征军人”

---

① 祖生利：《元代白话碑文研究》，中国社会科学院大学汉语史博士学位论文，2000，第59页。

② 《大元通制条格》，卷三，华文书局股份有限公司，1968年影印本，第84页。

③ 《至正条格》，卷二十七，Humanist出版集团，2007年影印本，第72页。

④ 《大元通制条格》，卷十七，华文书局股份有限公司，1968年影印本，第529页。

⑤ 《元典章》，卷四，陈高华、张帆、刘晓等点校，中华书局，2011，第1093页。

⑥ 《大元圣政国朝典章》，卷二，中国广播电视出版社，1998年影印本，第2157页。

⑦ 《至正条格》，卷二十八，Humanist出版集团，2007年影印本，第91页。

⑧ 《大元通制条格》，卷十八，华文书局股份有限公司，1968年影印本，第569页。

⑨ 《大元圣政国朝典章》，卷三，中国广播电视出版社，1998年影印本，第305页。

⑩ 《至正条格》，卷二十五，Humanist出版集团，2007年影印本，第71页。

⑪ 《大元圣政国朝典章》，中国广播电视出版社，1998年影印本，第2391页。

⑫ 《元典章》，卷二，陈高华、张帆、刘晓等点校，中华书局，2011，第1994页。

⑬ 《大元圣政国朝典章》，卷四，中国广播电视出版社，1998年影印本，第1184页。

⑭ 《至正条格》，卷二十七，Humanist出版集团，2007年影印本，第81页。

⑮ 《大元通制条格》，卷十七，华文书局股份有限公司，1968年影印本，第538页。

之误倒。分析文意，“奥鲁”为蒙古语音译词，指蒙古军队出征时，留在后方的家属。《元史·兵志一》：“十九年二月，诸侯王阿只吉遣使言：‘探马赤军凡九处出征，各奥鲁内复征杂泛徭役，不便。’”①《元典章·台纲》卷二《察司体察等例》：“诸路军户、奥鲁，仰所在官司常加存恤，非奉枢密院明文，不得擅自科敛。”② 皆其证。若作“军人出征”，则“军人出征”与“奥鲁”为主谓宾的关系，意言军人出征家属，明显文意不通。若作“出征军人”，则“出征军人”与“奥鲁”为偏正关系，意指出征军人的家属。“除边远出征军人奥鲁、上都、大都其间自备首思站赤外”，谓除去边远出征军人的家属及上都、大都自己准备接待物品的站户外。因此，上举例当乙正为“军人出征（出征军人）”。陈校本《元典章》直录，③ 失校。

7. 临产月者，召保听候，出产后二十日，复追入禁。（《元典章·刑部》卷二《孕囚产后决遣》）④

按，《元典章》作“召保听候，出产后二十日”，《至正条格·狱官·犯罪有孕》载有同一条文，作“召保听出，产后二十日”。⑤ 今按，《元典章》文意扞格不通，再结合《至正条格》，细绎文意，知《元典章》中的“候”“出”二字误倒，当乙正作“召保听候，出产后二十日（召保听出，候产后二十日）”，意谓临产月的孕囚，允许其取保出狱，候其出产后二十日，再追入监狱。陈校本《元典章》照直录入，⑥ 失校。

8. 腹里州城诸投下官司信从人户，以江南等处作买卖者为由，滥放文引，般取军人在逃，使管军官不能拘系，遍行合属禁约。（《元典章·吏部》卷三《有司衙门给引》）⑦

按，上举例作“以江南等处作买卖者为由”，《至正条格·关市·滥给文引》⑧《通制条格·关市·滥给文引》⑨《元典章·工部》卷二《海船阻碍官船》⑩ 载有同一条文，皆作“以江南等处作买卖为由”，均无“者”字。今按，上举例中的“者”当为衍字。“以江南等处作买卖为由”，指以在江南等地做买卖作为理由。若作“者”，则意言以在江南等地做买卖的人作为理由，明显文意不顺。因此，上举例中的“者”字当删。陈校本《元典章》直

① （明）宋濂等撰：《元史》，卷九十八，中华书局，1976，第2518页。
② 《大元圣政国朝典章》，卷二，中国广播电视出版社，1998年影印本，第141页。
③ 《元典章》，卷四，陈高华、张帆、刘晓等点校，中华书局，2011，第1092页。
④ 《大元圣政国朝典章》，卷二，中国广播电视出版社，1998年影印本，第1493页。
⑤ 《至正条格》，卷三十三，Humanist出版集团，2007年影印本，第150页。
⑥ 《元典章》，卷二，陈高华、张帆、刘晓等点校，中华书局，2011，第1371页。
⑦ 《大元圣政国朝典章》，卷三，中国广播电视出版社，1998年影印本，第305页。
⑧ 《至正条格》，卷二十八，Humanist出版集团，2007年影印本，第91页。
⑨ 《大元通制条格》，卷十八，华文书局股份有限公司，1968年影印本，第569页。
⑩ 《大元圣政国朝典章》，卷二，中国广播电视出版社，1998年影印本，第2157页。

录，[①] 失校。

9. 仍具审过起数、复审文状，申台。其有番异及别有疑似者，即听推鞫。(《元典章·台纲》卷二《察司体察等例》)[②]

按，上举例中有两处可商之处。其一，《元典章》作“复”，《至正条格·狱官·台宪审囚》载有同一条文，作“服”。[③] 今按，当作“服”。“服审”同“伏审”，指认罪，如《元典章·刑部》卷十一《强切盗贼通例》：“其徒伴有未获、追会有不切而不能完备者，如服审既定，赃验明白，理无可疑，亦所（听）依上归结。”[④]《元典章·吏部》卷六《儒吏考试程序》：“今据实招伏，不合于某年月日作何过犯，于几年月日蒙巡按某官令不干碍人吏对狱卒人等再三引审结定，已招情款并今伏审，委是亲通本犯实情，别无冤枉。若准某处已招，任蒙依法处断施行。取到服审文状，已令双手点讫指文，请依式连衔，开申施行。”[⑤]“服审文状”即“伏审文状”，犹言“伏状”，指认罪供状。若作“复”，则“复审”指再次审问，不符合文意。因此，上举例当校作“复（服）”。其二，《元典章》作“似”，《至正条格·狱官·台宪审囚》作“词”。今按，当作“词”。“疑词”为法律术语，指（对案件有）可疑的言辞，如《至正条格·赏令·获贼》：“今后诸人告获强切盗贼，如赃状明白，别无疑词，例合给赏者，拘该官司随即于不以是何系官钱内就便支发（拨）。”[⑥] 卷第三十四《狱官·台宪审囚》：“其有番异及别有疑词者，即行推鞫。”[⑦] 若作“似”，则“疑似”与文意不合。故上举例当校作“似（词）”。陈校本《元典章》中两处皆直录，[⑧] 失校。

10. 若有可疑，亦听复行推问，无致冤枉。(《元典章·台纲》卷二《察司体察等例》)[⑨]

按，《元典章》作“若有可疑”，《至正条格·狱官·台宪审囚》[⑩]、《滋溪文稿》卷二十七《建言刑狱五事》[⑪]、《刑统赋疏》[⑫] 载有同一条文，皆作“若更有可疑”。今按，《元典章》脱“更”字。“更”作副词，指再、又，如《滋溪文稿》卷二十三《元故资政大夫中书左丞知经筵事王公行状》：“皇太子宝以上都变扰，莫知所在，至是更铸新宝。”[⑬]《元史·刑

---

① 《元典章》，卷三，陈高华、张帆、刘晓等点校，中华书局，2011，第299页。

② 《大元圣政国朝典章》，卷二，中国广播电视出版社，1998年影印本，第139页。

③ 《至正条格》，卷三十四，Humanist出版集团，2007年影印本，第155页。

④ 《大元圣政国朝典章》，卷十一，中国广播电视出版社，1998年影印本，第1777页。

⑤ 《大元圣政国朝典章》，卷六，中国广播电视出版社，1998年影印本，第482页。

⑥ 《至正条格》，卷三十，Humanist出版集团，2007年影印本，第120页。

⑦ 《至正条格》，卷三十四，Humanist出版集团，2007年影印本，第155页。

⑧ 《元典章》，卷二，陈高华、张帆、刘晓等点校，中华书局，2011，第155页。

⑨ 《大元圣政国朝典章》，卷二，中国广播电视出版社，1998年影印本，第140页。

⑩ 《至正条格》，卷三十四，Humanist出版集团，2007年影印本，第155页。

⑪ （元）苏天爵：《滋溪文稿》，卷二十七，陈高华、孟繁清点校，中华书局，1997，第451页。

⑫ 《刑统赋疏》，载沈家本辑：《枕碧楼丛书》，中国书店，1990，第246页。

⑬ （元）苏天爵：《滋溪文稿》，卷二十七，陈高华、孟繁清点校，中华书局，1997，第383页。

法志二》:“若一罪先发，已经论决，余罪后发，其轻若等，勿论；重者，更论之，通计前罪，以充后数。”① 上举例中“更”与下句之“复”前后意义相承。若无“更”字，则无法准确表达文意。因此，上举例当在“若”后校补作“更”。此句意言如果再有可疑，也听从再次审问，不要导致冤枉。陈校本《元典章》直录,② 失校。

11. 义夫、节妇旌表门闾，本为激励薄俗，以敦风化。今各处所见，往往指称亡夫守志，不见卓然异行。(《元典章·礼部》卷六《旌表孝义等事》)③

按,《元典章》作“见”,《至正条格·赋役·孝子节妇免役》④《通制条格·赋役·孝子义夫节妇》⑤ 载有同一条文，皆作“举”。今按，“见”与“举”构成异文，二者当以“举”为是。分析文意，此处意言如今各地多举荐义夫、节妇，而非言如今各地多见到义夫、节妇。因此，上举例作“举”更符合文意，当校作“见（举)”。陈校本《元典章》直录,⑥ 失校。

12. 事发官司元呈，止是节略犯人招语，不见备细情犯词因，准凭短招议罪，中间恐有差池。(《元典章·刑部》卷一《刑名备申招词》)⑦

按，《元典章》作“准”，《至正条格·狱官·刑名备细开申》载有同一条文，作“惟”。⑧ 今按，当作“惟”，“准”应为“惟”之形讹字。“惟”作副词，犹“只”也，如《至正条格·赋役·学田免税》:“江州路府学、景星、濂溪三学岁收子粒，除纳税粮外，所存不足养士，惟恐荒业。”⑨ 上举例中“惟凭短招议罪”，意谓只凭简短招语定罪。若作“准凭”，则文意不通。陈校本《元典章》直录作“准”，并注“准凭,《至正条格》卷三三《狱官·刑名备细开申》作‘惟凭’”,⑩ 失校。同时，陈校本《元典章》于“词因”后误标作句号，盖因不明“惟凭短招议罪”之意耳。

13. 若推问已成，他司审理或有不尽不实，却取推官招伏议罪。(《元典章·刑部》卷二《罪囚淹滞举行》)⑪

按,《元典章》作“却”,《至正条格·狱官·断决推理》载有同一条文，作“即”。⑫ 今

---

① (明）宋濂等撰:《元史》，卷九十八，中华书局，1976，第2632页。
② 《元典章》，卷二，陈高华、张帆、刘晓等点校，中华书局，2011，第155页。
③ 《大元圣政国朝典章》，卷六，中国广播电视出版社，1998年影印本，第1243页。
④ 《至正条格》，卷二十七，Humanist出版集团，2007年影印本，第88页。
⑤ 《大元通制条格》，卷十七，华文书局股份有限公司，1968年影印本，第561页。
⑥ 《元典章》，卷六，陈高华、张帆、刘晓等点校，中华书局，2011，第1147页。
⑦ 《大元圣政国朝典章》，卷一，中国广播电视出版社，1998年影印本，第1462页。
⑧ 《至正条格》，卷三十三，Humanist出版集团，2007年影印本，第146页。
⑨ 《至正条格》，卷二十七，Humanist出版集团，2007年影印本，第72页。
⑩ 《元典章》，卷一，陈高华、张帆、刘晓等点校，中华书局，2011，第1340页。
⑪ 《大元圣政国朝典章》，卷二，中国广播电视出版社，1998年影印本，第1483页。
⑫ 《至正条格》，卷三十三，Humanist出版集团，2007年影印本，第149页。

按，当作“即”。“却”当是“即”之形讹字。分析文意，上举例中后句与前句之间为顺承关系。若作“却”，则后句与前句之间为转折关系，明显不符文意。而“即”表示顺承关系，犹“就”“则”“乃”，如《至正条格・赋役・灾伤随时检覆》：“各道按察司，今后遇有灾伤，即摘正官，亲诣体覆。”① 因此，上举例作“即”符合文意。陈校本《元典章》直录作“却”，② 失校。

14. 所在重刑，每上下半年亲行参照文案，察之以情，当面审视。(《元典章・台纲》卷二《察司体察等例》)③

按，《元典章》作“视”，《至正条格・狱官・台宪审囚》④、《滋溪文稿》卷二十七《建言刑狱五事》⑤、《刑统赋疏》⑥ 载有同一条文，皆作“问”。今按，当作“问”。“当面审问”，指当堂审问。若作“视”，则“审视”指仔细察看，如《文献通考》卷一百六十六：“日旰既罢，令军头引见司覆奏所决刑名，审视讫，乃行。”⑦《吏学指南・发端》：“看详：谓审视辞理，善为处决者。”⑧ 可见，“当面审视”与文意不合。因此，上举例当校作“视（问）”。陈校本《元典章》直录，⑨ 失校。

15. 仍令所在官司免差役，更加旌表，以砺风俗。(《元典章・礼部》卷六《魏阿张养姑免役》)⑩

按，《元典章》作“砺”，《通制条格・赋役・孝子义夫节妇》载有同一条文，作“励”。⑪ 今按，“砺”当为“励”之讹字。“砺”有“砺石”“磨，磨治”“钻研，磨炼”诸义，皆与文意不符。而“励”则有“劝勉，鼓励”义，如《河东罪言》：“省官吏以去冗食，清刑罚以布爱利，明赏罚以奠黜陟，设学校以励风俗，敦节义以立廉耻。”⑫《元史・塔本附阿台传》：“滦为孤竹故国，乃庙祀伯夷、叔齐，以励风俗。”⑬“以励风俗”指用来鼓励风

---

① 《至正条格》，卷二十七，Humanist 出版集团，2007 年影印本，第 76 页。
② 《元典章》，卷二，陈高华、张帆、刘晓等点校，中华书局，2011，第 1360 页。
③ 《大元圣政国朝典章》，卷二，中国广播电视出版社，1998 年影印本，第 139 页。
④ 《至正条格》，卷三十四，Humanist 出版集团，2007 年影印本，第 155 页。
⑤ （元）苏天爵：《滋溪文稿》，卷二十七，陈高华、孟繁清点校，中华书局，1997，第 450 页。
⑥ 《刑统赋疏》，载沈家本辑：《枕碧楼丛书》，中国书店，1990，第 246 页。
⑦ （宋）马端临：《文献通考》，卷一百六十六，浙江古籍出版社，2000，第 1445 页。
⑧ （元）徐元瑞：《吏学指南（外三种）》，卷二，浙江古籍出版社，1988，第 37 页。
⑨ 《元典章》，卷二，陈高华、张帆、刘晓等点校，中华书局，2011，第 155 页。
⑩ 《大元圣政国朝典章》，卷六，中国广播电视出版社，1998 年影印本，第 1241 页。
⑪ 《大元通制条格》，卷十七，华文书局股份有限公司，1968 年影印本，第 560 页。
⑫ （元）郝经：《河东罪言》，载《元代奏议集录》，陈得芝、邱树森、何兆吉辑点，浙江古籍出版社，1998，第 65 页。
⑬ （明）宋濂等撰：《元史》，卷一百二十四，中华书局，1976，第 3045 页。

俗。因此，上举例当校作“砺（励）”。陈校本《元典章》直录，[①] 失校。

16. 既是准折除过，其赏不须给付。如本境内别无失过起数，但获强切盗贼，依上理赏。若应捕人员承准事主及诸人告指捉获，不在除准理赏之限。（《元典章·刑部》卷十三《获贼给赏等第》）[②]

按，《元典章》作“除准”，《至正条格·捕亡·捕盗功过》[③]《通制条格·捕亡·捕盗功过》[④] 载有同一条文，皆作“准除”。今按，“除准”不辞，当是“准除”之误倒。“准除”系前文“准折除过”之简称，指抵偿以免除过错，如《至正条格·捕亡·捕盗功过》：“汴梁路仪封县簿尉李思柔，大德五年十二月二十六日例后未获切盗四起、强盗二起，除拿获别境强盗一起、印造伪钞一起，例合准除本境强盗一起外，有未获窃盗四起，数不满五，未该添资，却有强盗一起，拟合通作五起，添一资历。”[⑤] 因此，上举例当乙正为“除准（准除）”。陈校本《元典章》直录，[⑥] 失校。

17. 一社之中灾病多者，两社并锄。（《元典章·户部》卷九《劝农立社事理》）[⑦]

按，《元典章》作“锄”，《至正条格·田令·农桑事宜》[⑧]《通制条格·田令·农桑》[⑨]《元史·食货志》[⑩] 载有同一条文，皆作“助”。今按，当作“助”。“锄”当为“助”之增旁讹字。分析文意，若作“锄”，则“两社并锄”指两社一起锄土，文意不符。若作“助”，则“两社并助”指（若一社之中有病患凶丧多的人家）两社一起相助，文意通顺。故上举例当校作“锄（助）”。陈校本《元典章》直录，[⑪] 失校。

18. 若事未完，例或不当，不即疏驳而辄准申呈者，各将当该首领官吏究治。驳而不益，至于再三，故延其事者，亦如之。（《元典章·吏部》卷七《申事自下而上》）[⑫]

按，上举例作“益”，《至正条格·狱官·囚案明白听决》[⑬]、《元典章·朝纲》卷一《省部减繁格例》[⑭] 载有同一条文，皆作“尽”。今按，“益”当为“尽”之误。“驳而不尽”，意

---

① 《元典章》，卷六，陈高华、张帆、刘晓等点校，中华书局，2011，第1145页。
② 《大元圣政国朝典章》，卷十三，中国广播电视出版社，1998年影印本，第1866页。
③ 《至正条格》，卷二十九，Humanist出版集团，2007年影印本，第110页。
④ 《大元通制条格》，卷十九，华文书局股份有限公司，1968年影印本，第618页。
⑤ 《至正条格》，卷二十九，Humanist出版集团，2007年影印本，第110页。
⑥ 《元典章》，卷十三，陈高华、张帆、刘晓等点校，中华书局，2011，第1710页。
⑦ 《大元圣政国朝典章》，卷九，中国广播电视出版社，1998年影印本，第996页。
⑧ 《至正条格》，卷二十五，Humanist出版集团，2007年影印本，第38页。
⑨ 《大元通制条格》，卷十六，华文书局股份有限公司，1968年影印本，第477页。
⑩ （明）宋濂等撰：《元史》，卷九十三，中华书局，1976，第2355页。
⑪ 《元典章》，卷九，陈高华、张帆、刘晓等点校，中华书局，2011，第918页。
⑫ 《大元圣政国朝典章》，卷七，中国广播电视出版社，1998年影印本，第551页。
⑬ 《至正条格》，卷三十三，Humanist出版集团，2007年影印本，第147页。
⑭ 《大元圣政国朝典章》，卷一，中国广播电视出版社，1998年影印本，第116页。

谓驳难却不完备。若作“益”，则意指驳难却无益，文意明显不符。故上举例当校作“益（尽）”。陈校本《元典章》直录作“益”，且注云：“《元典章》卷四《朝纲·政纪·省部减繁格例》作‘不尽’”，[1] 失校。

19. 其肃政廉访司专以照刷，无致淹滞。（《元典章·刑部》卷十五《至元新格（又）》）[2]

按，《元典章》作“以”，《至正条格·狱官·断决推理》载有同一条文，作“一”。[3] 今按，当作“一”。“专一”成词，指专门，如《至正条格·狱官·推官理狱》：“今后合令推官不管余事，专一详谳罪囚。”[4]《元典章·刑部》卷十五《军官不许接受民词》：“本省所设各路镇守并省都镇抚衙门，止是专一提调军马，镇遏地面勾当，其余事务，合从有司承管。”[5] 上举例言肃政廉访司专门核查，不致积压。若作“以”，则文意不通。因此，上举例当校作“以（一）”。陈校本《元典章》直录，[6] 失校。

20. 大德九年月，江浙行省准中书省咨。（《元典章·礼部》卷五《医学科目》）[7]

按，《元典章》于“大德九年”与“月”之间空一格，脱字。《至正条格·医药·科目》[8]《通制条格·医药·科目》[9] 载有相关条文，均作“大德九年五月”，据此知上举例中所空之字可补作“五”。陈校本《元典章》阙录作“□”，[10] 失校。

21. 至元三十一年月，江西行省榜文内一款：“……”（《元典章·工部》卷二《船户揽载立约》）[11]

按，《元典章》于“至元三十一年”和“月”之间空一格，脱字。《至正条格·关市·雇船文约》[12]《通制条格·关市·雇船文约》[13] 载有同一条文，皆于“至元三十一年”和“月”之间作“二”字。据此异文可证，《元典章》脱“二”字，当据补。陈校本《元典章》阙录作“□”，[14] 失校。

---

① 《元典章》，卷七，陈高华、张帆、刘晓等点校，中华书局，2011，第510页。
② 《大元圣政国朝典章》，卷十五，中国广播电视出版社，1998年影印本，第1903页。
③ 《至正条格》，卷三十三，Humanist出版集团，2007年影印本，第150页。
④ 《至正条格》，卷三十四，Humanist出版集团，2007年影印本，第158页。
⑤ 《大元圣政国朝典章》，卷十五，中国广播电视出版社，1998年影印本，第1903页。
⑥ 《元典章》，卷十五，陈高华、张帆、刘晓等点校，中华书局，2011，第1749页。
⑦ 《大元圣政国朝典章》，卷五，中国广播电视出版社，1998年影印本，第1200页。
⑧ 《至正条格》，卷三十一，Humanist出版集团，2007年影印本，第127页。
⑨ 《大元通制条格》，卷二十一，华文书局股份有限公司，1968年影印本，第659页。
⑩ 《元典章》，卷五，陈高华、张帆、刘晓等点校，中华书局，2011，第1108页。
⑪ 《大元圣政国朝典章》，卷二，中国广播电视出版社，1998年影印本，第2148页。
⑫ 《至正条格》，卷二十八，Humanist出版集团，2007年影印本，第92页。
⑬ 《大元通制条格》，卷十八，华文书局股份有限公司，1968年影印本，第604页。
⑭ 《元典章》，卷二，陈高华、张帆、刘晓等点校，中华书局，2011，第1984页。

明吕坤《刑戒》：控制杖罚、拷讯过度的技术方案（下）

——法官箴言研究之八*

霍存福**

事有便于官吏之私者，百世常行，天下通行，或日盛月新，至弥漫而不可救；若不便于己私，虽天下国家以为极便，屡加申饬，每不能行，即暂行亦不能久。负国负民，吾党之罪大矣。[（明）吕坤：《呻吟语》卷五《外篇·治道》]

——题记

摘　要　明清两朝，吕坤《刑戒》通过律学书、官箴书、善书等渠道频繁刻印、广泛流行，影响深远。《刑戒》八章、三十二条以"不打"为主旨，涵括杖罚、拷讯两种"打"击，顾虑受刑人、用刑官的肉体（伤亡、病疲醉醒）、精神（情绪、体面）等多个层面，一"饬吏治"，二"奠民生"，体现儒家宽、恕、怜等悯恤观念及慎、仁、平、明等司法精神。《刑戒》是明代也是整个中国古代拷讯、杖罚领域问题渐次积累的对策之一，是拷讯、杖罚在制度调整过程中针对滥用酷刑的禁约方案。在明朝，《刑戒》经加工改造而被朝廷施用，清朝也有官员借鉴使用者，甚至其个别制度也带有吕坤建议的痕迹。《刑戒》是在杖罚、拷讯作为基本制度前提下的技术控制方案，是制度性解决方案之外的特别方案。

---

* 本文系国家社科基金重点项目"古代法官箴言及其传承与创新研究"（项目号：19AFX003）的研究成果，其上、中篇（即本文第一部分和第二部分）分别发表于《法律史评论》第19卷（社会科学文献出版社，2022）和第20卷（社会科学文献出版社，2023）。

** 霍存福，沈阳师范大学法律文化研究中心主任，教授。

关键词 吕坤；刑戒；杖罚；拷讯；法官箴言

明吕坤《刑戒》八章，其内容和在清代的影响，[①] 以及在清朝的流播传布，[②] 有学者进行过专门的论述和考证，已是很好的研究成果。[③] 但《刑戒》在明朝的刻印流传，其考述没有展开，需要补充，因为这涉及《刑戒》的原初状态如何。此外，对《刑戒》的立意、来历、结构、特征、影响及其创作时间、在吕坤作品中的地位等研究，也有较大的探讨空间。尤其是作为控制杖罚与拷讯的技术方案，《刑戒》的观念、制度与实践基础，以及技术方案与理念导引、制裁威慑之间的关系等，更是值得研究的重要层面。

三、《刑戒》的实践基础与制度基础

吕坤为什么写《刑戒》？他遇到了什么问题？他自己是如何杖罚、拷讯的？这是吕坤《刑戒》的实践基础问题。

（一）《刑戒》的实践基础

1. 吕坤遇到的现实问题

吕坤遇到的杖罚、拷讯问题，是新问题，也是老问题，是汉代或者说西汉就已出现并深度展开的两个问题：一是笞数过多而导致的死亡问题，二是拷讯过酷导致的死亡问题。解决思路也有两个：一是制度的方案，二是技术的方案。[④] 但过去以制度方案居多。

（1）拷讯问题

万历十七年（1589年）后期至万历十八年（1590年），吕坤著《风宪约》《刑狱》，万

---

① 李克玉：《明人吕坤〈刑戒〉一书及其对清代的影响》，《广东第二师范学院学报》2013年第4期。

② 李克玉：《吕坤〈刑戒〉流布略考》，《广东第二师范学院学报》2016年第4期。

③ 张田田：《官老爷的板子打不打——从吕坤〈刑戒〉说起》，载微信订阅号“田田DR”https://mp.weixin.qq.com/s/INP8oppBP－oZOKPuXe76oA，2021年3月19日，最后上网时间2021年10月11日。该文就上述二文中所涉资料进行过专门讨论，很有新意。

④ 中国古代，刑罚制度上有笞刑、杖刑，适用于轻罪；后又有徒刑、流刑的加杖。审讯方式上，拷讯在理论上是辅助手段，有专用讯囚杖。笞杖刑、拷讯，汉代人称之为箠楚、敲扑，唐宋人称为决笞、决杖、拷囚，它们在汉初甫一制度化，就出现了使用之滥，因而朝廷也相应出台了最早的控制措施。一方面，汉文帝改“斩左止者笞五百，当劓者笞三百，率多死”，景帝两次减笞数，分别减至笞二百、笞一百，并定《箠令》，虽“笞者得全，然酷吏犹以为威”。自此，经过西汉两个皇帝、两任丞相、两任御史大夫的制度创设和多次调整，去节、笞臀、毕一罪乃更人等制度设计，为唐宋所沿用并进一步发展。另一方面，西汉路温舒指出“治狱吏上下相驱，以刻为明；深者获公名，平者多后患”，痛陈“棰楚之下，何求而不得”，汉宣帝为之设置廷平。但此制度显然无法解决问题。后世拷讯、杖罚及其使用固然有弊，更严重的是其他刑讯手段花样翻新，所造成的“诬服”也充斥史籍，一直未获解决。

历十九年（1591年）末至二十年（1592年）秋作《民务》（后皆收入《实政录》），讨论了所属州县的司法与民政问题。

吕坤指出："迩来鞫狱，只恃严加拷掠一法耳"，[①]"以夹棍等酷刑为第一审法"。[②]严刑拷讯成了当时鞫狱唯一依靠的、也是位列第一的审讯方法。官员此间的心理是："问官以盗不严刑，必不肯认，乃摧残肢体，伤折肌骨。"[③]

初审被拷，对于复审，州县官员也不准冤民上告，"本州县问屈，又禁上司告理，重加责治"。[④]既"听讼亏人，又因辩诉而重加刑责"。[⑤]这是说，州县官员护己之短，凡上诉，就加刑。

严刑拷讯，自然导致了死亡。

吕坤说：审盗时，受审者或"诬仇人为同盗"，或"妄攀平人"为伙盗。官府为此"尽拘苦审，往往搜赃不获，死于严刑"。[⑥]并称："近日治盗，有情未真、赃未获，而死于杖下者；有供招未具，而死于狱中者。"刑死、病死，而"招中泛称'陆续监故'"，[⑦]这当然是假话。真实情况是，良民"一被招攀，身家无主，财物滥索，拷掠杂加，事缓者犹得辨脱，伤重者死于牢狱"。他举例说，"万历十四年，八赋岭有盗杀商劫财"案，弓兵随机遇到"乞儿数人"，抓来应付；巡检忘记了赃物清单，"信口问赃"，乞儿也"信口认之"。"州县解审，拷杀及毙于狱者多人。"直至"真盗获之他省，一一招前事"，案情才得明白。吕坤因此结论说："故盗贼之狱，十九成于严刑；严刑之狱，十五类非真盗。"[⑧]

当然，胡敲乱打也并不始于州县正官，而始于衙役、保甲。

其一，皂快等公差人借下乡办案，拷吓良民钱财。"皂快下乡，或添帮挂搭，或拷掠良民"，[⑨]"皂快肆虐，诈索公行，指贼者，考掠遍于闾阎"。[⑩]按，州县衙役有皂、快、壮三班：皂班掌站堂行刑；快班分步快、马快，原为传递公文，后掌缉捕罪犯；壮班掌看管囚徒。其成员通称差役，亦称皂快。此外，"衙门吏书舞文坏法"，有一项为"要索人犯"，[⑪]

---

① （明）吕坤撰：《实政录》，卷六《风宪约·提刑事宜》小序，王国轩、王秀梅整理：《吕坤全集》（中册），中华书局，2008，第1090页。

② 《实政录》，卷六《风宪约·提刑事宜·盗情》，《吕坤全集》（中册），第1096页。

③ 《实政录》，卷七《狱政·附辨盗》，《吕坤全集》（中册），第1155页。

④ 《实政录》，卷三《民务·有司杂禁》，《吕坤全集》（中册），第1011页。

⑤ 《实政录》，卷三《民务·有司杂禁》，《吕坤全集》（中册），第1011页。

⑥ 《实政录》，卷六《风宪约·提刑事宜·盗情》，《吕坤全集》（中册），第1097页。

⑦ 《实政录》，卷六《风宪约·提刑事宜·盗情》，《吕坤全集》（中册），第1097页。

⑧ 《实政录》，卷七《狱政·附辨盗》，《吕坤全集》（中册），第1155—1158页。

⑨ 《实政录》，卷三《民务·有司杂禁·附官问二十三条》，《吕坤全集》（中册），第1015页。

⑩ 《实政录》，卷六《风宪约·按察事宜·按察十吏》，《吕坤全集》（中册），第1118页。

⑪ 《实政录》，卷三《民务·有司杂禁·附官问二十三条》，《吕坤全集》（中册），第1015页。

似乎也是拷掠的参与者。通称曰“公差人等拷吓钱财”。[①]

其二，保甲伙同快壮，妄指平人、贫民，异拷严鞫。“地方失盗，保甲人等负疏虞之罪，快壮人等惧比较之严，彼此扶同，胡疑妄指，即将平人及曾为窃盗及乞食贫民，巧拿怪绑，异拷严鞫，手执失单，逼之招认。不合则捶楚乱加，偶合则令招伙盗。既招则押使同拿，仍照前法搒掠，致令展转相诬。甚者授之口词，使之攀咬。”“良民受非刑，何所不认?”[②] 快壮受命访拿伙盗，“或指受仇人同盗，使受敲朴之苦”。[③]

因之，吕坤不无丧气地看到，盗案审讯的实质竟然是：“听虎狼之群小，恃峻急之严刑”“深文以成大辟”。为此，他的原则是“与其诬良民，宁失真盗”，[④] 套用了“与其杀不辜，宁失不经”的古训。[⑤] 既然反对刑求，他提出的盗案、命案的审理方案，仍以传统的“辞、色、气、耳、目”的“五听”之法为基础：

> 掌印官审盗，惟在隔别细心，查其情状。盖真伪之情，辞、色自别；虚捏之语，辩问则穷。我多方以辩之，则掩护之术不及卒备，无备之言不及会同，往复参错，真情自见。至于隔别之报，盗数同，赃数同，期会同，事迹同，即无赃而盗可知矣。或言人人殊，不可骤加严刑，亦当耐心细鞫，或设法密访。人命之疑狱亦然。仁人心苦智者识精当，必自有妙法。但问刑谓之“审”，具招谓之“详”，“详审”二字，此圣王治狱之精意也。今之讯狱者，幸于此两字留心焉，无以夹棍等酷刑为第一审法，则冤狱必少矣。[⑥]

“无以夹棍等酷刑为第一审法”，就是吕坤对待拷讯的总体态度。

吕坤反对“骤加严刑”，但他不是反对拷讯，只是反对一味地依靠严刑拷讯。[⑦] 对刑讯方法，他是熟悉的。他的《宗约歌・戒窃盗》云：“枷棍捎绳［你］痛怎禁（凡审贼，磁碗

---

① 《实政录》，卷七《狱政・驿犯》，《吕坤全集》（中册），第1154页。

② 《实政录》，卷六《风宪约・提刑事宜・盗情》，《吕坤全集》（中册），第1095页。

③ 《实政录》，卷六《风宪约・提刑事宜・盗情》，《吕坤全集》（中册），第1095页。

④ 《实政录》，卷七《狱政・附辨盗》，《吕坤全集》（中册），第1158页。

⑤ 《尚书・大禹谟》：“罪疑惟轻，功疑惟重。与其杀不辜，宁失不经。”

⑥ 《实政录》，卷六《风宪约・提刑事宜・盗情》，《吕坤全集》（中册），第1096页。

⑦ 吕坤对杖罚也是如此态度。他认为杖罚在行政的督责上是有效的。比如，关于“作养医人”，他要求“医官每日背诵”医书，“每一月，掌印官或委佐贰官唤至堂上，掣背一次，惰者量责三五板，勤者量赏谷三二斗”。见《实政录》，卷二《民务・振举医学》，《吕坤全集》（中册），第1008页。关于催征钱粮，吕坤主张对于“富势之家”，“除缙绅难以加刑，揭欠榜示通衢外，其弟侄、儿男、家童，一体锁拿严追”。而且他对“近日题准，顽悍之邑，虽用重刑，不以酷论”。地方“若富势拖欠而惟小民是严，当以罢软罢矣”。见《实政录》，卷四《民务・征收税粮》，《吕坤全集》（中册），第1039页。对于其他事因的杖罚，他也当是如此认识的。所以，吕坤主张“慎刑”、诸“不打”，并不是说他对杖罚的作用持有否定的态度。

瓦著在脚骨拐上，用枷棍煞的对头，以扛子狠敲）"，[①] 详细记载了夹棍、扛子的使用方法；《风宪约·用刑》中，他要求"夹不得过一次，扛不得过三十，拶指不得对两头，夹不得过二时"。[②] 因为熟悉其使用方法及后果，故他要求禁约，且要严厉。

巡捕官审盗拷讯之外，管粮官催征"胡敲乱打"也成问题。吕坤以为，州同、州判、县丞、主簿等州县佐贰，"清查簿籍"，"不要胡敲乱打"；其实，只有"分别明"，而后才能"鞭扑少"。[③] 这方面存在的问题，比"要打要钱以出气"的捕盗官给百姓造成的危害并不逊色多少，也需要解决。

吕坤禁酷刑的实践基础，虽主要出自他的观察，也有来自他自身的实践者。

吕坤于万历二年（1574 年）任襄垣知县，万历三年（1575 年）任大同知县。两任县令经历中，他在用刑上，毫不含糊。

襄垣、大同二县，县情不同，吕坤治术也不一："襄垣剧，治尚严明；大同贫，治尚抚字。大概惟主于培植柔良，裁抑豪横。"[④] 陈宏谋《从政遗规》云："吕公为政，尚严明，不尚姑息。"[⑤] 指的是前者。吕坤的严明，在治吏、治民方面，都有表现。

治吏上，吕坤驭吏严，用杖责。首先是对吏书。他说：

> 本院作令时，凡系上司有行，分登急、中、缓三袖折上，每日投文直堂拆封，本院逐一细看毕。文案有六房六牌，如场屋五经收卷牌式，将各房事宜置于六牌之处，唤承行吏书逐房看问，某事几日可完，令其自限。如云十日可完，余宽云："限十五日。"每事各令自限，登之堂簿。余仍记之，过限一日，打责一板。三折之上，急者先完，次中，次缓。余退堂无事，及在舆闲行，常查三折，如果难完，量与改限。无故过期，如数决罚。即使强盗推鞫、人命检尸，人卷到齐，无五日不具之招。常是案无余牍，吏有余闲。[⑥]

① 《吕书四种合刻·宗约歌·戒窃盗》，《吕坤全集》（下册），第 1277 页。

② 《实政录》，卷六《风宪约·提刑事宜·用刑》，《吕坤全集》（中册），第 1106 页。

③ 《实政录》，卷一《明职·州县佐贰之职》，《吕坤全集》（中册），第 922—923 页。催征税粮也用枷号。《问刑条例·刑律十一·断狱》"凌虐罪犯条例"三六六条："凡枷号人犯，除例有正条及催征税粮用小枷枷号，朝枷夜放外，敢有将罪轻人犯，用大枷枷号，伤人者，奏请降级调用；因而致死者，问发为民。"见《大明律（附大明令、问刑条例）》，怀效锋点校，辽沈书社，1990，第 431 页。

④ （清）吕敬直等编纂：《宁陵县志》，卷九《人物志·明吕坤》，清宣统三年（1911 年），中州古籍出版社，1989，第 298 页。

⑤ （清）陈宏谋：《从政遗规》，《官箴书集成》（第四册），黄山书社，1997，第 253—254 页。

⑥ 《实政录》，卷三《民务·有司杂禁》，《吕坤全集》（中册），第 1013 页。

看来这样做，效率颇高。吕坤没有说上述措施是在哪任县令期间所采取。他后来提到“衙门吏书舞文坏法，或变乱丁粮，或洗改图册，或重轻罪名，或要索人犯”① 等奸弊，看来他对此类事很早就有防范。在《刑戒》中，他没有讲防范六房（吏、户、礼、兵、刑、工六房）吏役，但清代王有孚补充说“有司衙门有五必打”，第一即是“经承压搁稿案必打”，② 与吕坤此事暗合。

吕坤甚至很欣赏自己以杖为辅助手段的驭吏之术，他说：

> 以多恶弃人，而以小失发端，是藉弃者以口实，而自取不韪之讥也。曾有一隶，怒挞人，余杖而恕之。又窃同舍钱，又杖而恕之，且戒之曰：“汝慎，三犯不汝容矣！”一日在燕，醉而寝。余既行矣，而呼之不至，既至托疾，实醉也。余逐之。出语人曰：“余病不能从，遂逐我。”人曰：“某公有德器，乃以疾逐人邪？”不知余恶之也，以积愆而逐之也。以小失则余之拙也。虽然，彼藉口以自白，可为他日更主之先容，余拙何悔？③

杖罚似乎是吕坤驭吏的常用之术。

治民上，他对豪民强硬，也用杖责。

吕坤做襄垣知县期间，“裁抑豪横”。但受他裁抑的豪绅，对他也信服万分。“先是，襄垣土豪某被坤大创，几毙。后数日，追至南关驿，坤疑有它。豪曰：‘某向不知有法，蒙明公创诲，因知悔悟。今而后不复犯死法矣。公实生我，何惮远将。’其恩信入人之深如此。”④ 看来，吕坤也有差点打死人的时候。不过，小罪受惩，避免其日后犯死罪，正所谓“小惩而大诫”者也。⑤

---

① 《实政录》，卷三《民务·有司杂禁·附官问二十三条》，《吕坤全集》（中册），第1015页。

② （清）徐栋辑：《牧令书》，卷一八《刑名中·朱椿〈作吏管见〉》，《官箴书集成》（第七册），黄山书社，1997，第414—415页。

③ 《呻吟语》，卷三《内篇·应务》，《吕坤全集》（中册），第746页。

④ （清）吕敬直等编纂：《宁陵县志》，卷九《人物志》，清宣统三年（1911年），中州古籍出版社，1989，第298页。孙夏峰纂《传》与此略同：“先生为襄垣令，有土豪某被大创，几毙。去之日，送数百里，曰：‘蒙创诲，今而后不复犯法矣。’”见附录三《杂志》，《吕坤全集》（下册），第1737页。据《实政录》卷五《乡甲约·纪恶以示惩戒》：“放债只许一年三分起利，过三年者本利倍还。不还者，法当告理。若一年加倍起利，及虽过三年而折准田宅人口，强拿欠主采打苦拷者，以势豪论。”吕坤反对放高利贷及逼债，该土豪或即因此被惩罚。见《吕坤全集》（中册），第1085页。又，《实政录》卷六《风宪约·状式·告土豪状式》：“某府州县某人为土豪事。某年月日，有某缺（用、食），向某借（银若干两、粟若干石），羔利过本几倍，伊将某私家拷打，逼将（妻妾子女、房地头畜）准折，指某人证。上告。”更可佐证土豪被惩治原因。见《吕坤全集》（中册），第1113页。

⑤ 《周易·系辞下》：“小人……不威不惩；小惩而大诫，此小人之福也。”

（2）杖罚问题

州县在笞杖刑执行方面的问题，当时也很严重。吕坤曰：

> 近日各衙门用重大竹篦，不去棱节；听从恶卒任责腿湾，多者三五十，或内溃割肉，或筋伤残废。此惟法司惩创极恶大奸，百一用之。郡邑职在牧民，常刑当如是邪？但竹篦通行已久，不能遽革，以肆奸顽，亦当分为轻重三等，每板臀、腿分受，十板以上两腿分受。何处非肌肤？何肌肤不痛楚？而必欲残民以逞哉？①

这里的“重大竹篦”“责腿湾”诸项，或许是吕坤作《刑戒》的直接来由。《刑戒》第八章“三禁打”第三十条“禁重杖打”，即针对“重大竹篦”；第三十一条“禁从下打”，即针对“任责腿湾”。

这里涉及制度问题，因为实践问题从来是与制度密切相关的。在谈实践问题之前，吕坤一开始就提到了制度：

> 衙门刑具，载在律条，其数有六：笞、杖、讯、枷、杻、镣。无论笞、杖，即讯亦号为极重矣。大头止径四分五厘，其用止于重罪、不服，其法止于臀、腿分受。至于笞、杖，止加于臀而已，不及腿也。

既如此，那么，前述做法就违律了。把非法刑具、违规击打当作“常刑”使用，吕坤觉得非改正不可。他知道无力改变“竹篦通行已久”这一现状，但要求将其区分为三等，分别击打臀、腿等不同部位，腿也可以左右分受，不使其集中于一处。为此，他又在适用对象、规格、击打数目、力气使用、击打分散性、禁止打击部位等方面，做出了全面要求：

> 如不系极恶大奸、万民所恨，而仍前概用重大、及数多、加力，又丛于一处，擅及于腿湾者，无问曾否伤人，定以酷刑参罢。

这是吕坤给出的对策。

---

① 《实政录》，卷六《风宪约・提刑事宜・用刑》，《吕坤全集》（中册），第1104页。

2. 明朝拷讯与杖罚问题的积累

(1) 关于拷讯

早在明朝成立前的吴元年（1367年），朱元璋就对宪臣说："用刑不当则无辜受害。绳奸慝者，论法不当，必伤善类。故刑不可不慎也。夫置人于捶楚之下，屈抑顿挫，何事不伏，何求不得？古人用刑，盖不得已……刑本生人，非求杀也。苟不求其情而轻用之，受枉者多矣。'钦恤'二字，用刑之本也。"① 他指出了拷讯是造成冤狱的主要原因，刑死也是司法的顽症之一。

而酷烈的拷讯手段的出现，一直是后来有关拷讯的核心议题。

成化二十三年（1487年）十一月，孝宗初即位，国子监掌监事、礼部右侍郎丘濬进上其所著《大学衍义补》，内有一条云：

> 近年以来，乃有等酷虐之吏，恣为刑具，如夹棍、脑箍、烙铁之类，名数不一，非独有以违祖宗之法，实有以伤天地之和。伏乞圣明申明旧制，凡内外有因袭承用者，悉令弃毁。然禁之必自内始，敢有仍前故用，即以所制者加之。庶使太祖皇帝慎罚之意、恤刑之仁所以著于律文者，万世之下，恒如一日。②

丘濬提出要禁止夹棍、脑箍、烙铁等非法刑具，且必须"自内始"，即皇帝要作表率，先在厂、卫和中央法司衙门施行，还要让制造这些刑具者自己受此酷刑，"以其人之道，还治其人之身"，来个作法自毙。

隆庆三年（1569年），刑部尚书毛恺上《禁刑狱之滥疏》，指出"中外刑狱之滥者有六"，依次为滥词、滥拘、滥禁、滥刑、滥拟、滥罚。关于滥刑，他说：

> 从古讯狱，固未去刑，然刑之即加，自有所在，故鞭扑只以作教，决罚不过臀、腿，固未尝广为非法之具，而猛以用之遍体也。今之用刑者异于是：刑手则有拶子，刑足则有夹棍，刑头首则有脑箍，甚至烙铁灼体、锡龙灌身、竹签钉指、烧酒浇鼻，诸如此类，备极惨毒，身无完肤，因或就毙。其意以为不如是，则不足以得其情而服其辜。即未必尽如臣等所言，然"如伤"之视，百不闻一；如"草菅"之视，十常八九矣。是曰"滥刑"。

① 《明太祖实录》，卷二四，吴元年六月甲戌条，中华书局，2016，第1册，第347页。

② （明）丘濬：《大学衍义补》，卷一〇四《慎刑宪·制刑狱之具》，京华出版社，1999，中册，第892页。

他建议对此“痛为禁革”，凡“滥刑、滥罚者，应以贪、酷论”。[①]

隆庆六年（1572年），高拱再次为相，起用葛守礼为刑部尚书，葛上《禁酷刑以全民命疏》云：

> 臣窃惟我国家稽古制律例为刑，其笞、杖既有百十之数，而大小杖又有圆径、分寸之等，取其可以决肤而不欲其损骨也。至于徒、流各有等，则亦不过苦之、远之而已。若夫罪大恶极，众所共弃者，乃入于死。然不遽置之法，问以刑部，评以大理，朝审以多官；及至临刑，又三覆而五奏，若不得已而后加刑焉。盖兢兢乎，视人命如此其重也。

起初的制度设计，讲仁义、有等次，但问题出在拷讯上：

> 如鞫审，止宜隔别参对，多方详究，自可得情。即有决罚，应用鞭扑。今以为不足示威，乃不论罪犯轻重，动用夹棍等刑，剥皮碎骨，惨不忍言。有问一事未竟，而已毙一二命；到任甫期年，而拷死数十人者。轻视人命，有若草菅。其见诸章奏，如汾州知州齐宗尧，三年致命五十人；荥河知县吴朝，一年致死十七人。初闻甚骇，惜未有以重处也。乃今远近闻声，酷烈成风，残民以逞，在在有之。是皇上用之以牧民，而彼自以屠民任之也。且痛楚之下，何事不成？威劫之余，何求不得？此图圄所以多冤抑之人，而贪饕所以满溪壑之欲也。小民何以堪命哉？若不严加禁戒，日甚一日，则下激民变，上干天和，所系非小也。

问题既已如此严重，没有皇帝严命，无法扭转局面。因此，他提议：

> 伏望皇上特降严旨，敕下臣部，移咨都察院，转行各处抚按官，督同司府等衙门，加意戒谕：各该有司，不许设置夹棍等项惨刻刑具；如有仍前滥用者，即照非法用刑事例，问以降级为民。中间有“故勘、故禁、故入平人致死”者，依律问以抵死；本管监司若姑息纵容，只知为人惜官，而不知为民惜命者，酷官别有举发，监司责有所

① （明）贺复征编：《文章辨体汇选》，卷一一四《疏二十八·〈禁刑狱之滥疏（毛恺）〉》，影印文渊阁四库全书，上海古籍出版社，1987，第1403册，第322—323页。

> 分。如此则上下知警，有司不得肆为刑杀，而小民得以为生矣。再照，守令所以敢于酷刑者，不知律例之故也。律有“故勘、故禁、故入抵死”之条，例有“非刑降级为民”之戒，各官素未讲读，是以任意实行，全无忌惮。①

中央的主导者为刑部、都察院，地方巡抚、巡按及布政使、按察使司等为传达者，主要禁约对象为府州县，内容为：第一，官员“非法用刑”有条例，应降级为民，故官府不许设置夹棍等酷刑，如果仍像以前那样滥用者，就应依事例从事。第二，“故勘、故禁、故入平人致死”有律条，抵以死罪，也就应严格执行该律条文。重要的不仅在于依照既有律例成法治罪那些滥用酷刑者，还要让负有监察官吏之权的监司——布政使、按察使担起监督不力的责任——“本管监司若姑息纵容……酷官别有举发，监司责有所分”。这样，“上下知警”，在下的府州县“不得肆为刑杀”，在上监司处于不敢怠于监督的压力之中，可以改变之前他们“只知为人惜官，而不知为民惜命”的冷漠、渎职情态。

还有，葛守礼以为，州县守令之所以“敢于酷刑者，不知律例之故也”。所以，大明律的“故勘、故禁、故入抵死”之条，条例中的“非刑降级为民”之戒，要通过向各官讲读律例，让他们知晓这些规定，避免以身试法。

总之，夹棍、脑箍、烙铁、拶子等“非法之具”在拷讯中的存在和使用，及其所造成的“剥皮碎骨”、频繁置人于死地等惨象，是明朝中期大臣们关注的焦点。他们的目标，是恢复到过去“鞭扑只以作教，决罚不过臀、腿”的开国初期的状态中去。同时，也希望通过追究酷刑者责任、发挥监司的监督作用等方式，扭转拷讯过程中的严重滥刑局面。

（2）关于决杖致死

太祖洪武十五年（1382年），“上谓刑官曰：‘五刑惟笞、杖罪轻，然或肌肤伤残，因而致死，联甚悯焉。自今犯者，悉送滁州种苜蓿，笞十者十日，杖十者二十日，满日释之。’”② 朱元璋以种地代笞、杖刑，当然只能行于一时。且笞、杖而死的原因尚是因伤而致，未必当时即死。后来的情况是，笞、杖决罚，多有被直接打死者。

孝宗弘治六年（1493年），“太常少卿李东阳言：‘五刑最轻者笞杖，然杖有分寸，数有多寡。今在外诸司，笞杖之罪往往致死。纵令事觉，不过以因公还职。以极轻之刑，置之不可复生之地，多者数十，甚者数百，积骸满狱，流血涂地，可为伤心。律故勘平人者抵

① （明）葛守礼：《禁酷刑以全民命疏》，雍正《山西通志》，卷一八六《艺文五·札子奏疏二》，影印文渊阁四库全书，上海古籍出版社，1987，第549册，第151—152页。

② 《明太祖实录》，卷一四三，洪武十五年闰二月甲辰条，中华书局，2016，第4册，第2247页。

命，刑具非法者除名，偶不出此，便谓之公。一以公名，虽多无害。此则情重而律轻者，不可以不议也。请凡考讯轻罪即时致死，累二十或三十人以上，本律外，仍议行降调，或病死不实者，并治其医。’乃下所司议处。”①

这个奏章，比前述穆宗隆庆六年（1572 年）葛守礼奏疏要早 79 年，涉及的问题相关，针对的问题却有异。李东阳的问题是：“笞杖之罪”，“多者数十，甚者数百”，却“往往致死”，使得“极轻之刑”，却被“置之不可复生之地”。笞杖“数十”而死，打重了；“数百”而死，可能打多了。问题在于处理上的轻纵，执事者即使打死了人，“以因公还职”。在制度上，有两个罪名早就存在：官员“故勘、故禁、故入平人以罪”，律有条文，最高处罚是抵死；“非法用刑”有条例，除名为民。但在实践中，只要扣不上这两条，就被认定为“公”；而一旦认定为“公”，打死多少人都不受追究。这种“情重而律轻”的情况，必须正视，以求解决。

这次因奏明皇帝，被批复由有关部门讨论决定，“下所司议处”。事情从笞杖的执行问题切入，再从拷讯禁制走出。李东阳建议，在律例之外，再增加降调处分，甚至要处分可能参与掩盖致死真情的医生。但拷讯时致人死亡，非要累积到“二十或三十人以上”才予以降调，底数太大了。这会使得前述一年致死 17 人的知县得不到实际的处罚。故而，可以预知这个建议即使施行，也难以获得积极的、正面的效果。从后来情况看，确实也是如此。因为到吕坤时，同样的问题还在。这就像当时许多领域的事情一样，针对现实问题而提出一个禁制措施，执行一阵，不久仍一如其旧。更何况这个方案还存在着严重的缺陷。

（二）《刑戒》的制度基础

与历朝一样，明朝律令及条例在刑杖制度上，也是有规矩的。这是吕坤《刑戒》的法律制度基础。

明代拷讯之枉滥，沈家本将其归咎于其拷讯法简陋。但这种看法，不仅会引起源头的误解——刑讯枉滥肇端于制度缺乏，而且将枉滥情形一味地归咎于制度，结论也未必公允。

沈家本论“明拷讯法”，只引用了《大明律》卷二十八《刑律十一·断狱》“老幼不拷讯”条的前部：“凡应八议之人，及年七十以上、十五以下，若废疾者，并不合拷讯，皆据众证定罪。违者，以故失入人罪论”；该条后部的“其于律得相容隐之人，及年八十以上、十岁以下，若笃疾，皆不得令其为证。违者，笞五十”② 都没有引用，就结论说：“此条本

---

① 《明史》，卷九三《刑法志》，中华书局，1974，第 8 册，第 2290 页。

② 《大明律》，卷二八《刑律十一·断狱》“老幼不拷讯”条，怀效锋点校，辽沈书社，1990，第 211 页。

于《唐律》。惟《唐律》于拷囚之法甚详。明律概行删去，拷讯遂无节度。遇有疑难之案，仁厚者束手难行，暴戾者恣意捶打，枉滥之害，势所不免。此古法之所以不可遽废也。”①

以明律删去了唐律中比较详密的拷囚之法，使得“拷讯遂无节度”，这有点以偏概全。律文缺乏，不表明令文、例文及其他规范都缺乏。

1. 拷讯制度与基本刑具

实际上，《大明令・刑令》中有拷讯的法度。主要有以下两方面。

（1）反对非法拷讯的原则规定与落实措施

《大明令・刑令》第八十五条：

> 凡鞫问罪囚，必须依法详情推理，毋得非法苦楚，锻炼成狱。违者，究治。②

这相当于唐《狱官令》和《唐律疏议・断狱》“讯囚察辞理”条的规定：

> 诸应讯囚者，必先以情，审察辞理，反覆参验；犹未能决，事须讯问者，立案同判，然后拷讯。违者，杖六十。
>
> 疏议曰：依《狱官令》：“察狱之官，先备五听，又验诸证信，事状疑似，犹不首实者，然后拷掠。”故拷囚之义，先察其情，审其辞理，反覆案状，参验是非。“犹未能决”，谓事不明辨，未能断决，事须讯问者，立案，取见在长官同判，然后拷讯。若充使推勘及无官同判者，得自别拷。若不以情审察及反覆参验，而辄拷者，合杖六十。③

明令这个“鞫囚”“详情推理”的宏观规定，是明律令远绍唐律令的痕迹之一。

同样，类似唐《狱官令》“立案同判，然后拷讯”的规定，《大明令・刑令》第七十七条（狱具）也是有的：“其犯重罪，赃证明白，抗拒不招者，众官圆坐，明立案验，方许用讯。”④ 大略这两条明令，出自同一条唐令。

又按《大明会典》，洪武二十六年（1393年），规定了刑部审讯的规程。虽显烦琐，但可见其落实前项讯囚原则的努力：

---

① （清）沈家本撰：《刑法分考十七・拷囚》，《历代刑法考》（第1册），中华书局，1985，第518页。

② 《大明令・刑令》，《大明律（附大明令、问刑条例）》，怀效锋点校，辽沈书社，1990，第268页。

③ 《唐律疏议》，卷二十九《讯囚察辞理》，中华书局，1983，第552页。

④ 《大明令・刑令》狱具条，《大明律（附大明令、问刑条例）》，怀效锋点校，辽沈书社，1990，第266—267页。

凡鼓下并通政司等衙门送原告连状到部，先于原告簿内，附写告人姓名、乡贯、住址，并将告词于词状簿内，全文抄毕，连人、状判送该部承行。该部先行立案，责差皂隶将引原告前去召保听候提人对问，取讫保状附卷。照出合问人数，具呈本部，具手本赴内府刑科给批，差人提取。及提人到部，判送该部归问。先将犯人名数立案，责令司狱司监收，听候引问。仍差原召保皂隶，前去拘唤原告，与被告通行对问。复行案呈本部，将原给批文，赴内府刑科销缴。其引问一干人证，先审原告词因明白，然后放起原告，拘唤被告审问。如被告不服，则审干证人。如干证人供与原告同词，却问被告。如各执一词，则唤原被告、干证人，一同对问。①

可见，当时京城的刑部，对原告、被告、干证人的审问，有一定顺序，即原告→被告→干证人，依次讯问；若干证人供词同原告，则审问被告，干证人＝原告→被告；若干证人、原告、被告“各执一词”，干证人≠原告≠被告，则将原告、被告、干证人“一同对问”。“对问”的方法、程序是：

观看颜色，察听情词。其词语抗厉，颜色不动者，事理必真；若转换支吾，则必理亏。略见真伪，然后用笞决勘；如又不服，则用杖决勘。仔细磨问，求其真情。若犯重罪，赃证明白，故意恃顽不招者，则用讯拷问。情状既实，取讫供招服辩，判押入卷，明立文案，开具原发事由，问拟招罪。照行事理，死罪、徒、流者，具写奏本；笞、杖罪名，止具公文，连囚牒发大理寺，审候平允回报，复行立案。除十恶重囚、决不待时外，余令司狱司仍前监收，听候依时复奏处决。其余各赴该部发落（工役付河南部，编军付陕西部，赃罚付湖广部）。其有发回宁家者，主事厅出批送应天府经历司交割，给引宁家。②

审问官要重点使用“色听”“词听”手段，并要善于从中做出真伪、曲直判断。拷讯刑具的使用，也规定了一定的顺序：笞、杖是轻罪最终固定供词的手段和程序，第一步“用笞决勘”，第二步“用杖决勘”，条件分别是“略见真伪”“如又不服”；用“讯杖”拷问的

① （明）申时行等修，赵用贤等纂：《大明会典》，卷一七七《刑部十九·问拟刑名》，《续修四库全书·史部·政书类》（第 792 册），上海古籍出版社，2002，第 155 页上栏。

② （明）申时行等修：《大明会典》，卷一七七《刑部十九·问拟刑名》，中华书局，1989，第 901—902 页。

三个条件是：重罪且赃证明白又不招供，相对严苛些。依此，则明朝笞、杖、讯杖都可以是拷讯刑具，讯杖只是针对重罪犯，即盗罪、人命案件之类。

（2）刑具种类、规格及拷讯部位限定

《大明令·刑令》第七十七条：

> 狱具：枷，长五尺五寸，头阔一尺五寸；死罪重二十五斤，流罪二十斤，杖罪一十五斤，皆以干木为之，长短、轻重刻志其上。杻，长一尺六寸，横阔三寸，厚一寸。铁索，长一丈。镣，连环重三斤。笞，大头径二分七厘，小头径一分七厘，长三尺五寸。杖，大头径三分二厘，小头径二分二厘，长三尺五寸。讯杖，大头径四分五厘，小头径三分五厘，长三尺五寸。以上笞、杖，皆须削去节目，用较板如法较勘，毋令筋胶诸物装钉。应决者，并用小头。其决笞及杖者，臀受。拷讯者，臀、腿分受。其犯重罪，赃证明白，抗拒不招者，众官圆坐，明立案验，方许用讯。①

这是最全面的狱具规范。其有关杖具的规定，相当于唐《狱官令》“诸杖”条的内容：

> 诸杖皆削去节目，长三尺五寸。讯囚杖，大头径三分二厘，小头二分二厘；常行杖，大头二分七厘，小头一分七厘；笞杖，大头二分，小头一分半。其决笞者，腿、臀分受；决杖者，背、腿、臀分受，须数等；拷讯者亦同。笞以下愿背、腿均受者，听。即殿庭决者，皆背受。②

二令之间，文字、规定相同处多。如“杖皆削去节目，长三尺五寸”；直径长度，明朝笞，等于唐常行杖；杖，等于唐讯囚杖；讯杖径四分五厘、径三分五厘，唐无；唐朝笞杖，径二分、一分半，明无。抛开长度单位的历史变化，诸杖直径，明朝比唐朝普遍大了一号。击打部位，明为臀受，或臀、腿分受；唐则腿、臀或背、腿、臀分受。唐不鞭背，是后来的事。比较情况见下表。

---

① 《大明令·刑令》，《大明律（附大明令、问刑条例）》，怀效锋点校，辽沈书社，1990，第266—267页。

② ［日］仁井田陞著：《唐令拾遗·狱官令》，栗劲、霍存福、王占通、郭延德编译，长春出版社，1989，第726页。

表 1　明与唐诸杖比较表

明诸杖	大头径	小头径	长	击打部位		唐诸杖
				明	唐	
—	2 分	1 分半	3 尺 5 寸	—	腿、臀分受	3. 笞杖
1. 笞	2 分 7 厘	1 分 7 厘	3 尺 5 寸	臀受	背、腿、臀分受	2. 常行杖
2. 杖	3 分 2 厘	2 分 2 厘	3 尺 5 寸	臀受	背、腿、臀分受	1. 讯囚杖
3. 讯杖	4 分 5 厘	3 分 5 厘	3 尺 5 寸	臀、腿分受	—	—

明朝除《大明令·刑令》外，《大明律》附有《狱具之图》，对笞、杖、讯杖有规定和说明，《五刑之图》可以作为补充。

表 2　大明律《狱具之图》规定及《五刑之图》有关说明

类别	规格 1	规格 2	规格 3	质料/制作要求、击打点、击打部位/重量、适用对象	《五刑之图》有关说明
笞	大头径 2 分 7 厘	小头径 1 分 7 厘	长 3 尺 5 寸	以小荆条为之。须削去节目，用官降较板，如法较勘。毋令筋胶诸物装钉。应决者，用小头，臀受。	笞者，谓人有轻罪，用小荆杖决打。
杖	大头径 3 分 2 厘	小头径 2 分 2 厘	长 3 尺 5 寸	以大荆条为之。亦须削去节目，用官降较板，如法较勘。毋令筋胶诸物装钉。应决者，用小头，臀受。	杖者，谓人犯罪，用大荆杖决打。
讯杖	大头径 4 分 5 厘	小头径 3 分 5 厘	长 3 尺 5 寸	以荆杖为之。其犯重罪，赃证明白，不服招承，明立文案，依法拷讯，臀、腿受。	
枷	长 5 尺 5 寸	头阔 1 尺 5 寸		以干木为之，死罪重 25 斤，徒流重 20 斤，杖罪重 15 斤。长短轻重，刻志其上。	
杻	长 1 尺 6 寸	厚 1 寸		以干木为之，男子犯死罪者用杻。犯流罪以下及妇人犯死罪者不用。	
铁索	长 1 丈			以铁为之，犯轻罪人用。	
镣	连环共重 3 斤			以铁为之，犯徒罪者，带镣工作。	

将《大明律》附《狱具之图》《五刑之图》与《大明令·刑令》的笞、杖、讯杖比较，其两头直径、长度，以及去节、用较板较勘、不得有筋胶诸物装钉，规格方面皆相同；使用小头进行决罚，笞杖击打臀部，讯杖击打臀、腿，且讯杖只是在重罪不招、赃证明白的情况下，明立文案后，才可以拷讯，其打法限定也皆相同。因而，基本是摘录《大明令·刑令》。不同的是，大明律《狱具之图》明确了笞“以小荆条为之”，杖“以大荆条为之”，讯杖“以荆杖为之”；《五刑之图》谓笞为“小荆杖”，杖为“大荆杖”。总之，《大明律》进

一步明确了笞、杖、讯杖制作所用的质料。

丘濬认为，明律所规定的刑具规格，较前代宽松，并且更加体现出仁道。他说："本朝于《大明律》卷首作为横图，以纪狱具。笞，大头径二分七厘，小头径一分七厘，长三尺五寸。讯杖，大头径四分五厘，小头径三分五厘，以上皆以荆为之，长俱三尺五寸。枷，以干木为之，长五尺五寸，头阔一尺五寸，死罪重二十五斤，徒、流、杖以下有差。杻，长一尺六寸，厚一寸。铁索长一丈，镣重二斤。凡为笞、杖，皆削去节目，用官降较板，较勘如式，然后用之，不许用筋胶诸物装钉。应决者用小头，臀受。其大小厚薄，视唐略等，比宋则尤为轻焉。祖宗好生之仁，虽为恶之罪人，惟恐或有所伤，而为之薄刑也如此。是以仁恩厚德，浃于民心，百年于兹。"[①] 这是对明朝拷讯基本制度的中肯评价。

在明朝，上述"设范立制"的"令"制，有着保障其实施的"正刑定罪"的刑罚措施。大略有二：

一是设立"官吏挟仇故勘平人"罪，解决来自公报私仇的拷讯。

《大明律》卷二十八《刑律十一·断狱》"故禁、故勘平人"条：

> 凡官吏怀挟私仇，故禁平人者，杖八十；因而致死者，绞。提牢官及司狱官、典狱卒，知而不举首者，与同罪；至死者，减一等；不知者，不坐。若因公事，干连平人在官，无招，误禁致死者，杖八十；有文案应禁者，勿论。若故勘平人者，杖八十；折伤以上，依凡斗伤论；因而致死者，斩。同僚官及狱卒，知情共勘者，与同罪；至死者，减一等；不知情，及依法拷讯者，不坐。若因公事，干连平人在官，事须鞫问，及罪人赃仗、证佐明白，不服招承，明立文案，依法拷讯，邂逅致死者，勿论。[②]

"官吏挟仇故勘平人"，无伤、折伤、致死皆有罚；同僚官及狱卒，知情与同罪，不知情及依法拷讯者，不坐罪。官吏只有在罪人赃仗、证佐明白，且不服招承的情况下，"依法拷讯，邂逅致死者"，才勿论。这也指示了拷讯的方向。这就是"律'故勘平人（致死）者'抵命"之法。

二是设立"决罚不如法"罪，解决笞杖刑的执行，以及官长以刑督责部属的适度问题。

《大明律》卷二十八《刑律十一·断狱》"决罚不如法"条：

---

① （明）丘濬：《大学衍义补》，卷一〇四《慎刑宪·制刑狱之具》（中册），京华出版社，1999，第892页。

② 《大明律》，卷二八《刑律十一·断狱》"故禁故勘平人"条，《大明律（附大明令、问刑条例）》，怀效锋点校，辽沈书社，1990，第207—208页。

> 凡官司决人不如法者，笞四十；因而致死者，杖一百，均征埋葬银一十两；行杖之人，各减一等（不如法，谓应用笞而用杖，应用杖而用讯，应决臀而决腰，应决腿而鞭背）。其行杖之人，若决不及肤者，依验所决之数抵罪，并罪坐所由。若受财者，计赃以枉法从重论。若监临之官，因公事于人虚怯去处，非法殴打，及自以大杖或金刃、手足殴人，至折伤以上者，减凡斗伤罪二等；至死者，杖一百、徒三年，追埋葬银一十两。其听使下手之人，各减一等，并罪坐所由（谓情不挟私、非梯己事者。如有司官催征钱粮，鞫问公事，提调造作，监督工程，打所属官吏、夫匠之类；及管军官操练军马，演习武艺，督军征进，修理城池，打总小旗、军人之类）。若于人臀、腿受刑去处，依法决打，邂逅致死，及自尽者，各勿论。[①]

该条律注以举例的形式，首先明确了“决罚不如法”的 4 种情形，“应用笞而用杖，应用杖而用讯，应决臀而决腰，应决腿而鞭背”，包含了刑具种类使用上的提高或升级，或击打了律令未规定的部位如腰、背（相当于下文的“虚怯去处”）。这里的“决人”，“专为断狱言”。[②] 其次，官长打部属官吏、民人（或军人），部位不对（腰、背等虚怯去处），即属非法殴打，以及工具不适当（如大杖、金刃、手足）等，致使折伤、至死等，均有刑罚；听从下手之人则减等治罪。这里“因公”以下，“不独专指断狱言矣，谓催征钱粮、提调造作之类”。[③] 最后，再度确立了“依法决打，邂逅致死者，各勿论”的规则，但同时也强调了前提——“于人臀、腿受刑去处”这样的法定击打部位行刑的条件。

综上可见，明代对于决杖致死、拷讯致死这两个老问题，所给予的制度性解决方案来自历史经验，如抄《唐律》，上述两条文皆是。尽管在抄袭的体系性和周延性上颇受后人诟病，如薛允升就以为“故禁故勘”一条，“明特立此律，殊觉无谓”；“故禁”与“不应禁而禁”，无区别却处罚不同；其后段与“决罚不如法”律也重复。[④] 而“决罚不如法”一条，“与《唐律》大略相同”，处刑“轻重各不相同”；“《唐律》‘杖粗细长短不依法者，罪亦如

---

① 《大明律》，卷二八《刑律十一・断狱》“决罚不如法”条，《大明律（附大明令、问刑条例）》，怀效锋点校，辽沈书社，1990，第 215 页。

② （清）薛允升撰：《唐明律合编》，卷二九《明律・决罚不如法》引《笺释》，怀效锋、李鸣点校，法律出版社，1999，第 793 页。

③ 《唐明律合编》，卷二九《明律・决罚不如法》引《笺释》，法律出版社，1999，第 793 页。

④ 《唐明律合编》，卷二九《明律・故禁故勘平人》按语，法律出版社，1999，第 780 页。全文为：“《唐律》‘决罚不如法’，载有‘监临主司于法不合行罚，及前人不合拷捶者，以斗杀伤论，至死者加役流，用刃者各从斗杀伤法。又不应禁而禁、不应锁杻而锁杻，杖六十’等语，并无‘故禁故勘’之文。明特立此律，殊觉无谓。上条之‘不应禁而禁’，与此条之‘故禁’，有何分别？一杖八十，一杖六十，未免参差。末段与‘决罚不如法’律，亦属重复。”

之'，《明律》无文"；又"专言'应笞而用杖'，其应杖而笞，并无明文，何也"。[①] 还有，在犯罪主体设定上，《明律》"囚不应禁而禁""不应锁、杻而锁、杻"，与"故禁、故勘"相同，设定了官吏"受财"情节；"故禁故勘平人"设定的是"官吏怀挟私仇"，薛允升以为"亦觉参差"，道理在"官吏受财，事所恒有；若怀挟私仇，则百不获一。《唐律》所以并无明文也"。[②] 但无论如何，这些毕竟是明朝杖罚、拷讯制度化的努力，使得有规可循。不过，正如唐有完备制度却不能避免杖罚、拷讯之滥一样，明代也是如此。执行之滥与制度的有无、详略，并无直接的关系。

2. 酷刑的存在：反对与认可

就像以往各朝一样，明初的基本刑具制度，中期以后也被突破了。

明万历三十五年（1607年），王圻、王思义父子编集并刊刻了《三才图会》，在《器用》十二卷中，绘有当时行用的刑具图，并撰有简短说明《刑具说》，反映了当时制度变化的大致状况。所载刑具图如下：

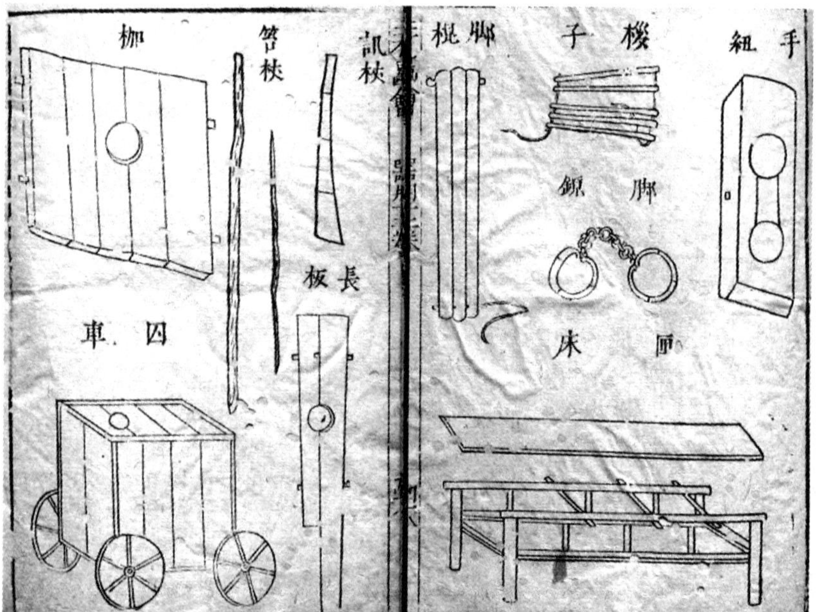

图1　《器用》十二卷中《刑具图》

从图1可见，除笞、杖、讯杖3种拷讯类用具，及枷、杻、镣3种拘禁类刑具外，《三才图会》的刑具比《大明令》《大明律》多出了脚棍（夹棍）、拶子、长板、匣床、囚车5

① 《唐明律合编》，卷二九《明律·决罚不如法》按语，法律出版社，1999，第793页。

② 《唐明律合编》，卷二九《明律·囚因禁不禁》按语，法律出版社，1999，第779页。

种。令、律中的铁索，《三才图会》无。不过，人们提到6种刑具，也往往并不包括它。[①]对上述6种刑具，《刑具说》基本依据了令、律，故其内容相差不多。只是讲到“讯杖”时，说“今用竹篦，重过二斤矣”，[②]印证了吕坤所言“通行已久，不能遽革”的“重大竹篦”的存在。另外5种刑具的解说，也颇值得关注：

> 夹棍之形，惟锦衣卫则有，亦设而不擅用。此惟可施之拷讯强贼，后来问理刑名亦用之，非法也。拶子，旧无是制，想因夹棍而起。长板，犯重罪者，招成之后，以其罪与名刻志板上，而带之颈。若匣床、囚车，即古之槛车，不知其所自始。疑即槛车之法，亦今之极刑也。[③]

说夹棍“惟锦衣卫有”，且“设而不擅用”，恐不是事实，当时夹棍已普及于外府州县，但指出其适用对象“惟可施之拷讯强贼”，是一部分赞成使用者的口实。而其“后来问理刑名亦用之，非法也”，其泛滥则是实情。拶子“旧无是制”，也对。推测其起源受夹棍启发，用以对付女犯，有这种可能。匣床等也属于“今之极刑”。它们都是律令所无，是非法、不合制的。

《三才图会》没有讲到脑箍、烙铁，以及锡龙灌身、竹签钉指、烧酒浇鼻等，它们虽不如前述几种酷刑普遍，但同样受到激烈的否定和反对。

对制度的这种突破，起初，人们只认可其中的一部分，而反对另一部分。

---

① 吕坤《风宪约·用刑》说：“衙门刑具，载在律条，其数有六：笞、杖、讯、枷、杻、镣。”（清）李渔辑《资治新书》卷首《祥刑末议·论刑具》云：“刑具代有变更，其载在律条，一成而不可易者，厥数有六：曰笞，曰杖（二者皆用荆条，笞小、杖大），曰讯（即今之竹板。有重罪不服，责以讯之），曰枷（项刑，用以示众），曰杻（手刑，俗名手栅），曰镣（足刑，俗名脚镣）。视罪之重轻，为名之巨细。枷轻于杻、镣，讯轻于枷，笞、杖又轻于讯。非极重之罪、有死无赦者，不用镣、杻；非罪犯众怒、法当榜示以快人心者，不用枷。下此常用之具，则讯、杖、笞三者而已。杖、笞止于臀受，讯则臀、腿分受，三者皆不及腿湾，恐伤其足，当事者无不知之。此老吏常谈，毋庸赘述，言其未经道破者而已矣。”载《明清法制史料辑刊》（第一编第一册），国家图书馆出版社，2008，第51—52页。又，“竹篦”自注“即竹板”，第53页。

② 《刑具说》云：“杻制长一尺六寸，厚一寸，以干木为之，男子犯死罪者用杻。镣制，以铁为连环，共重三斤，犯徒罪者，带镣工作。《山海经》曰：‘山有木明枫，蚩尤所弃桎梏也。’桎，足械；梏，手械。盖此械已出黄帝时矣。枷制，长五尺五寸，头阔一尺五寸，以干木为之，死罪重二十五斤，徒流重二十斤，杖罪重一十五斤。盖旧有长短而无轻重，其轻重自宋太宗始也，今从之”。“笞，以小荆条为之。须削去节目，用官降较板，如法较勘。毋令筋胶诸物装钉。应决者，用小头，臀受。其制，大头径二分七厘，小头径一分七厘，长三尺五寸。杖，以大荆条为之。亦须削去节目，用官降较板，如法较勘。毋令筋胶诸物装钉。应决者，用小头，臀受。其制，大头径三分二厘，小头径二分二厘，长三尺五寸。讯杖，以荆条为之。其犯重罪，赃证明白，不服招承，明立文案，依法拷讯，臀、腿受。今用竹篦，重过二斤矣。其初制，大头径四分五厘，小头径三分五厘，长三尺五寸”。

③ （明）王圻、王思义编集：《三才图会·器用十二卷》（中册），上海古籍出版社，1988，第1347—1348页。

吕坤说："夹棍、扛子、脑箍、拶指、攒板，原非应有刑具。"他反对"只靠夹、拶"审案，[①] 主张"无以夹棍等酷刑为第一审法"。[②] 但他还是认可了其中的夹棍、扛子、拶子三种刑具，并约束山西各府州县的部属们，"夹不得过一次，扛不得过三十，拶指不得对两头，夹、拶不得过二时"，只是"脑箍定不许用"，[③] 没有提到攒板。《刑戒》中更建议"已拶莫又打""已夹莫又打"，不得在短时间内将拶指、夹棍与笞、杖、讯杖叠加使用，以免死人。

吕坤还认可了"重大竹篦"的存在。对"通行已久，不能遽革"的竹篦，吕坤建议"亦当分为轻重三等"，但似乎不是把它制造成大中小三等，使其有轻重之别，而是在使用上区分等级，即根据笞、杖数目的多少，配以击打部位的变化——"臀、腿分受""两腿分受"，重点解决"丛于一处，擅及于腿湾"之弊，以减轻危害。其实，从《三才图会》图样可见，笞、杖均是木质，讯杖却已变为竹子了——总体呈梯形状，中间的三个竹节，纹理明显，它们或者是没有去掉的"棱节"，或者是去棱节之后的痕迹。李渔谈到"讯"杖，也说："即今之竹板。有重罪不服，责以讯之。"[④] 可见，至晚在万历中期，讯杖已变成"竹板"而非"荆杖"了。王圻说，它的重量已经"过二斤"，也即吕坤所谓"重大"了。

把竹篦"分为轻重三等"，不知是否与吕坤的救弊认识有关。《呻吟语》云：

> 或曰："法久而弊，奈何?"曰："寻立法之本意而救偏补弊耳。善医者去其疾不易五脏，攻本脏不及四脏。善补者缝其破不剪余完，浣其垢不改故制。[⑤]

或许，迁就已存在的竹篦而分为三等，就是他"救偏补弊"的措施。竹篦不是明初原有制度。竹篦的出现，是对荆条的反动。在物性上，荆杖被认为不伤人。朱元璋："尝行郊坛，皇太子从，指道旁荆楚曰：'古用此为扑刑，取能去风，虽寒不伤也。'"[⑥] 明中期的吕坤及其同道，已经管不了这些了。清朝笞、杖，分别用小竹板、大竹板，就是沿袭明朝从讯杖开始的竹篦之制。追寻这一沿革史，也许是一个有趣的法制史课题。

不过，吕坤对拷讯类刑具，一直是审视的、挑剔的、批判的、较真的；对拘禁类刑具，

---

① 《实政录》，卷六《风宪约・提刑事宜・用刑》，《吕坤全集》（中册），第1106页。

② 《实政录》，卷六《风宪约・提刑事宜・盗情》，《吕坤全集》（中册），第1096页。

③ 《实政录》，卷六《风宪约・提刑事宜・用刑》，《吕坤全集》（中册），第1106页。

④ （清）李渔辑：《资治新书》，卷首《祥刑末议・论刑具》，载《明清法制史料辑刊》（第一编第一册），国家图书馆出版社，2008，第51页。

⑤ 《呻吟语》，卷五《外篇・治道》，《吕坤全集》（中册），第818—819页。

⑥ 《明史》，卷九四《刑法志二》，中华书局，1974，第8册，第2319页。

则相对宽松些。比如匣床，他一则说“强盗人命各有匣床”，[①] 指出其主要使用对象；二则详细记录“匣床之制”，如头环、夹项锁、拦胸铁索、压腹木梁、双环铁手扭、短索铁胫镣、闸足匣栏，以及“号天板”：上置三寸钉，如猬刺、狼牙，“盖于囚身，去面不及二寸”，“以臬木关闸”。他甚至以欣赏的语气，描述受刑人之状：“复有四面棂栏，状如鸟笼，八缚在槛，四体如僵，手足不得屈伸，肩背不得辗转，莫道蚤虱交攻，蚊虻争嚼，纵使毒蝎蛰身，饿鼠啮足，蚰蜒入脑，大蛇缠头，只须忍受，孰能宽之?”[②] 他尤其还强调说：“此法司定式，天下所同。凡系重刑，皆当就匣，立法者岂如是以苦人哉?”目的不在制裁，而在防御，“强盗、奸杀、截路，罪恶滔天，甚者伙盗劫囚，尽令解脱，须如此严，始无他虑。”[③] 吕坤认可匣床，未必由于其是“法司定式”，而是因为这种拘禁类刑具，虽备极酷烈，然其主要功能是不使之逃逸，不像拷讯类刑具给人造成“摧残肢体，伤折肌骨”[④]“剥皮碎骨”[⑤] 的后果，故酷烈些也未尝不可。他也主张对“土豪积棍、大奸巨凶、不孝不仁、屡惩屡犯”者，“当以盗匣严禁，困顿消磨，艰苦备尝，但令不死”，作为惩戒之具，因而，“各州县宜作匣床一具，置于大门之外，令其聚观，但有顽纵不悛者，不必枷号，昼则锁于匣外，夜则切于匣床，待十分悔悟，多人保改者，始放。是亦不屑之教也”。[⑥]

3. 制度调整与相应禁约

自孝宗弘治以来，朝臣一再抨击法外拷讯，穆宗隆庆间亦然。这推动了条例层面的立法响应。

弘治《问刑条例》最早对此作出了回应。弘治《问刑条例》有一款规定：

> 内外问刑衙门，一应该问死罪，并窃盗、抢夺重犯，须用严刑拷讯，其余止用鞭扑常刑。若酷刑官员，不论情罪轻重，辄用挺棍、夹棍、脑箍、烙铁等项惨刻刑具，如一封书、鼠弹筝、阑马棍、燕儿飞等项名色，或以烧酒灌鼻、竹签钉指，及用径寸懒杆，不去棱节竹片，乱打覆打，或打脚踝，或鞭脊背，若但伤人、不曾致死者，不分军民、职官，俱奏请降级调用；因而致死者，俱发原籍为民。如因公事拷讯，笞杖

① 《实政录》，卷七《狱政·监犯·优恤八条》，《吕坤全集》（中册），第 1143 页。

② 《实政录》，卷七《狱政·监犯·关防八条》，《吕坤全集》（中册），第 1147 页。

③ 《实政录》，卷七《狱政·监犯·关防八条》，《吕坤全集》（中册），第 1147 页。

④ 《实政录》，卷七《狱政·附辨盗》，《吕坤全集》（中册），第 1155 页。

⑤ （明）葛守礼：《禁酷刑以全民命疏》，雍正《山西通志》卷一八六《艺文五·札子奏疏二》，影印文渊阁四库全书，上海古籍出版社，1987，第 549 册，第 152 页。

⑥ 《实政录》，卷七《狱政·监犯·关防八条》，《吕坤全集》（中册），第 1147 页。

> 臂、腿去处致死者，依律科断，不在降调之例。[①]

依前引《大明令》，拷讯条件是“其犯重罪，赃证明白，抗拒不招者，方许用讯”。[②] 弘治《问刑条例》把重罪明确为“死罪及窃盗、抢夺重犯”，但强调轻罪用鞭扑，可以刑讯；只有死罪及重犯，才可以用严刑拷讯。立场和视点都有变化。弘治《问刑条例》还将大部分酷刑及残酷行刑方法列举出来，并分别对因此而出现伤人、致人死亡的官员，予以降调或撤职处理。当然，对合法拷讯因而致死者，按律处理，适用“邂逅致死勿论”的规则。“致死者，俱发原籍为民”，就是前述所谓“‘刑具非法者’除名”或“非刑降级为民”的条例。

世宗嘉靖间，对此也有回应。《嘉靖新例》载：“嘉靖七年月刑部题准：在外司府州县官员，凡遇捉获贼盗，务要详辨赃仗情节明白，问拟监候，会审呈详。敢有残虐致死者，事发，不分军民职官，俱照《问刑条例》，问革为民。”[③]《大明律集解增附》：“嘉靖八年三月二十九日，节该刑部题奉钦依：内外问刑衙门及有司官员，有擅用酷刑，致伤人命，虽系因公，亦照例为民。‘故禁、故勘’，依律科断。钦此。”[④]

神宗万历《问刑条例》基本袭用了前述弘治《问刑条例》，只是在处理上，有所改变。万历《问刑条例》有一款云：

> ……若但伤人、不曾致死者，俱奏请：文官降级调用，武官降级，于本卫所带俸；因而致死者，文官发原籍为民，武官革职，随舍余食粮差操；若致死至三命以上者，文官发附近，武官发边卫，各充军。[⑤]

万历《问刑条例》文武官分别处理：文官仍降级调用，或发原籍为民。武官因其特殊性，或降级、带俸，仍不离本卫所；或革职，仍继续差操。且万历九年（1581年）都察院题准，新例载入致死三命以上充军，加重了其处罚。万历该条例，《明史》卷九四《刑法志二》将其节略为：“凡内外问刑官，惟死罪并窃盗重犯，始用拷讯，余止鞭扑常刑。酷吏辄用挺棍、夹

---

① 黄彰健编著：《明代律例汇编》，卷二八《刑律十一・断狱》“决罚不如法”条附，台湾“中央研究院”历史语言研究所专刊之75，1994年，上册，第1003—1004页。

② 《大明令・刑令・七七狱具》，载《大明律（附大明令、问刑条例）》，怀效锋点校，辽沈书社，1990，第266页。

③ 黄彰健编著：《明代律例汇编》，卷二八《刑律十一・断狱》“故禁故勘平人”条附，1994，下册，第978—979页。

④ 黄彰健编著：《明代律例汇编》，卷二八《刑律十一・断狱》“故禁故勘平人”条附，1994，下册，第978页。

⑤ 黄彰健编著：《明代律例汇编》，卷二八《刑律十一・断狱》“故禁故勘平人”条附，1994年，下册，第979页。也见《问刑条例・刑律十一・断狱》“凌虐罪犯条例”第三六七条，载《大明律（附大明令、问刑条例）》，怀效锋点校，辽沈书社，1990，第431页。

棍、脑箍、烙铁及一封书、鼠弹筝、拦马棍、燕儿飞，或灌鼻、钉指，用径寸懒杆，不去棱节竹片，或鞭脊背、两踝致伤以上者，俱奏请，罪至充军。”节略过简，许多细节已经失去。

总之，关于拷讯的控制，明代有令、有律、有条例。[①] 在职权上，吕坤所倚恃者，是这些法律确定的惩罚措施。在吕坤作品中，他不时声称：或者“以才力不及参降”那些“不亲问只批佐贰”审案的掌印官，“三次不改者，参究拿问”；[②] 或者那些“以酷刑参罢”“仍前概用重大及数多、加力，又丛于一处，擅及于腿湾”的审案官，且只论其是否有行为，而“无问曾否伤人”；[③] 或者对那些违反了他限定的夹棍次数、扛打数量及夹、拶时间长的官员，“不分有无伤人，定以酷刑署考”，情重者甚至“参究拿问”。[④] 在《刑戒》中，吕坤对“夹棍重刑”，还只是建议“此等酷刑鲜用可也”。在这里，却是要动用惩罚权了：署考、参降、参罢、参究拿问，行政的、刑事的处罚手段都使用了。

四、吕坤《刑戒》的地位与影响

（一）吕坤《刑戒》在明代的地位与影响

吕坤《刑戒》是私人作品，至多是半职务作品，因为它没有上奏皇帝，也未必发布于下属。但同时期的类似文章，有刑部尚书孙丕扬的《省刑约束》三十二条，史称其“条上省刑省罚各三十二事。帝称善，优诏褒纳”，[⑤] 既上奏了皇帝，还得到了接受，已是纯粹的职务作品了。

1. 孙丕扬《省刑约束》三十二条基本是《刑戒》的翻版

万历二十一年（1593 年）九月，刑部尚书孙丕扬上《约束郡县省刑罚疏》，请求省刑、省罚。从行文来看，孙丕扬此疏，是承刑部浙江等十三司要求约束州县“淫刑、滥罚”的建议而起。其疏略云：

> 臣惟天下之治平，贪、酷之吏害之也；吏治之贪、酷，刑、罚之过使之也。故善

① 除上述论及者外，《大明令·刑令》还规定有对妇女犯奸罪笞杖“去衣受理”，“余罪单衣断决”，官员犯笞杖之还职、解任离职、降等与解见任及叙用事，知州、知县犯公罪笞的赎铜事，以及狱禁管理事等。见《大明律（附大明令、问刑条例）》，怀效锋点校，辽沈书社，1990，第 267、268、269、270、274 页。

② 《实政录》，卷六《风宪约·提刑事宜·盗情》，《吕坤全集》（中册），第 1096 页。

③ 《实政录》，卷六《风宪约·提刑事宜·用刑》，《吕坤全集》（中册），第 1106 页。

④ 《实政录》，卷六《风宪约·提刑事宜·用刑》，《吕坤全集》（中册），第 1106 页。

⑤ 《明史》，卷二二四《孙丕扬传》，中华书局，1974，第 19 册，第 5901 页。

图治者，先省刑、罚而已……顾今天下刑、罚最害民者，不在大辟、远戍之重刑，而在过挞、过罚之轻施。重则动必掣肘，祸人也恒难；轻则欲可从心，祸人也恒易。故鞭作官刑，刑之轻者也。听讼者谁不易之？然酷吏借此，每以制人之命。故或有过志忘伦而刑者、情流喜怒而刑者、时违天人而刑者、遇可矜疑而刑者。一不省约而任法，即令罪不至死之人，无故而就死地。此与“决不待时”何异焉？天下之伤民生者，孰大于此？

基于此点，为“遏贪、酷接踵之风”，他于“刑、罚两端”，“各拟约束”，成《省刑·罚诸约束》状，希望能“依国初戒石事例，各书守令公署，以示遵守”。其《省刑约束》如下：

一、律例原无，宜省刑四条。勿用磨骨钉钉枷号，勿用数百斤三四人立枷，勿用带根板水缸杖、生树棍，勿用脑箍、竹签、嘴掌、背花。

二、伦理当重，宜省刑四条。父子、兄弟告者，恕父、兄刑；夫妻、尊长告者，恕夫与尊长刑；妻妾替夫诬告者，省妻妾刑；子弟替父兄诬告者，省子弟刑。

三、刑流防过，省（刑）四条。先加挞者，后莫加挞；人加挞者，我莫加挞；已刑下体，莫刑上体；已挞输者，莫挞赢家。

四、情偏防过，省刑四条。勿偏听原、被告加刑，勿过疑证佐加刑，勿出我聪明加刑，勿怒人强项加刑。

五、避天时，省刑四条。旱荒宜省刑，寒暑宜省刑，霜雪宜省刑，节令宜省刑。

六、体人情，省刑四条。尸亲宜省刑，救尊长者宜省刑，诉冤枉者宜省刑，口讷宜省刑。

七、人可矜者，省刑四条。老少者宜省刑，饥寒者宜省刑，病初愈者宜省刑，残废笃疾者宜省刑。

八、人可疑者，省刑四条。官员宜省刑，生儒宜省刑，妇女宜省刑，贼情暧昧宜省刑。①

① （明）孙丕扬：《约束郡县省刑罚疏》，载（明）陈子龙等编：《明经世文编》，卷三七九《陈孙二公奏疏·孙太宰奏疏》，中华书局，1962，第5册，第4120—4122页。另，《明神宗实录》卷二六四，万历二十一年九月戊午条，与《明经世文编》略有差异。字词不同而影响文义者，有《文编》“勿用磨骨钉钉枷号”，《实录》作“勿用磨骨钉寸寸紧夹棍”；《文编》“先加挞者，后莫加挞；人加挞者，我莫加挞”，《实录》作“先枷挞者，后莫枷挞；人枷挞者，我莫枷挞”；《文编》“旱荒宜省刑”，《实录》作“早晨宜省刑”。不影响文义的顺序之变者，有“子弟替父兄诬告者，省子弟刑”“妻妾替夫诬告者，省妻妾刑”，及“口讷宜省刑”“救尊长者宜省刑”“诉冤枉者宜省刑”。见《明神宗实录》，卷二六四，中华书局，2016，第7册，第4902—4903页。

将其与吕坤《刑戒》相比较，情况如下：

表3　吕坤《刑戒》、孙丕扬《省刑约束》章条比较表

<table>
<tr><td colspan="3">王肯堂《大明律附例笺释》附《慎刑说》一卷《刑戒》（中国国家图书馆藏明刻本，日本东京大学东洋文化研究所藏明刻本单卷）（万历十九年）</td><td colspan="2">孙丕扬《省刑约束》（《明经世文编》卷三七九《孙太宰奏疏·约束郡县省刑罚疏》）（万历二十一年）</td></tr>
<tr><td>章序/章名</td><td>条序/条名</td><td>注文</td><td>条序/条名
（可对应）</td><td>章序/章名/条名
（不可对应）</td></tr>
<tr><td rowspan="5">一、
五不打</td><td>1. 老不打</td><td>血气已衰，打必致命。</td><td>7.1.1 老少者宜省刑</td><td rowspan="4">七、人可矜者，省刑四条
7.4 残废笃疾者宜省刑</td></tr>
<tr><td>2. 幼不打</td><td>血气未全，打必致命。
且老幼不考讯，已载律文。</td><td>7.1.2 老少者宜省刑</td></tr>
<tr><td>3. 病不打</td><td>血气未平复，打则病剧必死。</td><td>7.3 病初愈者宜省刑</td></tr>
<tr><td>4. 衣食不继不打</td><td>如乞儿、穷汉，饥寒切身，打后无人将养，必死。</td><td>7.2 饥寒者宜省刑</td></tr>
<tr><td>5. 人打我不打</td><td>或与人斗殴而来，或被别官已打。重又行加打，则打死之名，独坐于我。</td><td>3.1 先加挞者，后莫加挞
3.2 人加挞者，我莫加挞</td><td>三、刑流防过，省（刑）四条
3.3 已刑下体，莫刑上体
3.4 已挞输者，莫挞赢家</td></tr>
<tr><td rowspan="5">二、
五莫轻打</td><td>6. 宗室莫轻打</td><td>天潢之派，干系甚大。即无名封者，亦勿轻打。只启王戒饬，或申请上司处分。</td><td></td><td rowspan="5">八（一）、人可疑者，省刑四条</td></tr>
<tr><td>7. 官员莫轻打</td><td>即仓、巡、驿递、阴、医等官，亦勿轻打。彼既为官，妻子、仆从，相对赧颜。亦多殒命。况其体多脆薄，有司不宜擅刑。</td><td>8.1 官员宜省刑</td></tr>
<tr><td>8. 生员莫轻打</td><td>干系诸生体面。有事，轻则行学责戒；重则申究如律。彼自无词。</td><td>8.2 生儒宜省刑</td></tr>
<tr><td>9. 上司差人莫轻打</td><td>非恤此辈，投鼠忌器。打虽理直，亦损上司体面。有犯，宜尽书犯状，密申上司，彼自有处。若畏势含忍，又阘茸非体矣。</td><td></td></tr>
<tr><td>10. 妇人莫轻打</td><td>羞愧轻生，因人耻笑，必自殒命。</td><td>8.3 妇女宜省刑</td></tr>
</table>

续表

王肯堂《大明律附例笺释》附《慎刑说》一卷《刑戒》(中国国家图书馆藏明刻本，日本东京大学东洋文化研究所藏明刻本单卷)(万历十九年)			孙丕扬《省刑约束》(《明经世文编》卷三七九《孙太宰奏疏·约束郡县省刑罚疏》)(万历二十一年)	
章序/章名	条序/条名	注文	条序/条名(可对应)	章序/章名/条名(不可对应)
三、五勿就打	11. 人急勿就打	彼方急迫无聊，打则适速其死。		
	12. 人忿勿就打	愚民自执己见，方以理直自负。打则其忿愈甚，死亦不服。气逆伤心，易于殒命。宜多方警喻，待其自知理亏，虽打不怨。		
	13. 人醉勿就打	俗云：三宫避酒客。沉醉之人，不晓天地，宁知礼法？打亦不痛。倘醉语侵官，亦失体统。宜暂管押，酒醒惩戒。其收监亦勿镇匣冷地，寒气入心，亦足致命。		
	14. 人随行远路勿就打	被打之人，若在家，自能将息。远路随行，日逐跋涉辛苦，又要跟上程途，亦多致命。待其回后数日惩之。		
	15. 人跑来喘息勿就打	捉拿人犯，从远路跑来，六脉奔腾，喘息未定。即乘怒用刑，血逆攻心，未有不死者。宜待其喘定用刑。		
四、五且缓打	16. 我怒且缓打	有怒不迁，大贤者事。盛怒之下，刑必失中。待已气平，徐加责问。试于怒定之后，详观怒时之刑，未有不过者。	4.4 勿怒人强项加刑	四、情偏防过，省刑四条 4.1 勿偏听原、被告加刑 4.2 勿过疑证佐加刑 4.3 勿出我聪明加刑
	17. 我醉且缓打	酒能令人气暴心粗，刑必不当。即当，人亦有议。当点检强制之。		
	18. 我病且缓打	病中用刑，多带火性。不惟施之不当，亦恐用刑致怒，人己俱损。		

续表

<table>
<tr><td colspan="3">王肯堂《大明律附例笺释》附《慎刑说》一卷《刑戒》（中国国家图书馆藏明刻本，日本东京大学东洋文化研究所藏明刻本单卷）（万历十九年）</td><td colspan="2">孙丕扬《省刑约束》（《明经世文编》卷三七九《孙太宰奏疏·约束郡县省刑罚疏》）（万历二十一年）</td></tr>
<tr><td>章序/章名</td><td>条序/条名</td><td>注文</td><td>条序/条名（可对应）</td><td>章序/章名/条名（不可对应）</td></tr>
<tr><td rowspan="2">四、五且缓打</td><td>19. 我见不真且缓打</td><td>事才入手，未见是非，遽尔用刑。倘细审本情，与刑不对，其曲在乙，已刑甲矣。知甲为直，又复刑乙，不能甲刑无冤，颠倒周章，亦为可笑。</td><td>8.4. 贼情暧昧宜省刑</td><td>八（二）、人可疑者，省刑四条</td></tr>
<tr><td>20. 我不能处分且缓打</td><td>遇有难处之事、难犯之人，必先虑其所终，作何结局，方好加刑……</td><td></td><td></td></tr>
<tr><td rowspan="3">五、三莫又打</td><td>21. 已拶莫又打</td><td>语曰：十指连心肝。拶重之人，血方奔心……</td><td rowspan="2"></td><td rowspan="2"></td></tr>
<tr><td>22. 已夹莫又打</td><td>夹棍重刑，人所难受……</td></tr>
<tr><td>23. 要枷莫又打</td><td>先打后枷，屈伸不便，疮溃难调，足以致命。待放枷时，责之未晚。</td><td>1.1 勿用磨骨钉钉枷号
1.2 勿用数百斤三四人立枷</td><td>一（一）、律例原无，宜省刑四条</td></tr>
<tr><td rowspan="3">六、三怜不打</td><td>24. 盛寒、酷暑怜不打</td><td>遇有甚寒、酷暑，令人无处躲藏。拥毡围炉，散发披襟，犹不能堪。此时岂宜用刑？盖彼方堕指裂肤、烁筋蒸骨，而复被刑责，未有不死者。</td><td>5.2 寒暑宜省刑
5.3 霜雪宜省刑</td><td rowspan="2">五、避天时，省刑四条
5.1 旱荒宜省刑</td></tr>
<tr><td>25. 佳晨令节怜不打</td><td>如元旦、冬至，人人喜庆。此时曲体人愿，颐养天和。即有违犯，当怜而恕之。</td><td>5.4 节令宜省刑</td></tr>
<tr><td>26. 人方伤心怜不打</td><td>问理时，如知其人或新丧父母、丧妻、丧子，彼哀泣伤心，正值不幸。再加刑责，鲜不丧生。即有应刑，宜姑恕。</td><td>6.1 尸亲宜省刑</td><td>六、体人情，省刑四条
6.2 救尊长者宜省刑
6.3 诉冤枉者宜省刑
6.4 口讷宜省刑</td></tr>
</table>

续表

<table>
<tr><td colspan="3">王肯堂《大明律附例笺释》附《慎刑说》一卷《刑戒》（中国国家图书馆藏明刻本，日本东京大学东洋文化研究所藏明刻本单卷）（万历十九年）</td><td colspan="2">孙丕扬《省刑约束》（《明经世文编》卷三七九《孙太宰奏疏·约束郡县省刑罚疏》）（万历二十一年）</td></tr>
<tr><td>章序/章名</td><td>条序/条名</td><td>注文</td><td>条序/条名（可对应）</td><td>章序/章名/条名（不可对应）</td></tr>
<tr><td rowspan="3">七、三应打不打</td><td>27. 尊长该打，为与卑幼讼，不打</td><td>尝见尊长与卑幼讼，官亦分曲直用刑。不知卑幼讼尊长，尊长准自首，卑幼问干名犯义。遇有此等，即尊长万分不是，亦宜宽恕。即言语触官，亦不宜用刑。人终以为因卑幼而刑尊长也，大关伦理世教。</td><td>2.1 父子、兄弟告者，恕父、兄刑
2.2 夫妻、尊长告者，恕夫与尊长刑</td><td>二、伦理当重，宜省刑四条
2.3 妻妾替夫诬告者，省妻妾刑
2.4 子弟替父兄诬告者，省子弟刑</td></tr>
<tr><td>28. 百姓该打，为与衙门人讼，不打</td><td>即衙门人理直，百姓亦宜从宽。否则，不惟我有护衙门人之名，后即衙门人理屈，亦不敢告矣。</td><td></td><td></td></tr>
<tr><td>29. 工役、铺行该打，为修私衙，或买办自用物，不打</td><td>即其人十分可恶，亦姑恕之。不则人有辞不服；而我之用刑，亦欠光明。</td><td></td><td></td></tr>
<tr><td rowspan="3">八、三禁打</td><td>30. 禁重杖打</td><td>五刑轻重，律有定式。大杖一，足当中杖三、小杖五……</td><td>1.3 勿用带根板水缸杖、生树棍</td><td>一（二）、律例原无，宜省刑四条
1.4 勿用脑箍、竹签、嘴掌、背花</td></tr>
<tr><td>31. 禁从下打</td><td>皂隶求索不遂，每重打腿弯，致其断筋而死；或打在一块……</td><td></td><td></td></tr>
<tr><td>32. 禁佐贰非刑打</td><td>夹棍重刑，不许佐贰、首领衙私置。即正官亦止备一二副，候不常之用……</td><td></td><td></td></tr>
</table>

孙、吕二文的对应情况，一目了然。

吕坤《刑戒》第一章“五不打”的老、少、病、穷4条，在孙丕扬的第七章“人可矜者，省刑四条”中，增加了“残、废、笃疾者宜省刑”条，组成可矜之人四：老少、病、穷、残废笃疾。“残废笃疾”条的增加，颇符合传统刑律“老小及疾”的经典优待范围。吕坤第5条“人打我不打”的“伤”，被孙丕扬组合进第三章“刑流防过，省（刑）四条”，其第2条“人加挞者，我莫加挞”，与其新增的“先加挞者，后莫加挞”“已刑下体，莫刑上体”[①]“已挞输者，莫挞赢家”3条，形成了人我、先后、下上、输赢四个层面的对仗，以显示用刑的仁恤和谨慎。

① 有研究者注意到明人关于鞭挞与血气的关系问题。比如，（明）张萱《西园闻见录·刑部一·法律》有“若先刑上体、后刑下体，则血气之变者，奔注于腰臀脾膀之间，其毒稍缓，犹可支也；若先刑下体、后刑上体，则血气之变者，冲灌于心肺之窍，其毒不亦烈乎？是以君子刑其一，不刑其二”之说。参见连启元：《明代的狱政管理》，台湾中国文化大学硕士学位论文，2001年，明史研究小组印行，第109页。

吕坤第二章“五莫轻打”的宗室、官、生员、上司差人、妇人 5 条，构成孙丕扬第八章“人可疑者，省刑四条”中主体的 3 条即“官员宜省刑”“生儒宜省刑”“妇女宜省刑”；至于孙新设的“贼情暧昧宜省刑”，约相当于吕坤第四章“五且缓打”第 19 条“我见不真且缓打”。

孙丕扬《省刑约束》第一章“律例原无，宜省刑四条”，第 1 条“勿用磨骨钉钉枷号”，针对实践中折磨囚犯的枷号装饰；第 2 条“勿用数百斤三四人立枷”，针对施用于数人的重枷，二者皆为吕坤所未及。吕坤《刑戒》第五章“三莫又打”第 23 条“要枷莫又打”，只是反对两刑（杖、枷）接连使用，不要先杖后枷；对枷的规格及用法，吕坤在他处主张，对于“例”中规定的一百斤、一百二十斤重枷，府州县“不得轻用”；要求使用律中规定的十五斤、二十斤、二十五斤三等枷。可见，二人立意均在遵律例，但关注点不同，孙丕扬注意的是更为严重的情形。孙丕扬本章第 3 条“勿用带根板水缸杖、生树棍”，是对杖的规格而言的。吕坤《刑戒》第八章“三禁打”第 30 条，主张用轻杖，不用重杖。在他处，吕坤表达了反对“不去棱节”的“重大竹篦”，即使不能革除，也要分为三等使用。孙丕扬要求约束的，也是更为严重的情形，“带根板水缸杖、生树棍”显然带着棱节甚至根蒂，伤人更甚。孙丕扬本章第 4 条“勿用脑箍、竹签、嘴掌、背花”，是对众多的非刑而言。吕坤在他处，提到了“夹棍、扛子、脑箍、拶指、攒板”5 种非法刑具，但到最后，他认可了夹棍、扛子、拶指 3 种，只是要求“夹不得过一次，扛不得过三十，拶指不得对两头，夹、拶不得过二时”，从使用次数、击打数量、刑具形状、使用时间等四方面予以限制；又提出“脑箍定不许用”。孙丕扬要求“勿用脑箍、竹签、嘴掌、背花”，与吕坤略同。但他没有讲勿用夹棍、拶指、扛子，估计他也是认可的。

孙丕扬第四章“情偏防过，省刑四条”之第 4 条“勿怒人强项加刑”，略相当于吕坤《刑戒》第四章“五且缓打”第 16 条“我怒且缓打”，怒的原因应出自被审对象，强项不服顶撞当是其一。其余三项，第 1 条“勿偏听原、被告加刑”、第 2 条“勿过疑证佐加刑”，为听审中所可能有的现象，虽貌似对方影响了“我”听审官，实际是“我”听审官的原因，即未能“虚”其心以听狱。第 3 条“勿出我聪明加刑”，更是吕坤所无，属于孙丕扬的创获。这一条对“慎刑”而言，非常重要。因为自以为是的“过于执”，往往是造成冤案的原因之一。

孙丕扬第五章“避天时，省刑四条”，其第 2 条“寒暑宜省刑”相当于吕坤《刑戒》第六章“三怜不打”第 24 条“盛寒、酷暑怜不打”，第 4 条“节令宜省刑”相当于吕坤第 25 条“佳晨令节怜不打”；第 3 条“霜雪宜省刑”，当是从“寒”中分裂出来，实际上有点累赘，“寒”既省刑，“霜雪”当包含其中。第 1 条“旱荒宜省刑”，为吕坤所无，是一项创造。旱荒歉年，民不聊生，省刑更符合恤刑本义。

值得注意的是，吕坤第六章“三怜不打”第26条“人方伤心怜不打”，被孙丕扬组织进第六章“体人情，省刑四条”第1条“尸亲宜省刑”，吕坤之范围为新丧父母、丧妻、丧子者，孙丕扬“尸亲”范围当亦差不多。按一般理解，最多再增祖父母、伯叔等至亲。其余体恤人情诸项，第2条“救尊长者宜省刑”，最可能是指为防卫尊长受伤害而挺身救助的防卫行为，未必是指替代尊长受刑。第3条“诉冤枉者宜省刑”，这当是数量最大的一类案件。吕坤曾指出州县官员不准冤民上告，“本州县问屈，又禁上司告理，重加责治”；既“听讼亏人，又因辩诉而重加刑责”。[①] 孙丕扬此条，也算有的放矢。第4条“口讷宜省刑”，最为特别，也为吕坤所无。这大概是悯恤中最实在的，因为无口辩，多会输官司，故此要优待。

孙丕扬第二章“伦理当重，宜省刑四条”，第1条“父子、兄弟告者，恕父、兄刑”，第2条“夫妻、尊长告者，恕夫与尊长刑”，相当于吕坤《刑戒》第七章“三应打不打”第27条“尊长该打，为与卑幼讼，不打”，在细节上比吕坤为多。吕坤所设计的，只是卑幼告尊长，这里可以是卑幼告尊长，也可以是尊长告卑幼。第3条“妻妾替夫诬告者，省妻妾刑”、第4条“子弟替父兄诬告者，省子弟刑”，属于比较特别的情况，也相对个别，是孙丕扬为体现伦理规则的细部设计，吕坤无此。

综上可见，孙丕扬的《省刑约束》很可能参考了吕坤《刑戒》。他说“臣叨掌邦禁，僭采谚言，稽律例之未有，借人利己”，可能就包括了“僭采”吕坤《刑戒》在内，或者说主要是以吕坤《刑戒》为主。《刑戒》采取了歌诀的形式，所谓“谚言”也；“借人利己”，明确说出了是来自于他人。孙丕扬万历二十一年（1593年）九月奏上的《约束郡县省刑罚疏》，采择了吕坤万历十九年（1591年）《刑戒》的许多内容，这是两文内容相同者多的主要原因。在《省刑罚疏》中，“有无破败人产”主要讲省罚，“有无残害人命”主要讲省刑，“过罚”多有贪状，“过刑”则皆有酷刑。那么，从孙丕扬与吕坤的关系看，有无孙采吕文这种可能呢？

孙丕扬（1531—1614），字叔孝，号立亭，陕西富平县人。嘉靖三十五年（1556年）进士，历任御史、大理丞、应天府尹、大理卿、户部左侍郎、南京都察院右佥都御史、刑部尚书、吏部尚书等职。著有《应时草》《巡按约束》《论学篇》等。史载其刑部尚书任内四事，一为解决“狱多滞囚”，缩短刑部、大理寺公文往来期限；二为建立春天监司巡行州县录囚、按察使录会城囚制度；三为奏上“省刑、省罚各三十二事”；四为奏捕逃匿宫中的杀人宦官，将其远戍。他是一个懂行的、且能坚持原则的人。

---

① 《实政录》，卷三《民务·有司杂禁》，《吕坤全集》（中册），第1011页。

孙丕扬后来荐贤，“先后推毂林居耆硕”，包括沈鲤、吕坤、顾宪成、赵南星、邹元标、高攀龙等，神宗皆不用。其推荐吕坤，就有两次：万历三十九年（1611年）正月二十三日，“吏部尚书孙丕扬请以原任刑部侍郎吕坤为都察院左都御史，不报”；七月，“吏部尚书孙丕扬上疏再荐吕坤任都察院左都御史”。最后，竟发展到因此辞官。万历四十年（1612年）正月十七日，吏部尚书孙丕扬因多次荐举吕坤等诸臣而不得，上奏乞请致仕。二月二十一日，孙丕扬因荐举吕坤不得，“拜疏径自去官”。[①] 于公于私，孙、吕相互欣赏，交情不错，思想的交流和借鉴，更是可能的。[②] 知情人更谓，孙丕扬“连篇累牍”地推举“其所平生心服之吕坤”，神宗皇帝竟然“亦终不报”，[③] 导致孙心灰意冷，挂冠而去。

孙丕扬《省刑约束》有自己的逻辑体系。对于新八章，他以每两个为一组，进行了概括：“有过志忘伦而刑者，情流喜怒而刑者，时违天人而刑者，遇可矜疑而刑者。”但这四个概括中，有的逻辑性强一些，有一些则是硬行拼凑。比如第一章之“过志”，或者本应是“过制”，但无论哪一个，均与第二章的“忘伦”构不成对仗。第三章“刑流防过”、第四章“情偏防过”，除了“勿怒人强项加刑”算“怒”外，其余皆与“喜怒”没有直接的关系。第七、第八章“可矜疑”的“可矜”能通，但“可疑”除了“贼情暧昧宜省刑”外，其余三项如官员、生儒、妇女均难说“疑”，因为古代的“疑罪”是有特定含义的。这就更可见组织一个“体系”是多么不易了。

2. 高攀龙拟定而未上的《申严宪约责成州县疏》与吕坤《刑戒》多同

高攀龙奏疏，也集中撮取了吕坤《刑戒》及《风宪约》所言诸要点。在拟而未上的《申严宪约责成州县疏》中，高攀龙讲到：

> 臣观天下之治……顾天下之为州者凡二百二十有一，为县者凡一千一百六十有六……臣谨条画州县所当持行者，令自抚按而下，以递相约……
>
> 一、刑杖。竹篦不得重一斤，务要削平棱节，不许打在一处，不许打腿湾。拶指不得过两时。非强盗人命，不许轻用夹棍。夹不得过两时，敲杖不得过三十。[④]
>
> ……

① 郑涵：《吕坤年谱》，中州古籍出版社，1985，第160、161、164、165页。

② 直到吕坤辞官家居，仍与孙丕扬探讨《大学》中“格物”之义。万历二十九年（1601年）吕坤撰《答孙冢宰立亭论“格物”第二书》《论“格物”第三书》《论“格物”第四书》。见《去伪斋集》卷四，《吕坤全集》（上册），第183—190页。

③ 《明神宗实录》，卷四九二，万历四十年二月丙戌条，中华书局，2016，第12册，第6297页。

④ （明）高攀龙撰：《高子遗书》，卷七《申严宪约责成州县疏》，影印文渊阁四库全书，上海古籍出版社，第1292册，第458页。

将其与吕坤所言相比较，可得下表：

表4　吕坤《刑戒》《风宪约·用刑》与高攀龙《申严宪约责成州县疏》比较表

<table>
<tr><td colspan="3">1. 王肯堂《大明律附例笺释》附《慎刑说》一卷《刑戒》（中国国家图书馆藏明刻本，日本东京大学东洋文化研究所藏明刻本单卷）（万历十九年）</td><td rowspan="2">2. 吕坤《风宪约·用刑》</td><td rowspan="2">3. 高攀龙《申严宪约责成州县疏》</td></tr>
<tr><td>章名</td><td>条名</td><td>注文</td></tr>
<tr><td>一、五不打</td><td></td><td></td><td></td><td></td></tr>
<tr><td>二、五莫轻打</td><td></td><td></td><td></td><td></td></tr>
<tr><td>三、五勿就打</td><td></td><td></td><td></td><td></td></tr>
<tr><td>四、五且缓打</td><td></td><td></td><td></td><td></td></tr>
<tr><td rowspan="3">五、三莫又打</td><td>21. 已拶莫又打</td><td>语曰：十指连心肝。拶重之人，血方奔心……</td><td>拶不得过二时，拶指不得对两头。</td><td>拶指不得过两时。</td></tr>
<tr><td>22. 已夹莫又打</td><td>夹棍重刑，人所难受……</td><td>夹不得过一次，不得过二时；扛不得过三十。</td><td>夹不得过两时，敲杖不得过三十。</td></tr>
<tr><td>23. 要枷莫又打</td><td></td><td></td><td></td></tr>
<tr><td>六、三怜不打</td><td></td><td></td><td></td><td></td></tr>
<tr><td>七、三应打不打</td><td></td><td></td><td></td><td></td></tr>
<tr><td rowspan="3">八、三禁打</td><td>30. 禁重杖打</td><td>五刑轻重，律有定式。大杖一，足当中杖三、小杖五……</td><td>近日各衙门用重大竹篦，不去棱节。当分为轻重三等。</td><td>刑杖。竹篦不得重一斤，务要削平棱节。</td></tr>
<tr><td>31. 禁从下打</td><td>皂隶求索不遂，每重打腿弯，致其断筋而死；或打在一块。</td><td></td><td>刑杖。不许打在一处，不许打腿湾。</td></tr>
<tr><td>32. 禁佐贰非刑打</td><td>夹棍重刑，不许佐贰、首领衙私置。即正官亦止备一二副，候不常之用。</td><td>脑箍定不许用。</td><td>1. 非强盗人命，不许轻用夹棍。
2. 强窃盗到官，县官即刻自审，勿轻用刑，只严急起赃，赃真，然后具招，勿轻信扳诬而容捕快先拷。勿先发佐贰审问。
3. 佐贰不得令擅受民词，擅出牌票。衙役尤宜钳束。</td></tr>
</table>

高攀龙（1562—1626），字存之，号景逸，江南无锡人。万历十七年（1589 年）进士。历官行人司行人、广东揭阳典史、光禄寺丞、太常少卿、大理寺右少卿、太仆卿、刑部右侍郎、都察院左都御史等职。“东林八君子”之一。著有《高子遗书》十二卷等。

首先，高攀龙奏章所言“不许打在一处，不许打腿湾”，正是吕坤《刑戒》第八章第 31 条“禁从下打”中所指出的“皂隶求索不遂，每重打腿弯，致其断筋而死。或打在一块”，结果也是死。高攀龙也主张禁约。

其次，高攀龙所言“竹篦不得重一斤，务要削平棱节”，也是吕坤《风宪约・用刑》中所讲“近日各衙门用重大竹篦，不去棱节”之事。但吕坤鉴于“但竹篦通行已久，不能遽革，以肆奸顽”，主张“当分为轻重三等”；万历三十五年（1607 年），王圻、王思义父子编集《三才图会・器用十二卷・刑具说》谓“今用竹篦，重过二斤矣”，是当时实际重量。高攀龙主张“竹篦不得重一斤”，要求限制其重量，也即减半。

最后，高攀龙言“拶指不得过两时。非强盗人命，不许轻用夹棍；不得过两时，敲杖不得过三十”。吕坤《风宪约・用刑》也讲“近日问官……盗不分强窃，人命不分真伪，一入衙门，只靠夹、拶”，要求“夹不得过一次，扛不得过三十，拶指不得对两头，夹、拶不得过二时，脑箍定不许用”。其同者，为夹、拶时间，均要求不得过两个时辰；敲杖或扛，“不得过三十”，也相同。

高氏该奏章共 55 款，[①] 关涉狱讼者十四五款，包括词状、人命、佐贰受词、勾摄、关提、妇人不许拘、勿滥禁、摆站、狱禁、讼师、豪奴、刑杖、盗贼生发、审强窃盗等。上表所列，主要出自“刑杖”条，也涉及“佐贰受词”“审强窃盗”条。“刑杖”条明显出自吕坤，有关佐贰的这两条，也与吕坤所言相近。

吕坤谓：“词讼轻批佐贰，其官可知。以后除盗贼批巡捕官、钱粮批管粮官外，但有一切词讼，俱许亲自裁决，小者批乡约和处。彼佐贰者，岂肯代堂官空手营赎？自有赎外之赎也，小民不益病乎？例禁佐贰不许受词为此。”[②] 高攀龙云：“佐贰不得令擅受民词，擅出牌票。衙役尤宜钳束。”这是总态度。而重案审问必须由县官亲自掌控，高氏云：“强窃盗到官，县官即刻自审，勿轻用刑。只严急起赃，赃真，然后具招，勿轻信扳诬而容捕快先拷，勿先发

① 55 款包括：课农桑、兴教化、育人才、乡约、乡饮、社学、学宫、积贮、社仓、荒田、陂池、仓谷、养济院、冬粥、钱粮、征银、收银、起解、库藏、词状、人命、佐贰受词、勾摄、关提、妇人不许拘、勿滥禁、摆站、狱禁、昵纵吏胥、旌表善人、禁治恶人、讼师、豪奴、刑杖、肃清堂上、行事簿、私衙关防、县官亲识、县官买办、不扣减各役工食、不受礼、不科罚、不称贷、上司铺陈、俵解马匹、保甲、武备、盗贼生发、审强窃盗、赌博、娼家、白莲等教、节俭、溺婴、网粘飞鸟。

② 《实政录》，卷三《民务・有司杂禁》，《吕坤全集》（中册），第 1009 页。

佐贰审问。”[①] 就是说，首先，即使对于强窃盗，也“勿轻用刑”，要慎，与吕坤相同；其次，不容“捕快先拷”，清人润饰《刑戒》第八章第32条，有增入捕快者，形成“禁佐贰捕快非刑打”一条，[②] 与高氏考虑同；最后，县官要“自审”，“勿先发佐贰审问”，这与吕坤考虑“佐贰、首领将势要送来百姓，私衙任意酷打，替人出气，正官全然不知”的顾虑，是一致的。

高攀龙此疏，注曰“拟未上”，也未署写作时间。他的奏疏，收入文集者，最早为万历二十年（1592年）作行人时所上二疏，至熹宗天启元年（1621年）为光禄寺丞，天启二年（1622年）为光禄寺少卿、太常寺少卿，天启四年（1624年）为刑部侍郎、都察院左都御史时，皆有上疏。高攀龙此疏的写作时间，也当在此期间。按高氏最早奏疏时间，也晚于吕坤《刑戒》。故无论其作于何时，皆有参考吕坤《刑戒》及其他著述的可能与机会。除上述显证外，其他条款也有与吕坤近似者。如“词状”条，高氏云：“事涉伦理，而无大故者，即为焚其状词，免其仇隙。”与吕坤《刑戒》“尊长该打，为与卑幼讼，不打”，同其考虑，即必须维护“伦理世教”。又如“勾摄”条，高氏云：“勾摄止差里长，非真正强盗、人命巨恶，不得滥差皂快下乡，以滋诈扰，是造福小民第一义。”吕坤云：“皂快下乡，或添帮挂搭，或拷掠良民”，[③] “皂快肆虐，诈索公行。指贼者，考掠遍于闾阎”。[④] 再如“县官买办”条，高氏云：“本县每日供给，须照时价给现银，与市民两平易买，不得倚官减值、亏短赊欠，不得纵容买办人索取铺行钱物，佐贰衙一并禁戢。”吕坤之所以提出“铺行该打，为买办自用物，不打”，其实就是注意到铺行与官府交易时处于劣势，可能有受欺压、遭索诈等情形，故对自家到铺行买自用物而遭气，也要求主动压抑。

类似高攀龙的，还有李若星。[⑤] 他也是效仿吕坤做法的后来者。万历末，李若星任巡按山西监察御史，曾撰发《直指按晋训廉谨刑约言》，内云：

> 今后各有司，非人命盗情挨刑不吐者，不得一概滥用夹拶致伤民命，违者定以酷论。其佐贰首领，尤不许轻用夹拶。重大事情应夹拶者，呈堂官亲问。如有私置擅用，

---

① （明）高攀龙撰：《高子遗书》，卷七《申严宪约责成州县疏》，影印文渊阁四库全书，上海古籍出版社，第1292册，第457、459页。

② （清）董含撰：《三冈识略》，卷七《补遗·刑戒书》，致之校点，辽宁教育出版社，2000，第159页。

③ 《实政录》，卷三《民务·有司杂禁·附官问二十三条》，《吕坤全集》（中册），第1015页。

④ 《实政录》，卷六《风宪约·按察事宜·按察十吏》，《吕坤全集》（中册），第1118页。

⑤ 李若星，字紫垣，河南息县人，万历三十二年（1604年）进士。历任枣强知县、真定知府。擢御史，首劾南京兵部尚书黄克瓒。后巡按山西。此间，李若星奏请撤销征税使臣，减轻民负，政简刑轻，风气为之一新。当时山西民众赞誉李若星为“青天包拯”。其所撰《约言》，被临晋知县杨名显勒石于县署，时为万历四十二年（1614年）正月吉旦。该碑今存临猗县博物馆。

掌印官之不能钤制佐领，可概见矣，定以罢软论。[①]

该约“训廉谨刑”，自然是禁贪禁酷的。从中，我们看到了类似吕坤的措置。一则夹、拶只能用于重罪，用于轻罪即为酷吏；二则佐贰、首领官使用夹、拶，必须呈请正官亲自问讯并使用；三则佐贰、首领官有私置擅用者，掌印正官问以罢软不职罪名。

3. 被增修的袁了凡《当官功过格》也向吕坤《刑戒》靠拢

袁了凡《当官功过格》，与吕坤《刑戒》大约同时。这是重要的明代善书，在最早的《宝坻政书》本中，与《刑戒》距离很大。与《刑戒》相关者，穷尽了也只有下述数项：一是“自检款目”有“决不可乘怒用刑，乘忿发书”。二是“功格”有“免满杖一人，当三功；九十以下，当二功”；“催征有法，不甚用刑而钱粮毕办，算百功”；“应杖人而能忍不杖，算一功”；“凡听讼，能申冤理枉，一事算一功；能诲诱顽民，平其忿心，使之无讼，算十功”。三是“过格”有“怒中责人，算二过；无罪误责，算十过”；“杖死一人，算百过”；“受人嘱托，算一过，枉法者算十过”。[②] 与《刑戒》相同者，也只一两条而已。

但后来有了变化。清人陈宏谋《从政遗规》卷下所辑的袁了凡《当官功过格》，内容竟然与吕坤《刑戒》的七章共13条相类似，占其总数32条的40%以上。不知陈氏所据为何本，但明显是后人参考《刑戒》而增附的本子，并非袁了凡原本。且它与颜茂猷的《当官功过格》，也很近似了。其异同情况，见下表：

表5　吕坤《刑戒》与袁了凡《当官功过格》及颜茂猷《当官功过格》比勘表

<table>
<tr><th colspan="2">吕坤《刑戒》八章32条</th><th colspan="2">袁了凡《当官功过格》
（载《从政遗规》卷下）</th><th colspan="2">颜茂猷《迪吉录》度集
《当官功过格》</th></tr>
<tr><td rowspan="3"></td><td rowspan="3"></td><td rowspan="3">功格·吏</td><td>3. 劾去府州县贪酷正官一员，算千功；佐贰减半论。</td><td rowspan="3"></td><td rowspan="3"></td></tr>
<tr><td>5. 遇大寒大暑、大风大雨，钱粮停比、词讼停审，一次算十功。</td></tr>
<tr><td>8. 严禁佐贰，不得擅受民词，算十功。</td></tr>
<tr><td></td><td></td><td>户</td><td>11. 催征有法，劝谕乐输，不烦敲扑，而钱粮毕办，算千功。</td><td>功格（1）</td><td>1. 催征有巧法，劝谕乐输，不烦敲朴，而钱粮毕办，算千功。</td></tr>
</table>

① 乔正安：《“训廉谨刑”爱民珍碑——读明代〈直指按晋训廉谨刑约言〉碑》，《文物世界》2001年第2期。

② （明）袁黄撰：《宝坻政书》，卷一七《自治书·当官功过格》，书目文献出版社，1993，第884—886页。

续表

吕坤《刑戒》八章32条		袁了凡《当官功过格》 （载《从政遗规》卷下）		颜茂猷《迪吉录》度集 《当官功过格》	
八、 三禁打（3）	32. 禁佐贰非刑打	兵	35. 盗贼拿到即审，务得真情真赃，不许捕役私拷，不委衙官混供，不许扳累无辜，不专靠拶、夹招承，无枉无纵，一次算十功。		11. 强盗拿到，印官耐烦，隔别设法研讯，务得真情真赃，不许捕役私拷，不委衙官混供，不专靠拶、夹招承，算十功。 31. 供招出入，自为简点，不使吏胥上下其手，算一功。
一、 五不打	1. 老不打 2. 幼不打	刑	42. 用刑有条。 （1）如老、幼、醉酒不打；		24.（1）老、稚弗打，醉、病弗打；
三、 五勿就打	13. 人醉勿就打				
二、 五莫轻打	10. 妇人莫轻打		（2）妇女非犯奸不打；		（2）妇人非犯奸弗打；
七、 三应打不打	27. 尊长该打，为与卑幼讼，不打 28. 百姓该打，为与衙门人讼，不打		（3）尊长告卑幼、百姓告衙役，虽失实弗打；		（3）尊长告卑幼、百姓告衙役，虽失实弗打；
五、 三莫又打	21. 已拶莫又打 22. 已夹莫又打 23. 要枷莫又打		（4）已拶、弗（已?）夹、要枷弗打，一人算十功。		（4）已拶、已夹、要枷弗打；
		过格·户	16. 催征无法，任吏书欺隐，保歇包侵，不能清楚；乱拿乱责，追呼愈急，完欠愈淆，使合县不宁。算千过。	过格	1. 催征无法，任吏书欺隐，保歇包侵，不能清楚；乱拿乱打，追呼愈急，完欠愈淆，使一县不宁，算千过。
		刑	38. 情罪未核，杖死一人，算百过。		13. 情罪未核，杖死一人，算百过。
四、 五且缓打	16. 我怒且缓打 17. 我醉且缓打		39. 醉、怒、重杖责人，算二过。无罪误责，算十过。		21. 醉、怒、重杖责人，算二过。无罪误责，算十过。

续表

<table>
<tr><th colspan="2">吕坤《刑戒》八章 32 条</th><th colspan="2">袁了凡《当官功过格》
（载《从政遗规》卷下）</th><th colspan="2">颜茂猷《迪吉录》度集
《当官功过格》</th></tr>
<tr><td>八、
三禁打（1）</td><td>30. 禁重杖打</td><td></td><td></td><td rowspan="2">功
格
（2）</td><td rowspan="3">24. （5）即打，其不得不打，而禁重杖打，禁从下腿湾打，禁一块打。右腿棒疮者，打左腿，一人算一功。</td></tr>
<tr><td></td><td></td><td></td><td>43. 用刑不当，以多寡算过。（1）罪不至死而杖毙者，一命算百过。</td></tr>
<tr><td>八、
三禁打（2）</td><td>31. 禁从下打</td><td></td><td>（2）纵行杖人打下腿湾，需索诈害，一日（人?）算十过。</td><td></td></tr>
<tr><td></td><td></td><td></td><td>45. 以口腹之故，轻杖人，一杖算一过。</td><td></td><td></td></tr>
</table>

袁了凡（1533—1606），初名表，后改名黄，字坤仪，初号学海，后改了凡。浙江嘉兴府人。万历十四年（1586 年）进士，十六年（1588 年）授河北宝坻知县，二十年（1592 年）调任兵部职方主事，被诬，遂罢归家居，闭户著书。著有《袁氏政书》等。他的仕途结束得比吕坤早。

从上表可见，陈宏谋《从政遗规》本所载袁了凡《当官功过格》，与后来颜茂猷《迪吉录》中的《当官功过格》略同。颜茂猷《当官功过格》，功格五十条、过格三十八条，被认为是增补袁了凡《当官功过格》而成。但我们发现其个别地方也从《刑戒》中吸收资料，如“老、幼、醉酒不打”，增加了“病弗打”，明显来自《刑戒》。要紧的是，袁了凡《当官功过格》，比颜茂猷的《当官功过格》条目还多一些。是否后人又以颜氏《当官功过格》为基础，修饰成了新的袁了凡《当官功过格》？这就不清楚了。但无论如何，它们都借鉴或参考了《刑戒》而成，这是基本没有疑问的。

（二）吕坤《刑戒》与清人的借鉴与无奈

1. 清人借鉴吕坤《刑戒》

吕坤《官箴》，在清代频被引用。徐栋辑《牧令书》中，就有王凤生、程含章、陈宏谋、叶镇、曾镛等先后引述过吕坤论服官“才识”[①]“州县到任”[②]“变易民风士风仕风难易”[③]“居官快性”[④]等言论。单是《刑戒》八章，便有于成龙、袁守定、王植、王有孚等分别关注过其中的“不轻挞、不就挞”[⑤]“老不打、少不打”[⑥]诸不打，以及其中所蕴含的慎刑精神[⑦]、仁者爱民[⑧]等，并作过一些评论和讨论；朱椿则全文引述了吕坤《刑戒》，并作了大段评论。[⑨]

《刑戒》的特色，清人有定性为“仁者爱民”之举者，如王有孚曰：“《刑戒》八章，仁者之言，洵足为虐民者下一药石，为爱民者进一参、苓矣。”有定性为“仁人之言”，并以其功能为“补律法不逮”者，如董含曰：“吕叔简有《刑戒书》数则，真千古格言，为人上者不可不录一通于座右。”“吕君此书，真仁人之言，可补律法所不逮也。”[⑩]朱椿的评价则是：吕坤《刑戒》，“以上五（笔者按，“五”当为“八”）者，皆系应加刑之人，其中原确乎有此数种真情，官因其应刑，不加体察，漫无分别，皆难免于冤滥。其‘不打’‘缓打’中，必有应打者。或减或恕，随时斟酌。总须有一番矜恤，乃见慎刑之义”。[⑪]在该打（“应加刑”）的总体推定下，如果不区分情况，就可能会有冤滥，“冤”指拷讯时受刑不过而屈打成招，“滥”指受牵累而被罪，或罪轻被重责。实践中，事才到官署，被打一顿杀威棒，后发现错误，轻罪被重杖等，屡见不鲜。因此，仔细辨别是必要的。不过，朱椿又看到了另一面，在“不打”“缓打”中，“必有应打者”。对于这部分，吕坤的处理是“宽”“恕”居多，朱椿提出“或减或恕”，“减”“恕”并行，其实是一样的。

---

① （清）徐栋辑：《牧令书》，卷一《治原·王凤生〈才贵有识〉》，《官箴书集成》（第七册），黄山书社，1997，第35页。

② （清）徐栋辑：《牧令书》，卷二《政略·程含章（询访各厅州县地方情况札）》，《官箴书集成》（第七册），黄山书社，1997，第61页。

③ （清）徐栋辑：《牧令书》，卷八《屏恶·陈宏谋（寄杨清江锡绂书）》，卷二三《宪纲·曾镛（答汪方伯书）》，《官箴书集成》（第七册），黄山书社，1997，第111、567页。

④ （清）徐栋辑：《牧令书》，卷一八《刑名中·叶镇〈作吏要言〉》，《官箴书集成》（第七册），黄山书社，1997，第401页。

⑤ （清）徐栋辑：《牧令书》，卷八《屏恶·于成龙（示亲民官自省六戒）》，《官箴书集成》（第七册），黄山书社，1997，第114页。

⑥ （清）徐栋辑：《牧令书》，卷一八《刑名中·袁守定（慎刑）》，《官箴书集成》（第七册），黄山书社，1997，第411页。

⑦ （清）徐栋辑：《牧令书》，卷一八《刑名中·王植（刑具）》，《官箴书集成》（第七册），黄山书社，1997，第414页。

⑧ （清）徐栋辑：《牧令书》，卷一八《刑名中·王有孚（附朱椿〈作吏管见〉）》，《官箴书集成》（第七册），黄山书社，1997，第415页。

⑨ （清）徐栋辑：《牧令书》，卷一八《刑名中·朱椿〈作吏管见〉》，《官箴书集成》（第七册），黄山书社，1997，第414—415页。

⑩ （清）董含撰：《三冈识略》，卷七《补遗·刑戒书》，致之校点，辽宁教育出版社，2000，第159页。

⑪ （清）徐栋辑：《牧令书》，卷一八《刑名中·朱椿〈作吏管见〉》，《官箴书集成》（第七册），黄山书社，1997，第415页。

对于《刑戒》，清人中，有心者依据其精神而借鉴使用之。如王植说：

一切刑具，大小、轻重皆有定式。余每莅任之始，即查例阅正不合者改，慎其始也。凡行杖时，必遥看其真情。如其人声音、颜色有异，即令少停。俟覆问数语，应对舒徐，然后杖之。有满杖、枷责人犯，即谕明先责二十；卸枷后，再责二十，勿致一时重责，人有难堪。枷号人犯，必于限满前一二日发放。若夹棍，乃讯供不得已而用之，非以此重刑示惩也。紧绳时，只许先收一分；如不招，再收一分；总勿许夹至十分，致伤其骨，真供反难得。且三木之下，何求不得？岂仁人君子之用心乎！明吕叔简有《刑戒》八章，尤当玩味。余每见皂役用重杖，即减其杖数，其弊遂止。盖以不禁禁之也。[①]

改正不合规的刑具；行杖过程中察言观色，关注受刑人的承受力；打、枷叠加时，先打（一部分）后枷，枷后再打（一部分）；提前一二日释放枷号人犯；夹棍紧绳时，一分一分来，不准夹至十分，致伤其骨；重杖则减其杖数。王植认可吕坤《刑戒》的用心，建议人们细心体会它，游刃有余地使用它。

2. 清人对决杖、拷讯无度的无奈

与明吕坤一样，清乾隆时朱椿对行杖的弊端也有清晰的认识。《作吏管见》曰：

官衙刑杖，最易滋弊。如竹板不修骨节，不杖于腿而杖于腿弯，用板头而不用板心，一杖一拖，三四板即皮破血出，又多偏杖破伤之处，同一杖也，痛苦倍之。夹棍则长短、干湿，绳索紧松，皆有偏轻偏重之弊。官宜预为验明，不可任其去取。临用刑时，更宜注目留心，时加惩戒，方免任意残毒。有情轻而杖已重者，或折减数板。至于避夹棍之名，而提耳、箍脑、押膝、跪炼、烙腿，又刑中之最毒者，切不可用。[②]

朱椿谓“官衙刑杖，最易滋弊”，法律规定的制度在实施中走了样：刑具本身不符合制度的硬性要求（竹板不修骨节），一开始就不合法；执行中，在要害部位击打（不杖于腿而杖于腿弯），虽没有规定其属于非应击打部位；使用刑具的非击打端进行击打（用板头而不

---

① （清）徐栋辑：《牧令书》，卷一八《刑名中·王植〈刑具〉》，《官箴书集成》（第七册），黄山书社，1997，第414页。

② （清）徐栋辑：《牧令书》，卷一八《刑名中·朱椿〈作吏管见〉》，《官箴书集成》（第七册），黄山书社，1997，第414页。

用板心），击打时有加深伤害的拖拉动作（一杖一拖），击打集中于破伤部位（又多偏杖破伤之处）；等等，将戕害人的办法发挥到了极致。清朝的刑杖乱象，至此而极。

这里的许多环节，法律原本有着明确要求：第一，“竹板不修骨节”，律例本有节度。《大明令》规定：“笞杖皆须削去节目”；[①]《大清律例》卷二《狱具图》：“板以竹篦为之，须削去粗节毛根”，[②] 卷三十六《断狱律》“囚应禁而不禁”条附例，也禁止“用连根带须竹板伤人”。[③] 第二，“不杖于腿而杖于腿弯”，行杖部位也有限定。《大明令》规定：“其决笞及杖者，臀受；拷讯者，臀、腿分受”；[④]《大清律例》规定“板……应决者，执小头，臀受”；[⑤]《刑律·断狱下》“决罚不如法”条规定，“若（官司决法人，监临责打人）于人臀、腿受刑去处，依法决打”，是可以的。[⑥] 第三，“又多偏杖破伤之处”，明清律例虽未及此，但“丛于一处”这种打法，肯定违背律例精神。这三项，都是吕坤指出之处，也是明朝就有的。到清朝，不仅这三项仍存在，且又有了两项新发展，即，第四，“用板头而不用板心”。《大明令》规定：“应决者，并用小头。”[⑦]《大清律例》也规定“板……应决者，执小头，臀受。”[⑧] 第五，“一杖一拖，三四板即皮破血出”。明清律例对此是否有规定，已经不重要了。要害是，连打带拖，一杖受两次折腾，估计法律也是不会支持这种故意戕害人的打法的。

朱椿言行杖五弊，明有其三，清有其五。旧弊仍在，新弊又生，花样翻新，有过之而无不及。可见，改朝换代，制度也大体上清承明制，但事情没有根本的变化，问题依然存在，没有因吕坤《刑戒》的善意设计而有所改观。

朱椿还发现了清朝夹棍的使用问题。规格上的长短，因放置、储存而引起的干湿程度，绳索的松紧，对受刑人的伤害不同，都能引起“偏轻偏重之弊”。这些环节的问题，非实地监督看不出。朱椿的解决办法，是建议：第一，“官宜预为验明，不可任其去取”；第二，“临用刑时，更宜注目留心，时加惩戒，方免任意残毒”。大抵也采用了前述王植的办法。

细观清朝拷讯制度，不能不说吕坤《刑戒》的某些建议，在清朝律例中有所回应。

比如，《刑戒》第五章“三莫又打”第23条“要枷莫又打”，吕坤以为：“先打后枷，屈伸不便，疮溃难调，足以致命。待放枷时，责之未晚。”《大清律例》卷三十六《刑律·

---

① 《大明令·刑令》，《大明律（附大明令、问刑条例）》，怀效锋点校，辽沈书社，1990，第266页。
② （清）徐本等奉敕编：《大清律例》，卷二《诸图·狱具图》，田涛、郑秦点校，法律出版社，1999，第63页。
③ 《大清律例》，卷三六《刑律·断狱上》“囚应禁而不禁”条附例一，法律出版社，1999，第559页。
④ 《大明令·刑令》，《大明律（附大明令、问刑条例）》，怀效锋点校，辽沈书社，1990，第266页。
⑤ 《大清律例》，卷二《诸图·狱具图》，法律出版社，1999，第63页。
⑥ 《大清律例》，卷三七《刑律·断狱下》“决罚不如法”条，法律出版社，1999，第594页。
⑦ 《大明令·刑令》，《大明律（附大明令、问刑条例）》，怀效锋点校，辽沈书社，1990，第266页。
⑧ 《大清律例》，卷二《诸图·狱具图》，法律出版社，1999，第63页。

断狱上》"囚应禁而不禁"条附例 7 规定："应枷号者，定于满日责放，不许先责后枷；遇患病，即行保释医治，痊日补枷。若先责后枷，遇患病不即行保释医治，以致毙命者，交部严加议处。督抚不行察参，或经科道纠参，督抚、司道一并议处。"① 乾隆时朱椿说"待放枷时方打，例有明文"，② 即指此例。可见，清朝禁止"先责后枷"，成了条例中明定的规则。

又如，《刑戒》第八章"三禁打"第 32 条"禁佐贰非刑打"，吕坤以为："夹棍重刑，不许佐贰首领衙私置。即正官亦止备一二副，候不常之用。各衙遇不得已而用，赴堂禀请……凡各衙人犯，令其一一过堂，庶知收敛。"《大清律例》卷三十六《刑律·断狱上》"故禁故勘平人"条附例 2 规定："内而法司，外而督抚、按察使、正印官，许酌用夹棍外，其余大小衙门概不许擅用。若堂官发司、上司官批发佐杂审理事件，呈请批准，方许刑审。若不呈请，而擅用夹棍、拶指、掌嘴等刑，及佐贰并武弁衙门，擅设夹棍、拶指等刑具者，督抚题参，交部议处，正印官亦照失察处分。"③ 佐贰等衙门不得擅设夹棍，佐杂审案要用，须呈请批准，两条都成了规则。

上述两个条例的制定时间，何人发意，值得追踪。依薛允升考稽，"囚应禁而不禁"条附例 7，"原系二条，一系前明《问刑条例》，一系康熙年间议覆周清原条奏定例，乾隆五年修并，嘉庆六年改定"。④ 查大明《问刑条例·刑律十一·断狱》"凌虐罪犯条例"第 366 条："凡枷号人犯，除例有正条，及催征税粮用小枷枷号、朝枷夜放外，敢有将轻罪人犯，用大枷枷号，伤人者，奏请降级调用；因而致死者，问发为民。"⑤ 清例基本沿用了明朝这些规定。至于康熙年间定例，恰好是"不许先责后枷"的部分。其来源，薛允升说是"议覆周清原条奏"而定的例。⑥ 周清原建议的始末或详情，有待后考，但显然他不是最初想到"打""枷"先后的第一人。再，"故禁故勘平人"条附例 2，薛允升说也"系康熙年间现行例"，后雍正三年（1725 年）、乾隆五年（1740 年）及三十二年（1767 年）、道光十二年

---

① 《大清律例》，卷三六《刑律·断狱上》"囚应禁而不禁"条，法律出版社，1999，第 560 页。

② （清）徐栋辑：《牧令书》，卷一八《刑名中·朱椿〈作吏管见〉》，《官箴书集成》（第七册），黄山书社，1997，第 415 页。

③ 《大清律例》，卷三六《刑律·断狱上》"故禁故勘平人"条，法律出版社，1999，第 561—562 页。

④ （清）薛允升撰：《读例存疑》，卷三六《刑律·断狱上》"囚应禁而不禁"条附例 7，载黄静嘉编校：《读例存疑》重刊本（第五册），成文出版社，1970，第 1201 页。

⑤ （明）舒化等辑：《问刑条例·刑律十一·断狱》，《大明律（附大明令、问刑条例）》，怀效锋点校，辽沈书社，1990，第 431 页。

⑥ 周清原，生卒年不详，字浣初，一字雅楫，号旦朴，又号蝶园，更号蓉湖，江苏武进人。早年即有诗名，兼擅书法，奔走四方，卖字自给。康熙十八年（1679 年）以监生荐举博学鸿词，授翰林院检讨，与修《明史》。官至工部侍郎。奉旨续修《历代纪事年表》，未竟而卒。后以其子周嘉祯佐王之枢重修始竣事。著有《西湖二集》。

(1832年）皆有修改。[①] 吴坛则指出，“佐杂、武职不得擅用夹棍、拶指之例”，系康熙年间现行则例三条之一，原为“佐贰等官不准乱用夹棍、拶指等刑。若系正印官批发审理者，呈请批准，方许刑审”云云，是根据康熙十一年（1672年）闰七月上谕，“经部会议覆准定例”的。[②] 佐贰不得擅用夹棍，也当与《刑戒》有一定关联。它们均当是吕坤当年意见留在后世制度上的印迹。相较于吕坤任官时创立的一些规矩只行用于一时一地，甚至隔朝被认为是弊制而被禁止，[③] 他的《刑戒》反而具有了启发新制度的功用。这是很有意思的。

3. 杖罚、拷讯的技术控制之可能性与制度反省

从明清情况看，吕坤《刑戒》确实为负责任的官员提供了杖罚、拷讯的控制术，但也仅此而已。它不会从根本上改变杖罚及拷讯之滥。因为基本制度如此，只要笞杖刑依然存在，拷讯制度依然存在，就不会有根本改观的可能。清朝的实践证明了这一点。

这可能就是一个艰难的二律背反：人人皆知拷讯会增加冤案的几率，会提供贪、酷之吏作弊的机会，但制度上仍规定拷讯，信奉拷讯；人们一再提出改革杖罚制度、改变拷讯制度的建议和意见，一再抨击非法刑具的使用所造成的恶果。但就像治乱的循环一样，建立制度，突破制度；再建立制度，再突破制度。最终，一切都归于沉寂。这就像吕坤所言：

> 事有便于官吏之私者，百世常行，天下通行，或日盛月新，至弥漫而不可救。若不便于己私，虽天下国家以为极便，屡加申饬，每不能行，即暂行亦不能久。负国负民，吾党之罪大矣。[④]

吕坤这段话，虽不是专对杖罚及拷讯而发，但却十分符合这两个制度在古代中国包括明清两朝的存在状态。归拢一下历朝的行杖和拷讯制度，确实是代有新奇，不由你不信背后那股神秘的力量。新朝开国，整齐一下制度，不久就有非制的拷讯工具或方法出现，大部分又都逐渐成为正式制度。于是，禁制的意见，再度重复一次或数次，但回过头来看，并没有多大改观，一如从前那样。

---

① （清）薛允升撰：《读例存疑》，卷三六《刑律·断狱上》“故禁故勘平人”条附例2，载黄静嘉编校：《读例存疑》重刊本（第五册），成文出版社，1970，第1203页。

② （清）吴坛撰：《大清律例通考》，马建石、杨育棠等校注，中国政法大学出版社，1992，第1040—1041页。

③ 吕坤提出“竹篦通行已久，不能遽革，以肆奸顽，亦当分为轻重三等，每板臀腿分受，十板以上两腿分受。”见《实政录》，卷六《风宪约·提刑事宜·用刑》，《吕坤全集》（中册），第1105页。而清乾隆时《大清律例》卷三六《刑律·断狱上》“故禁故勘平人”条附例4规定：“凡用刑衙门，凡一切刑具不照题定工样造用，致有一、二、三号不等者，用刑官照酷刑例治罪；上司各官，不即题参，照徇庇例治罪。”法律出版社，1999，第562页。可见，在制度上，国家要求刑制统一，禁止刑具制造区分等别。

④ 《呻吟语》，卷五《外篇·治道》，《吕坤全集》（中册），第833页。

吕坤显然是希望能够改变这一潜隐规则的：

> 近日居官，动说旧规，彼相沿以来，不便于己者悉去之，便于己者悉存之。如此，旧规百世不变。只将这念头移在百姓身上，有利于民者悉修举之，有害于民者悉扫除之，岂不是居官真正道理。噫！利于民生者皆不便于己，便于己者岂能不害于民？从古以来，民生不遂，事故日多，其繇可知已。[①]

这就是问题的根本。便官则不便民，便民即不便官；官员宁可便于己，即使害于民，也毫不顾惜。

《刑戒》所阐发的，是控制杖罚与拷讯过度的技术方案。在箠楚、敲扑作为合法暴力的制度前提下，吕坤有关笞杖刑的执行与拷讯的技术控制诸要点，作为有针对性的方法及系统性的应对措施，细密而温情，虽然有不少“我”的小算计，透露出久于官场者的老道和狡黠——打死人的责任不致全算在自己头上（“又行加打，则打死之名，独坐于我”）的权衡，“我”在坚持原则（密申上司）与保全自己（畏势含忍，阘茸非体）之间的小挣扎，“我”对“人己俱损”的小担忧，“我有护衙门人之名”“我之用刑，亦欠光明”等对官声的考虑，以及“我见责之多，怒亦息，而杖可已”的心理过程，等等，却散发着人道、人性的光辉，诚实而又真实。它以儒家理念为支撑、导引，以署考、降级、除名、充军甚至死刑等制裁威慑为保障手段，这使得它作为最实用的官箴，一直在士大夫、道佛二教、平头百姓等群体中，通过律学书、官箴书、善书甚至碑刻而广为流行。它是律例的补充，是实施的细则。它给出了杖罚与刑讯过度的制度性解决方案之外的另外一种方案，这是自汉以来人们想出的最完整、最细密的技术方案。

之所以称其为技术方案，是说《刑戒》不啻为一种解决问题的方法及方法原理，是吕坤个人长期为官积累并吸收他人体会而成的有关杖罚与刑讯的知识、经验、技巧和手段，用以控制杖罚、拷囚的过度问题。它回答着汉以来一直困扰人们的难题，包括明太祖朱元璋所提出的问题。本来，官署中最能显示官威、吏势的，就是杖罚和拷囚。《汉书·刑法志》没有说景帝“箠令”颁布后，为何“酷吏犹以为威”，但道理很简单。盖箠楚一事，官吏可于此行仁恩，也可于此逞威严；同时，勒索、受贿，也在此有其市场，所谓“奸吏悍卒倚狱为市”[②] 是也。负责的正官，会设法控驭僚属、吏胥要权弄威，或借此渔利。因而，

① 《呻吟语》，卷五《外篇·治道》，《吕坤全集》（中册），第 862 页。

② 《明史》，卷九四《刑法志二》，中华书局，1974，第 8 册，第 2315 页。

这些以方法、技能和手段为特征的方案，在一定程度上，也是官署正官控制权的内容，是长官应有的知识技能和操作技巧。

这种技术方案的提供，也与明代官箴的发展阶段或其特征相一致。有学者谓："明代官箴的发展可以分为两个阶段：早期延续了宋、元官箴的内容与形式，嘉靖之后随着新知识的加入，明代官箴的内容与形式也随之改变。其内容由原来注重道德劝诫之词转向注重知识的传播，其形式也从原来注重'修、齐、治'的结构变为各种知识文本的整合。直到清初的《福惠全书》采用新的结构，标志着明代中后期以来各知识文本间融合的完成。"① "明代官箴书的价值在于，它们并不是空洞的道德说教，而是从大量的基层从政实践中总结出来的适用经验，成为新任官员必备的为官指南。"② 吕坤《刑戒》，既是行杖知识的传播，又是从基层而来的适用经验。

但是，这一方案的技术性上仍有缺陷。它对道德劝诫的脱离，仍然是有限的。《刑戒》在更大程度上仍是个"良心活"。它建基于官员的循良，依恃官员的自觉、自省。一旦遇到不循良、非自觉，就失去了应用的前提。于是，仁爱的信奉者，仍然可以不打、缓打；狠戾者则必打、狠打；无所谓者，可以徘徊其间，无所主张。还是张田田博士说得好："爱民不轻打百姓，自保不轻打官贵，但防弊必须严管爪牙。"③ 后两者是混迹于官场中人须有的智慧和策略。而《刑戒》本来就是具有多面性的。

五、余论

需要说明的是，吕坤看重杖罚、拷讯一事，是否与明代独有的廷杖有关？

按《明史·刑法志》："刑法有创之自明、不衷古制者，廷杖、东西厂、锦衣卫、镇抚司狱是已。是数者，杀人至惨，而不丽于法。踵而行之，至末造而极。举朝野命，一听之武夫、宦竖之手。"廷杖"自太祖始"；至英宗正统中，王振擅权，"殿陛行杖习为故事"；宪宗成化间，有廷杖事；而武宗正德中、世宗嘉靖初，皆出现因群臣谏诤而廷杖一百数十人之事。世宗在位的40多年中，"杖杀朝士，倍蓰前代"。按，五倍为蓰，明显这是一个高峰。

神宗廷杖，万历五年（1577年），因争张居正"夺情"，杖吴中行、赵用贤、艾穆、沈

① 曲长海：《明代官箴研究》，《学术探索》2016年第5期，第130页。

② 何朝晖：《明代县政研究》，北京大学出版社，2006，第6页。

③ 张田田：《官箴书里看〈刑戒〉》，载微信订阅号"田田DR"，https://mp.weixin.qq.com/s/INP8oppBP－oZOKPuXe76oA，2021年8月18日，最后上网时间2021年10月11日。

思孝、邹元标等五人。万历十四年（1586 年），因神宗久不临朝，卢洪春上奏《遣官代祭奏疏》，直指神宗遣官代祭不妥。神宗大怒，廷杖卢洪春六十，并革去官职，永不叙用。万历十九年（1591 年），孟养浩任左给事中。帝严谴李献可，养浩疏谏神宗五不可。帝大怒，言册立已谕于明年举行，养浩疑君惑众，殊可痛恶。令锦衣卫杖之百，削籍为民，永不叙用。万历二十八年（1600 年），王德完任工科给事中。因立太子事触怒神宗，立下诏狱拷讯，廷杖一百，除其名。

吕坤政治生涯的 24 年中——自万历二年（1574 年）至万历二十五年（1597 年），见证了三次廷杖，至万历二十八年（1600 年）廷杖，他已辞官归里。三次廷杖，万历五年（1577 年）那次，影响颇大。尤其是被杖者之一的邹元标，是他后来交往颇密的朋友。《刑戒》作完后，他寄赠的主要对象就是邹元标。这个人对《刑戒》的感受，确与常人不同。

邹元标刻石《刑戒》，既有他对明朝杖罚、拷讯制度予以适当控制的意识有关——与吕坤一样，同时，也与他本人对被敲扑的亲身感受密切相关。万历五年（1577 年），他曾因谏止张居正“夺情”，上《论辅臣回籍守制疏》，被廷杖八十（他所谓的“教督”是也）。

学者谓：廷杖给邹元标造成的创伤，一年多才平复。“八十大棍重责之下，邹元标身体几成残废。”“戍边第一年，廷杖重伤未愈”，从京城至贵州都匀卫，“至，创甚，卧床褥者期年”。[①] 因行动不便，常枯居陋室。直至“第二年秋天，伤体初愈”，才活动于户外。尤其是廷杖带给他的残疾，一生皆在，“伤痛缠绕一生”。邹元标在与友人通信时提起：“兄精神何似？弟则两足大不如前。盖旧疮杖伤，临老气血不足，始难支持。”[②] 后来越老而创痛越深，竟至难以正常行走。“先生晚总西台，入朝而蹶。御史前纠失仪。先文恪公进言曰：‘元标在先朝，直言受杖，至今余痛未除也。’德陵意解。此事《实录》不载，附识于此。”[③] 七十岁的老人，“终身跛足而行。其刻骨之深，非当事者谁能有切身之感？”[④] 沈德符也说：“邹南皋先生为余言：‘每遇天阴，骨间辄隐隐作痛。’以故晚年不能作深揖。”[⑤]

因此，当万历十九年（1591 年），被廷杖十余年之后的邹元标，身在南京刑部，对吕坤主张谨慎打板子的《刑戒》，感受自会与常人不同。他是滥刑的受害者——明朝廷杖，在制度上绝对是滥刑；同时他又是限制滥刑努力的受益者。因为，就打击而言，八十杖有时可以置人于死地：“邹南皋论劾张江陵，张欲置之死。侍郎周思敬笑语张曰：‘竖子何足图，

---

① 万历《贵州通志》，书目文献出版社，1990，第 590 页。

② （明）邹元标撰：《愿学集》，卷三《答周海门少参》，影印文渊阁四库全书，上海古籍出版社，1987，第 1294 册，第 94 页。

③ （清）朱彝尊著：《静志居诗话》，卷一五《邹元标》，黄君坦校点，人民文学出版社，1990，第 439—400 页。

④ 刘青衢：《邹元标都匀证道及其前后思想衍变》，《贵州文史丛刊》2017 年第 4 期，第 38、41、42 页。

⑤ （明）沈德符撰：《万历野获编》，卷一八《刑部·廷杖》，中华书局，1959，第 475—477 页。

一金吾校尉多着气力，竖子化为乌有矣。第天下大事皆政府身肩之，奈何以天下之身为竖子伐性乎？且天下将窥政府喜怒也。’江陵意解，邹竟免死。”[①] 传言所谓，或许是他能活下来的原因之一。

附记：沈阳师范大学法律史专业研究生万文杰同学，为我收集到有关《刑戒》或“慎打”的明清文献资料，先后有：

1.（清）徐荣辑《增订敬信录》卷一（解决了今人刻石《吕叔简先生居官刑戒八章》所据何本问题）；

2.（明）颜茂猷《迪吉录》度集《官鉴四》（解决了清人陈宏谋辑《刑戒》的来源，陈引述了“颜茂猷题”跋）；

3.（明）佘自强《治谱》十卷、《续集》一卷，（明）王肯堂《附录》一卷《刑戒》（解决了清人郑端辑《刑戒》的来源，郑引述了邹元标《书〈刑戒〉后》）；

4.（明）王世茂纂辑《仕途悬镜》卷七（再次印证了吕坤《刑戒》曾以“慎打”之名流传，与《牧民政要》“四慎”中“慎打”一样）；

5.（清）徐开任《明名臣言行录》卷六十九谈及吕坤著述《刑戒》的重要段落（厘清了《筮仕要诀》与“刑戒三十七条”“慎罚十六条”之间的包含关系）；

6. 日本东京大学东洋文化研究所藏（明）王肯堂《慎刑说》一卷，（清）顾鼎重编《王仪部先生笺释》三十卷（卷首、卷末附），（明）袾宏撰《莲池大师全集》《莲池大师文集》等全文（电子版）；

7.（清）赵吉士辑撰《寄园寄所寄》卷六，（清）宋邦僡辑《祥刑古鉴》附编（清同治年间刻本），（清）于准纂《先儒正修录》下帙，（清）杨景仁辑《式敬编》卷三，（清）戴肇辰辑《学仕录》卷七，（清）褚人获《坚瓠六集》等书的相关页复制件；

8. 清人朱椿的人物事迹资料；

9. 今人连启元《明代的狱政管理》一书等。

在此向他表示衷心感谢。

---

① （明）李绍文撰：《皇明世说新语》，卷二，上海古籍出版社，2002，第499页。

新法革旧俗：《重庆日报》贯彻婚姻法报道研究（1952—1953）

林　丽*

摘　要　1950年颁布的《中华人民共和国婚姻法》是中华人民共和国成立后的首部基本法律，对这部婚姻法的贯彻执行则成为继土地改革之后的又一项重大社会改革，中共中央、政务院和地方各级党政部门曾先后作出多项指示。在这场层层推进的社会运动中，《重庆日报》作为重庆地区的新办党报，亦把当地婚姻法贯彻及婚姻制度改革纳入媒介议程，相关报道存在明显的阶段性特征，其中还塑造出施害者、受害者、受惠者及执行者等不同女性形象。从中可见，《重庆日报》的报道活动呈现了大众媒体在改革运动中的信息告知、舆论引导和社会动员等参与路径，是媒体与社会观念变迁互动的生动表征。但受制于当时的社会经济文化条件，其在内容、受众和效果等方面仍存在一定局限。

关键词　婚姻法；贯彻婚姻法运动；重庆；《重庆日报》

一、引言

中国传统婚姻制度自清季民初起便有变革倾向，尤其在“五四”以后，伴随着“男女平等”“婚姻自由”等口号，传统婚姻观念大受冲击。如果说近代以来的婚姻制度变革首先是在思想层面上得以推进，那么中华人民共和国成立之后的婚姻制度变革或可看作是立法

* 林丽，四川大学文学与新闻学院博士研究生。

层面上的促成。前者由下及上，以知识分子为主导的社会民众在思想观念上的转变，一定程度上影响到国家对婚姻制度的立法考虑；后者则是自上而下，以国家立法确保婚姻制度改革的推进，且更多地考虑了传统意义上的边缘地区和边缘群体，从而使这场变革的范围更广、影响更深。

1950年《中华人民共和国婚姻法》（后文简称“婚姻法”）的颁布标志着中华人民共和国婚姻制度改革的正式启动，对婚姻法的贯彻执行被视为继土地改革之后的又一项反封建思想斗争的革命任务和重大社会改革。但在各地的实际推进中，新法反遭到不同程度的忽视或抵制，并衍生出诸多问题。因此，从中央到地方的贯彻落实也是当时国家所面临的迫切问题，更大力度的宣传造势亦属必要。就重庆而言，因其属于较晚解放的地区，新政权的影响辐射相对受限，传统的地方势力盘根错节，新法与旧俗的较量持续进行。本文基于地方党媒《重庆日报》的报道实践来探究重庆当时的婚姻法贯彻和婚姻制度改革情况，一方面可借新闻文本来考察当时社会运动的进程和细节，另一方面也可一窥地方媒体本身对改革潮流的反应，以及媒体参与改革运动的路径和局限性。

二、中央到地方：施行困境与贯彻指示

中华人民共和国成立后，尤其是土地革命取得卓然进展之后，国家需通过正式的婚姻立法来解决积弊已久的婚姻家庭问题并整合各地婚姻条例，进而解放妇女、发展生产力，为推动国家建设提供基本保障。因此，婚姻法作为中华人民共和国成立后的首部基本法律，其颁布标志着“新型的社会主义家庭秩序和婚姻制度从此将在法律保障下建立起来”。[①] 在这场声势浩大的贯彻婚姻法潮流中，《重庆日报》因其自身的政治属性及社会影响，对婚姻法的贯彻报道既是议程所需，亦是环境使然。

（一）新法颁行与旧俗顽抗

1950年4月13日，中央人民政府委员会第七次会议讨论通过《中华人民共和国婚姻法（草案）》，[②] 同月30日，毛泽东正式签发《中华人民共和国婚姻法》，中共中央同时下发《关于保证执行婚姻法给全党的通知》。[③] 5月1日，《中华人民共和国婚姻法》开始施行，全文包括原则、结婚、夫妻间的权利和义务、父母子女间的关系、离婚、离婚后子女的抚

① 樊静：《中国婚姻的历史与现状》，中国国际广播出版社，1990，第191页。
② 《中华人民共和国婚姻法》，《人民日报》1950年4月16日，第1版。
③ 《保证执行婚姻法中共中央通知》，《人民日报》1950年5月3日，第1版。

养和教育、离婚后的财产和生活、附则等八章，共计二十七条。此后，中央法制委员会、中央人民政府司法部、内务部和最高人民法院等部门也陆续发布相关细则和解释性文件，从而形成了以《婚姻法》为主体，以有关通知、立法和司法解释为补充的婚姻法制框架，奠定了当代中国婚姻法制的基础。[①]

但由于封建婚姻制度的历史积弊，新法在执行过程中不可避免地遭遇了旧俗的顽抗。加之中华人民共和国成立初期全国各地情况纷杂殊异，婚姻法的执行贯彻频出事端，其中妇女因婚姻问题被杀或自杀的情况尤为严重。[②]“据不完全的统计，各地妇女因婚姻不能自主受家庭虐待而自杀和被杀的，中南区一年来有一万多人，山东省一年来有一千二百四十五人，苏北淮阴专区九个县在一九五零年五月到八月间有一百一十九人。”[③]

西南大区作为解放较晚且社会情况相对复杂的地区，新法的施行也遇到较大阻力。[④]从《西南区婚姻法执行情况检查总结报告》来看，当时包办和买卖婚姻、早婚等现象仍普遍存在，农村地区尤为严重。[⑤]西南军政委员会在1952年8月发布的《关于进一步贯彻执行婚姻法的指示》中也指出，西南全区的婚姻法贯彻执行尚不平衡，包办和买卖婚姻、虐待妇女、通奸溺婴、强奸幼女、干涉婚姻自由等违反婚姻法的现象时有发生，“尤其是妇女被杀与自杀现象异常严重”。[⑥]

这一时期，作为西南局和西南军政委员会驻地的重庆，在行政规划上先属西南大区直辖市，后改中央直辖市，不仅“作为省级计划单位直接纳入全国综合平衡”，同时“商业、物资等西南一线供应站均设在重庆”，[⑦]其区位重要性不言而喻。自婚姻法颁布后，重庆市按照各级指示推进婚姻法贯彻执行工作，并依据相关规定推行婚姻登记制度。随着妇女维权意识增强，人民法院受理的婚姻案件也有所增加，审理中还实行妇联陪审制。但由于新法的影响尚未深入，婚姻旧俗仍具有根深蒂固的影响。一方面，不少民众对婚姻法的认识存在偏差，将婚姻法片面视作“离婚法”和“妇女法”的情况仍较普遍。另一方面，施行阻力甚至来自作为执行者的干部群体，其中不仅存在对婚姻法持有抵触情绪和直接干涉婚姻自由的反例，也有因干部自身对婚姻法了解不足而导致无力解决或错误解决婚姻问题的

---

① 王思梅：《中华人民共和国第一部婚姻法的颁布与实施》，《党的文献》2010年第3期。

② 肖爱树：《建国初期妇女因婚姻问题自杀和被杀现象研究》，《齐鲁学刊》2005年第2期。

③ 《中央人民政府政务院关于检查婚姻法执行情况的指示》，《人民日报》1951年9月29日，第1版。

④ 李胜渝：《建国初期西南地区贯彻婚姻法运动考》，《兰州学刊》2011年第7期。

⑤ 《西南区婚姻法执行情况检查总结报告》，转引自张培田主编《中华人民共和国婚姻改革和司法改革史料：西南地区档案选编》，北京大学出版社，2012，第9—13页。

⑥ 《西南军政委员会关于进一步贯彻执行婚姻法的指示》，转引自张培田主编《中华人民共和国婚姻改革和司法改革史料：西南地区档案选编》，北京大学出版社，2012，第7页。

⑦ 周勇主编：《重庆通史》，重庆出版社，2002，第580页。

情况。[①] 总的来说，重庆地区解放较晚，社会动员的广泛推进尚需时日，群众觉悟和干部基础相对处于劣势，旧俗仍紧紧限制着新法的影响发挥。

（二）指示推进与运动筹备

鉴于婚姻法推行过程中的困难及问题，中共中央、政务院和各级党政机关多次发出关于检查执行和继续贯彻的指示。1953 年 1 月 9 日，中央贯彻婚姻法运动委员会正式成立，并由时任最高法院院长的沈钧儒担任运动委员会主任，中华全国妇女联合会名誉主席何香凝等人为副主任。[②] 2 月 1 日，政务院发出《关于贯彻婚姻法的指示》，要求在全国范围内（少数民族地区和尚未完成土地改革的地区除外）开展一个大规模的宣传婚姻法和检查婚姻法执行情况的群众运动，并决定将 1953 年 3 月作为宣传贯彻婚姻法的运动月，以“充分发动男女群众，特别是妇女群众，展开一个声势浩大、规模壮阔的群众运动，务使婚姻法家喻户晓，深入人心，发生移风易俗的伟大作用”。[③]

表 1　中共中央及中央人民政府关于贯彻婚姻法的指示

时间	发布者	相关指示
1951 年 9 月 26 日	中央人民政府政务院	《关于检查婚姻法执行情况的指示》
1952 年 7 月 25 日	中央人民政府内务部、司法部	《关于继续贯彻婚姻法的指示》
1953 年 2 月 1 日	中央人民政府政务院	《关于贯彻婚姻法的指示》
1953 年 2 月 18 日	中共中央	《中共中央关于贯彻婚姻法运动月工作补充指示》
1953 年 3 月	中央人民政府法制委员会	《中央人民政府法制委员会有关婚姻法宣传提纲》

在党和政府的指示下，地方各级贯彻婚姻法运动委员会相继成立，大范围地掀起了一场贯彻婚姻法运动。西南军政委员会在 1952 年 8 月发布的《关于进一步贯彻执行婚姻法的指示》中要求各级人民政府必须组织所属干部学习婚姻法，并特别注意防止妇女被虐杀和自杀的事件发生。1953 年 1 月 10 日，西南区贯彻婚姻法运动委员会成立，[④] 2 月，西南局发布《关于贯彻婚姻法运动宣传工作的指示》，强调训练干部和宣传队伍是宣传工作的关键，指示在群众中宣传婚姻法时要结合当地突出事例来说明封建婚姻制度的危害性，并以

① 《重庆市检查婚姻法执行情况报告》，转引自张培田主编《中华人民共和国婚姻改革和司法改革史料：西南地区档案选编》，北京大学出版社，2012，第 122—127 页。

② 《政务院举行第一六六次会议决定成立贯彻婚姻法运动委员会》，《人民日报》1953 年 1 月 10 日，第 1 版。

③ 《政务院关于贯彻婚姻法的指示》，《重庆日报》1953 年 2 月 3 日，第 1 版。

④ 《西南军政委员会第八十八次行政会议决议成立西南区贯彻婚姻法运动委员会》，《新华日报（重庆）》1953 年 1 月 11 日，第 1 版。

婚姻法颁布后出现的美满夫妻和新型家庭事例来宣传“新民主主义婚姻制度”的好处，[①] 这些宣传指示的落实在《重庆日报》的相关报道中即有明显反映。

作为当时在整个西南地区乃至全国都具有特殊地位的重庆市，其婚姻法贯彻和婚姻制度改革工作同样颇受重视。1951 年 10 月，中共重庆市委发布《关于贯彻执行婚姻法的指示》，要求各区委、各级政府及各群众团体党组和各工厂党组布置婚姻法学习并检查婚姻法执行情况。[②] 1953 年 1 月 14 日，重庆市贯彻婚姻法运动委员会成立，[③] 并先后从民政局、法院、监察委员会、检察署、青委、文联、市总工会、妇联等单位抽调 67 名干部，分为秘书、宣传、调查研究、案件处理四组，为贯彻婚姻法运动月做准备。随后，市县各区也先后成立贯彻婚姻法运动委员会。

婚姻法自 1950 年正式颁布后，其执行工作受到较高重视，相应的婚姻制度改革也是关涉整个社会的重要举措，加之各级贯彻指示的发布，从而形成一个自上而下的革新浪潮。就贯彻婚姻法议题而言，《重庆日报》作为重庆地区的重要报纸，自 1952 年创刊后便对婚姻法多有报道，其内容不仅包含重庆本地新闻，它对全国范围内婚姻法的贯彻情况亦有关注。《重庆日报》对贯彻婚姻法的报道不仅是基于本身的政治属性，同时也是其作为地方重要媒体的社会责任所在。

三、报道进程与形象呈现

《重庆日报》于 1952 年 8 月 5 日正式创刊，作为“重庆人民在‘三反’‘五反’斗争获得伟大胜利后，在新闻战线上的一个重大建设”，[④] 其创刊初期恰临婚姻法宣传贯彻及婚姻制度改革推进时期，此即重要报道议程，但报道频率存在明显起伏。其中自 1952 年 10 月起初具规模，直至次年 3 月的贯彻婚姻法运动月活动结束，其间形成了一个较为明显的报道高峰，至 5 月仍有少量总结性文章可见，笔者即选取了《重庆日报》在 1952 年 10 月至 1953 年 5 月的 258 篇相关报道以作分析。

---

① 《西南局关于贯彻婚姻法运动宣传工作的指示》，转引自张培田主编《中华人民共和国婚姻改革和司法改革史料：西南地区档案选编》，北京大学出版社，2012，第 15—17 页。

② 《市委关于贯彻执行婚姻法的指示》，转引自张培田主编《中华人民共和国婚姻改革和司法改革史料：西南地区档案选编》，北京大学出版社，2012，第 25—26 页。

③ 《本市成立贯彻婚姻法运动委员会》，《重庆日报》1953 年 1 月 15 日，第 1 版。

④ 张霖之：《为发展生产，繁荣经济，建设新重庆而服务！》，《重庆日报》1952 年 8 月 5 日，第 1 版。

（一）报道推进的三个阶段

《重庆日报》贯彻婚姻法的报道数量存在明显的阶段性变化，总体上先升后降。前期（1952.10—1952.12）共33篇，10月报道相对较多，有关内容主要是与司法改革运动相结合，并利用“读者来信”专栏刊载的关于婚姻法执行情况以及民众反响新闻。同年11月和12月的报道中，婚姻法相关内容则明显减少，媒体转而偏重“中苏友好月”“增产节约运动”“爱国卫生运动”等议题，相比之下婚姻法相关新闻实为寥寥。

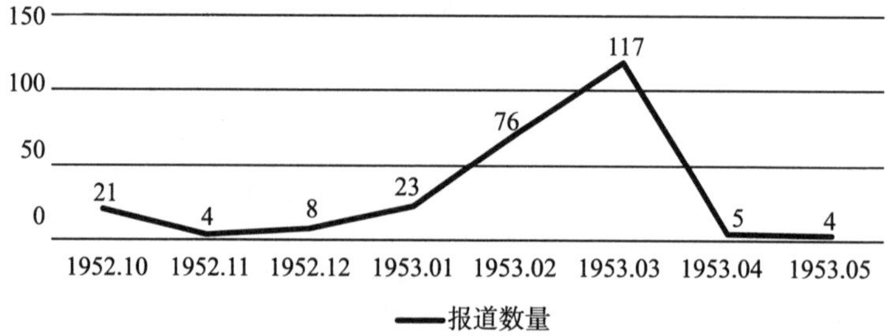

图1　《重庆日报》1952年10月至1953年5月贯彻婚姻法报道的数量变化

中期（1953.01—1953.03）在时间上契合于贯彻婚姻法的高潮阶段，相关报道共计216篇（样本占比84%），数量陡增，并在3月达至117篇的峰值。1月主要为关于“贯彻婚姻法运动”的各级指示和重庆地区的筹备工作，2月除相关指示通知和部门单位、组织团体的针对性倡议外，还有重庆各区的宣传贯彻和运动试验点的推进情况，以及婚姻登记工作等关于婚姻制度改革的具体事项。3月即“贯彻婚姻法运动月”，相关报道最丰，形式更趋多元，不仅兼及运动的开展情况和经验总结，还结合小说、戏剧、歌曲、电影、图画、广告等形式进行宣传，呈现出规模化集中化的报道矩阵，同时也反映了“贯彻婚姻法运动”的高潮态势。此外，自2月20日起，《重庆日报》左报眼所设置的“人民的新重庆”图片专栏开始刊登与贯彻婚姻法相关的照片，并一直延续至3月底。但在此过程中，也出现因3月5日苏联领导人斯大林逝世和3月14日捷克斯洛伐克总统哥特瓦尔德逝世而中断报道议程的情况，其中原定结合“三八”国际妇女节而举办的婚姻法宣传活动亦未能施行。

后期（1953.04—1953.05）相关报道数量出现断崖式下降，两月仅有9篇，报道内容以“贯彻婚姻法运动”的总结报告和落实情况为主，如《关于贯彻婚姻法运动月的工作报告》，[①] 随后渐无典型报道，《重庆日报》贯彻婚姻法报道至此告一段落。

从报道内容来看，《重庆日报》贯彻婚姻法的报道主题主要包括了各级党政部门的指示

① 《关于贯彻婚姻法运动月的工作报告》，《重庆日报》1953年5月7日，第2版。

通知、倡议、政策阐释、会议举行、全国进程以及本地进程等内容，其中着眼于本地贯彻婚姻法进程的报道占据大半，进而又可分为地方开展情况、群众反应、违法披露、妇女情况、经验总结以及幸福婚姻家庭等几个方面。

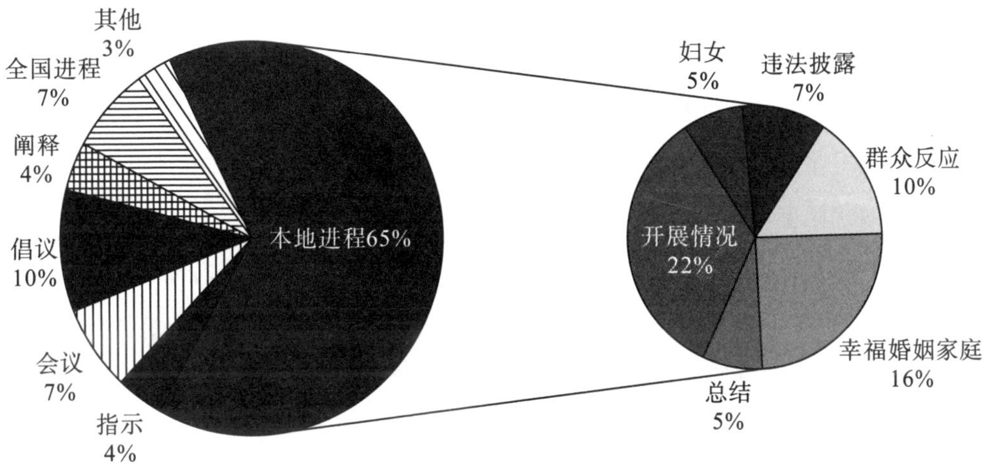

图 2 《重庆日报》1952 年 10 月至 1953 年 5 月贯彻婚姻法报道的内容分类

各级党政部门的指示通知虽然比重略少，但因其内容重要性而常被置于头版显要位置，意在引起读者的高度关注。关于会议举行的报道主要为市委宣传部、贯彻婚姻法运动委员会等组织部门召开的关于推进贯彻工作的会议，这类报道数量不多，但其内容同样具有指导意义。阐释性和倡议性内容多来自各级党政部门、团体组织或其主要领导干部，显示出较强的权威性和针对性。

《重庆日报》贯彻婚姻法报道的主要内容是全国和地方的开展进程，不仅数量颇多，呈现方式和切入角度也更为多样。其中关于全国进程的报道主要来自新华社，反映全国贯彻概况或其他地区落实情况，进而为本地的贯彻工作提供参考或警示。有关本地贯彻进程的报道中，反映地方开展情况的内容多为消息和通讯体裁，兼顾贯彻婚姻法运动的整体推进和局部细节。除常规报道外，《重庆日报》还结合小说、曲艺、图画等形式来呈现婚姻法的执行过程和贯彻情况，并从干部、妇女以及报纸读者等群体的视角来反映婚姻法的贯彻执行，尤其注重对幸福婚姻家庭的报道，以期发挥正面的导向作用。有关贯彻执行成效及总结的报道主要是各区工作总结、贯彻婚姻法委员会的总结报告以及个人的认识收获等，其中刊发的工作报告通常占据较长篇幅，集中出现于这一报道高峰的后期。此外，《重庆日报》在披露违法现象时得以发挥媒介监督职能，除选刊读者来信以反映违法细节外，也组织报道跟进相关司法案件，但总体上占比不高，整个贯彻婚姻法过程中的报道仍以积极正面的内容为主。

（二）报道呈现的四种女性形象

1950年的婚姻法将“男女权利平等、保护妇女”作为基本原则并写进首章，“从立法上保障了妇女婚姻生活的权利”。[①] 女性作为与婚姻法密切相关的主体，自然是婚姻法贯彻执行工作中的重点关注对象，针对女性的宣传动员也颇受重视。同时，对妇女的解放也意味着对“能顶半边天”的劳动力之解放，关系国家建设和社会发展的广泛动员，因此贯彻婚姻法运动正是一个良好的契机。《重庆日报》贯彻婚姻法的报道同样对女性群体多有关注，其中主要呈现了施害者、受害者、执行者及受惠者四种形象。

以施害者形象出现的女性，主要有“虐待儿媳的婆婆”“包办婚姻的母亲”以及“虐待养子的养母”。虐待儿媳的婆婆这一形象的出现最为频繁，如巴县五布乡东泉村虐待并毒打媳妇的“傅吴氏”[②] 和巴县永兴乡六村虐待并逼迫儿媳自杀的“张杨氏”，[③] 此类情况通常不止婆婆苛待儿媳，丈夫亦是施害者或协助者，儿媳在整个家庭中处于最劣地位。在封建婚姻制度下，因包办婚姻是普遍存在的现象，包办婚姻中的母亲这一施害者形象因其普遍存在反而易受忽视，故而这一形象在《重庆日报》贯彻婚姻法的报道中并不算多，可举者如强迫幼女订婚而阻止其上学的“周大妈”。[④] 此外，在虐童新闻中亦有女性作为施害者形象出场，如第一师范学校工属“徐正清”[⑤] 和巴县走马乡黄荆村“郑相全”，[⑥] 二者与受虐儿童系收养关系。对子女权益的保护也属1950年婚姻法的原则之一，但相关报道中多侧重于强调婚姻自由和男女平等，总体而言关于保护子女权益的内容比较少见。

以受害者形象出现的女性，主要为受虐待或自杀、被杀的妇女。这部分受害者的出现，一方面是因为新法影响力在当时仍难敌旧俗，封建婚姻观念根深蒂固而导致女性照旧处于弱势。另一方面，也存在妇女了解婚姻法或接受新思想后，在争取婚姻自由和平等权利的过程中受到虐待迫害的情况，如西南兵工局工人“李敬森”毒打妻子“张开璧”，“原因是张开璧要求进步，参加团小组的学习，而李敬森不准她参加政治活动”。[⑦] 此外，受害者形象还包括遭受性侵的幼女和包办买卖婚姻中的幼女。通过对受虐惨状和施虐行径的描绘披露，报道中的受害者和施害者形象被塑造得深刻鲜活，这既能予以现实的警示，同时也是

---

① 汪玢玲：《中国婚姻史》，武汉大学出版社，2013，第393页。

② 《巴县五布乡东泉村傅吴氏虐待并毒打媳妇梁淑》，《重庆日报》1952年10月6日，第2版。

③ 《巴县七区、十一区举行公判大会》，《重庆日报》1952年10月9日，第2版。

④ 《神仙洞街二巷四号周大妈不准幼女上学强迫与人订婚》，《重庆日报》1952年10月12日，第2版。

⑤ 《第一师范学校工属徐正清经常毒打小孩应受批评》，《重庆日报》1952年12月24日，第2版。

⑥ 《巴县走马乡黄荆村郑相全虐待儿童致死应予制裁》，《重庆日报》1952年12月24日，第2版。

⑦ 《西南兵工局工人李敬森多次毒打妻子张开璧》，《重庆日报》1952年10月6日，第2版。

对封建婚姻观念和违法行为的直接批判。报道在引起受众强烈的情感共鸣时，也实现了深入宣传动员的目的。

执行者这一积极正面的女性形象之呈现，则与前述的施害者形象形成鲜明的对比，两种截然相悖的形象差异强化了报道所带来的心理震撼，更能达到预期效果。报道所突出的执行者形象多为妇女干部，其不仅在贯彻婚姻法工作中表现出高昂的积极性，也因相应的工作成绩而受到表彰，从而被树立为典型。此外，报道所呈现的执行者形象也包含了本身受封建婚姻制度迫害的女性，如早前因包办婚姻而嫁给“鸦片烟鬼”的“段淑华”，她自重庆解放后就担任妇女代表会主任等职，在贯彻婚姻法过程中同样有着积极表现。[①]“段淑华”作为封建婚姻的亲历者，其事迹本身也具有宣传价值，加之她拥有贯彻婚姻法执行者的这一身份，对其进行报道也便于工作经验的推广和互鉴，显示出正向的引领作用。

受惠者的形象主要体现为从封建婚姻中得以解脱或践行婚恋自由的女性，相关报道多通过自由恋爱和幸福家庭的内容来反映女性在婚姻法颁布后受到的正面影响及其对美好新生活的追求，进而倡导更多的妇女勇于寻求平等权益、敢于进行自我解救。如市百货业店员工会女工“王秉贤”在写给报社的信中表示自己遭受封建婚姻的枷锁束缚，但因思想上难以摆脱封建观念影响而一时不敢提出离婚，最后是看到报上刊载政府号召贯彻执行婚姻法，才鼓起勇气向第一区人民政府申请离婚。[②] 同时，这些报道文本也侧面反映了党和政府为解放妇女而作的政策考虑和地方党政部门的具体落实。此外，妇女再婚的情况也时现报端，如得到结婚自由的寡妇“侯淑君”[③] 和再婚后得到幸福的“林宗英”[④] 等，这些报道从丧偶妇女的角度切入，刻画出敢于打破封建婚姻观念的束缚并主动追求婚姻自由的女性形象。

贯彻婚姻法报道以具体的人物事例来对女性形象进行塑造呈现，既是对解放妇女之合理性和合法性的有力佐证，也是对女性群体进行广泛动员的有效途径。

四、媒体贯彻路径及局限

《重庆日报》作为当时当地具有较大影响力的机关报刊，是贯彻婚姻法过程中不可或缺的媒介力量。基于自身的政治属性和社会责任，《重庆日报》依照“重庆人民自己的报纸”

① 《积极宣传婚姻法的段淑华》，《重庆日报》1953 年 3 月 27 日，第 3 版。
② 《婚姻法拯救了我》，《重庆日报》1952 年 10 月 28 日，第 2 版。
③ 《寡妇侯淑君得到结婚自由》，《重庆日报》1952 年 11 月 5 日，第 2 版。
④ 《林宗英再婚得到了幸福》，《重庆日报》1953 年 3 月 25 日，第 3 版。

这一定位，通过信息告知、舆论引导和社会动员等路径参与了对婚姻法的贯彻，但其中也不可避免地存在一定的局限与不足。

（一）贯彻婚姻法的路径

1. 信息告知：上传下达、有效整合

报纸对婚姻法的贯彻可以通过报道活动的开展而实现，其对自身的正确定位也是有效参与婚姻法贯彻的重要前提。正确的定位既要参照自身性质，也要虑及受众因素。在贯彻婚姻法过程中，《重庆日报》基于自身的党报属性和本土属性，在传达党政方针和呈现社会反响等方面发挥作用，从信息告知的路径实现了其在改革运动中的媒介功能。

就政策宣传而言，《重庆日报》及时传达各级党政部门的指示通知，从而使群众得以了解当时社会改革工作的重点。同时，除了发表评论和连载《婚姻法讲话》等常规宣传外，还通过“答读者问”的形式与读者进行互动交流，对贯彻婚姻法过程中所出现的一些情况和问题进行解读，以示正确认识婚姻法并理解贯彻婚姻法的必要性。如针对“什么样的情况下才可以提出离婚”以及“离婚的手续如何”等疑问，《重庆日报》在解读婚姻法相关条款的基础上给出解答和建议。这种以“答读者问”形式进行的婚姻法解读，兼具针对性和权威性，对普通群众认识和贯彻婚姻法都具有一定的正面影响和参考价值。

《重庆日报》在贯彻婚姻法过程中也利用自身优势进行信息整合，以使宣传信息的传播更为有效。信息整合的实现主要借助于其所属的重庆本土通讯网络，这一网络的形成，一方面得益于各党政部门或组织个体所给予的通讯支持，另一方面也是因于与民众所建立的传受关系。《重庆日报》贯彻婚姻法的报道中，多见党政部门通讯组、宣传组及其相关人员的直接供稿，且占据较大比重。基于与党政部门建立的广泛通讯联系，《重庆日报》得以掌握更多的信息来源，继而通过对这些信息的编辑整合，使各党政部门的宣传力量也得以集中，从而提升传播效力，增强整体宣传效果。同时，基于与民众间的传受关系，《重庆日报》在贯彻婚姻法的报道中也充分发挥了反映民情的作用。如对读者来信所反馈之信息的整合，于婚姻法贯彻宣传而言是绝佳的新闻素材，同时也为相关部门贯彻工作的推进提供意见参考，在民众和党政部门之间起着信息桥梁的作用。

2. 舆论引导：批判反例、塑造典型

报纸对舆论的引导有利于减小改革的思想阻力，确保贯彻婚姻法工作的顺利推进。在贯彻婚姻法过程中，报纸通过对负面现象的批判和正面形象的塑造，倡导平等互爱的婚姻家庭关系，为运动推进营造了有利的舆论环境。

《重庆日报》在报道婚姻法的贯彻执行工作时，借助对违反婚姻法事例的披露，使人们认识到“男尊女卑”的封建婚姻关系之危害，从而对比突出新婚姻法所倡导的自由平等理念的重要性。如《白在平违反婚姻法虐待妻子致死　市人民法院已将白犯逮捕判处徒刑两年六个月》这一报道就揭露了违法者的恶劣行径，表现妇女在封建婚姻中的悲惨境遇，从而引起读者的悲愤之情。通过公开相应判处结果，也突出了违反婚姻法的严重后果，进而引导民众自觉遵守婚姻法。[①]《重庆日报》在贯彻婚姻法报道中对现实反例的披露，一方面凸显了舆论监督的作用，另一方面也体现了对摒除旧习、贯彻新法的有力引导。

在社会改革运动中，通过树立典型而形成模范效应，有利于带动群众的参与积极性，从而助力改革推进。《重庆日报》特别重视对典型模范的宣传，通过聚焦贯彻工作试验点和积极人物，树立起众多集体模范和人物模范。在集体模范方面，覃家岗乡作为贯彻婚姻法工作中的郊区试验点，在贯彻婚姻法报道中本就受到较高关注。该乡贯彻婚姻法工作的筹备、开展、成果以及过程中的先进人物事迹都通过报纸媒介现于人前，也给其他集体的贯彻婚姻法工作提供参考借鉴。报道中塑造的人物模范形象又有模范个人和模范夫妻两类，其中个人的模范形象主要为积极开展贯彻婚姻法工作或对婚姻法持有正确认识的干部和群众。同时，《重庆日报》也着力塑造了婚姻自主并共同进步的模范夫妻形象，如自由恋爱结婚并以“在政治上争取入党，在生产上保证响应上级号召”为共同奋斗目标的“周继尧”和“张国轩”。[②] 媒体借助典型报道来塑造模范形象，对积极开展贯彻婚姻法工作、正确认识婚姻法以及合理处理婚姻关系都具有一定的引导作用。

3. 社会动员：有的放矢、寓教于艺

在中华人民共和国成立初期的这场贯彻婚姻法运动中，报纸作为当时主流的大众媒介，在社会动员中发挥了关键作用。《重庆日报》贯彻婚姻法的报道，在响应国家指示号召的同时亦充分发挥了地方自主性，基于地方通讯网络，立足本土并辐射周边，在相对有限的影响范围内进行了极大规模的宣传造势。

在《重庆日报》刊载的贯彻婚姻法相关内容中，有不少以部门单位、团体组织及其相关人员名义发出的篇目，其中就包括一些对相关群体的直接倡议。这类倡议性文章具有较强的针对性，更能引起相关群体的关注，以便达到预期的动员目的。

---

① 《白在平违反婚姻法虐待妻子致死　市人民法院已将白犯逮捕判处徒刑两年六个月》，《重庆日报》1953 年 3 月 30 日，第 2 版。

② 《自由结合的夫妻的好榜样》，《重庆日报》1953 年 3 月 6 日，第 2 版。

表2　《重庆日报》关于群体倡议的报道

时间	标题	目标群体
1953年2月3日	《中央人民政府文化部发出指示，号召文化事业单位参加宣传婚姻法活动》	文化事业单位
1953年2月5日	《青年团中央书记胡耀邦撰文，号召青年团员积极参加贯彻婚姻法运动》	青年团员
1953年2月5日	《中华全国总工会向全国各级工会发出指示，号召在工人及工属中认真贯彻婚姻法》	工人及工属
1953年2月6日	《人民检察机关在贯彻婚姻法运动中应该做什么、怎么做?》	检察机关
1953年2月19日	《市人民政府人民监察委员会发出指示，布置监察通讯员参加贯彻婚姻法运动》	监察机关
1953年2月20日	《市总工会发出关于认真贯彻执行婚姻法的通知》	工人
1953年2月20日	《市文化局号召全市文化界，积极参加贯彻婚姻法的宣传活动》	文化界
1953年2月25日	《为拥护和执行中央关于贯彻执行婚姻法的指示及纪念今年“三八”国际妇女节，全国民主妇联给各级妇联的通知》	妇联
1953年3月3日	《妇女们应积极地、正确地参加宣传贯彻婚姻法运动》	妇女
1953年3月5日	《青年和青年团员们要积极参加贯彻婚姻法运动》	青年
1953年3月6日	《司法干部必须认真学习并贯彻执行婚姻法》	司法干部
1953年3月13日	《中央人民政府内务部副部长王一夫广播，民政工作人员应该做好贯彻婚姻法工作》	民政工作人员

以“各司其职”的针对性倡议来进行有的放矢的宣传动员，一方面是契合于目标群体在心理上的接近性，另一方面也是各机关部门和组织群体借助报纸来履行职能的表现。

此外，《重庆日报》还善从文艺角度展开报道，结合小说、歌曲、戏剧、电影等多种艺术性形式来推进婚姻法贯彻。其中，相关小说以表现追求婚姻自由和缔造幸福生活的内容为主，倡导正确认识婚姻法，具有积极正面的引领作用。报上还先后刊载了一些关于婚姻法的歌曲词谱，如《王大妈说唱婚姻法》,[①] 通过这种民众喜闻乐见的方式，婚姻法宣传被巧妙地融入歌曲传唱之中。曲艺表演是宣传贯彻婚姻法的重要文艺形式，《重庆日报》便结合曲艺唱词来反映民众对婚姻法的支持态度，如报上先后登出的《婚姻法给张少卿带来了幸福》[②] 和《一对好夫妻》[③]。同时，《重庆日报》又借助戏剧评介来推广与婚姻法相关的剧目，通过男女争取婚姻自由并同封建婚姻制度做斗争的情节来宣扬积极正确的婚姻观念。

① 《王大妈说唱婚姻法》,《重庆日报》1953年3月2日，第3版。

② 《婚姻法给张少卿带来了幸福》,《重庆日报》1953年3月3日，第3版。

③ 《一对好夫妻》,《重庆日报》1953年3月17日，第3版。

此外，在婚姻法贯彻过程中，电影亦属重要宣传手段，《重庆日报》还通过刊载电影广告和电影评介来宣传推广关于贯彻婚姻法的电影，如《儿女亲事》等电影的资讯均可见诸报端。

结合文艺宣传进行报道，使得《重庆日报》贯彻婚姻法的报道内容更为充实，形式更为多样。同时，文艺内容所具有的趣味性也增加了报纸的吸引力和可读性，弱化了社会动员的刻板性，更易通过潜移默化的影响而为民众所接受。

（二）贯彻婚姻法的局限

1. 内容：利益群体失声

贯彻婚姻法报道的重心主要集中于妇女解放和夫妻婚姻关系，而儿童权益诉求则相对失声。婚姻法实际上还是一部家庭法，婚姻制度的改革应是对整个家庭关系的革新。中华人民共和国成立初期的婚姻法贯彻运动几乎是以解放妇女为主要目的，所以媒体的报道活动也将目光聚集到妇女群体上，强调妇女在封建婚姻关系中的弱势，倡导妇女地位的提升，反映妇女自由平等的诉求。但过度的强调也致使媒体对其他方面的问题有所忽视，如对子女权益或子女教养问题的关注都有缺漏，但“保护子女合法权益”又恰恰是婚姻法的基本原则之一。

从《重庆日报》的报道情况来看，有关保护子女权益的内容则并不多见，少数可见的虐童新闻中，如前述巴县走马乡黄荆村“郑相全”虐待儿童致死一事，反映的施虐和受虐双方虽存在实际的收养关系，但在当时的农村，此种关系是否经法律、户籍的确认，恐难明辨。此外，从当时的报告资料来看，民众对子女权益的保护存在认知偏差，如“还有许多人认为婚姻自由则是‘乱交’，认为‘保护私生子女利益’，即是提倡私生子”，[①] 但媒体却少有引导性报道。婚姻法的颁布施行是关涉现代中国婚姻家庭制度改革的重要举措，夫妻间的婚姻关系确属社会重点关注和媒体重点报道的对象，但只有着眼于包括父母子女在内的整个家庭关系，方能顾全法律制定的初衷，也不致过于偏重某些话题而引发负面效应。

2. 受众：认知基础薄弱

受众在文化水平和思想认识等方面的差异，也是当时报纸媒体发挥社会功能的主要限制因素。一方面，中华人民共和国成立初期的文盲率颇高，虽然贯彻婚姻法的同期也在进行扫盲运动，但这并不能达到立竿见影的效果，所以报纸本身影响极为有限。另一方面，当时全国各地区的实际情况存在巨大差异，国家统一制定推行的政策，在实地施行过程中

---

① 《重庆市检查婚姻法执行情况报告》，转引自张培田主编《中华人民共和国婚姻改革和司法改革史料：西南地区档案选编》，北京大学出版社，2012，第124页。

会面临不同反应，思想认知的差异也决定了婚姻制度改革会面临的阻力大小不同。

思想认知的差异既表现为婚姻观念的差异，也表现为政治觉悟的差异，而后者则反映了新政权影响程度的不同。因为当时的婚姻制度改革实际上是借助政治化运动来推进的，所以地方各级政府的影响力和公信力直接决定了婚姻制度改革能达到的效果。在贯彻婚姻法过程中，《重庆日报》这种党报的功能发挥也有赖于一定的政治思想基础，但在当时的重庆地区，这种基础还相对薄弱，民众婚姻观念也相对保守，因此贯彻婚姻法工作的思想阻力较大。

此外，受众群体的认知程度还限于自身与贯彻工作的相关性。在贯彻婚姻法过程中，一些人表示“自己不结婚、不离婚、不嫁女又不接媳妇，家里没吵嘴打架，婚姻法没啥学的”。① 部分民众将贯彻婚姻法工作单纯地视作对法律的学习，认为运动只是涉及婚姻关系的集中宣传，所以感觉贯彻婚姻法与自身不甚相关，而这种片面认识的产生与媒体的宣传偏重不无关系。同时，这种相关性差异还表现为性别差异，男性接受的局限也贯穿于整个婚姻法贯彻过程中。婚姻法的颁布施行在立法层面确保了女性的平等权利，所以总体而言女性的接受程度更高，而男性对贯彻婚姻法的态度就较为消极。同时，无论是媒体的宣传报道还是实地的贯彻工作，都更为重视对女性的动员，甚至对男女双方的对立关系多有强调。尤其在这一时期的离婚高潮中，因离婚大都由女方提出，男方则认为所谓的“婚姻自由”更多情况下是“离婚自由”，离婚是对其利益的损害，两者意见相左便易产生冲突，这也是为何当时全国普遍存在女性因婚姻问题被杀或自杀的情况。这种差异性所致的接受局限在婚姻法颁布伊始便已露端倪，而媒体在贯彻婚姻法的报道中显然也未多加重视，甚至有所加剧。

3. 效果：思想启蒙有限

贯彻婚姻法的报道存在明显的阶段性变化，体现了当时贯彻婚姻法运动本身的短期性和集中性，也反映了婚姻制度在国家的主导下进行的急剧性变革，而这种急剧性改革运动则缺乏长时性的思想引导。中华人民共和国成立初期，国家的改革重心更偏向于政治层面，使得婚姻制度改革这种倾向社会层面的问题起初显得不甚紧迫，地方推进工作也相对延滞。而后集中化的运动式推进，将婚姻制度改革拔升到较高位置，媒体报道也呈现爆炸式增长，让民众骤然置身声势浩大的信息环境之中，造成了一定的认知冲击，以致新旧观念的冲突急剧爆发。贯彻婚姻法运动结束后，报道重心又转向其他领域，有关婚姻制度的内容寥寥

① 《重庆市贯彻婚姻法运动准备阶段工作报告》，转引自张培田主编《中华人民共和国婚姻改革和司法改革史料：西南地区档案选编》，北京大学出版社，2012，第44页。

无几，形成巨大的信息落差。婚姻制度改革作为一种思想观念上的深度变革，本身应是一个长期的过程，短期运动很难有效实现改革的最终目标。同时，运动式改革呼求快速的新旧更替，很容易形成思维误区或加剧既有的认知误差，从而滋生出难以把控的极端现象。

集中化规模化的贯彻婚姻法运动实际上是婚姻制度改革的政治化呈现，这在媒体贯彻婚姻法的报道中有着充分体现，对婚姻法的贯彻一定程度上被当成一种政治积极。而政治化运动本身是一种超越制度程序的社会整合方式，它的开展依政策或局势而定，是一种由特定群体参与的阶段性政治活动。婚姻制度的改革借助在以往的系列运动中已经驾轻就熟的模式来推进，就使得本应重视的长期思想教化被短期运动所替代。在贯彻婚姻法运动中，一些民众因囿于对以往政治运动的刻板印象，认为贯彻婚姻法同样采取的是所谓“斗争”的手段来进行，甚而产生恐惧心理，引致负面作用。在媒体的宣传报道中，对家庭婚姻问题的剖析也附有一定的利益对立，由此难免强化矛盾认知。

中华人民共和国成立初期的贯彻婚姻法运动，是国家以政治力量来改革旧习陋俗的一次广泛尝试。婚姻法的制定颁布为婚姻制度改革提供了法律基础，而对婚姻法的贯彻本身也是实现制度改革和思想启蒙的一种途径，并非仅仅是对婚姻法的一次集中学习或者一场短期运动。在贯彻婚姻法过程中，报纸在短期内的集中报道对思想启蒙的作用仍较有限，而现代婚姻观念的树立仍需进行长时性的思想引导。

主题研讨二：

秦汉至唐律令立法语言

平邦国，均万民：中国早期法律中的“均平”思想[*]

朱红林[**]

摘　要　“均平”思想是《周礼》一书所设计的国家行政体系所体现的一种重要治国理念。这种理念在其经济制度，特别是徭役和赋税的征发方面，体现尤为强烈，为此专门设置了“均人”“土均”二职，贯彻这一理念。无独有偶，近年来秦汉简牍，特别是秦简中，徭役征发与使用也非常强调“均平”思想，同样也有专门的职官设置。这不是偶然现象，其间无疑存在着一种传承关系。需要强调的是，中国古代的“均平”思想，重点不是指数量方面的齐同，而是强调事物的合理存在，各安其位。

关键词　均平；协调；合理；法律

“均平”思想是中国古代治国思想中很重要的一个理念，春秋战国时期的思想家和政治家们对其多有论述，并不遗余力地把这一思想影响贯彻到当时的社会实践中去，对后世产生了深刻的影响。《周礼》一书所设计的国家行政体系，就把“均平”思想作为一种基本治国理念加以贯彻执行，不但在治国“六典”中加以强调，还为此专门设置了“均人”①“土

* 本文系国家社科基金重大项目“秦汉至唐律令立法语言分类整理、谱系建构与数据库建设”（项目号：21&ZD197）的研究成果。

** 朱红林，“古文字与中华文明传承发展工程”协同攻关创新平台、吉林大学古籍研究所教授。

① （清）孙诒让：《周礼正义》，中华书局，2015，第3册，第1194页。

均”[①] 两个职能部门，贯彻这一理念。无独有偶，近年来秦汉简牍，特别是秦简中，徭役征发与使用也非常强调“均平”，同样也有专门的职官设置。这不是偶然现象，其间无疑存在着一种思想和制度上的传承关系。笔者结合战国秦汉以来的传世文献与出土文献，尝试着谈几点不成熟的看法，请专家批评指正。

一、睡虎地秦简《均工律》引起的思考

睡虎地秦简《秦律十八种》有《均工律》，共3支简：

> 新工初工事，一岁半红（功），其后岁赋红（功）与故等。工师善教之，故工一岁而成，新工二岁而成。能先期成学者谒上，上且有以赏之。盈期不成学者，籍书而上内史。（简111—112）
>
> 隶臣有巧可以为工者，勿以为人仆、养。（简113）

这三支简都是关于官府手工业生产管理的法律规定。简111—112说的是手工业工人技能培训的规定，新手初期劳作，第一年的工作量按照成手半年的工作量计算，第二年工作量按照成手的工作量考核。接着又说到工人的培训。有过一定工作经验的，培训的标准时间为一年，没有工作经验的培训时间为两年，在规定的时间内要培训合格结业。提前达到培训标准的上报即可结业，并且给予相应的奖励。期满不能合格学成者，同样要统计上报。简113则是要求对有手工业技术的隶臣不能从事服务性事务。这三支简的内容是具体管理手工业劳动人员的，但为何冠以“均”字呢？我们认为这是出于官府控制下的集体手工业生产活动，更加强调各部门机构之间分工协作的需要。这一点是很值得注意的。睡虎地秦简整理小组在对《均工律》名进行注释时说：“均，《周礼·内宰》注：‘犹调度也。’均工，关于调度手工业劳动者的法律规定。”[②] 说的正是这个意思。《内宰》注所对应的经文为：“正岁，均其稍食，施其功事，宪禁令于王之北宫而纠其守。”[③] 均其稍食，就是按规定合理分配口粮。

---

① （清）孙诒让：《周礼正义》，中华书局，2015，第4册，第1417页。

② 睡虎地秦墓竹简整理小组编：《睡虎地秦墓竹简》，文物出版社，1990，释文部分第46页。

③ （清）孙诒让：《周礼正义》，中华书局，2015，第2册，第645页。

二、岳麓秦简《徭律》强调的“均徭”原则

秦律对于徭役赋税的征发，强调公平合理。睡虎地秦简《为吏之道》中提出的“均徭赏罚”，就是对秦各级地方官吏提出的一个要求，也是对秦律有关徭役赋税征发规定的一个归纳和总结。近二三十年来里耶秦简、岳麓书院藏秦简等重要简牍资料的发现及整理公布，对秦代“均徭”政策提供了更多更具体的实际内容，也让我们对于中国早期法律中的“均平”思想有了更深入的认识。

（一）法律对官员“力足以均而弗均”的处罚

《岳麓书院藏秦简（肆）》（以下简称“《岳麓肆》”）简147－150：

> 繇（徭）律曰：兴繇（徭）及车牛及兴繇（徭）而不当者及擅倳（使）人属弟子、人复复子、小敖童、弩，乡啬夫吏主者，赀各二甲，尉、尉史、士吏、丞、令、令史见及或告而弗劾，与同罪。弗见莫告，赀各一甲。给邑中事，传送委输，先悉县官车牛及徒给之，其急不可留，乃兴繇（徭）如律；不先悉县官车牛徒，而兴黔首及其车牛以发繇（徭），力足以均而弗均，论之。①

合理分配调拨人力物力，称为“均输”。《岳麓肆》简10说“少府均输四司空”，即是指少府分别向四司空合理调拨劳动力。② 所以，“力足以均而弗均”说的就是本来能够合理地调配人力，却没有那样做。这无疑会给公家带来损失，属于工作态度和工作方法有问题，所以要按律论处。

里耶秦简中就有这样一个关于劳动力分配不当的案子，可为佐证。里耶秦简8－755至759：

> 卅四年六月甲午朔乙卯，洞庭守礼谓迁陵丞：丞言徒隶不田，奏曰：司空厌等当坐，皆有它罪，耐为司寇。有书，书壬手。令曰：吏仆、养、走、工、组织、守府门、勆匠及它急事不可令田，六人予田徒四人。徒少及毋徒，薄（簿）移治虏御史，御史

① 陈松长主编：《岳麓书院藏秦简（肆）》，上海辞书出版社，2015，第116－117页。

② 陈松长主编：《岳麓书院藏秦简（肆）》，上海辞书出版社，2015，第42页。

以均予。今迁陵廿五年为县，廿九年田廿六年尽廿八年当田，司空厌等失弗令田。弗令田即有徒而弗令田且徒少不傅于奏。及苍梧为郡九岁乃往岁田。厌失，当坐论，即如前书律令。七月甲子朔癸酉，洞庭段（假）守绎追迁陵。歇手。·以沅阳印行事。歇手。①

这是一份完整的法律文书。内容大致是司空厌没有合理地安排劳动力，也没有及时向上级请求调拨增援，导致没有完成当年的土地耕种任务，最后受到上级部门的追究。“徒少及毋徒，薄（簿）移治虏御史，御史以均予。”这就是说制度有明文规定，如果劳动力不够或没有相应的劳动力，可以打报告给上级治虏御史请求调拨，治虏御史则会按照情况，予以合理分配。但是司空厌没有做出应有的反应，属于工作失职。

（二）“书徭于券”的均徭记录

《岳麓肆》简253—256：

繇（徭）律曰：发繇（徭），自不更以下繇（徭）戍，自一日以上尽券书，及署于牒，将阳倍（背）事者亦署之，不从令及繇（徭）不当券书，券书之，赀乡啬夫、吏主者各一甲，丞、令、令史各一盾。繇（徭）多员少员，颓（隤）计后年繇（徭）戍数。发吏力足以均繇（徭）日，尽岁弗均，乡啬夫、吏及令史、尉史主者赀各二甲，左署（迁）。令、尉、丞繇（徭）已盈员弗请而擅发者赀二甲，免。吏（?）□繇（徭）□均，伪为其券书以均者赀二甲，废。②

“发吏力足以均徭日，尽岁弗均”云云，即上引《岳麓肆》简150“力足以均而弗均”，属于行政不作为；本县年度徭役征发已经足额，县政府如不经请示而擅自增调人员服役，也属于违反“均徭”原则。县乡两级的负责人及直接负责此事的官吏都要因此受到赀罚，并受降职及免职等处理。而如果官吏在数据上弄虚作假，做出徭役合理分配的假象以蒙蔽上级，性质则更为恶劣，有关人员不但要处以赀罚，并且还要被撤职并永不叙用。

徭役的征发要想做到尽量公平合理，涉及一系列相关工作，尤其是徭役征发对象的相关数据统计和徭役工程量的精确估算。

---

① 陈伟主编：《里耶秦简牍校释》，卷1，武汉大学出版社，2012，第217页。

② 陈松长主编：《岳麓书院藏秦简（肆）》，上海辞书出版社，2015，第152—153页。

首先是服徭劳动力对象，也就是征发对象的选择。

《岳麓肆》简 244—247：

> 繇（徭）律曰：岁兴繇（徭）徒，人为三尺券一，书其厚焉。节（即）发繇（徭），乡啬夫必身与典以券行之。田时先行富有贤人，以闲时行贫者，皆月券书其行月及所为日数，而署其都发及县请（情）。其当行而病及不存，署于券，后有繇（徭）而聂（蹑）行之。节（即）券繇（徭），令典各操其里繇（徭）徒券来与券以畀繇（徭）徒，勿征赘，勿令费日。其移徙者，辄移其行繇（徭）数徙所，尽岁而更为券，各取其当聂（蹑）及有赢者日数，皆署新券以聂（蹑）。①

首先，乡里有详细的个人服徭数据记录，年度应服徭役人员便从中选取。其次，同是服徭人员，首先选择家庭条件较好的劳动力，然后才是条件差的，这是从人性化的角度加以关怀。而个人家庭背景则需要详细的户籍资料来支持。而这又得益于战国以来日益严密的户籍制度的建立和完善。所以说要做到“均徭”，并不仅仅涉及一个部门，还涉及多部门的通力协作。这也就是说，相关部门的工作也要做到“均平”才行。这种情况对于律令这种以实践性为旨归的文书很难，或者说不适于在一个篇幅中作全面理论性的表述，这也正是《周礼》这种从全局顶层设计的制度性著作，把“均平”作为原则性指导思想的原因之一。

其实，根据秦朝政府的法律规定，动用正式的黔首为主体的服徭人员之前，先尽可能动用官府控制的徒隶及欠官府债务的居赀赎债者，实在不足，才正式征发徭役。这也是“均徭”的措施之一。所以《岳麓肆》简 148—150 规定说：“给邑中事，传送委输，先悉县官车牛及徒给之，其急不可留，乃兴繇（徭）如律；不先悉县官车牛徒，而兴黔首及其车牛以发繇（徭），力足以均而弗均，论之。”② 这项法律也得到了里耶秦简的证实。里耶简［16］5 正：

> 廿七年二月丙子朔庚寅，洞庭守礼谓县啬夫卒史嘉、叚（假）卒史谷、属尉，令曰：传送委输，必先悉行城旦舂、隶臣妾、居赀、赎责（债），急事不可留，乃兴繇（徭）。今洞庭兵输内史及巴、南郡、苍梧，输甲兵当传者多节传之，必先悉行乘城卒、隶臣妾、城旦舂、鬼薪、白粲、居赀、赎责（债）、司寇、隐官、践更县者。田时殹（也），不欲兴黔首。嘉、谷、尉各谨案所部县卒、徒隶、居赀、赎债、司寇、隐官、

① 陈松长主编：《岳麓书院藏秦简（肆）》，上海辞书出版社，2015，第 149—150 页。

② 陈松长主编：《岳麓书院藏秦简（肆）》，上海辞书出版社，2015，第 117 页。

> 践更县者簿，有可令传甲兵，县弗令传之而兴黔首，［兴黔首］可省少弗省少而多兴者，辄劾移县，［县］亟以律令具论，当坐者言名史泰守府。嘉、谷、尉在所县上书，嘉、谷、尉令人日夜端行。它如律令。①

里耶秦简的这则通告再次证实，法律规定征发徭役要慎之又慎，国有劳动力能够解决的就尽量不扰民，实在不得已征发黔首服徭役，也要精打细算，能少征用就尽量少征用，滥用、浪费民力者将会受到惩处。可以看出，秦律在此处表现出了非常体恤民力的一面。可惜制度是好的，但在实际执行过程中却没有得到很好的执行，终于导致天怒人怨，天下揭竿而起，秦朝二世而亡。

其次是征发人数的确定。徭役征发人数是根据工程量的大小而确定的，这就要求有专业的工程技术人员参与。

睡虎地秦简《秦律十八种》简121—124《徭律》：

> 县为恒事及谳有为殹（也），吏程攻（功），赢员及减员自二日以上，为不察。上之所兴，其程攻（功）而不当者，如县然。度攻（功）必令司空与匠度之，毋独令匠。其不审，以律论度者，而以其实为徭徒计。

"恒事及谳有为"，整理小组译为"经常性的及经呈报批准的工程"。②"程攻（功）"，整理小组注："估计工程量。"③ 对工程的规划预算，秦律要求主管官员（司空）和技术人员（匠）共同参与制定，不允许单独由技术人员来制定。同时，对于工程规划的精确性也有要求，内容之一就是"赢员及减员自二日以上，为不察"，也就是说工程的实际施工时间与预计时间相比，误差不能超出两天。

工程实际劳动量与规划预算之间的误差一般只有在工程结束之后才能明悉。国家有关方面的考核也就在这时候展开。《周礼·地官·乡师》："既役，则受州里之役要，以考司空之辟，以逆其役事。"④"州里之役要"就是州里所遣劳役人数的簿籍。"司空之辟"就是有关工程管理的各项规章制度。这就是说，在大兴土木的工程结束之后，有关部门要依据相

---

① 湖南省文物考古研究所、湘西土家族苗族自治州文物处：《湘西里耶秦代简牍选释》，《中国历史文物》2003年第1期。

② 睡虎地秦墓竹简整理小组编：《睡虎地秦墓竹简》，文物出版社，1990，释文部分第48页。

③ 睡虎地秦墓竹简整理小组编：《睡虎地秦墓竹简》，文物出版社，1990，释文部分第48页。

④ （清）孙诒让：《周礼正义》，中华书局，2015，第3册，第990页。

关的规章制度以及工程所使用的劳动量对工程进行考核，是否虚耗人力财力，从考核中就可以看出来。《乡师》的这段记载正可以为上引岳麓秦简《徭律》的内容作很好的注脚。

早在春秋时期各国对于大规模工程建筑的规划就有严格的要求。《左传・宣公十一年》载楚国孙叔敖筑城：

> 令尹蒍艾猎城沂，使封人虑事，以授司徒。量工命日，分财用，平板干，称畚筑，程土物，议远迩，略基趾，具糇粮，度有司，事三旬而成，不愆于素。

“使封人虑事，以授司徒”，杨伯峻注：“封人为司徒之属官，故其虑事毕，上于所司也。”司徒此时得到的应是封人所做的工程预算报告，即“量工命日，分财用，平板干，称畚筑，程土物，议远迩，略基趾，具糇粮，度有司”。“事三旬而成，不愆于素”，“素”，指的是原来的计划。[①] 工程建筑用了三旬的时间，与原计划完全相吻合，没有出现误差，因而受到称赞。《左传・昭公三十二年》载晋国的士弥牟主持营成周：

> 己丑，士弥牟营成周，计丈数，揣高卑，度厚薄，仞沟洫，物土方，议远迩，量事期，计徒庸，虑材用，书糇粮，以令役于诸侯，属役赋丈，书以授帅，而效诸刘子。韩简子临之，以为成命。

“士弥牟营成周”，杨伯峻注：“此谓定设计方案。”[②] 其具体内容也是后面所说的“计丈数，揣高卑，度厚薄，仞沟洫，物土方，议远迩，量事期，计徒庸，虑材用，书糇粮，以令役于诸侯，属役赋丈，书以授帅”。“效诸刘子”，就是说把整个筑城工程的预算规划报告交给刘子。这与《周礼》所说的大司马“受其要”是一个道理。

《周礼》中筑城这类大役出现于夏官司马职下，是有一定道理的。郑司农认为“大役人徒众多”，故需要“略依军法部署”。[③] 其实《左传》中就有不少以军队筑城的记载。隐公元年，“费伯帅师城郎”，[④] 襄公十年，“诸侯之师城虎牢而戍之”，“晋师城梧及制”，[⑤] 昭公二十九年“晋赵鞅、荀寅帅师城汝滨”，[⑥] 等等。以军队筑城，而《周礼》中的大司马是分管

---

① 杨伯峻：《春秋左传注》，中华书局，2016，第 3 册，第 776—778 页。
② 杨伯峻：《春秋左传注》，中华书局，2016，第 5 册，第 1691 页。
③ （清）孙诒让：《周礼正义》，中华书局，2015，第 7 册，第 2839 页。
④ 杨伯峻：《春秋左传注》，中华书局，2016，第 1 册，第 10 页。
⑤ 杨伯峻：《春秋左传注》，中华书局，2016，第 4 册，第 1078 页。
⑥ 杨伯峻：《春秋左传注》，中华书局，2016，第 5 册，第 1674 页。

军事的最高长官，参与规划筑城之役是理所当然的。当然，主持者应当是大司空，因为司空是专门负责工程建筑的，司马为之提供了劳动力，此处这两个部门属于协作关系，《周礼》中称之为“官联”。①

（三）岳麓秦简中的“均人史”

《岳麓肆》简278—279：

> ·□律曰：冗募群戍卒及居赀赎责（债）戍者及冗佐史、均人史，皆二岁壹归，取衣用，居家卅日，其□□□以归宁，居室卅日外往来，初行，日八十里，之署，日行七十里。当归取衣用，贫，毋以归者，贷日，令庸以逋。②

均人史，职责不明。岳麓秦简整理小组的解释是“均人史，均人的佐史”，并引用睡虎地秦简中有“宫均人”一职做比较。③《法律答问》简197：

> 可（何）谓“宫均人”？宫中主循者殹（也）。④

宫均人任务是巡察宫中事务，使宫中人员调配合理，确保安全。这一点，银雀山汉简《田法》中的记载，可为旁证。银雀山汉简《田法》：“……□□居焉，循行立稼之状，而谨□□美亚（恶）之所在，以为地均之岁……□巧（考）参以为岁均计，二岁而均计定，三岁而一更赋田，十岁而民毕易田，令皆受地美亚（恶）□均之数也。”⑤《田法》“循行立稼之状”，目的就是为了确定合理的“地均之计”。睡虎地秦简“宫均人”一职的设置，亦当按照这一思路理解。里耶秦简有“均史佐”“均佐”。里耶简8—197有“佐均史佐日有泰抵已备归”，8—1277有“均佐上造郁郅往春曰田□”，何有祖、鲁家亮等认为，“佐均史佐”或即“均佐”。⑥

“均人”一职，见于先秦典籍《周礼》。《周礼·地官·均人》：“掌均地政，均地守，均地职，均人民、牛马、车辇之力政。凡均力政，以岁上下。丰年则公旬用三日焉，中年则

① （清）孙诒让：《周礼正义》，中华书局，2015，第1册，第76页。
② 陈松长主编：《岳麓书院藏秦简（肆）》，上海辞书出版社，2015，第160页。
③ 陈松长主编：《岳麓书院藏秦简（肆）》，上海辞书出版社，2015，第175页。
④ 睡虎地秦墓竹简整理小组编：《睡虎地秦墓竹简》，文物出版社，1990，第138页。
⑤ 银雀山汉墓竹简整理小组编：《银雀山汉墓竹简》，文物出版社，1985，第1册，第146页。
⑥ 陈伟主编：《里耶秦简牍校释》，第1卷，武汉大学出版社，2012，第108—109页。

公旬用二日焉，无年则公旬用一日焉。凶札则无力政，无财赋，不收地守、地职，不均地政。三年大比，则大均。”① 《均人》叙官，郑玄注：“均犹平也。主平土地之力政者。”②《均人》本职，郑玄注：“政读为征。地征谓地守地职之税也。地守，衡虞之属。地职，农圃之属。力征，人民则治城郭、涂巷、沟渠，牛马车辇则转委积之属。”③ 可以看出，《周礼》一书中“均人”的职责就是负责徭役赋税征发的均平合理，但重点在于徭役的征发，故称“力征”。

《周礼》中还设有“土均”一职，负责赋税征收的公平。《周礼·地官·土均》：“掌平土地之政，以均地守，以均地事，以均地贡。以和邦国都鄙之政令刑禁与其施舍，礼俗、丧纪、祭祀，皆以地媺恶为轻重之法而行之，掌其禁令。”④ 可以看出，“土均”职责与“均人”职责属同一系统，但侧重于税收贡赋等物质资料的征收。

“均”的主旨不是数量相等，而是合理分配。张金光据此认为：“当战国之世，不管其职官名称、系统如何，政府中应有一种机构掌管评产、定地等、理赋税之类事宜，应属无疑。”⑤ 战国时期列国是否存在类似的评定机构也许还不一定，但相关的理念肯定是存在了，并且已经形成较为成熟的理论，进而付诸实施则是无疑的。

（四）执法调均

《岳麓肆》简 308—312：

> ·制诏丞相御史：兵事毕矣，诸当得购赏贳责者，令县皆亟予之。令到县，县各尽以见（现）钱不禁者，勿令巨罪。令县皆亟予之。丞相御史请：令到县，县各尽以见钱不禁者皆亟予之，不足，各请其属所执法，执法调均；不足，乃请御史，请以禁钱贷之，以所贷多少为偿，久易（易）期，有钱弗予，过一金，赀二甲。内史郡二千石官共令第戊。⑥

“执法调均”，岳麓秦简整理小组注：“调均：同义复词，即调济平均。《汉书·食货志

① （清）孙诒让：《周礼正义》，中华书局，2015，第 3 册，第 1194—1199 页。
② （清）孙诒让：《周礼正义》，中华书局，2015，第 2 册，第 794 页。
③ （清）孙诒让：《周礼正义》，中华书局，2015，第 3 册，第 1194 页。
④ （清）孙诒让：《周礼正义》，中华书局，2015，第 4 册，第 1417—1418 页。
⑤ 张金光：《秦制研究》，上海古籍出版社，2004，第 312 页。
⑥ 陈松长主编：《岳麓书院藏秦简（肆）》，上海辞书出版社，2015，第 197—198 页。

下》：‘以临万货，以调盈虚。’颜师古注：‘调，平均也。’”[①] 也就是说，各县向所属执法申请资金，执法则遵循制度，恰当适时予以调拨。“调均”重点强调的是资金调拨恰当合理。

三、《周礼》治国理念中的“均平”思想

《周礼》作为一部反映战国时期制度为主的著作，“均平”思想在该书的治国理念中具有很高的地位，对后世王朝的国家结构设计产生了深远的影响。这是很值得注意的。《周礼·天官·冢宰·序官》：“惟王建国，辨方正位，体国经野。设官分职，以为民极。乃立天官冢宰，使帅其属而掌邦治，以佐王均邦国。”[②] “佐王均邦国”，就是佐王平邦国。所以大宰所掌“建邦之六典”中，第四种法典“政典”，其作用就是“以平邦国，以正百官，以均万民”。宋代及清代学者解释说，“大小远近各得其分之谓平”，“四丘出甲，更番征役，故曰均万民”。[③]《诗经·小雅·节南山》：“尹氏大师，维周之氐。秉国之均，四方是维。天子是毗，俾民不迷。”毛传：“均，平也。”[④] 周天子治理天下，包括公侯伯子男五等诸侯。平邦国不是用武力慑服，而是运用合理的统治政策使各级诸侯各安其处，各个阶层稳定而有序，正如《周礼·夏官·大司马》所载：“均守平则以安邦国。”[⑤]《左传·桓公二年》所谓“天子建国，诸侯立家，卿置侧室，大夫有贰宗，士有隶子弟，庶人、工、商，各有分亲，皆有等衰。是以民服事其上，而下无觊觎”，[⑥] 也正是这个意思。

“均”的重点之一，表现在财政政策方面，就是合理有效地收入与支出。《周礼》的记载中，表现为四点：

一是“均地政”，也就是根据土地、人口、生产条件等多方面因素的综合判断，确定相应的徭役赋税征发政策。这也是战国秦汉时期《田律》《徭律》重点关注的内容。《周礼》所谓的“土均之法”就是对不同质量的土地进行鉴别以确定其徭役和税收的法规。《周礼·地官·大司徒》“以土均之法辨五物九等”，[⑦]《周礼·地官·均人》“掌均地政，均地守，均地职，均人民、牛马、车辇之力政”，[⑧]《周礼·地官·土均》“以地媺恶为轻重之法而行之”

① 陈松长主编：《岳麓书院藏秦简（肆）》，上海辞书出版社，2015，第226页。

② （清）孙诒让：《周礼正义》，中华书局，2015，第1册，第10—18页。

③ 《钦定周官义疏》，卷2，台北商务印书馆，1986年景印文渊阁四库全书本，第98册，第66页。

④ （清）陈奂：《诗毛氏传疏》，凤凰出版社，2018，第2册，第600页。

⑤ （清）孙诒让：《周礼正义》，中华书局，2015，第7册，第2748页。

⑥ 杨伯峻：《春秋左传注》，中华书局，2016，第101—102页。

⑦ （清）孙诒让：《周礼正义》，中华书局，2015，第2册，第862页。

⑧ （清）孙诒让：《周礼正义》，中华书局，2015，第3册，第1194页。

等，[①] 都是这个意思。《周礼·春官·大宗伯》载军礼有“六大”，其中第四“大均之礼，恤众也”。孙诒让解释说：“校比户口，以均平征赋之事。”[②] 即合理地分配徭役、兵役和赋税。

二是“均节财用”，说的是财政支出的大政策。《周礼·天官·大宰》：“以九式均节财用：一曰祭祀之式，二曰宾客之式，三曰丧荒之式，四曰羞服之式，五曰工事之式，六曰币帛之式，七曰刍秣之式，八曰匪颁之式，九曰好用之式。”[③] 九式之法，是《周礼》一书所设计的国家财政支出的九大类别，具体由下级各部门执行。其中“职内”一职负责年度财政收入，“职岁”一职负责年度财政支出，“职币”一职负责年度财政结余，“司会”一职负责年度财政审计。《周礼·天官·司会》“以九式之法均节邦之财用”，[④] 就是说每年年终，司会据“九式之法”对本年度的财政状况进行审计，以监督财政支出是否合理。《周礼》在涉及财政问题的表述时，多使用“均节”一词，其意既在强调分配的合理性，又在强调使用的合理性，只有如此，才合乎“均”的思想。

三是“均稍食”“均秩”，说的是小支出。《周礼·天官·宫正》：“辨外内而时禁，稽其功绪，纠其德行，几其出入，均其稍食。”[⑤]《周礼·天官·宫伯》：“月终则均秩，岁终则均叙。”[⑥]《周礼·天官·内宰》：“掌书版图之法，以治王内之政令，均其稍食，分其人民以居之。”“正岁，均其稍食，施其功事，宪禁令于王之北宫而纠其守。”[⑦]《周礼·夏官·掌固》：“掌修城郭、沟池、树渠之固，颁其士庶子及其众庶之守。设其饰器，分其财用，均其稍食。”[⑧]“均稍食”“均秩”说的都是关于官府小吏口粮发放的事，具体讲究论功行赏，按照平时表现，发放时有所增减。《周礼·地官·司稼》：“掌均万民之食，而赒其急，而平其兴。”[⑨]“均万民之食”说的则是根据收成的丰歉，确定本年度的税收额度，同时还要保障农民手中有足够的剩余粮食能够支撑到来年。因此“均平”思想有着丰富的内涵，它涉及国家政策的方方面面。

四是均物价。《周礼·地官·司市》：“以政令禁物靡而均市。”[⑩]《周礼·地官·贾师》：“各掌其次之货贿之治，辨其物而均平之，展其成而奠其贾，然后令市。”[⑪] 上文《司

① （清）孙诒让：《周礼正义》，中华书局，2015，第4册，第1418页。
② （清）孙诒让：《周礼正义》，中华书局，2015，第4册，第1635页。
③ （清）孙诒让：《周礼正义》，中华书局，2015，第1册，第123页。
④ （清）孙诒让：《周礼正义》，中华书局，2015，第2册，第576页。
⑤ （清）孙诒让：《周礼正义》，中华书局，2015，第1册，第268—269页。
⑥ （清）孙诒让：《周礼正义》，中华书局，2015，第1册，第287页。
⑦ （清）孙诒让：《周礼正义》，中华书局，2015，第2册，第620、645页。
⑧ （清）孙诒让：《周礼正义》，中华书局，2015，第7册，第2892—2895页。
⑨ （清）孙诒让：《周礼正义》，中华书局，2015，第4册，第1487页。
⑩ （清）孙诒让：《周礼正义》，中华书局，2015，第4册，第1271页。
⑪ （清）孙诒让：《周礼正义》，中华书局，2015，第4册，第1311页。

稼》“均万民之食”说的是农业生产中的均平政策，此处《司市》《贾师》说的则是商业中的均平措施。《周礼》的商业政策，一方面强调“名相近者相远也，实相近者相迩也”，[①] 即名实相副，物有所值；另一方面又注重官方对商品市场物价的调节，利用官方资金，对市场上的滞销商品暂时平价收购，待到市场紧缺时再以平价出售。后世常平法即源于此。

战国秦汉时期经济法规或法律思想的论述，都时常强调“均平”或者“平均”这一指导思想，并且努力把它贯彻到具体实践中去。除《周礼》的记载之外，其他的文献也多有论述：

> 《商君书·垦令》：“訾粟而税，则上壹而民平；上壹则信，信则臣不敢为邪。民平则慎，慎则难变。”蒋礼鸿曰：“盖谓案亩而税，量一亩所出粟而赋之，额既一定，故上壹而民平。平者，出粟有度，无过不及，故农者慎以求中程而已，有恒心而不思迁也。”[②]
>
> 《管子·乘马》：“道曰：均地分力，使民知时也。民乃知时日之蚤晏，日月之不足，饥寒之至于身也。是故夜寝蚤起，父子兄弟不忘其功，为而不倦，民不惮劳苦。故不均之为恶也，地利不可竭，民力不可殚。不告之以时而民不知，不道之以事而民不为。与之分货则民知得正矣，审其分则民尽力矣，是故不使而父子兄弟不忘其功。”[③]
>
> 银雀山汉简《田法》：“……□□居焉，循行立稼之状，而谨□□美亚（恶）之所在，以为地均之岁……□巧（考）参以为岁均计，二岁而均计定，三岁而一更赋田，十岁而民毕易田，令皆受地美亚（恶）□均之数也。”[④]
>
> 《汉书·食货志》引李悝云：“善平籴者，必谨观岁有上中下孰。上孰其收自四，余四百石；中孰自三，余三百石；下孰自倍，余百石。小饥则收百石，中饥七十石，大饥三十石。故大孰则上籴三而舍一，中孰则籴二，下孰则籴一，使民适足，贾平则止。小饥则发小孰之所敛，中饥则发中孰之所敛，大饥则发大孰之所敛，而粜之。故虽遇饥馑水旱，籴不贵而民不散，取有余以补不足也。”[⑤]

徭役政策是秦汉国家经济政策中最重要的一项政策，相关的法律法规对此无疑是最为

---

① （清）孙诒让：《周礼正义》，中华书局，2015，第4册，第1316页。
② 蒋礼鸿：《商君书锥指》，中华书局，1986，第6—7页。
③ 黎翔凤：《管子校注》（上册），中华书局，2004，第91—92页。
④ 银雀山汉墓竹简整理小组编：《银雀山汉墓竹简》，文物出版社，1985，第1册，第146页。
⑤ （汉）班固：《汉书》，中华书局，1962，第4册，第1125页。

关注的，其中的关键就是要均平合理。不但政策法规要均平合理，执行的官吏在实施过程中更是要均平合理。睡虎地秦简《为吏之道》提到“均繇（徭）赏罚”，岳麓秦简《为吏治官及黔首》说“兴徭毋擅”，都是强调徭役征发行为的合理和适当。不合理不适当的政策和法规就是“不均”了。早在春秋末期，孔子说过：“丘也闻有国有家者，不患寡而患不均，不患贫而患不安。盖均无贫，和无寡，安无倾。”俞樾《群经平议》以为当作“不患贫而患不均，不患寡而患不安”。[①] 不论怎样，按照合理分配的含义来理解，经济上的均平富，不是人人财富相等，而是财富的合理分配。所以说，不怕财富少，是怕财富的分配不合理，这样就会导致不同阶层人群心理上的不平衡，从而引发暴力冲突，最终引发社会阶层的失衡与重新组合。

四、“均平”思想的更高境界：“和合”

求同存异，各得其所，就是“均”；相互配合，分工合作，则被称为“和”。与“均平”思想密切相关的就是“和合”思想。《左传》有关“和而不同”的论述，可以说是“和合”思想被用于治国理念的最精彩的论述。“和”强调的是事物各个组成要素彼此之间的相互配合，承认彼此之间的差异性，追求它们之间的互补性。“均”则是强调事物或要素之间融合性的同时，更强调彼此的差异性。可以说，“和合”思想是“均平”思想的升级理念。《左传·昭公二十年》：

> 齐侯至自田，晏子侍于遄台，子犹驰而造焉。公曰：“唯据与我和夫!”晏子对曰：“据亦同也，焉得为和?”公曰：“和与同异乎?”对曰：“异。和如羹焉，水、火、醯、醢、盐、梅，以烹鱼肉，燀之以薪，宰夫和之，齐之以味，济其不及，以泄其过。君子食之，以平其心。君臣亦然。君所谓可而有否焉，臣献其否以成其可；君所谓否而有可焉，臣献其可以去其否，是以政平而不干，民无争心。故《诗》曰：‘亦有和羹，既戒既平。鬷嘏无言，时靡有争。’先王之济五味、和五声也，以平其心，成其政也。声亦如味，一气，二体，三类，四物，五声，六律，七音，八风，九歌，以相成也；清浊、小大、短长、疾徐、哀乐、刚柔、迟速、高下、出入、周疏，以相济也。君子听之，以平其心。心平，德和。故《诗》曰：‘德音不瑕。’今据不然。君所谓可，据亦曰可；君所谓否，据亦曰否。若以水济水，谁能食之？若琴瑟之专壹，谁能听之？

① 杨伯峻：《论语译注》，中华书局，2009，第172页。

同之不可也如是。”①

晏子“和而不同”的论述，其追求的目标就是我们所谓的“和合”理念，“和合”就是万物一统。我们之所以在讨论“均平”思想的同时联系到“和合”理念，是想强调说明“均平”不是两个事物或要素的完全相同，正如“和合”也不是两个事物完全相同一样，它们都强调事物的差异性，同时又不忽视事物之间的融合性，只不过这两个概念各有侧重而已。前者强调百花齐放，后者则强调万物一统。说得再明白一点，“和合”思想相当于共同富裕的最终目标，而“均平”思想则提倡一部分人先富起来。共同富裕不是同时富裕，我们在走向富裕的康庄大道的征程中，有先有后是符合经济发展规律的，这就是“均平”，我们的最终目标是共同富裕，这就是“和合”。

① 杨伯峻：《春秋左传注》，中华书局，2016，第5册，第1576—1578页。

唐律中的“比徒”：量化技术运用之一例[*]

刘晓林　李明轩[**]

摘　要　唐律中的“比徒”包含了不同刑种、刑等之间的折算方式与计算标准。立法明确规定在针对具体行为定罪量刑的过程中，将其他刑种、刑等或特殊处罚方式折算为一定刑等之徒刑。律内所见之“比徒”大致分为三类：官当比徒、诬告比徒与枉断比徒。律设“比徒”，旨在通过量化技术化解客观具体的立法体例固有的内在矛盾，“比徒”之适用使得立法者在“罪刑均衡”与律典体系化之间找到了大致的平衡点。

关键词　唐律疏议；比徒；量化；立法技术；立法体例

一、引言

唐律乃至中国传统刑律在表述及体例等方面所呈现的“客观具体”之特征极为显著，其优势非常明显，即司法官员易于在条文中找到与具体犯罪行为相对应的刑种与刑等。就此而言，针对具体犯罪行为的量刑方法、步骤、标准以及尺度的统一似乎易于实现。其劣势也正在于此，法律条文中过于具体的表述，是否会限制相应的适用范围？若是，立法如何化解此类基于客观具体的立法体例固有的矛盾？就前一个问题来看，答案自然是肯定的，

* 本文系国家社科基金重大项目“秦汉至唐律令立法语言分类整理、谱系建构与数据库建设”（项目号：21&ZD197）的研究成果。

** 刘晓林，吉林大学法学院教授；李明轩，吉林大学法学院博士研究生。

传统刑律中对于具体犯罪行为及情节的列举与相应量刑条款之间的关系是“一个萝卜一个坑”。[①] 就后一个问题来看，要想将其他“萝卜”也放进这个“坑”里，就需说明“坑”外的“萝卜”与“坑”内的“萝卜”具有同质性，至少具有相似性。如《唐律疏议》中《斗讼》“斗殴杀人”条（306）：“故杀人者，斩。”[②] 本条所列举的量刑条款仅适用于故杀及相应情节、结果，[③] 立法针对其他行为若未直接列举且要适用此量刑条款，则需从技术上说明其他行为与“故杀”具有同质性或相似性。《杂律》“医合药不如方”条（395）：“诸医为人合药及题疏、针刺……故不如本方，杀伤人者，以故杀伤论。”《疏》议曰：“‘其故不如本方’，谓故增减本方，不依旧法，杀伤人者，以故杀伤论，尊长、卑幼、贵贱并依故杀伤之律。”医生为患者治疗过程中，故意不按照药方开药导致患者死亡，此行为“以故杀论”，即此行为与“故杀”具有同质性，“与真犯同”，[④] 可以适用立法针对“故杀”所列举的量刑条款。由此，律内产生了大量“以……论”“准……论”“同罪”“罪同”“坐之”等典型表述形式，用以标识不同犯罪行为之间的同质或相似性。[⑤] 进一步的问题则是，若手中的“萝卜”放不进眼前的“坑”里，就需要尽快寻找合适的“坑”。要保证抱着“萝卜”找“坑”的过程尽可能高效，前提是不同“坑”之间具有清晰的关系，且这种关系是通过量化判断能够完成的。同样是针对前述“故杀”的量刑条款，《杂律》“在市人众中惊动扰乱”条（423）：“诸在市及人众中，故相惊动，令扰乱者，杖八十；以故杀伤人者，减故杀伤一等。”《疏》议曰：“有人在市内及众聚之处，‘故相惊动’，谓诳言有猛兽之类……因其扰乱而杀伤人者，‘减故杀伤一等’，惊人致死，减一等流三千里。”在市场或人群聚集的场所，故意造成恐慌、引起踩踏事件导致他人死亡，“减故杀伤一等”。虽然不能直接适用“故杀”之量刑条款，但通过“减一等”可以快速找到适合“萝卜”的“坑”。由此，律内产生了大量“累减”“得减”“听减”“各加”“并加”等典型表述形式，并对其加减之等数与限制作了非常清晰的描述。如《名例》“称加减”条（56）：“诸称‘加’者，就重次；称‘减’者，就轻次。惟二死、三流，各同为一减。加者，数满乃坐，又不得加至于死；本条加入

① 徐忠明：《明清时期的“依法裁判”：一个伪问题?》，《法律科学》2010年第1期，第33页。

② 本文所引唐律原文皆出自：（唐）长孙无忌等撰：《唐律疏议》，刘俊文点校，中华书局，1983。文中仅标注篇目、条标与总条文数，不再一一注明出处。

③ 传统刑律中的“贼杀”“故杀”等“罪名”表达的含义在很大程度上主要是行为对象“死亡”，其与现代刑法中的“故意杀人”在行为人主观方面的判断尚有一些距离。虽然唐律中的“故杀”已有针对行为人主观方面的判断标准，但其判断过程对于行为对象“死亡”之结果是否出现的依赖程度仍然很高。参见刘晓林：《唐律中的“杀”与“死”》，《政法论坛》2020年第3期，第93—102页。

④ 《名例》“称反坐罪之等”条（53）：“称‘以枉法论’及‘以盗论’之类，皆与真犯同。”

⑤ 在传统注释律学的视野中，这些内容是作为“律母”“律眼”而被高度重视、反复注解的。参见（清）王明德撰：《读律佩觿》，卷1，何勤华等点校，法律出版社，2001，第3—5页。

死者，依本条。（加入绞者，不加至斩。）其罪止有半年徒，若应加杖者，杖一百；应减者，以杖九十为次。”① 就此而论，唐律乃至中国传统刑律所呈现的“客观具体”的特征与“量化标准”是同一个问题的两方面。“量化标准”的设立为司法官员在具体犯罪行为与相应刑种、刑等之间寻找对应关系提供了精确的尺度与标准，并使得相关尺度与标准具有可操作性，最终实现具体犯罪行为与相应刑罚的大致均衡。一方面，量化技术内生于唐律乃至传统刑律的体例与特质；另一方面，量化技术又深刻塑造了唐律乃至传统刑律的若干特质。可见，深入探讨唐律中所包含的量化技术对于系统认识传统刑律具有极为重大的理论意义。中外学者针对唐律立法的量化特征已有一些概括，② 近些年针对量化技术的专门探讨又将研究不断推向更深的层次，③ 但从具体表述形式出发，集中探讨量化技术及其标准、适用等方面特征的成果仍比较缺乏。唐律中的“比徒”及相关内容恰好为我们提供了观察不同刑种、刑等及其折算标准的直接素材，基于此，本文立足于《唐律疏议》具体条文中的直接表述，分别探讨律设“比徒”的基本旨趣及其在立法层面的具体表现，由此对唐律的立法体例、量化标准及其关系试作总结。

“比徒”一词在《唐律疏议》中共出现33次，④ 用法非常固定，即将特定刑种、刑等或基于特殊身份的特别处罚方式折算为相应刑等之徒刑。前者如《名例》“官当”条（17）：“以官当流者，三流同比徒四年。”即官人犯罪而适用“官当”之优遇时，三等流刑

---

① 此条为通则性条款，集中规定于《名例》，律内亦有大量散见于各篇、关于刑等加减之限制与适用的条款。

② 如日本学者仁井田陞及中国学者戴炎辉、钱大群等诸先生的相关研究成果。仁井田陞先生谓：“与其说唐律是抽象、概括、主观地观察各种犯罪，毋宁认为它是具体、个别、客观地对待各种犯罪的，作为在这一点上体现了古代法特征的法典，唐律是著名的。例如，虽是性质相同的犯罪，却根据犯意、犯罪的状况、犯罪的方法、犯罪人以及被害人的身份、犯罪的目标等情况的不同，设立各种罪名、科以不同的处罚。”［日］仁井田陞：《唐律的通则性规定及其来源》，载刘俊文主编：《日本学者研究中国史论著选译（第八卷）》，中华书局，1992，第155—156页。戴炎辉先生谓：“唐律对犯罪之处罚，不采取主观的、概括的态度，而采取客观的、具体的主义。”“故同其罪质之犯罪，仍依其主体、客体、方法、犯意、处所、数量（日数、人数、赃数等）及其他情况，而另立罪名，各异其刑。”戴炎辉：《唐律通论》，戴东雄、黄源盛校订，元照出版公司，2010，第30页。钱大群先生指出，唐律中的量化技术是指“唐律对犯罪构成客观方面诸因素作有罪认定并以此确定刑罚幅度过程中所使用的技术手段。这些技术手段，主要是指对犯罪行为的性质、结果等作分析时使用的数量计算或级别档次定位及其与刑罚幅度之间形成的量刑参数。其中，数量计算是由数词与量词结合所表现的行为或结果的轻重程度，级别档次定位是指犯罪行为的结果或说明行为性质的不同行为对象之间形成的一种相对稳定的差别关系，量刑的参数是立法者根据数量指标或级别档次增加而随之加重刑罚的系列指数关系”。钱大群：《唐律立法量化技术运用初探》，《南京大学学报（哲学社会科学版）》1996年第4期，第22页。

③ 如针对唐律定罪量刑的标准进行了较为全面的梳理，并将定性分别与时间、面积、赃数、重量、人口数等定量标准相结合，进一步对其所包含的规范化、精确化内涵进行了较为深入的挖掘。代表性成果包括（但不限于）：侯欣一：《唐律与明律立法技术比较研究》，《法律科学》1996年第2期，第83—87页；姜涛：《〈唐律〉中的量刑制度及其历史贡献》，《法学家》2014年第3期，第104—121页；姜涛：《追寻定性与定量的结合——〈唐律〉立法技术的一个侧面》，《安徽大学学报（哲学社会科学版）》2016年第1期，第125—136页。

④ 此处统计不包括出现于“条标”中的表述，相关内容涉及《名例》《卫禁》《斗讼》《断狱》中共计12条律文，其中23次出现于《名例》。可见律设“比徒”主要是作为“通则性”条款，这正好符合其作为计量标准的特征。

皆可折算为徒四年。后者如《名例》“除免比徒”条（23）：“若诬告道士、女官应还俗者，比徒一年。”即诬告道士、女官而针对诬告者量刑时，专为道士、女官设定的处罚方式“还俗”难以适用于诬告者，可折算为徒一年。根据律文之表述并结合其所列举的行为类型，可将律内出现的“比徒”大致分为三类，以下详述。

二、官当比徒

官当是立法对于官员受刑事处罚所设置之优遇，其实质为“官人犯流、徒罪之特殊赎刑”，“官当之方法，系追毁官人用以抵刑之官告身。唐制，凡授官，包括职、散、卫、勋官，皆给告身，历任之告身皆可保留。故一人可同时拥有多种、多个告身。官当既须追毁告身，则应明确各种、各个告身之法律效力与使用次序”。[①] 简要地说，即一定品秩之官员，犯应处徒、流之罪，以其告身折抵一定之刑等，而不再执行“真刑”之制。[②] 具体地说，“一定品秩”与“一定刑等”包含着复杂且细致的适用标准，而具体适用标准取决于犯罪行为之性质与官员品秩两个因素。官员犯“公罪”与“私罪”，其官品所折抵之刑等不同；官员品秩不同，折抵之刑等亦不相同。《名例》“官当”条（17）：“诸犯私罪，以官当徒者，五品以上，一官当徒二年；九品以上，一官当徒一年。”不同品秩之官员犯私罪“以官当徒”，为官当之基本适用标准。律文又规定：“若犯公罪者，各加一年当。”《疏》议曰：“私、曲相须。公事与夺，情无私、曲，虽违法式，是为‘公坐’。各加一年当者，五品以上，一官当徒三年；九品以上，一官当徒二年。”

若官员犯应处流刑之罪，折抵标准不变，但需将折抵对象换算为律文规定的基本适用对象。“以官当流者，三流同比徒四年。”《疏》议曰：“品官犯流，不合真配，既须当、赎，所以比徒四年。假有八品、九品官，犯私罪流，皆以四官当之；无四官者，准徒年当、赎。故云‘三流同比徒四年’。”即将流刑折算为徒刑，以便适用“以官当徒”之基本标准。[③] 而根据犯罪是否至官当，“以官当流”的结果可分为两类：第一类为“犯罪未至官当”，其结

---

① 刘俊文：《唐律疏议笺解》，上册，中华书局，1996，第192、193页。

② 关于唐律中“真刑”与“赎刑”之含义，戴炎辉先生谓：“真刑系决死、奴役（真配、真役）及苦其身（杖、笞）之刑也。五刑系真刑。赎刑乃不奴役、不苦身，而以官当徒、流刑，或以铜赎死、流、徒、杖、笞刑之谓……官当虽是赎刑（广义之赎刑）；但律通常之用法，赎刑指以铜赎者。”戴炎辉：《唐律通论》，戴东雄、黄源盛校订，元照出版公司，2010，第180—185页。

③ 此种折算在针对官员特定犯罪行为量刑的过程中具有直接的决定意义，如针对官吏言论犯罪。唐代官吏言论犯罪的具体量刑及其原则可参见王立民：《论唐律规定的官吏言论犯罪》，《当代法学》2021年第3期，第151—160页。

果为官员不得以官品折抵流刑，而应依律减、赎。第二类为“罪应官当以上”，包含三种结果：其一，若“官”“罪”相等，应追毁当罪告身，但不收赎；其二，若“罪轻不尽其官”，应“留官收赎”，即以赎铜代替当罪之告身；其三，若“官少不尽其罪”，应“余罪收赎”，即追毁当罪之告身，并以铜赎“官”“罪”相抵之“余罪”。

三、诬告比徒

诬告的目的是使无罪之人受处罚或轻罪之人受重罚，基本手段为捏造事实。“诬告反坐”作为量刑之基本原则由来已久。[①]《斗讼》“诬告反坐”条（342）：“诸诬告人者，各反坐。”律注进一步解释：“反坐致罪，准前人入罪法。至死，而前人未决者，听减一等。其本应加杖及赎者，止依杖、赎法。即诬官人及有荫者，依常律。”《疏》议曰：“凡人有嫌，遂相诬告者，准诬罪轻重，反坐告人。”可见，“诬告反坐”之量刑原则在具体适用方面，着眼于使诬告人与被诬告之人受到同样的处罚。即诬告人意图使他人受到何种处罚，自身便应受到何种处罚。基于传统刑律客观具体的立法体例，“诬告反坐”之原则既易实现，又难于完全实现。就前者而言，立法针对特定行为的量刑列举得非常具体，因此容易实现“反坐”，如诬告他人窃盗不得财，则应依照窃盗不得财笞五十。[②] 就后者而言，同样是由于立法针对特定行为的量刑列举得非常具体，直接表现为针对不同身份、不同对象适用不同处罚，因此不容易直接实现“反坐”。[③] 主要表现为诬告具有特殊身份之人，使其可能遭受基于特殊身份而产生之处罚显然无法“反坐”。因此，立法特别规定了相应的折算标准与量刑原则。《名例》“除免比徒”条（23）：“诸除名者，比徒三年；免官者，比徒二年；免所居官者，比徒一年。流外官不用此律。（谓以轻罪诬人及出入之类，故制此比。）”[④] 若诬告五品以上官员于监守内盗绢一匹，官员可能受到杖八十并除名之处罚；而诬告之人由于律设“反坐”之原则性限制，仅处以杖八十。这显然有悖于罪刑均衡之基本价值追求，亦不

---

① 张家山汉简《二年律令·告律》：“诬告人以死罪，黥为城旦舂；它各反其罪。(一二六)”张家山二四七号汉墓竹简整理小组：《张家山汉墓竹简〔二四七号墓〕（释文修订本）》，文物出版社，2006，第 26 页。

② 按《贼盗》“窃盗”条（282）：“诸窃盗，不得财，笞五十。”

③ 基于此，立法明确规定了针对“反坐”的原则性限制。《名例》“称反坐罪之等”条（53）：“诸称‘反坐’及‘罪之’、‘坐之’、‘与同罪’者，止坐其罪；（死者，止绞而已。）……并不在除、免、倍赃、监主加罪、加役流之例。”《疏》议曰：“谓从‘反坐’以下，并不在除名、免官、免所居官，亦无倍赃，又不在监主加罪及加役流之例。其本法虽不合减，亦同杂犯之法减科。”即“反坐”之效力不及于除名、免官、免所居官等处罚内容，原因自然在于其并不具有普遍适用性。

④ 律注中所谓“以轻罪诬人及出入之类”，是说“除名比徒三年、免官比徒二年、免所居官比徒一年”也是官司枉断官员之量刑标准，即“官司出入人罪”之刑罚适用细则。出于本文论述结构考虑，相关内容于下文“枉断比徒”中详述。

利于官员基本权利之保障。因此，诬告者应根据“除名者，比徒三年”，处以徒三年。诬告其他官员亦当依据所诬告之不同内容，处以相应处罚。[①] 本条律文还列举了诬告道士、女官之量刑条款：“若诬告道士、女官应还俗者，比徒一年；其应苦使者，十日比笞十。”还俗、苦使是针对道士、女官等而设立的特别处罚方式，难以实现“诬告反坐”。《疏》议曰：“假有人告道士等辄着俗服，若实，并须还俗；既虚，反坐比徒一年。‘其应苦使者，十日比笞十’……若实不教化，枉被诬告，反坐者诬告苦使十日比笞十，百日杖一百。”

另需注意者，同样是基于客观具体的立法体例，律内存在大量广义上的比附量刑之条款，既有在表述形式上与“反坐”极为相似的“坐之”，亦有表述形式不同但同质的“罪之”“与同罪”及在其基础之上加、减刑等。[②] 若比附对象为特殊身份之人，同样会出现难于比附的困难。如《捕亡》“知情藏匿罪人”条（468）：“诸知情藏匿罪人，若过致资给，令得隐避者，各减罪人罪一等。”若所藏匿之人为轻罪并处除名之官员，知情藏匿自然不得减其轻罪一等，而应当在徒三年上减一等。就此类适用范围，《名例》“除免比徒”条（23）《疏》议曰：“其藏匿罪人，若过致资给，或为保、证及故纵等，有除、免者，皆从比徒之例，故云‘之类’。”妄诉官员除、免或以赦前事告官员除、免，律文规定“以其所告之罪罪之”或“以其罪罪之”，但仍需依照“比徒之法”量刑。《卫禁》“私度及越度关”条（82）《疏》议曰：“若勘无徒以上罪而妄诉者，妄诉徒、流，还得徒、流；妄诉死罪，还得死罪；妄诉除、免，皆准比徒之法：谓元无本罪而妄诉者。”《斗讼》“以赦前事相告言”条（354）《疏》议曰：“假有会赦，监主自盗得免，有人辄告，以其所告之罪罪之，谓告徒一年赃罪者，监主自盗即合除名，告者还依比徒之法科罪。”即妄诉或以赦前事告官员除名，处以徒三年；妄诉或以赦前事告官员免官，处以徒二年；妄诉或以赦前事告官员免所居官，处以徒一年。

---

① 《名例》“除免比徒”条（23）律《疏》举例解释了除名、免官、免所居官比徒之适用详情：“假有人告五品以上官，监临主守内盗绢一匹，若事实，盗者合杖八十，仍合除名；若虚，诬告人不可止得杖罪，故反坐比徒三年。免官者，谓告五品于监临外盗绢五匹，科徒一年，仍合免官；若虚，反坐不可止科徒一年，故比徒二年。免所居官者，谓告监临内奸婢，合杖九十，奸者合免所居官；若虚，反坐不可止得杖罪，故比徒一年。及出入之类者，谓不盗监临内物，官人枉判作盗所监临；或实盗监临，官人判作不盗。即是官司出入除名，比徒三年；若出入免官者，比徒二年；出入免所居官，比徒一年之法。其藏匿罪人，若过致资给，或为保、证及故纵等，有除、免者，皆从比徒之例，故云‘之类’。”

② 唐律中此类术语所谓之“同质性”，可由律内同条解释、集中说明证之。《名例》“称反坐罪之等”条（53）：“诸称‘反坐’及‘罪之’‘坐之’‘与同罪’者，止坐其罪；死者，止绞而已。”刘俊文先生谓：“律以罪名众多，每条皆自定刑不胜其烦，故采用近代法学所称之‘准据法’，或对某行为科以与他行为同刑，此时即使用‘反坐’‘罪之’‘坐之’‘与同罪’之语……此条之设，盖欲明确上述用语之定义，以便实际之运用也。”刘俊文：《唐律疏议笺解》，中华书局，1996，上册，第507页。

四、枉断比徒

“枉断”并非典型立法语言，[①] 此处立足于“枉”的基本含义，表达官司不依法裁断之意，[②] 即唐律中的“官司出入人罪”。《断狱》“官司出入人罪”条（487）：“诸官司入人罪者，（谓故增减情状足以动事者，若闻知有恩赦而故论决，及示导令失实辞之类。）若入全罪，以全罪论；从轻入重，以所剩论；刑名易者：从笞入杖、从徒入流亦以所剩论，（从徒入流者，三流同比徒一年为剩；即从近流而入远流者，同比徒半年为剩；若入加役流者，各计加役年为剩。）从笞杖入徒流、从徒流入死罪亦以全罪论。其出罪者，各如之。”基于唐律乃至传统刑律客观具体之立法体例，针对具体行为的量刑必须与制定法之明确条文一一对应。由此评价，“枉断”之本质为官员之裁断与法律条文之具体规定不一致。其裁断结果包括无罪而受罚、轻罪而重罚，此为“入罪”；有罪而不罚、重罪而轻罚，此为“出罪”。就此来看，划分非常明确，量刑条款之适用亦极清晰。“若入全罪，以全罪论；从轻入重，以所剩论”“其出罪者，各如之”。但结合唐律“五刑二十等”之刑罚体系，具体判断过程极为复杂。

针对同一刑种之不同刑等，计算“所剩”较为清晰；针对不同刑种，则难于计算“所剩”。因此，立法针对“刑名易者”规定了详细的计算标准，笞、杖刑虽属不同刑种，但其性质相同且执行方式相似，得以沟通刑等计算“所剩”。如官员依法当断笞三十，但却枉断杖七十，官员应当以“所剩”量刑，即处以笞四十。徒、流刑性质相似但执行方式不同，虽得以沟通刑等计算“所剩”，但徒刑以时间为单位分为五等，流刑以距离为单位分为三等，立法为此规定了明确的“折算”标准：“从徒入流者，三流同比徒一年为剩；即从近流而入远流者，同比徒半年为剩；若入加役流者，各计加役年为剩。”如官员依法当断徒二年半，但却枉断流三千里，官员应当以“所剩”量刑，即处以徒一年半。具体来说，徒二年半与徒三年之间“所剩”徒半年；徒三年与流三千里之间“所剩”徒一年，共计徒一年半。律《疏》举的例子更加复杂：“假有囚犯一年徒坐，官司故入至加役流，即从一年至三年，是剩入二年徒罪，从徒三年入至三流，即三流同比徒一年为剩，加役流复剩二年，即是剩

---

① 《唐律疏议》中“枉断”仅出现1次，《卫禁》“私度及越度关”条（82）《疏》议曰：“关外有人，被官司枉断徒罪以上，其除、免之罪，本坐虽不合徒，亦同徒罪之法。”

② 《礼记·月令》：“乃命有司申严百刑，斩杀必当。毋或枉桡，枉桡不当，反受其殃。”正义曰：“‘申，重也’，《释诂》文。云‘当谓值其罪’者，言断决罪人之时，必须当值所犯之罪。经云‘枉桡不当’，枉谓违法曲断，桡谓有理不申，应重乃轻，应轻更重，是其不当也。”（汉）郑玄注，（唐）孔颖达疏：《礼记正义》，卷16《月令》，北京大学出版社，1999，第525—526页。

五年徒坐。”但其中“比徒”的含义与用法非常清晰，其本质上是一种“折算”标准，官员轻判同样适用，即“官司从加役流出至徒一年，亦准此”。而针对“刑名未易者”计算“所剩”，虽然多数情况较为清晰，但会存在“所剩”不宜适用的情况，即“从近流而入远流者”与“出远流而至近流者”。流刑间的远、近是相对的，流二千里相对于流二千五百里、三千里是近流，后者为远流；流二千五百里相对于流三千里是近流，后者为远流。如按一般的“所剩”计算方法，远、近流刑间的“所剩”分别为流五百里与一千里。[①] 适用流五百里与一千里显然不符合律设流刑的距离与意图。[②] 立法为此规定了明确的“折算”标准：“即从近流而入远流者，同比徒半年为剩。”《疏》议曰：“即从近流二千里，入至二千五百里，或入至三千里者，‘同比徒半年为剩’。”如官员依法当断流二千里，但却枉断流二千五百里，官员应以“所剩”量刑，即处以徒半年；官员依法当断流二千里，但却枉断流三千里，官员应以“所剩”量刑，即处以徒半年；官员依法当断流二千五百里，但却枉断流三千里，官员应以“所剩”量刑，即处以徒半年。[③] “其出罪者，各如之”，“出远流而至近流者”，亦同比徒半年为剩。当然，基于官员不同的主观心态，“故”与“失”亦有不同的处罚标准，但“比徒”在其中的含义与用法相同。

上述“比徒一年为剩”“比徒半年为剩”是一般性规定，即立法者针对官员枉断无特殊身份之一般人所列举之量刑条款。枉断的对象自然有可能是具有特殊身份之人，此种情况规定于《名例》“除免比徒”条（23），即前文所述“除名比徒三年、免官比徒二年、免所居官比徒一年”，律注中说：“谓以轻罪诬人及出入之类，故制此比。若所枉重者，自从重。”即官员枉断官人轻罪，致使受害者于主刑之外遭受除名、免官、免所居官，则官员以枉断之轻罪量刑显然与其造成之危害结果不相适应。“若所枉重者，自从重。”即官员枉断之罪重于“比徒”之刑等的，应当根据所枉之重罪，以《断狱》“官司出入人罪”条（487）中的条款量刑，不再适用“除名比徒三年、免官比徒二年、免所居官比徒一年”。另外，官司枉断道士、女官还俗或苦使，也无法直接以“全罪”论处或计算“所剩”。其折算标准亦

---

① 流二千里与流二千五百里及流二千五百里与流三千里间的“所剩”为流五百里；流二千里与流三千里间的“所剩”为流一千里。

② 《名例》“流刑三”条（4）《疏》议曰：“《书》云：‘流宥五刑。’谓不忍刑杀，宥之于远也。又曰：‘五流有宅，五宅三居。’大罪投之四裔，或流之于海外，次九州之外，次中国之外。盖始于唐虞。今之三流，即其义也。”可知，“不忍刑杀，宥之于远也”是律设三流之义。也就是说，律设流刑的意图是，通过流配远方宽宥本应被刑杀的犯罪者。立法者为“宥之于远”设定了明确的距离，即流二千里、二千五百里、三千里。那么，如果流配距离低于二千里，流刑便不能满足“远”的距离要求，也就无法实现“宥之于远”的立法意图。

③ 《名例》“徒刑五”条（3）《疏》议曰：“徒者，奴也，盖奴辱之。”律设徒刑的意图是侮辱犯罪者，而犯罪者只要适用徒刑，无论年限多少，立法意图便已实现，故徒半年虽非徒刑的法定刑等，但适用徒半年并不影响立法意图的实现。

同于“诬告比徒”，即《名例》“除免比徒”条（23）：“若诬告道士、女官应还俗者，比徒一年；其应苦使者，十日比笞十；官司出入者，罪亦如之。”《疏》议曰：“‘官司出入者’，谓应断还俗及苦使，官司判放；或不应还俗及苦使，官司枉入：各依此反坐徒、杖之法，故云‘亦如之’。失者，各从本法。”

五、量化标准与立法体例：代结语

唐律中的“比徒”及相关条款所表达的内容，本质上是立法针对不同刑种、刑等之间的换算或折算所规定的明确标准。[①] 律内关于不同刑等折算之标准与表述自然不止于“比徒”，亦有“准徒”“准笞”[②] 等个别表述，但“比徒”显然是出现最多、适用最广，也是最具典型性与代表性的表述形式。律内涉及“比徒”的相关内容既表现了唐律乃至传统刑律的立法体例，又呈现了量化的过程与特质。具体来说，律设“比徒”欲解决的核心问题是沟通不同刑种、刑等之间的折算标准。而不同刑种和刑等之间为何需要折算、如何折算则是基于客观具体的立法体例必然出现的问题。“官当比徒”中，不同品秩之官员犯私罪“以官当徒”为官当之基本适用标准，若官员犯应处流刑之罪，需将流刑与徒刑之不同刑等予以折算并明确规定具体标准。“诬告比徒”中，诬告具有特殊身份之人无法“反坐”基于诬告对象之特殊身份而产生的相应处罚，需将此类特殊处罚折算为针对一般主体的相应刑种、刑等。“罪之”“坐之”“与同罪”等比附形式定罪量刑的过程中，亦会出现涉及特殊身份的情况，将特殊处罚方式折算为一般的刑种、刑等也是定罪量刑过程中的迫切需要。“枉断比徒”稍显复杂、技术性更强，相应的量化特征也更加明显。“官司出入人罪”的量刑基础是针对法定刑种、刑等“出”与“入”的具体数量，因此，轻罪重判与重罪轻判产生的“所剩”及其计算标准是量刑的核心。同时，枉断对象为具有特殊身份之人时，“所剩”之计算标准更加需要明确。

---

① 此类内容在律典中较为广泛，只是不同制度所包含的信息复杂程度稍有不同。唐律中所规定的最为直接的折算过程及其标准是关于“五刑二十等”赎铜数的规定，如《名例》“笞刑五”条（1）：“笞刑五：笞一十。（赎铜一斤。）笞二十。（赎铜二斤。）笞三十。（赎铜三斤。）笞四十。（赎铜四斤。）笞五十。（赎铜五斤。）”律内对于是否适用赎刑、如何适用赎刑亦有专门规定。由此可以看出，客观具体的立法表述中针对具体数量及其折算标准的明确规定非常普遍。

② 《名例》“犯罪未发自首”条（37）“问答”：“三流之坐，准徒四年，谋杀凡人合徒三年，不言是舅，首陈不尽，处徒一年。”其中“三流之坐，准徒四年”乃是《名例》“官当”条（17）中“三流同比徒四年”的转述。“官当”条中亦有注律者以“准”解释“比”的内容。《疏》议曰：“假有八品、九品官，犯私罪流，皆以四官当之；无四官者，准徒年当、赎。故云‘三流同比徒四年’。”又《名例》“共犯罪有逃亡”条（44）《疏》议曰：“假有本坐合徒一年，官司决杖一百，决讫事发，还合科徒。前已决杖一百，不可追改，准徒一年赎铜二十斤，即是十八日徒当铜一斤，准笞十。”此内容可视为枉断比徒在适用细节方面的补充。

基于客观具体的体例，立法针对特定行为、主体、情节等规定了明确的量刑条款。定罪量刑过程中遇有需要解决的问题，一般是寻找已有条文或是在已有条文的基础之上做技术性处理，而不是通过立法途径作新的表述。仍以本文开篇时所举的例子说明，若眼下的“坑”装不下手里的“萝卜”，需要做的是根据“萝卜”的特点和不同“坑”之间的计量标准，迅速找到合适的“坑”。如果确实没有现成的“坑”，则需要根据“萝卜”的特点和确定的计量标准，对眼下的“坑”稍作调整，而不是挖个新的“坑”。也就是说，现有的“坑”一定是具有典型性的，也具有足够的包容性，这是前提。新的问题一般是通过技术手段予以解决，最为有效的技术手段自然是明确规定一整套量化标准。这种解决方式是在针对具体犯罪行为适当地定罪量刑与维护律典的体系化之间寻求均衡，换一个角度来说，我们可以设想，若唐律中没有“比徒”及相关技术性术语，律典体系将会膨胀到何种程度?①当然，立法技术与律典本身自秦汉发展至唐代，律典体系的此种形态已不可能出现，至于为何不可能出现？前述探讨大概可以从微观角度提供一些素材，就此而言，本文的目的已基本实现。

① 《汉书·刑法志》中所述：“律、令凡三百五十九章，大辟四百九条，千八百八十二事，死罪决事比万三千四百七十二事。文书盈于几阁，典者不能遍睹。”“今大辟之刑千有余条，律、令烦多，百有余万言，奇请它比，日以益滋，自明习者不知所由，欲以晓喻众庶，不亦难乎！”可作参考。《汉书》，卷23《刑法志》，中华书局，1962，第1101、1103页。

唐律中的“奸罪”与身份*

李　芳**

摘　要　唐律中的“奸罪”主要指的是合法婚姻之外的性行为，“犯奸淫之罪”直接侵害的是“礼”所构建的身份关系与秩序。“奸罪”本身的含义及其定罪量刑过程直接呈现着复杂的良贱、尊卑、官民等身份关系。“凡奸”表达的含义是无特殊身份、双方亦无特殊身份关系的常人之间的和奸，其多作为特殊奸罪的“基本刑”，即刑等加减之基准。唐律中“奸罪”的构成以及不同对象、不同情节等方面的量刑都直接由行为人、行为对象所具有的身份及相互之间的身份关系所决定。

关键词　唐律疏议；奸罪；凡奸；身份

传统刑律的沿革、发展过程中，针对不同犯罪行为，形成了若干极具典型意义的“类罪名”，如“杀”“赃”“奸”等。“这些罪名具有古老的历史，罚则相对稳定、合理，也为人们所熟知，容易成为比类、依据的标准或范例……长期磨琢出来且区划较细的罪名及其罚则，自然就被作为定型化了的典型来使用。”① 这些“定型化了的典型”各有侧重，在规

---

* 本文系国家社科基金重大项目“秦汉至唐律令立法语言分类整理、谱系建构与数据库建设”（项目号：21&ZD197）、吉林省教育厅科研项目“中国古代法典化传统中的‘例’”（项目号：JJKH20210859SK）的研究成果。

** 李芳，长春理工大学法学院副教授。

① 霍存福、丁相顺：《〈唐律疏议〉“以”“准”字例析》，《吉林大学社会科学学报》1994 年第 5 期，第 45 页。

范体系中具有重要的意义，并在唐律中以最为成熟的形态予以表现。如律典体系中的各种“杀”侧重于表现行为人不同的主观心态，[①]“赃”侧重于“计赃”，[②]等等。当然，基于传统刑律客观具体的立法体例，这些立法所侧重表达的内容在针对不同行为定罪量刑的过程中常常会有所交叉。引起我们注意的是，律典体系中的“奸”作为“类型化”程度非常高的“类罪名”，[③]呈现了何种特征？尤其是与“杀”“赃”等相似术语比较，侧重于哪些方面？目前所见，学界尚未有比较直接的探讨。[④]基于此，本文立足于唐律具体规范，拟针对“奸罪”的含义及其量刑过程中的身份因素进行一些梳理，力图揭示刑事法律规范体系中作为“类罪名”的“奸罪”所具有的特征。

一、含义与身份

东汉许慎释“奸”为：“犯淫也。”清人段玉裁注：“此字谓犯姦淫之罪，非即姦字也。今人用奸为姦，失之。引申为凡有所犯之称。”[⑤]《唐律疏议》中“奸”所表达的含义可分为两类：一类特指犯奸淫之罪，[⑥]如律内所见“强奸”“和奸”“凡奸”等；另一类多与诈、恶、邪、伪等互训，表达奸诈、奸恶、奸邪等含义，如律内所见“奸诈”“奸欺”“外奸”

① 唐律立法将杀人行为类型化为“七杀”，其依据主要在于主观意图，“即相对于犯罪行为本身而言的预谋内容、预谋程度、罪过形式加以判断”。具体而言，故意犯罪是“七杀”之核心，“广义的故意杀人犯罪中，故杀为谋杀、劫杀、斗杀的核心与主干，谋、劫、斗由故派生而来；广义的故意杀人犯罪为其他杀人犯罪之核心与主干，戏杀、误杀、过失杀在定罪、量刑、处罚特例方面皆从属于谋杀、故杀、劫杀、斗杀”。刘晓林：《唐律“七杀”研究》，商务印书馆，2012，第178—181页。

② 《名例》“以赃入罪”条（33）《疏》议曰：“在律，‘正赃’唯有六色：强盗、窃盗、枉法、不枉法、受所监临及坐赃。自外诸条，皆约此六赃为罪。”唐律中关于“赃”的规定多是围绕“计赃”展开。清人王明德谓：“六赃维何？坚守盗、常人盗、枉法、窃盗、不枉法，以及坐赃致罪也。其名凡六，皆计赃数之多寡，以科各罪之轻重，故曰六赃。”（清）王明德撰：《读律佩觿》，何勤华等点校，法律出版社，2001，第47页。

③ 此处所谓之“类罪名”，在规范体系中大致有两方面表现：一方面，其本身包含了非常丰富的量刑条款；另一方面，律内还存在大量比附“奸罪”量刑的表述，如“以奸论”“同奸法”等。

④ 刘欣宁谓：“在此婚姻框架之外的性关系，自战国时代以来，即在法律中以‘奸’称之，被规范为违法行为并施以严厉制裁。无论现实中因奸定罪的比例如何，法条本身的态度明确。不过若说性关系可一刀划分为婚或奸，亦过于绝对。”刘欣宁：《秦汉律令中的婚姻与奸》，载台湾法律史研究室主编：《中华法理的产生、应用与转变——刑法志、婚外情、生命刑》（“中央研究院”历史语言研究所会议论文集之二十），台湾“中央研究院”历史语言研究所，2019，第150页。这非常具有启发意义，但刘文旨在针对秦汉律令进行探讨，亦未针对奸罪中的“身份”因素展开分析。笔者拟在此基础之上针对《唐律疏议》中的相关条文展开分析。

⑤ 许慎撰，段玉裁注：《说文解字注》，上海古籍出版社，1981，第625页。

⑥ 限于论题及主旨，文中不再区别“姦”与“奸”。关于“姦”与“奸”之辨别，可参见［日］冨谷至：《奸罪的观念——从汉律到唐律》，赵晶译，载中国政法大学法律古籍整理研究所编：《中国古代法律文献研究》（第8辑），社科文献出版社，2014，第143页；刘欣宁：《秦汉律令中的婚姻与奸》，载台湾法律史研究室主编：《中华法理的产生、应用与转变——刑法志、婚外情、生命刑》（“中央研究院”历史语言研究所会议论文集之二十），台湾“中央研究院”历史语言研究所，2019，第150页。

“内奸”“奸寇”等。[①] 律内作为典型立法语言的“奸”绝大多数都作前一种用法，即“犯奸淫之罪”。

就行为本身来看，唐律中作为犯奸淫之罪的“奸”与现代刑法中的“奸”没有本质上的差别。当然，现代刑法中的“奸”一般专指强奸。但作为立法语言，唐律中的“奸”所表达的含义与现代刑法中的“奸”完全不同，其差异呈现了立法者迥然相异的价值追求。现行刑法规定强奸罪旨在保护妇女人身权利与自由意志，[②] 而以唐律为代表的中国传统刑律设立奸罪的意图并不仅在于此，或者说至少存在与之同样重要的法益。《名例》“十恶”条(6)：“十曰内乱。(谓奸小功以上亲、父祖妾及与和者。)”[③] 律《疏》中转述《左传·桓公十八年》相关内容对“内乱”的含义进行解释：“《左传》云：‘女有家，男有室，无相渎。易此则乱。’若有禽兽其行，朋淫于家，紊乱礼经，故曰‘内乱’。”虽然解释对象为奸小功以上亲、父祖妾，但其内容显然是对“奸淫之罪”的解释。律《疏》转述之《左传》与原文稍有区别，《左传·桓公十八年》：“申繻曰：‘女有家，男有室，无相渎也，谓之有礼。易此必败。’”除去个别表述，律《疏》转述的内容缺了“谓之有礼”。正义曰：“沈氏云，卿大夫称家，家者，内外之大名。户内曰室，但男子一家之主，职主内外，故曰家；妇人主闺内之事，故为室也。刘炫云：‘《释宫》云宫谓之室，其内谓之家。’则家之与室义无以异，欲见男女之别，故以室属之。其实室、家同也。”[④] 可见，遵从男女之别谓之有礼；紊乱男女之别谓之乱、败。而“女有家，男有室”可引申为正常婚姻关系，或法律认可并保护的婚姻关系。而超越婚姻的性行为就是奸淫之罪。[⑤] 进一步说，婚姻关系也是身份关系。因此，唐律乃至中国传统刑律中“奸罪”设立的基础应当是身份关系。当然，身份关系贯

---

① 唐律中此类用法出现不多，但相关表述形式于正史及其注疏中较为常见。如《尚书·舜典》：“蛮夷猾夏，寇贼奸宄。”孔安国传：“在外曰奸，在内曰宄。”孔颖达疏：“又有强寇劫贼外奸内宄者为害甚大。”(汉)孔安国传，(唐)孔颖达疏：《尚书正义》，卷3，北京大学出版社，1999，第75页。《汉书》《后汉书》多引孔传作注。

② 现行《刑法》中的强奸罪规定于“侵犯公民人身权利、民主权利罪”一章，其含义为“以暴力、胁迫或者其他手段强奸妇女”，可见强奸罪侵犯的客体主要是妇女的性权利，属于人身权利；手段是暴力、胁迫，即违背妇女意志而强行发生性关系。亦有学者将唐宋时期刑事法律规范中的“强奸”归入“其他危害人身权利的罪行”，“强奸，是违背妇女本人的意志，侵害妇女身体的犯罪行为”。王宏治：《中国刑法史讲义：先秦至清代》，商务印书馆，2019，第371页。此种分类与解释显然偏重于描述行为本身、行为对象及造成的伤害，并且受到了现代刑法观念的直接影响。

③ 本文所引唐律条文皆出自(唐)长孙无忌等撰：《唐律疏议》，刘俊文点校，中华书局，1983。文中仅标注篇名、条标及总条文数，不再一一注明出处。

④ (周)左丘明传，(晋)杜预注，(唐)孔颖达正义：《春秋左传正义》，《十三经注疏(标点本)》卷7，北京大学出版社，1999，第213页。

⑤ 孙闻博谓：“奸罪，作为古代法律中的一项重要罪名，主要指男女双方在正常婚姻关系外发生性关系的行为。”孙闻博：《秦汉简牍中所见特殊类型奸罪研究》，《中国历史文物》2008年第3期，第65页。

穿于古代律令体系，更是传统刑律的支柱，[①] 但与律内其他犯罪行为相比，“奸罪”定罪量刑的过程中显然更加直接地呈现了良贱、尊卑、官民等身份关系。

传统刑律中“身份”对于定罪量刑具有非常直接的决定作用，唐律对之表现更加充分。“唐律常以行为人有一定身份为犯罪之构成要件，此为真正身份犯。反面以之为‘人的处罚阻却事由’。又常以一定身份而加减其刑，此为不真正身份犯。身份不但为犯罪之主体及客体，且为情况，对犯罪之成否及刑之加减，亦有所影响。再如处断上，又顾虑其身份或其处境（属性）。以律之富于道德、人伦的色彩，如此措施，宁是当然。”[②] 需要注意的是，虽然我们对传统刑律中身份对于量刑的影响已有关注，[③] 但唐律中“身份”对于“奸罪”的影响，与其他“类型化”程度较高的“罪名”相比，无疑更加直接；“身份”因素在“奸罪”定罪量刑过程中的表现也更加复杂。就前者而言，我们可以根据行为人与行为对象之间是否存在特殊身份关系，将谋杀行为很清晰地区分为一般谋杀与特殊谋杀，[④] 一般谋杀中，针对行为人的量刑未受到身份关系的直接影响。而律内所称之“凡奸”，虽然男女双方并不存在特殊身份关系，但这恰是量刑的基础，即立法明确处罚婚姻之外的性行为，而所谓“奸”之构成，本身就是由婚姻关系来评价的。就后者而言，身份关系对于其他行为量刑所产生的影响，于奸罪量刑过程中都仍存在，如良贱相奸、尊卑相奸、官民相奸等，这些身份关系与性别因素叠加，使得“身份”因素在“奸罪”量刑过程中的复杂性表现得更加明显。

---

① 刘俊文先生谓：“唐律的真髓蕴含在唐律与礼的密切关系之中。这种密切关系用一句话形容，就是‘唐律一准乎礼’。所谓‘一准乎礼’，当然不是指词句，而是指精神。质言之，唐律的全部律条都渗透了礼的精神。礼的精神最基本的是两条：一曰‘异贵贱’，一曰‘别尊卑’。反映到唐律，则集中表现为等级制和家族制，二者犹如两根巨大的支柱，贯穿于唐律的始终，支撑着唐律的整个法律体系。”刘俊文：《唐律疏议笺解》，中华书局，1996，“序论”，上册，第36页。

② 戴炎辉编著：《唐律通论》，戴东雄、黄源盛校订，元照出版公司，2010，第33页。

③ 蔡枢衡先生谓：“清末《新刑律》以前的中国刑法是封建社会的刑法。封建时代的罪责决定于犯人的身份，可用奸非为例来说明。唐律……同属和奸，轻的只处徒刑一年半，重的要处死。在共分廿等级的刑罚体系中，轻重之间，相差八级。这是唐代的情形。比这更简单明了的是元代。元代的习惯是：主奸奴妻无罪；奴奸主女处死（《元史・刑法志》）。包括两个极端，堪称典型。这就充分说明了封建时代如何因身份不同而异其罪责。”蔡枢衡：《中国刑法史》，中国法制出版社，2005，第189页。另需说明，《杂律》“凡奸”条（410）载：“即奸官私婢者，杖九十。（奴奸婢，亦同。）”《疏》议曰：“即良人奸官私婢者，杖九十。注云‘奴奸婢，亦同’，杖九十。”就此而论，唐律五刑二十等，同属和奸，最轻杖九十，最重绞刑，轻重之间相差当为十等。

④ 参见刘晓林：《唐律“七杀”研究》，商务印书馆，2012，第24页。故杀、斗杀等亦可根据行为人与行为对象之间是否存在特殊身份关系而作明确划分。

以下，将律内所称之“凡奸”及亲属、良贱、官民相奸量刑过程中的身份稍作分析。①

二、凡奸与身份

《唐律疏议》具体条文中“凡奸”出现了9次，涉及3条律文。《杂律》“监主于监守内奸”条（416）：“诸监临主守，于所监守内奸者，（谓犯良人。）加奸罪一等。即居父母及夫丧，若道士、女官奸者，各又加一等。妇女以凡奸论。”律文针对两类行为规定了量刑条款：监临主守于所监守内奸良人，加奸罪一等；居丧或具有僧、道等特殊身份犯奸，各加二等。在这两类行为量刑的过程中，妇女“以凡奸论”。据此，“凡奸”与前述“加一等”“又加一等”相对，也就是量刑不加重。监临、居丧或僧道犯奸加一等，其量刑加重之依据在于特殊身份，那么妇女“以凡奸论”，量刑不加重之依据显然是不具备特殊身份。也就是说，僧、道与一般妇女和奸，② 一般妇女属于“凡奸”，而僧、道加二等量刑。换言之，若妇女也具备特殊身份，则其不应当“以凡奸论”。如僧、道与尼、女官和奸，尼、女官自然不当“以凡奸论”。对此，本条律《疏》做了非常清晰的解释：“监临主守之人，于所监守内奸良人，加凡奸一等，故注云‘谓犯良人’。若奸无夫妇女，徒二年；奸有夫妇女，徒二年半。即居父母丧，男、女同；夫丧者，妻、妾同；若道士、女官，僧、尼同：奸者，各又加监临奸一等，即加凡奸罪二等，故云‘各又加一等’。假有监临主守，若道士及僧，并男子在父母丧奸者，妇女以凡奸论。即女居父母丧，妇人居夫丧及女官、尼奸者，并加奸罪二等；男子亦以凡奸论。其有尊卑及贵贱者，各从本法加罪。”律内出现的其他“凡奸”，表达的含义与之相同。《户婚》“尝为袒免妻而嫁娶”条（183）《疏》议曰：“……小功之妻，若寡在夫家而嫁娶者，各依奸小功以上妻法。其被放出，或改适他人，即于前夫服义并绝，奸者，依律止是凡奸；若其嫁娶，亦同凡奸之坐。”《杂律》“奸父祖妾等”条（413）：“问曰：父祖之妾，曾经有子，父祖亡殁，改嫁他人，而子孙奸之，得同凡奸以否？

---

① 此处所说的“凡奸”量刑过程中的身份，指的是作为犯罪行为的“凡奸”，而非作为条标的“凡奸”。《唐律疏议》中的条标并非律典本身的产物，而是后世出于整理的需要所加，其来源于律文首句关键词。因此，《杂律》“凡奸”条（410）并非只规定了针对“凡奸”定罪量刑的内容。另需注意者，刑事法律规范的设置以实现“定罪量刑”为核心，但所谓“定罪量刑”的古今内涵有所不同。基于现代法观念，“定罪”与“量刑”相对独立且具有同样重要的价值。具体来说，现代法语境中的“定罪量刑”以犯罪构成理论为基础而展开，对于具体行为的评价，需要符合某种犯罪构成的全部要件而被刑事法评价为“犯罪行为”，才能进一步考虑这个行为在构成某种犯罪的范围内应处以何种法定刑罚。传统刑律中，很难针对“定罪”与“量刑”作清晰区分。参见刘晓林：《唐律中的“罪名”：立法的语言、核心与宗旨》，《法学家》2017年第5期，第88页。

② 此处所述之量刑条款，僧、道与一般妇女只可能是和奸。若是强奸，则仅处罚僧、道，妇女“不坐”。按《杂律》“和奸无妇女罪名”条（415）：“强者，妇女不坐。”《疏》议曰：“但是强奸者，妇女皆悉无罪。”

答曰：妇人尊卑，缘夫立制。子孙于父祖之妾，在礼全无服纪，父祖亡殁，改适他人，子孙奸者，理同凡奸之法。律有'曾为祖免亲妻妾而嫁娶者'别立罪名；至于和奸，律无加罪。”

我们可将唐律中“凡奸”所表达的信息稍作总结：立足于行为本身，表达的含义是和奸；立足于男女双方自身的身份，表达的含义是男女双方皆无特殊身份，双方之间亦无特殊身份关系；立足于量刑，表达的含义是不加重。凡奸的量刑条款集中规定于《杂律》“凡奸”条（410）：“诸奸者，徒一年半；有夫者，徒二年。”《疏》议曰：“和奸者，男女各徒一年半；有夫者，徒二年。妻、妾罪等。”女性无夫与其他男性和奸，双方皆徒一年半；女性有夫与其他男性和奸，双方皆徒二年。一方面，立法之所以处罚和奸双方，根据在于其发生了婚姻之外的性关系；另一方面，婚姻关系之外的性关系若侵害了其他婚姻关系，则量刑加重一等。这是凡奸量刑过程中身份因素的直接表现。与之相关的行为则是强奸良人而未致伤害，《杂律》“凡奸”条（410）：“强者，各加一等。”即强奸无夫女性，徒二年；强奸有夫女性，徒二年半。“妇女皆悉无罪。”若强奸导致妇女折伤，“各加斗折伤罪一等”，《疏》议曰：“谓良人从凡斗上加。”就此，我们可以看到，唐律中的“凡奸”在包含直接身份关系的“奸罪”中，作为“基本刑”出现，即刑等加减之基准。如“部曲、杂户、官户奸良人者，各加一等”，“强者，各加一等”，其中的“各加一等”是说量刑分别加“凡奸”一等。直接包含特定身份或身份关系的“奸罪”中，不具备特定身份之人或妇女，也以“凡奸”量刑。

三、特殊奸罪的量刑与身份

特殊奸罪主要是行为人、行为对象至少一方具有特殊身份或双方之间具有特殊身份关系，前者如监临官于监守内奸良人，以及僧道与良人、僧与尼、道士与女官和奸等，后者如亲属相奸。这些身份因素对于量刑起着决定性作用。

（一）亲属相奸量刑过程中的身份

作为犯罪行为的“奸”本质上是婚姻之外的性行为，但唐律明确规定了亲属之间的婚姻亦为“奸”之范畴。《户婚》“同姓为婚”条（182）：“诸同姓为婚……缌麻以上，以奸论。若外姻有服属而尊卑共为婚姻，及娶同母异父姊妹，若妻前夫之女者，（谓妻所生者。余条称前夫之女者，准此。）亦各以奸论。”唐律中的“以奸论”表达的含义是以奸论之行为与“奸”性质相同，即罪同于真“奸”，刑亦同于真“奸”。[①] 因此，亲属之间不存在婚姻而发生性行为属于“犯奸淫之罪”；若存在婚姻，不论是否发生性行为，亦属于“犯奸淫之罪”。同时，需要强制解除相应的非法“婚姻”关系，即“并离之”。前者多由立法直接列举，后者概括规定于《户婚》“同姓为婚”条（182）与《户婚》“尝为袒免妻而嫁娶”条（183）中，但具体列举的各条之间亦多有交叉。

唐律直接列举的亲属相奸主要包括：缌麻以上亲及缌麻以上亲之妻等；奸从祖祖母姑、从祖伯叔母姑、从父姊妹、从母及兄弟妻、兄弟子妻等；奸父祖妾、伯叔母、姑、姊妹、子孙之妇、兄弟之女等。影响量刑的因素包括两方面：一是行为本身及情节、结果，即和奸、强奸以及强奸致行为对象折伤，量刑逐渐加重；二是服制亲疏，即原则上服制越亲量刑越重，服制越疏量刑越轻。如《杂律》“奸缌麻以上亲及妻”条（411）：“诸奸缌麻以上亲及缌麻以上亲之妻，若妻前夫之女及同母异父姊妹者，徒三年；强者，流二千里；折伤者，绞。”可见，基于行为本身及情节、结果的考量，量刑逐渐加重。同样是亲属之间的犯奸，与缌麻以上亲和奸处以徒三年，强奸缌麻以上亲处以流二千里，而与小功以上亲和奸则处以流二千里，强奸小功以上亲处以绞刑。《杂律》“奸从祖母姑等”条（412）：“诸奸从祖祖母姑、从祖伯叔母姑、从父姊妹、从母及兄弟妻、兄弟子妻者，流二千里；强者，绞。”亲属相奸量刑过程中，身份因素的影响就非常清晰了。

亲属之间为婚而被法律评价为犯奸淫之罪的行为，主要以服制亲疏作为量刑标准。除前述《户婚》“同姓为婚”条（182）所列举的缌麻以上亲为婚、外姻有服属尊卑为婚、娶同母异父姊妹、娶妻前夫之女等皆“以奸论”之外，本条还规定：“其父母之姑、舅、两姨姊妹及姨、若堂姨，母之姑、堂姑，己之堂姨及再从姨、堂外甥女，女婿姊妹，并不得为婚姻，违者各杖一百。并离之。”既然不得为婚，此类亲属之间的性行为自然属于犯奸淫之罪。又《户婚》“尝为袒免妻而嫁娶”条（183）：“诸尝为袒免亲之妻，而嫁娶者，各杖一百；……小功以上，以奸论。”《疏》议曰：“……‘小功以上，以奸论’，小功之亲，多是本族，其外姻小功者，唯有外祖父母。若有嫁娶，一同奸法。”与小功以上亲之妻为婚，亦与犯奸淫之罪性质相同。

① 元人徐元瑞谓：“罪同真犯谓之以。凡称以者，悉同其法而科之。”徐元瑞等：《吏学指南（外三种）》，杨讷点校，江苏古籍出版社，1988，第 54 页。《唐律疏议·名例》“称反坐罪之等”条（53）：“称‘以枉法论’及‘以盗论’之类，皆与真犯同。”《疏》议曰：“……所犯并与真枉法、真盗同，其除、免、倍赃悉依正犯。其以故杀伤、以斗杀伤及以奸论等，亦与真犯同，故云‘之类’。”另可参见李芳：《唐律“以奸论”考》，《甘肃政法学院学报》2013 年第 2 期，第 117 页。

（二）良贱相奸量刑过程中的身份

良贱相奸的量刑表现出了非常明显的不对等，“奸”是婚姻之外的性行为，虽然良贱原则上不得为婚，[①] 但主对于婢的支配权显然包含性支配权。《杂律》“凡奸”条（410）：“奸他人部曲妻，杂户、官户妇女者，杖一百。”《疏》议曰：“‘奸他人部曲妻’，明奸己家部曲妻及客女各不坐。”当然，立法对于主奸己家部曲妻、客女的行为未必表达了明确的支持与肯定，但“不坐”至少没有表达明确的否定。良贱之间的其他犯奸行为，针对良人的量刑明显为轻，针对贱人的量刑明显为重。《杂律》“凡奸”条（410）：“部曲、杂户、官户奸良人者，各加一等。即奸官私婢者，杖九十；（奴奸婢，亦同。）”《疏》议曰：“部曲、杂户、官户而奸良人者，并加良人相奸罪一等。即良人奸官私婢者，杖九十。注云‘奴奸婢，亦同’，杖九十。”部曲、杂户、官户与良人和奸，部曲、杂户、官户要在良人量刑的基础之上加一等；良人与官私婢和奸，良人处以杖九十，相当于在良人和奸（无夫）的基础之上减二等。

良人与奴相奸，身份对于刑罚适用所产生的决定性作用更加明显。《杂律》“奴奸良人”条（414）：“诸奴奸良人者，徒二年半；强者，流；折伤者，绞。”奴与良人妇女和奸，徒二年半，根据律《疏》的解释，不再区分有夫、无夫；强奸良人，处以流刑；因强奸导致妇女折伤，处以绞刑。奴与良人和奸，量刑较之良人和奸加重二等；奴强奸良人之量刑较之良人强奸良人之量刑，大致是加重三等。[②]

主奴相奸则是单向处罚，即只处罚与主具有依附关系之奴。《杂律》“奴奸良人”条（414）：“其部曲及奴，奸主及主之期亲，若期亲之妻者绞，妇女减一等；强者，斩。即奸主之缌麻以上亲及缌麻以上亲之妻者，流；强者，绞。”《疏》议曰：“其部曲及奴和奸主，及奸主之期亲若期亲之妻，部曲及奴合绞，妇女减一等。‘强者，斩’，谓奴等合斩，妇女不坐。‘即奸主之缌麻以上亲及缌麻以上亲之妻者，流’，妇女合流二千里。强者，奴等绞。”主奴相奸与上述奴奸良人的量刑相比较，“同是贱人奸良人，其有隶属关系者比无隶属关系者罚重，而且隶属关系越直接科罚亦越重。这与良人奸贱人，无隶属关系者轻罚，有隶属关系者不罚，恰形成鲜明反差，可见建立在良贱不平等关系之上的主奴之间在法律

---

① 《户婚》“奴娶良人为妻”条（191）：“诸与奴娶良人女为妻者，徒一年半；女家，减一等。离之。其奴自娶者，亦如之。主知情者，杖一百；因而上籍为婢者，流三千里。”律《疏》对其理由解释得非常清晰：“人各有耦，色类须同。良贱既殊，何宜配合。”

② 本条规定“强者，流”，按《名例》“官户部曲官私奴婢有犯”条（47）：“官私奴婢有犯……若犯流、徒者，加杖，免居作。”《疏》议曰：“准犯三流，亦止杖二百。决讫，付官、主，不居作。”即奴强奸良人，杖二百、免居作。实际执行的杖二百与良人强奸所处之徒二年很难比较，若将徒二年与流刑最低一等流二千里相比，应当是加重了三等。

上的更加不平等。”①

（三）监临官于监守内奸及道士、女官、僧、尼犯奸量刑过程中的身份

监临官于监守内与良人妇女和奸，基于监临官的身份，采取单向加重量刑的原则，《杂律》“监主于监守内奸”条（416）：“诸监临主守，于所监守内奸者，谓犯良人。加奸罪一等。”良人妇女则“以凡奸论”。当然，监临官与监守内妇女之间亦可能存在其他身份关系，若出现此种身份之交叉，在其特殊身份量刑的基础之上仍相应加重即可。本条律《疏》：“其有尊卑及贵贱者，各从本法加罪。”监临官娶他人妻、女，以此作为曲法判事之条件，亦属“奸”之范畴，同时还需加重量刑。《户婚》“监临娶所监临女”条（186）：“即枉法娶人妻妾及女者，以奸论加二等；（为亲属娶者，亦同。）行求者，各减二等。各离之。”同样需要强制解除非法“婚姻”关系。

在父母丧期内犯奸或者道士、女官、僧、尼等人犯奸，在监临官于监守内奸的基础之上量刑再加重一等，即在“凡奸”的基础之上量刑加重二等。《户婚》“监临娶所监临女”条（186）：“即居父母及夫丧，若道士、女官奸者，各又加一等。妇女以凡奸论。”《疏》议曰：“即居父母丧，男、女同；夫丧者，妻、妾同；若道士、女官，僧、尼同：奸者，各又加监临奸一等，即加凡奸罪二等，故云‘各又加一等’。”量刑加重的依据仍是服制与特殊身份。

四、结语

唐律中作为立法语言的“奸罪”所表达的含义，及其作为“类罪名”的定罪量刑过程中，身份因素皆产生着直接、深刻且非常复杂的影响。② 首先，双方皆无特殊身份且双方亦无特殊身份关系的良人和奸即“凡奸”是“犯奸淫之罪”定罪量刑的基准。而“凡奸”之所以被处罚，是因为男女双方的性行为存在于婚姻之外，婚姻关系本身就是一种身份关系。因此，是否构成“凡奸”，需要借助身份关系来作直接判断。男女双方存在特殊身份或其中一方存在特殊身份，各自具有的身份是具体量刑的决定性因素，无特殊身份者以“以凡奸

① 刘俊文：《唐律疏议笺解》，下册，中华书局，1996，第 1851 页。

② 当然，律内仍有其他身份关系对于定罪量刑产生直接影响的犯罪行为，如“略人略卖人”“同姓为婚”等。但“奸罪”与之相比显然更具有典型意义。就“略人略卖人”来看，虽然身份关系产生着直接影响，但其中包含的伦理因素不及“奸罪”强；就“同姓为婚”来看，其本身的处罚方式就是“以奸论”。关于唐律中“略人略卖人”“同姓为婚”的定罪量刑详情可参见刘晓林：《唐律中的“人口买卖”》，《当代法学》2022 年第 3 期，第 152—160 页；李芳：《唐律“以奸论”考》，《甘肃政法学院学报》2013 年第 2 期，第 117—124 页。

论”。如监临主守，于所监守内与良人妇女和奸，加奸罪一等。即妇女无夫，从徒一年半上加一等，处徒二年；妇女有夫，从徒二年上加一等，处徒二年半。妇女以凡奸论，即无夫徒一年半，有夫徒二年。男女双方存在特定身份关系的各种“和奸”，大多在“凡奸”的基础之上加减刑等。如上述无夫和奸，徒一年半；有夫和奸，徒二年。部曲、杂户、官户与良人和奸，各加一等。即部曲、杂户、官户与无夫良人妇女和奸，徒二年；与有夫良人妇女和奸，徒二年半。其次，贯穿着各种身份的“强奸”分别在相应“和奸”的基础之上“加一等”。如与他人部曲妻，杂户、官户妇女和奸，杖一百；强奸他人部曲妻，杂户、官户妇女，各加一等，即在杖一百上加一等，处以徒一年。最后，“和奸”中的女方“无夫”与“有夫”区别对待，具体来说量刑相差一等，而这一量刑方面的差等，根源亦为身份关系。具体来说，女方无夫而与男性和奸，是因为双方不具备婚姻关系而发生性行为；而女方有夫与男性和奸，不仅是和奸双方不具备婚姻关系，同时还侵害了合法的婚姻关系。无夫之妇女与男性和奸，徒一年半；有夫之妇女与男性和奸，徒二年。可见，与其他“类罪名”相比，“奸罪”定罪量刑过程中所体现的身份关系更加复杂。

由“因事”的变迁看唐明律坐赃致罪的变化*

王　舒**

摘　要　“六赃”的出现标志着唐律完成了赃罪体系的建构。《大明律》以唐律为蓝本，其六赃在因循唐律的基础上进行了大幅修改。对比唐明律六赃及有关坐赃的规定，坐赃致罪量刑阶梯相似度最高，说明性示例相类，然而其成立是否以“因事受财”为前提却规定迥异。经查考，缘是“因事”一词含义转变。从“模糊的事，没有特指，事有因缘”到“请托枉法、不枉法之公事”，其变化背后，是六赃的系列改造，具体涉及篇章结构、六赃条目、成立条件、量刑方式等诸多方面。秦汉以降，计赃论罪的涉财犯罪始终存在兜底需求，六赃中的坐赃客观上承担起满足该需求的任务，对条款的收束性也逐渐增强。但由于立法技术的转变，唐明律坐赃致罪的性质呈现从赃罪正名、量刑比附标准之一，到论罪之法、自身能够容纳诸“坐赃论”规定的兜底条款的演变趋势。

关键词　坐赃致罪；赃罪；因事；唐律疏议；大明律

* 本文系国家社科基金重大项目“秦汉至唐律令立法语言分类整理、谱系建构与数据库建设”（项目号：21&ZD197）的研究成果，国家社科基金后期资助一般项目“《隋书·刑法志》译注”（项目号：22FFXB008）的研究成果。

** 王舒，厦门大学法学院博士研究生。

坐赃致罪又称坐赃。坐赃一词早见于睡虎地秦简等出土文献，也是中国古代史籍中的常见术语，其含义几经变化，又有广义，狭义之别。[①] 从传世文献来看，坐赃被纳入六赃、被明确规范，应始于唐律。[②] 唐律确立的罪名体系以"六赃"刑等为核心，其他罪名相比附。其体系与坐赃的种种规定一直影响到同样极富代表性的明律，成为后世规定的基础与范本。[③] 相关研究往往围绕唐律中的坐赃展开，[④] 对明律六赃[⑤]与坐赃的认识也常常受唐律影响。学界虽然认识到明律坐赃的规定较唐律有所不同，却因量刑等方面的承继，并未充分重视其转变，对二者的性质界定和解释也基本相同。唐明律坐赃常被认为是"前面五类赃罪之外总括剩余的表达方法"，以现代刑法术语描述时则概括为"兜底条款"。[⑥] 这使得不少关键问题搁置至今。

---

① 这一点学界已有论述。有关"坐赃"的广狭二义，笔者基本认同以下观点："秦汉时代的坐赃及其沿用"是传统上的广义用法，"首先指一般主体的因赃获罪"，"在更多的场合，是特指官吏犯贪赃罪"；"唐律及以后法典中的坐赃"是法律上的狭义用法。参见周东平：《略论唐代的"坐赃"》，载郑学檬主编：《中国古代社会研究》，厦门大学出版社，1998，第109－113页。

② 唐六赃指强盗、窃盗、枉法、不枉法、受所监临及坐赃。见《唐律疏议·杂律》"坐赃致罪"条《疏》议曰："赃罪正名，其数有六，谓：受财枉法、不枉法、受所监临、强盗、窃盗并坐赃。"刘俊文：《唐律疏议笺解》，中华书局，1996，第1775页。

③ 详见拙文。王舒：《明代"计赃论罪"研究》，湘潭大学法律史硕士学位论文，2020。

④ 典型者，如程天权：《从唐六赃到明六赃》，《复旦学报（社会科学版）》1984年第6期；周东平：《略论唐代的"坐赃"》，载郑学檬主编：《中国古代社会研究》，厦门大学出版社，1998，第109－128页；何君：《唐律六赃研究》，吉林大学法律史博士学位论文，2021；等等。

⑤ 明六赃具体指监守盗、常人盗、枉法、不枉法、窃盗及坐赃。程天权曾指出："唐六赃为宋代法典全盘继承，故称'唐六赃'者，不特指唐律……清承明制，故称'明六赃'者，也不特指明律。"诚如其所言，在清代法典内，六赃名目与明律相同，只是个别细节有所差异。本文所言"明六赃"虽然特指《大明律》之规定，但是清代律学与明代一脉相承，其律注文献对明六赃的解读同样极富价值，因此本文也会援引清律小注及清代律注文献中与明律相符的地方，作为论据。需要说明的是，明律原无"六赃"一词，也无类似"赃罪正名"之界定，但明六赃的存在却是一种共识，既可见于后来明清律律首所附的"六赃图"，也见诸当时的律注文献。程天权：《从唐六赃到明六赃》，《复旦学报（社会科学版）》1984年第6期，第93页。

⑥ 程天权：《从唐六赃到明六赃》，《复旦学报（社会科学版）》1984年第6期，第92页。各教材通常也将坐赃置于"六赃"项下介绍，把唐律坐赃界定为："凡不属于前面五种赃罪的，都包括在'坐赃'的范围内"；"坐赃是指凡不属于前面五种赃罪而收取了不该收取的财物的犯罪，都包括在'坐赃'的范围之内，即'非监临主司，而因事受财者'。"于明律坐赃一处则只列量刑，对坐赃的性质别无说明，反映出在性质方面没有显著不同于唐代的认识。参见郭建等主编：《中国法制史》，上海人民出版社，2000，第349页；马小红等主编：《中国法律史教程》，商务印书馆，2020，第254－257页。又如，有学者写道："《大明律》中'六赃'的规定最早源于《唐律疏议》，及至明朝略有改动……坐赃，即坐赃致罪，是其余五赃之外，官吏收受不正当利益行为。'明六赃'作为明代赃罪基本类型，是其他一切赃罪的比附标准。六赃图中对六种贪墨之赃的量刑基准也适用于《大明律》中其他一切准以'六赃'论处的行为"。并称明律坐赃致罪为"官吏赃物犯罪的兜底条款"。黄晓亮、马鄢君：《〈大明律〉关于贪污贿赂犯罪之规定的立法特色及其启示》，载《刑法论丛》，第39卷，法律出版社，2014，第306－307页。此外，以"坐赃"为对象的专项研究数量有限，史天文、暴城、李春阳的三篇文章均为硕士学位论文，此三文不仅都认为唐律坐赃是兜底条款，而且均将"坐赃论"及其加减诸条视为坐赃的一部分，纳入四要件进行分析。参见史天文：《唐律"坐赃"考》，甘肃政法学院法律硕士学位论文，2013；暴城：《唐代坐赃罪研究》，南京师范大学法律史硕士学位论文，2013；李春阳：《论唐代坐赃罪及其现代借鉴》，华侨大学法律硕士学位论文，2015。

仔细对比唐明律坐赃致罪条，可以发现二者存在矛盾之处。一方面，明律坐赃致罪条的刑等设置与说明示例明显承自唐律；另一方面，明律却将其最关键的行为成立条件从《杂律》的“因事受财”改为《受赃》门下的“非因事受财”。“因事”一词的含义或在某些因素的作用下发生转变，从而使得唐明律坐赃致罪条款兼具矛盾性与统一性。本文将深入探讨转变背后的原因及其带来的影响。

一、因事与非因事：唐明律坐赃致罪成立条件的矛盾、成因及释义

明律坐赃致罪在地位、量刑等方面确实与唐律坐赃具有相似性。不仅同为涉财犯罪中轻罪的核心规定，适用坐赃标准量刑者在“计赃论罪”型犯罪中数量最多；[①] 而且与其他赃罪的量刑相比，坐赃致罪在唐明律六赃中排序未变，量刑阶梯（刑等设置）也最接近，成为变化中的恒定因素。具体而言，虽然《大明律》以《唐律》为蓝本，其六赃及计赃论罪的基本框架均袭自唐代，但从下表1中可见，两者不仅具体名目不同，其量刑阶梯在排序、起止刑、同罪刑等间隔、异罪赃数关系等各个方面都有显著变化，而坐赃致罪却在这种情况下，基本保留原样，相对得以延续。

---

① 据吴谨伎统计：“《唐律》中比附六赃刑度来量刑的律条共97条，其中以比附‘坐赃’最多，有47条，共77处出现用‘坐赃论’或‘坐赃论加（减）等数’来量刑。”参见吴谨伎：《六赃罪的效力》，载高明士主编：《唐律与国家社会研究》，五南图书出版有限公司，1999，第188页。在何君的统计中，同样以比附坐赃最多。她对唐明律六赃比类律条的数量都做了梳理，据该文表1：唐律坐赃论者有51条，占律内全部比类律条的42.8%；明律坐赃论者有34条，占律内全部比类律条的27.4%。参见何君：《唐律六赃研究》，吉林大学法律史博士学位论文，2021，第10页。此外，据拙文《明代“计赃论罪”研究》统计，《大明律》分则条款413条，明文规定采用计赃论罪的方式量刑者有100条。文末附全部条款，亦可供参照。王舒：《明代“计赃论罪”研究》，湘潭大学法律史硕士学位论文，2020，第10—11、69—83页。

表 1　唐明律六赃量刑阶梯对照表①

	时期	笞 20	笞 30	笞 40	笞 50	杖 60	杖 70	杖 80	杖 90	杖 100	徒一年（杖 60）	一年半（杖 70）	二年（杖 80）	二年半（杖 90）	三年（杖 100）	流二千（杖 100）	二千五（杖 100）	三千（杖 100）	加役流	绞	斩
强盗	唐不持杖												不得财		1 尺	2 匹 1 尺	4 匹 1 尺	6 匹 1 尺		10 匹	杀人
	唐持杖																	不得财		5 匹	伤人
监守盗	明							1 以下	1—2.5	5	7.5	10	12.5	15	17.5	20	22.5	25			40 杂
	唐							1 尺	1 匹 1 尺	2 匹 1 尺	3 匹 1 尺	4 匹 1 尺	5 匹	10 匹	15 匹	20 匹	25 匹			30 匹	
枉法	明有禄人						1 以下	1—5	10	15	20	25	30	35	40	45	50	55		80 杂	
	明无禄人					1 以下	1—5	10	15	20	25	30	35	40	45	50	55	80		120 杂	
	唐有禄人									1 尺	1 匹 1 尺	2 匹 1 尺	3 匹 1 尺	4 匹 1 尺	5 匹 1 尺	6 匹 1 尺	7 匹 1 尺	8 匹 1 尺		15 匹	
	唐无禄人								1 尺	1 匹 1 尺	2 匹 1 尺	3 匹 1 尺	4 匹 1 尺	5 匹 1 尺	6 匹 1 尺	7 匹 1 尺	8 匹 1 尺	15 匹 *		20 匹	
常人盗	明					不得财	1 以下	1—5	10	15	20	25	30	35	40	45	50	55		80 杂	

① 明代无禄人受财枉法、不枉法杖一百、流三千里一等的量刑数额，据国家图书馆藏《大明律附例笺释》所注补入。《笺释》在“官吏受财”条律文无禄人“枉法一百二十贯绞”下注：“一贯以下杖六十起，并减有禄人一等。八十贯之上，虽一百一十九贯，亦依八十贯律减等，杖一百、流三千里；直至一百二十贯满，方坐绞罪，亦准徒五年。”表明官吏受财枉法无禄人杖一百、流三千里所对应的数额为“80 贯”。律文无禄人“不枉法一百二十贯之上罪止杖一百、流三千里”下注：“自一贯以下笞五十起，并减有禄人不枉法一等，虽一百二十贯，亦坐一百一十贯之罪，杖一百、流二千五百里。直至一百二十贯之上，方坐罪止，杖一百、流三千里。”表明官吏受财不枉法无禄人杖一百、流二千五百里对应数额“120 贯”，杖一百、流三千里对应数额“120 贯之上”。此外，《唐律疏议》未明文规定对应情形下的量刑数额，笔者认为《笺释》在这一问题上的解释十分清晰，唐律减刑亦同此理。据此对《六赃罪的效力》《从唐六赃到明六赃》二文中对应位置（表 1“ * ”2 处）所列“9 匹”和“20 匹”以及《唐律六赃研究》对应位置所列“361 尺”和“801 尺”持保留态度，更为“15 匹”及“30 匹”。参见（明）王肯堂：《大明律附例笺释》，卷 23，清抄本，第 5 页；吴谨伎：《六赃罪的效力》，载高明士主编：《唐律与国家社会研究》，五南图书出版股份有限公司，1999，第 173—175 页；程天权：《从唐六赃到明六赃》，《复旦学报（社会科学版）》1984 年第 6 期，第 92 页；何君：《唐律六赃研究》，吉林大学法律史博士学位论文，2021，第 120 页。本图初载于拙文《明代“计赃论罪”研究》第 15 页，但未补“15 匹”“30 匹”二数与唐之持杖强盗刑等，且除起刑外省录唐律各等中的“1 尺”，今补。

续表

	时期	笞 20	笞 30	笞 40	笞 50	杖 60	杖 70	杖 80	杖 90	杖 100	徒一年（杖 60）	一年半（杖 70）	二年（杖 80）	二年半（杖 90）	三年（杖 100）	流二千（杖 100）	二千五（杖 100）	三千（杖 100）	加役流	绞	斩
不枉法	明有禄人					1 以下	1—10	20	30	40	50	60	70	80	90	100	110	120 罪止			
	明无禄人				1 以下	10	20	30	40	50	60	70	80	90	100	110	120	120 之上罪止			
	唐有禄人								1 尺	2 匹 1 尺	4 匹 1 尺	6 匹 1 尺	8 匹 1 尺	10 匹 1 尺	12 匹 1 尺	14 匹 1 尺	16 匹 1 尺	18 匹 1 尺	30 匹		
	唐无禄人							1 尺	2 匹 1 尺	4 匹 1 尺	6 匹 1 尺	8 匹 1 尺	10 匹 1 尺	12 匹 1 尺	14 匹 1 尺	16 匹 1 尺	18 匹 1 尺	30 匹 *	40 匹		
窃盗	明				不得财	1 以下	1—10	20	30	40	50	60	70	80	90	100	110	120 罪止			
	唐				不得财	1 尺	1 匹 1 尺	2 匹 1 尺	3 匹 1 尺	4 匹 1 尺	5 匹	10 匹	15 匹	20 匹	25 匹	30 匹	35 匹	40 匹	50 匹		
坐赃	明	1 以下	1—10	20	30	40	50	60	70	80	100	200	300	400	500 之上罪止						
	唐	1 尺	1 匹 1 尺	2 匹 1 尺	3 匹 1 尺	4 匹 1 尺	5 匹 1 尺	6 匹 1 尺	7 匹 1 尺	8 匹 1 尺	10 匹	20 匹	30 匹	40 匹	50 匹罪止						
受所监临	唐			1 尺	1 匹 1 尺	2 匹 1 尺	3 匹 1 尺	4 匹 1 尺	5 匹 1 尺	6 匹 1 尺	8 匹	16 匹	24 匹	32 匹	40 匹	50 匹					

说明：
1. 图表主要依明六赃的顺序排列。
2. “唐六赃”不含监守盗，将该罪量刑标准列于此处仅为与明律相比较，故用斜体区别。
3. 图表中是否标注“罪止”以律文是否明文标注为准。
4. 既往研究认为标注“ * ”两处的计赃标准分别是“9 匹”和“20 匹”或“361 尺”和“801 尺”，本文参考《大明律附例笺释》对明代相应位置量刑标准的说明，对此持怀疑态度，更为“15 匹”和“30 匹”。
5. 因计赃单位不同，将唐代单位一律标出，明代计赃单位“贯”一概省略。

然而在唐明律中，坐赃致罪的成立条件并不一样。既有研究虽意识到二者成立条件有异，但受兜底条款等既定印象的影响，往往更重视其相似性，很少强调二者间的互斥性，更未结合注、疏中的说明与示例来看待这种不同。

（一）坐赃致罪核心成立条件与说明间的悖反

从条文字面来看，唐明律对坐赃致罪的定义截然相反。《唐律疏议·杂律》“坐赃致罪”条以注文形式[①]明确了坐赃的含义也即其成立条件：“谓非监临主司，而因事受财者”；[②]《大明律·刑律·受赃》“坐赃致罪”条则直接在正文规定：“凡官吏人等，非因事受财，坐赃致罪。”[③] 暂且不论明律坐赃致罪的犯罪主体范围要比唐律更广泛，二者最明显的区别无疑是其互相排斥的行为条件：唐律的“因事受财”与明律的“非因事受财”。表面上看，唐律认为应是坐赃致罪的“因事受财”行为，到明律时已经不再构成本罪；明律坐赃致罪中“非因事受财”的行为，也不应含有与唐律相同的内容。然而，从二者的说明来看却并非如此。

在定义互相排斥的前提下，《唐律疏议》与《大明律》对坐赃致罪的说明中仍包含着相同的示例。《唐律疏议》中的说明示例“假如被人侵损，备偿之外，因而受财之类”，被《大明律》的注文接受，略调整为：“谓如被人盗财，或殴伤，若赔偿及医药之外，因而受财之类。”

明律小注示例中还有部分行为既不符合其定义“非因事受财”，与唐代的“因事受财”也不契合，这些行为在唐律中当按坐赃论及其加减刑等论处（是适用坐赃致罪量刑标准的一种形式）。详见表2：

---

① 文中援引唐明律“坐赃致罪”规定时，对其在律、注、疏中处于何种位置予以标注。一是因为疏出现较晚，在永徽四年（653年）之前，都没有疏，但一直有注。二则由于三者之间有补充与被补充的关系。正如钱大群所言：“‘注’是对律文含义的补充及适用的说明……‘疏’是在《永徽律》制订之后，组织以制订《永徽律》的主要人物为主的一批人，专门对律文包括注文进行逐条逐句的解释，解释的文字就插写在律文（包括注文）各条各句的中间或后面，同原律文注文一起抄写公布。”（按，《律疏》刚出现时单独成书，与律并行。）他还点明：注文有对律文中罪名的罪状说明、对律文适用的解释和其他具体解释；义疏的作用是对律与注全面做解释。戴炎辉也曾概言：“注之性质，通常系条文内文词之定义。惟有时具有本文性质。又有时乃通例规定……疏议及问答，系公权解释，有时补充条文及注文之不备，即仍具有本文的功用。”参见钱大群：《〈唐律疏议〉结构及书名辨析》，《历史研究》2000年第4期，第110—113页；戴炎辉：《唐律各论》，成文出版社，1988，“例言”，第2页。

② 刘俊文：《唐律疏议笺解》，中华书局，1996，第1774—1775页。

③ 《大明律》，卷23，怀效锋点校，法律出版社，1999，第186页。

表 2　明律坐赃致罪条示例与唐律条款对照表

明	唐
“又如擅科敛财物，或多收少征，钱粮虽不入己”	《户婚》“差科赋役违法”条：“若非法而擅赋敛，及以法赋敛而擅加益，赃重入官者，计所擅坐赃论”①
“或造作虚废人工物料之类”	《厩库》“放散官物”条：“诸放散官物者，坐赃论”；《疏》：“假有营造屋宅及供祠祀、宴会，料度剩多，各计所剩，坐赃论”②
	《擅兴》“兴造不言上待报”条：“即料请财物及人功多少违实者，笞五十；若事已损费，各并计所违赃庸重者，坐赃论减一等（本料不实，料者坐；请者不实，请者坐）”③
	《擅兴》“工作不如法”条：“不任用及应更作者，并计所不任赃、庸，坐赃论减一等”④
	《擅兴》“功力采取不任用”条：“诸役功力有所采取而不任用者，计所欠庸，坐赃论减一等”⑤

而在明律内，坐赃致罪条小注内的示例，于其他条款中亦有详细规定，量刑上直接以“坐赃论”科处（不再以“坐赃论的加减刑等”作为基础刑，笔者将于下文详述此区别的意义）。

从示例看，两代在何种行为适用坐赃致罪量刑标准方面，具有相似性，只是适用的方式有所不同。但该现象使人不禁产生疑惑：从“因事受财”到“非因事受财”的变化缘何而生？“因事”一词的含义是否在唐明律中有所差异？

（二）矛盾背后：篇章结构与六赃规范的重新整合

其实，《大明律》坐赃致罪条“非因事受财”条件的产生与“明六赃”对“唐六赃”的系列调整密不可分，难以割裂视之。而这种调整又与唐明律篇章结构的变化相关。

清末薛允升的《唐明律合编》有一段解释，切中肯綮：“此条唐在《杂律》，注云谓非监临主司而因事受财者，本非专为官吏而设，明律改为官吏人等，非因枉法、不枉法之事而受财，是将唐律之受所监临财并坐赃致罪二条并而为一，而六赃遂少一名目矣。”⑥ 但现代学者并未重视，反而有不少质疑。如程天权认为：“明无‘受所监临’一赃，但加入了‘监主盗’一赃，仍是六赃，说‘六赃遂少一名目矣’不是事实”；“明取消了唐六赃中‘受

① 刘俊文：《唐律疏议笺解》，中华书局，1996，第 1002 页。

② 刘俊文：《唐律疏议笺解》，中华书局，1996，第 1143—1144 页。

③ 刘俊文：《唐律疏议笺解》，中华书局，1996，第 1208 页。

④ 刘俊文：《唐律疏议笺解》，中华书局，1996，第 1214 页。

⑤ 刘俊文：《唐律疏议笺解》，中华书局，1996，第 1222 页。

⑥ （清）薛允升撰：《唐明律合编》，卷 11，怀效锋、李鸣点校，法律出版社，1999，第 251 页。

所监临’一类，把它并入‘不枉法’中”[①]。但薛氏所谓“六赃遂少一名目”并非指明代六赃实为五赃，而是指明六赃将唐六赃中“受所监临”一赃的主体犯罪行为归入“坐赃致罪”定义内，于是唐六赃中“受所监临”这一名目在明六赃中不复存在，与坐赃致罪并为一条。至于程天权“受所监临并入不枉法”的观点，还有学者提出：《唐明律合编》“事后受财”条“受监临财物，较不枉法为轻。明无受监临财物之法，故准不枉法论”的说法与前述之句有歧异，当以后说为是。其实，所谓被并入不枉法者，正是“事后受财”条这样比附受所监临条量刑的约罪。因明律无受所监临，在唐律他条中采受所监临标准量刑者，在明律中多改用不枉法的标准量刑。[②] 薛氏“明律坐赃是唐律受所监临与坐赃致罪二条并而为一”的观点与“明无受所监临财物之法，故准不枉法论”的观点并无冲突，外围条款的整合应与受所监临自身内容的整合相区别。正确理解薛氏的观点有助于解释“非因事受财”的出现原因。

但若细究其间因果，“非因事受财”的出现当缘于采用六部编撰结构后，明六赃如图1所示的系列调整，从左到右依次对应以下三点：

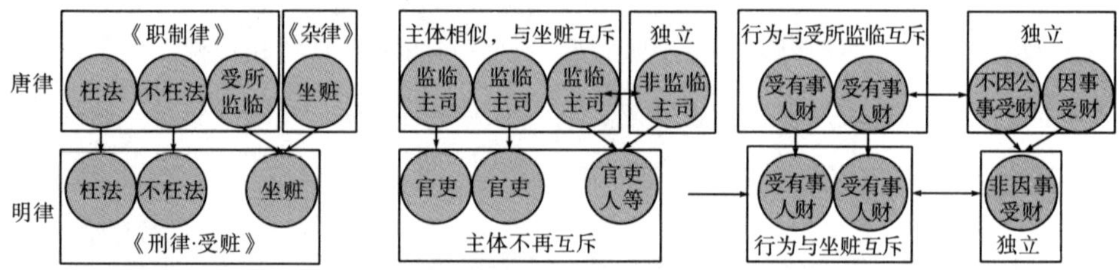

图1 唐明律六赃受财类犯罪的篇章结构及具体变化示意图

1. 受财类犯罪名目的减少。唐六赃中盗罪有二，强盗、窃盗；受财类犯罪有四，枉法、不枉法、受所监临很明确，均位于《职制律》，至于位于《杂律》的坐赃致罪，若从其条款中“因事受财”的表述来看也当属后者。明六赃内盗罪有三，监守盗、常人盗、窃盗；精简受财类名目，相关犯罪行为重新整合为枉法、不枉法、坐赃致罪三类。明之《刑律》

① 程天权：《从唐六赃到明六赃》，《复旦学报（社会科学版）》1984年第6期，第93—94页。其观点的前半部分也受到台湾学者吴谨伎的支持；针对后半部分，吴文与本文一样，认同明律是将唐之受所监临并入坐赃中，但未讲明缘由。参见吴谨伎：《六赃罪的效力》，载高明士主编：《唐律与国家社会研究》，五南图书出版有限公司，1999，第162—163、215页。

② 刘晓林、何君等学者都曾指出，“不枉法”虽是唐六赃之一，却无条款比附其量刑。这种现象在明律得到改变。从何文“表4.5.5明律比类不枉法与唐律的类似律条对比”可看出，在明律比附不枉法者，在唐律多比附受所监临。这或许是程天权等学者认为受所监临在明律被并入不枉法的原因。参见刘晓林、潘峙宇：《彼此独立抑或主附相依：唐律中的“枉法”与“不枉法”》，《上海政法学院学报（法治论丛）》2018年第5期，第132—133页；何君：《唐律六赃研究》，吉林大学法律史博士学位论文，2021，第113—115页。

虽有《杂犯》门，但坐赃致罪却与枉法、不枉法一处，位于《受赃》门中。①

2. 犯罪主体的整合。《职制律》对主体有特殊要求，可以看到唐律三赃主体相似，为“监临主司”或“监临之官”；坐赃致罪在《杂律》，在主体方面与之区隔，并包含常人，便有“非监临主司”的规定。② 明律枉法、不枉法与坐赃同在《受赃》门，消除了坐赃与前两者在主体层面的互斥规定。《受赃》门的主体范围大于《职制律》，于是笼统规定枉法、不枉法的主体为“官吏”，坐赃致罪的主体为“官吏人等”，转而通过行为条件展现坐赃与前两者的互斥性。因明六赃中受财类犯罪取缔了特殊主体“监临之官”的限定，③ 在唐六赃中情节次轻的受所监临失却特殊主体后，亦无为其独立设定标准、使其拥有六赃地位的必要。于是在其进入坐赃后，“官吏人等”除包含唐律坐赃的主体（相对于与财方是“非监临主司”的官吏＋常人）外，“监临之官”也被收入在内。

3. 犯罪行为的整合。在唐《职制律》中，受所监临与主体相类的枉法、不枉法为互补规定。该罪犯罪行为“不因公事而受监临内财物”④ 与枉法、不枉法的行为（必然因公事的“受有事人财曲法或不曲法”）明显互斥。由于主体整合，受所监临的代表性下降，不宜在六赃中独立成罪，其行为在与枉法、不枉法互相排斥的基础上，顺势进入情轻罚薄且更具包容性的坐赃。这样，唐律坐赃的“非监临主司因事受财”因无法涵摄“不因公事而受监临内财物”而调整为“非因事受财”，并与明律的枉法、不枉法形成新的互斥关系。

---

① 唐律受财类犯罪虽有四，但有学者提出，其中枉法与不枉法具有主附相依关系。明律的枉法与不枉法却彼此独立，并无此种关系。参见刘晓林、潘峙宇：《彼此独立抑或主附相依：唐律中的“枉法”与“不枉法”》，《上海政法学院学报（法治论丛）》2018 年第 5 期。

② 有两点需注意。其一，针对“坐赃致罪”四字的解释“谓非监临主司，而因事受财者”一句中，“非”所涵盖的范围是“监临主司”，即这是对主体的特殊要求，而不能将“非”涵盖的范围理解为“监临主司而因事受财”。因为后者会使坐赃致罪完全涵盖同为六赃之一的受所监临罪的犯罪构成，而这是绝不可能出现的情况。其二，非监临主司意在强调与职权无关，是相对具体涉案人、事而言的。受财者虽然不是与财者的监临官，但可能是其他人的监临官；虽然不是主管本案的官员，但可能是主管其他案件的官员。并不是将可能在任意人、事上成为监临主司的所有官员都排除出去。

③ 《大明律》依然存在以“监临主司”为主体的受财类犯罪，与受所监临关系最为密切的当属《刑律·受赃》“在官求索借贷人财物”条。该条规定“凡监临官吏挟势及豪强之人，求索借贷所部内财物者，并计赃，准不枉法论。强者，准枉法论。财物给主。若将自己货物散与部民，及低价买物、多取价利者，并计余利，准不枉法论。强者，准枉法论。物货价钱，并入官给主。若于所部内买物，不即支价，及借衣服器玩之属，各经一月不还者，并坐赃论。若私借用所部内马、牛、驼、骡、驴，及车船、碾磨、店舍之类，各验日计雇赁钱，亦坐赃论，追钱给主。若接受所部内馈送土宜礼物，受者，笞四十；与者，减一等。若因事而受者，计赃，以不枉法论。其经过去处，供馈饮食，及亲故馈送者，不在此限。其出使人于所差去处，求索借贷卖买多取价利及受馈送者，并与监临官吏罪同。若去官而受旧部内财物及求索借贷之属，各减在官时三等。”此外，这条律文与唐代相比同样作出较多整合调整，也存在不少问题，这一点《唐明律合编》有所提及。参见《大明律》，卷 23，怀效锋点校，法律出版社，1999，第 188 页；（清）薛允升撰：《唐明律合编》，第 11 卷，怀效锋、李鸣点校，法律出版社，1999，第 257—259 页。

④ 此系“受所监临财物”条疏文：“监临之官，不因公事而受监临内财物者。”刘俊文：《唐律疏议笺解》，中华书局，1996，第 870 页。

由此可见，明律坐赃“非因事”的要件来自唐律的受所监临罪。那么，其含义也难免会向受所监临条“不因公事”的方向靠拢。同时明代坐赃致罪与另外二赃的互补属性，也将“非因事受财”推向枉法、不枉法受财事由的对立面。因此，要考察唐明律坐赃致罪条中“因事”的含义与变化，还需结合唐代“受所监临”条，以及明代“枉法”“不枉法”条进行探讨。

（三）六赃整合下“因事”一词的释义及延伸

对于唐律坐赃“因事”的理解，主要有三种观点。其一，因公事。如钱大群将律文小注“谓非监临主司，而因事受财者”翻译为：“指不属监临主司之官吏，因公事收受当事人财物的情况。”① 其二，模糊的事，没有特指，如《唐律疏议译注篇四》。② 其三，有所请托之事且为公事，但非枉法之事。如何君认为此句指官典或官司只因非其职责管辖内的公事而受财，但她否定了凡人因事受财，言“凡人受财并无理由，此因事，还是应从官典的身份上考虑事和受财间的关系”。③

其实联系前后条款，不难得出答案：其一，《唐律疏议·职制律》“受所监临罪”条《疏》议曰：“监临之官，不因公事而受监临内财物者”。④ “事”字前有“公”字作为限定，这使得“不因公事”的指代范围十分明确。既然有更为清晰的表达“公事”存在，而坐赃致罪条并未采用，或可作为唐律坐赃条之“因事”并非指“因公事”的依据之一。⑤ 其二，《唐律疏议·贼盗律》“恐喝取人财物”条小注规定“若为人所侵损，恐吓以求备偿，事有

① 钱大群：《唐律疏义新注》，南京师范大学出版社，2007，第834页。

② ［日］律令研究会编：《译注日本律令八·唐律疏议译注篇四》，日本东京堂出版社，1996，第94页。

③ 何君先通过《大清律例》将明清律坐赃条中的“因事”认定为此意，又认为明律虽加“非”字，但与唐律坐赃条中“因事”一词的意思相同。其原文为：“若官吏受财而为枉法不枉法之事，有‘监主受财枉法’条，因而此律所因之‘事’应指非枉法不枉法之事。由此再看非监临主司，则从刘俊文说‘非监临主守仍是监主’则可以解释得通了。（按，刘俊文对非监临主司的观点与本文具有一致性）‘坐赃致罪’条此‘非监临主司’，综合唐律使用与后世传承，主要犯者身份应是官典或官司，即应指通常所有范围内的监临主守，虽则受财，只因并非其职责内的公事。即此罪与其他典型官典所犯赃罪的区分，不在身份上，而在非监临主司之职责的‘因事受财’上。坐赃因非本人职责管辖所体现的行为性质不同，是从利用职务来收受财物角度而言。”又说：“从后文比类坐赃的各律文看，犯者既有官、典，又有凡人。因此坐赃条的犯者，确有可能有凡人，但唐律内并未明确说明，而从唐律对彼此俱罪之赃的设定上、非监临主司又因事受财的受财上讲，凡人受财并无理由，此因事，还是应从官典的身份上考虑事和受财间的关系。”何君：《唐律六赃研究》，吉林大学法律史博士学位论文，2021，第56、66页。

④ 刘俊文：《唐律疏议笺解》，中华书局，1996，第870页。

⑤ 《唐律疏议·名例律》“犯罪未发自首”条问答：“又问：假有监临之官，受财不枉法，赃满三十四，罪合加役流。其人首云‘受所监临’，其赃并尽，合科何罪？答曰：律云：‘以不实不尽之罪罪之，至死听减一等。’但‘不枉法’与‘受所监临’得罪虽别，赃已首尽，无财可科，唯有因事、不因事有殊，止从‘不应为重’，科杖八十。”虽用“因事、不因事有殊”区别不枉法与受所监临，但此处的“事”必然指“公事”，唐律“监主受财枉法”条也无“因事”的用法。此概括与“坐赃致罪”条不能僵化套用。刘俊文：《唐律疏议笺解》，中华书局，1996，第368页。

因缘之类者，非”。疏文进一步解释此句，将该行为排除在“恐喝取人财物”之外，认定其符合“坐赃致罪”的成立条件：“‘若为人所侵损，恐喝以求备偿’，假有甲为乙践损田苗，遂恐喝于乙，得倍苗之外，更取财者，为有损苗之由，不当恐喝之坐，苗外余物，即当‘非监临主司，因事受财’，坐赃论科断。此是‘事有因缘之类者’，非恐喝”。[①] “事有因缘之类者”当为律文对坐赃致罪条“因事”的进一步解释。据此，钱先生的观点似乎并不合适，第二种观点更为合理，但可细化为“事有因缘之类”。“事有因缘之类”在《唐律疏议·贼盗律》“劫囚”条的问答中也出现过。[②] 应用场景往往指向轻罪，类似“事出有因”。

至于第三种观点，综合《唐律疏议》前后文，不符合体系解释，且有受明律影响的嫌疑。正如上文所言，坐赃致罪条位于《杂律》，结合该条主体为对“监临主司”的排除，自然包括凡人，而非仅是坐赃论及其加减条款的主体有凡人。示例“被人侵损，备偿之外因而受财之类”的主体是凡人，被人侵损就是理由，印证了该点。同时，若将该罪视为主要由官典、官司按何文所定义的“因事”受财，从取受双方来看都存在疑问。对于受财方，既非监临主司，还可能从《职制律》“监临之官家人有犯”条的“其在官非监临”，“各减监临一等”处断；[③] 毕竟没有相应职权，若为人请求，还可能构成同样位于《职制律》的“受人财为请求”。科罚与坐赃致罪条都不相同。[④] 对于与财方，从主观恶性与危害性来讲，既有请托之事，与受财枉法、不枉法中的主动与财者似乎无甚区别，仅对象不同，为何不将坐赃条请求者的规定放入“有事以财行求”条？毕竟减轻处罚即可。又凭什么“有事以财行求”条只言“诸有事以财行求，得枉法者坐赃论，不枉法者减二等”，而坐赃致罪条中的与财者却减坐赃五等？本文基本赞同何君对明清律“因事”的解释，但若移至唐律则难以适配，这是没有充分意识到二者的区别造成的；同时，其判断明清律坐赃致罪条“因事”涵义的过程比较简单，还可展开，以示区别。

对于明律坐赃“非因事”的解释，一方面，需基于前文“非因事受财”的溯源，此处“非因事”虽无“公”字，但在含义上却偏向唐代受所监临财物罪的“不因公事”。另一方

---

① 刘俊文：《唐律疏议笺解》，中华书局，1996，第 1395 页。

② “又问：窃囚而亡，被人追捕，弃囚逃走，后始拒格，因而杀伤，罪同劫囚以否？答曰：下条‘窃盗发觉，弃财逃走，因相拒捍，如此之类，事有因缘者，非强盗’。今者‘窃囚而亡，弃囚逃走’，理与‘窃盗发觉，弃财逃走’义同，止得‘拒捕’而科，不同‘劫囚’之坐。”刘俊文：《唐律疏议笺解》，中华书局，1996，第 1278 页。钱大群将此处的“因缘”解释为“非刑法学的因果关系，而是普通事情间的缘由”。钱大群：《唐律疏义新注》，南京师范大学出版社，2007，第 622—624 页。

③ 刘俊文：《唐律疏议笺解》，中华书局，1996，第 897—898 页。

④ 前者“各减监临一等”，若按何文对“因事”的解释，则应比附“枉法”“不枉法”的量刑减一等；后者“受人财为请求”条：“诸受人财而为请求者，坐赃论加二等；监临势要，准枉法论。与财者，坐赃论减三等。”刘俊文：《唐律疏议笺解》，中华书局，1996，第 853 页。

面，当基于明清律文与律学文献。从《大明律附例笺释》来看，明律坐赃致罪条的“非因事受财”原是相对前条枉法、不枉法的受财情节而言的，“谓凡官吏人等除因事受财枉法、不枉法已有上条律外，其非因事受财，但以坐赃而致罪者”。[①]《唐明律合编》的说法更为清晰，直言“明律改为官吏人等，非因枉法、不枉法之事而受财”。[②] 其说有《大清律例》注文为证。[③] 此处“因事”明确指代“因枉法不枉法之事”，比“因公事”还要狭窄，与唐律坐赃条的“事有因缘”已然不同。而对于何种行为属于“非因事”的范围，律注文献又有进一步辨析。如《大清律辑注》卷23“坐赃致罪”条云：“‘非因事’三字当重看。若一因事，便是枉法、不枉法矣”；[④]“坐赃与不枉法赃，俱无碍于法，而罪之轻重悬殊者，彼因事而受财，此非因事而受也。因事则出钱者另有行求之罪，非因事则出钱者止得减五等之罪，亦轻重不同。注引被人盗财、殴伤两项当看得活，不可泥定。盗财已得赔偿，殴伤已得医药，正数之外，因而受财，既有盗财殴伤之事，非因事乎？若受财而不究其盗与殴伤之罪，非枉法乎？盖必受者无强索等情，与者亦无行求之事，而盗与伤之罪，依律无枉，乃合坐赃致罪之义。”[⑤] 该解释揭示出问题的关键：枉法、不枉法与坐赃致罪虽位于《受赃》门，也常被称为“受财类犯罪”，但主要针对对合犯现象制定（虽然其中也有仅一方得罪者），除受财方外，还须关注与财方的情况。因此“非因事”并非指与公事无关，而是在和同无强索的前提下，要求与财方无行求之事。唐律主体为“非监临主司”，是通过无职权的主体排除行求，明律无此规定，还纳入受所监临，就要从“非因事”的涵义上做调整，于是其解释中既有属于唐律“受所监临”的情形，也有对与财方行求的排斥：“上条枉法、不枉法两项皆是因事受财，然充官吏人等贪赃之类，必有非因事而受财者。凡官吏人等，非因事而受人财贿，则坐赃致罪……既非因事，自无枉法、不枉法之处，而与者、受者两相和同，自无刁蹬用强、生事逼抑取受之情。特受者不当受，与者亦不当与，与受虽有轻重之分，而俱不能无罪也。”[⑥] 正如《大明律释义》所言：“非因人有事行求而受人之财，则曰坐赃致罪。”[⑦]

综上所述，前文将视线聚焦一点，考察在说明高度相似的前提下，唐明律“坐赃致罪”

---

① （明）王肯堂：《王仪部先生笺释》，卷23，顾鼎重编，清康熙三十年刻本，第11页。
② （清）薛允升撰：《唐明律合编》，卷11，怀效锋、李鸣点校，法律出版社，1999，第251页。
③ “凡官吏人等非因（枉法、不枉法之）事而受（人之）财，坐赃致罪。”《大清律例》，卷31，田涛、郑秦点校，法律出版社，1998，第498页。
④ （清）沈之奇撰：《大清律辑注》，卷23，怀效锋、李俊点校，法律出版社，2000，第861页。
⑤ （清）沈之奇撰：《大清律辑注》，卷23，怀效锋、李俊点校，法律出版社，2000，第861—862页。
⑥ （清）沈之奇撰：《大清律辑注》，卷23，怀效锋、李俊点校，法律出版社，2000，第860页。
⑦ （明）应槚撰：《大明律释义》，卷23，明嘉靖三十一年广东布政使司刻本，第7页。

条于核心成立条件及“因事”含义方面的显著差异，并从六赃整合的背景里揭示了关键原因。但在这一过程中也发现了新的问题：唐明律在坐赃致罪条核心成立条件、说明、示例与相关条款的关系方面尚属模糊，如从现行刑法犯罪构成的角度审视，甚至会出现无法接洽、互相抵牾的现象。此问题关系唐明律坐赃的性质与其所采用的立法技术，需要结合更多条款进行察考。既往研究中的一些认识未必细致全面，且两代规定条款纷繁、新旧驳杂、轻重互异，要探究清楚，其中沿革同异可能十分关键，还需进一步探索。

二、兜底条款？唐明律坐赃致罪之别

由于唐律坐赃致罪的开创性，以及唐明律的相似性，先行研究往往以唐律为主体，明律只作为其发展而存在。相较唐律的抽象凝练，明律的表达更为通俗具体。既有成果虽然对明律相关条款的拆解不够彻底，却经常以明释唐，用明清律学文献为唐律做注解。目前学界普遍认为唐律的“坐赃于六赃内，适用范围最广，凡不入其余五赃（包括准此赃及以此赃论），则坐赃致罪”。[①] 同时在为数不多的专题研究里也产生出唐明律坐赃致罪是兜底条款的既定印象。兜底条款指在立法无法穷尽法条需要描述之情形时所采用的概括性规定，如在我国现行刑法中，通过“其他”“等”这样的概括性用语，起到堵截漏洞、严密法网的作用。[②] 它是现代刑法术语，其介入应以唐明律坐赃致罪的各自明晰为前提，包括同与异；它也是一个立法技术问题，以兜底条款作为唐明律坐赃致罪条的性质概括是否合适？二者的性质是否一致？弄清相关问题，就要对比唐明律坐赃的立法技术，这关系到明清律坐赃

① 参见戴炎辉：《唐律各论》，成文出版社，1988，第 632 页；又见吴谨伎《六赃罪的效力》，关于此，文中还提到：“‘坐赃’虽针对官吏（非监临主司）和一般常人，但亦多为官吏所犯，也广泛适用民间的财产纠纷，置于《杂律》中，因其适用范围较大，凡不人其余五赃，则以‘坐赃’论处，使各类贪赃受财者在法律上无所遁形。”吴谨伎：《六赃罪的效力》，载高明士主编：《唐律与国家社会研究》，五南图书出版有限公司，1999，第 165、177 页。

② 兜底条款的概念在我国现行刑法中并无明文规定，属于学理概念，学界对其概念的认识大同小异，如陈兴良认为，兜底条款指立法者为了避免列举不全，对犯罪的构成要件在列举规定以外，采用“其他……”这样一种概然性方式所作的规定。参见张艳丹、马渊杰：《“经济刑法”中的兜底规定初探》，《法学杂志》2010 年第 9 期；马东丽：《我国刑法中兜底条款研究》，武汉大学刑法学博士学位论文，2014；陈兴良：《刑法的明确性问题：以〈刑法〉第 225 条第 4 项为例的分析》，《中国法学》2011 年第 4 期。

的价值，抑或后者将不再止于明确、通俗、擅断空间小且易执行。①

既然以往成果对二者的界定相同，在区别唐明律坐赃之前，不妨先看看二者的历史沿革，以及它们之间的恒定因素。而这需要更广阔的视角，将视野投向律内全部带有“坐赃”二字的条款以及其所构成的量刑体系。

（一）“计赃论罪”与坐赃的兜底任务

早在睡虎地秦简、岳麓秦简、张家山汉简中已可见与财产相关的犯罪行为多采用“计赃论罪”这种以财利多少决定量刑轻重的量刑方式。相关条款组成的量刑体系初具雏形，与唐明两代具有一定的相似性，均由核心条款、外围条款与例外三部分组成。大概呈现出下表所示规律：

表3　不同时期“计赃论罪”条款三分组成表

<table>
<tr><th>时段</th><th>核心条款</th><th>外围条款</th><th>例外条款</th></tr>
<tr><td>秦汉</td><td>盗</td><td>与盗同法、坐赃为盗</td><td>官吏在审核公有财产时数目有出入、所管理的公有财产受损类似唐律比附坐赃论的“出纳官物有违”“损败仓库积聚物”等</td></tr>
<tr><td rowspan="6">唐</td><td>强盗</td><td rowspan="6">比附不枉法之外的五赃，包括坐赃论及其加减等</td><td rowspan="6">“越度缘边关塞”“库藏失盗”与“错认良人为奴婢部曲”</td></tr>
<tr><td>枉法</td></tr>
<tr><td>不枉法</td></tr>
<tr><td>窃盗</td></tr>
<tr><td>受所监临</td></tr>
<tr><td>坐赃</td></tr>
<tr><td rowspan="6">明</td><td>监守盗</td><td rowspan="6">坐赃直接适用（“费用受寄财产”条除外），其余五赃比附</td><td rowspan="6">“磨勘卷宗”“卑幼私擅用财”“人户亏兑课程”和“违禁取利”</td></tr>
<tr><td>常人盗</td></tr>
<tr><td>枉法</td></tr>
<tr><td>不枉法</td></tr>
<tr><td>窃盗</td></tr>
<tr><td>坐赃</td></tr>
</table>

① 以林咏荣的《唐清律的比较及其发展》为例，其曾以唐明律坐赃致罪条的对比为典型例证，对明律在立法技术方面“规定明确并具有弹力性”的优点给予充分肯定，认为唐律：“仅举其刑名，曰：‘坐赃致罪。’其含义不甚明白，于是不得不加以注释，其注释曰：‘（坐赃）谓非监临主司，而因事受财者。’然而只此注释，其范围如何仍不甚清楚，于是又有赖于疏议为之补充……有了这个疏议，唐律的精神与作用，始为其表而出之。否则，只有依猜谜式‘引经解律’了。明律或清律在此种场合，往往是撷取唐律的正文、注释与疏议，改为较浅近的词句，而归纳为正文与注释。使其意旨明确，并于刑为等差，增多组距，使其具有最小的弹力性，俾免司法官以私意游移于其间……上列规定虽有稍嫌过于具体或量刑幅度过于狭窄，但仍较其过于抽象或过于广泛者为佳。”林咏荣：《唐清律的比较及其发展》，台湾“国立编译馆”，1982，第403—405页。

正如上表，尽管所处时代不同，犯罪行为复杂多样，有限的法律条文却并不适合逐一为各种行为设定独立罚则。能够详细规定具体刑等的条款总是屈指可数，因此一直有对行为及罚则进行收束的客观需求。秦汉时期“坐赃”应此需求以“坐赃为盗”的方式出现，承担起将核心条款盗的计赃准则扩张适用于相关行为的任务。①至于难以收束的条款，则以例外的形式散布律中。而这种扩张适用某些条款，进而将更多行为和罚则收束一处的任务，在现行刑法中经常由兜底条款承担，是立法技术的体现。即抽象层面的“兜底任务”，是令特定条款的量刑标准扩张性适用于更多犯罪行为的任务；从具体层面来看，则要考虑其立法意图，换言之，不同时期收束对象有所差别。如秦汉律的“坐赃为盗”，意在处理在涉赃方面与盗具有同质性且危害较为严重的行为，于是与盗同罚；唐律却希望额外设立一标准用于处理涉财，在其他方面与其余五赃不太相似，且情节轻微的行为；明律正因与唐律一致，才在更多考量下针对兜底需求，基于唐律收束轻微犯罪的立法目的对坐赃进行调整，容后文详述。

各代始终不变的是兜底任务的存续。不同之处除上表所示收束对象之外，还体现在坐赃对条款的收束力度。至唐律，法律的收束性随其细化完备而明显增强：一方面，秦汉时期原本从属于与盗同法、坐赃为盗条款的部分行为被选为新的核心条款，譬如唐六赃中的“枉法”可溯源至汉《二年律令·盗律》简 60：“受赇以枉法，及行赇者，皆坐其臧（赃）为盗。罪重于盗者，以重者论之”；②另一方面，秦汉时期的一些例外条款，行至唐律已被收归外围条款，例如唐律“坐赃论”的“出纳官物有违”“损败仓库积聚物”可溯及睡虎地秦简《效律》中的例外条款。③明代更进一步，在唐律属于外围比附情形的坐赃论及其加减

① 关于“坐赃为盗”究竟指盗罪细目还是比附盗罪量刑，学者们各持己见。前者如冨谷至、石冈浩、朱腾等；后者如张传玺认为：“‘盗’与其他赃罪是彼此独立的犯罪，但它们得以通过‘与盗同法’‘坐赃为盗’等参引术语形式，在秦及汉初律令体系内得以彼此关联。”该问题十分复杂，但不论性质如何，在“‘坐赃’二字起到将核心条款盗的计赃准则扩张适用于相关行为的作用”方面并无区别。参见［日］冨谷至：《论出土法律资料对〈汉书〉〈晋书〉〈魏书〉“刑法志”研究的几点启示》，薛夷风译，载韩延龙主编：《法律史论集》第 6 卷，法律出版社，2006，第 356—358 页；［日］石冈浩：《张家山汉简〈二年律令〉之〈盗律〉所见磔刑的作用——诸侯王国视野之下的严刑适用》，李力译，载朱勇、张中秋、朱腾主编：《日本学者中国法论著选译》（下册），中国政法大学出版社，2012，第 81—82 页；朱腾：《唐以前盗罪之变迁研究》，《法学研究》2022 年第 1 期，第 143 页；张传玺：《秦及汉初赃罪构造试探——以张家山 247 号汉墓竹简为中心》，载中国政法大学法律古籍整理研究所编：《中国古代法律文献研究》（第 15 辑），中西书局，2021，第 1—67 页。

② 彭浩、陈伟、［日］工藤元男主编：《二年律令与奏谳书》，上海古籍出版社，2007，第 113 页。

③《效律》简 58—60：“计脱实及出实多于律程，及不当出而出之，直（值）其贾（价），不盈廿二钱，除；廿二钱以到六百六十钱，赀官啬夫一盾；过六百六十钱以上，赀官啬夫一甲，而复责其出殹（也）。人户、马牛一以上为大误。误自重殹（也），减罪一等。”《效律》简 22—24：“仓屚（漏）朽（朽）禾粟，及积禾粟而败之，其不可飤（食）者，不盈百石以下，谇官啬夫；百石以到千石，赀官啬夫一甲；过千石以上，赀官啬夫二甲；令官啬夫、冗吏共赏（偿）败禾粟。禾粟虽败而尚可飤（食）殹（也），程之，以其秏（耗）石数论负之。”睡虎地秦墓竹简整理小组编：《睡虎地秦墓竹简》，文物出版社，1990，第 76、72 页。

等，至《大明律》已被收束进入核心条款（“费用受寄财产”条除外），直接从属于明六赃中的坐赃，成为坐赃致罪的犯罪行为。

与此同时，伴随法律的调整，亦会产生新的例外条款。即便于《唐律疏议》和《大明律》这样成熟的法典中，也会有一些计赃论罪却无法比附核心条款量刑的例外情形。它们拥有独立的量刑阶梯，无法被收束。唐律有“越度缘边关塞”“库藏失盗”与“错认良人为奴婢部曲”3条，明律有“磨勘卷宗”“卑幼私擅用财”“人户亏兑课程”和“违禁取利”4条。以此保障其不会因生搬硬套六赃刑等而轻重失度。

上述规律既源自计赃论罪条款相对恒定的三分组成，这是我国古代一脉相承的立法技术，又与始终存在的兜底需求密不可分。收束性日强的趋势下，汉唐间坐赃的转变不可谓不明显，立法意图相似的唐明律坐赃究竟又有哪些区别呢？

（二）唐明律坐赃致罪及相关条款的区别

有关唐明律坐赃致罪相关条款的区别，第一部分仅聚焦考察在说明高度相似的前提下，唐明律“坐赃致罪”条于核心成立条件尤其在“因事”含义方面的显著差异，并从篇章结构与六赃整合的背景中揭示了关键原因。但未结合前文提到的二者量刑标准的扩张适用方式（也可视作相关条款的收束方式）进行详细解读。这需要顺从坐赃计赃论罪的立法思维，以“坐赃致罪”本条的示例与说明为出发点，找寻该条与其他条款的连接点和连接方式，从宏观视角洞悉唐明律坐赃致罪的性质。然而要实现这一目的，前提是沿此顺序挖掘出隐藏在相关条款字里行间的关键区别。

第一，“坐赃致罪”条成立条件、示例与关键表述“罪由此赃”间的关系有所差别。从关键表述“罪由此赃”一句出发，语序不同，规范效果就有所差异。唐律，该句在疏文而非律文中，疏文首列六赃，然后单独阐述坐赃：“然坐赃者，谓非监临主司，因事受财，而罪由此赃，故名‘坐赃致罪’。”“罪由此赃”实际上是对本罪成立条件“非监临主司，因事受财”的强调。换言之，成立该罪有且仅有这一种情形：非监临主司基于某种原因而受财。示例在最后，是满足犯罪成立条件的典型行为。至《大明律》，该表述被移至小注对成立条件的说明中，位于全部示例以后、量刑数额以前，即“谓如被人盗财……或造作虚费人工物料之类，凡罪由此赃者，皆名为坐赃致罪”。使其具备总结、扩张作用，将“官吏人等非因事受财”及众示例都囊括在内，由该句一言以蔽之。所列示例也很值得分析，《大清律辑注》曰：“本文（指坐赃致罪条）只统言非因事受财，而注内引证者，各有所指，分两项看。前引被人盗财殴伤，于赔偿医药之外，因而受财之类，是专指凡人言，不及官吏。以官吏非因事受财，如馈送庆贺等类，明白易见，不必言也。后引科敛财物以下，不入己诸项，与虚费工料之类，则专指官吏言。然皆虚赃也。前实有入己之赃，固宜坐赃致罪，后虽无入己之赃亦坐赃致罪者，以其剥民多取虚费伤财，故其罪同。然入己者即罢职役，不入己者拟还职役，亦有不同也。”即坐赃致罪条虽统言“非因事受财”，却只是该罪的核心部分，“前引”示例是“非因事受财”的典型行为，但列举不尽；“后引科敛财物以下”也属于该罪，是具有同等危害的其他情形的列举。

第二，明清律并无六赃乃赃罪正名之表述。这为明律坐赃的性质界定留下余地。《唐律疏议》曾于两处强调六赃的特殊性，其中一次就在“坐赃致罪”条，《疏》议曰：“赃罪正名，其数有六，谓：受财枉法、不枉法、受所监临、强盗、窃盗并坐赃。”① 明确将坐赃界定为“赃罪正名”。另一处《名例律》“以赃入罪”条《疏》议曰：“在律‘正赃’，唯有六色：强盗、窃盗、枉法、不枉法、受所监临及坐赃。自外诸条，皆约此六赃为罪。”虽也通过“自外诸条，皆约此六赃为罪”反映出六赃独特的法律地位，但说明中的“正赃”指犯罪涉及的具体财物，若用“正赃”代指唐律中的赃罪，恐怕不是十分恰当。② 明律并无“赃罪正名”之表述，虽然看起来其他与财产相关的条款在量刑时都使用明六赃的量刑阶梯，但坐赃致罪却有不同于另外五者的解释：“监守常人窃盗赃曰‘并赃论罪’，枉法不枉法赃曰‘计赃科断’，此条曰‘坐赃致罪’，盖和同取与之财，于法无碍，本非赃也；科敛等不入己之项，实无赃也。然非赃而分不应受，无赃而罪不能免，非赃而得是赃之罪，无赃而得有赃之罪，故不曰‘计赃’而曰‘坐赃’，不曰‘论罪科断’而曰‘致罪’。‘致’犹‘文致’之意，本非赃、实

---

① 刘俊文：《唐律疏议笺解》，中华书局，1996，第1775页。

② 刘俊文认为律文规定赃分两类，正赃和倍赃，该条提及的正赃有时指“原赃物”有时指“本赃”。钱大群认为正赃亦称本赃或原赃，唐律中其概念内涵包括：“一是性质源出于《杂律》卷第二十六（总第389条）规定之‘六赃’，以及比照‘六赃’定罪的其他罪之赃。二是属犯罪标的之财物及这些财物自然衍生的增值之物，或其转换形式的财物。第三，盗罪不包括倍赃在内。”既往研究中有将“正赃”作为类似“赃罪正名”之意使用者，有违该词在唐律中的确切含义。参见刘俊文：《唐律疏议笺解》，中华书局，1996，第328、331、335页；钱大群：《唐律疏义新注》，南京师范大学出版社，2007，第144页；刘晓林：《唐律立法语言、立法技术及法典体例研究》，商务印书馆，2020，第157页；何君：《唐律六赃研究》，第三章“六色正赃”，吉林大学法律史博士学位论文，2021，第55—70页。

无赃而坐之以赃，乃致于罪，犹文致之也。”[1] 对于明律坐赃致罪，以上解释不无道理，但对于强调坐赃致罪是赃罪正名的唐律来说则不能如此界定。既然说坐赃致罪是赃罪正名，就难言其“本非赃也”；至于被称作“实无赃也”的科敛不入己等项，在唐律见于“差科赋役违法”条等，并未见于坐赃致罪条，亦难言唐律坐赃致罪条确就将其包括在内。

第三，明律以“坐赃论加减等”作为其他罪条基本刑者与唐律相比十分罕见。[2]《大明律》内，凡采坐赃致罪量刑标准者，很少以“坐赃论加减等”作为基本刑（不包括从犯、官私物一类加减刑情况），往往直接“坐赃论”，如《户律・仓库》“出纳官物有违”条，“凡仓库出纳官物，当出陈物而出新物，应受上物而受下物之类，及有司和雇和买，不即给价，若给价有增减不实者，计所亏欠及多余之价，坐赃论”。[3] 例外者唯《户律・钱债》“费用受寄财产”条，“凡受寄人财物畜产而辄费用者，坐赃论减一等”[4] 一条而已，且系对唐律的继承。但是这类规定在唐代却十分常见，唐律第 136 条、第 148 条、第 209 条、第 218 条、第 240 条、第 242 条、第 296 条、第 356 条、第 397 条（受寄物辄费用）、第 408 条、第 424 条、第 427 条、第 430 条等均是适例。

（三）技术转变下唐明律坐赃致罪的性质变化

前述三点区别对唐明律坐赃致罪条性质变化的界定具有特殊意义：

1. 唐律坐赃条的成立条件、概括说明及示例均指向“谓非监临主司，而因事受财者”本身，没有扩张性；明律的概括说明“凡罪由此赃者，皆名为坐赃致罪”，语义与现行刑法中“其他”“等”一致，能够堵截漏洞，是兜底性质的体现。又因前文言及，明律坐赃条中

---

① （清）沈之奇撰：《大清律辑注》，卷 23，怀效锋、李俊点校，法律出版社，2000，第 861 页。何君在谈“坐”与“致罪”的涵义时论道：“但这里要注意，清代时‘赃’的主要律文涵义是延续明代的贪墨之赃，即此赃非实有是赃，有可能所言为非贪墨实赃。‘坐之以为赃’的认识则较符合唐律坐赃致罪之意。”但其对明代的赃是贪墨之赃的判断乃基于《明史・刑法志》“贪墨之赃有六：曰监守盗，曰常人盗，曰窃盗，曰枉法，曰不枉法，曰坐赃”一句，并强调明代之赃“有延续《元典章》的官吏贪赃之义”。该观点或可商榷，首先，《明史》成书晚，作者不是法律工作者，《明史・刑法志》也非律学文献，该句很难说是在界定赃的涵义，“贪墨之赃”的概述未必严谨；其次，其既言坐赃是贪墨之赃，又怎能与沈之奇“本非赃、实无赃”的观点相融？证明力度恐怕不足，前后又有矛盾之嫌。作者后文另举宋代《广韵》“纳贿曰赃”与明末清初《正字通》“吏受贿也，又盗所取物，凡非理所得财贿，皆曰赃”二例论证唐以后赃的律学内涵常指向狭义的贪墨之赃。但这些解释同样不是律学解释，互相之间也不统一，具体表述与“贪墨之赃”并不等同，很难证明当时律学就将赃的涵义限缩为“贪墨之赃”。详见何君：《唐律六赃研究》，吉林大学法律史博士学位论文，2021，第 9、32、100 页。

② 关于唐律基本刑及其意义，参见刘晓林：《唐律中的“人口买卖”：立法的表述、量刑及其逻辑》，《当代法学》2022 年第 3 期，第 156 页。

③ 《大明律》，卷 7，怀效锋点校，法律出版社，1999，第 73 页。

④ “私借官车船”条之类，有“笞五十”的基本刑，“若计雇赁钱重者，各坐赃论加一等”只是分段从重适用的刑罚。“私借官物”条、“私借官畜产”条、“私借驿马”条也属此类，且仅限以上几条规定。见《大明律》，卷 5、7、9、16、17，怀效锋点校，法律出版社，1999，第 57、71、83、125、132 页。

的示例本是别条中“坐赃论”者典型行为的归纳概括，故别条中“坐赃论”者亦被囊括在内。

2. 明律并无六赃乃赃罪正名之表述，从反面衬托出明律并未明确受到唐律“在律正赃唯有六色，自外诸条，皆约此六赃为罪”模式的限制，明律中的坐赃致罪不会因之必然成为比附核心，依然具备成为诸多坐赃论犯罪行为的集合的可能性。

3. 唐律内凡采坐赃致罪量刑标准者，很多以“坐赃论加减等”的形式存在，明律却直接以“坐赃论”，进一步证明唐律坐赃致罪条与其他五赃一样自成一罪，其刑度只是各罪的量刑比附基准，故比附坐赃各罪量刑的灵活性很强，可以用“坐赃论加减等”作为基本犯的量刑标准，并于此基础上按照加重减轻情节再行调整。明律相关条款几乎没有“坐赃论”以外的基本刑，则宣示着这些条款中的行为多为坐赃致罪的一部分，该条在量刑比附标准方面的作用虽未消失，但已然大大削弱。

三点互为印证，揭示出不同的立法技术，也对应着唐明律坐赃致罪的不同性质。唐律坐赃致罪为唐代财产类相关条款的量刑比附标准，而非兜底条款；与之相较，明律坐赃致罪条具有显著的兜底性质。唐明律计赃论罪型条款都有兜底需求，但这一任务在唐律中由比附坐赃量刑的条款承担；在明律中，因坐赃论的含义为适用坐赃致罪本条，故由坐赃致罪本身承担。下面分别展述。

在唐律中，坐赃致罪与自外诸条约坐赃为罪者相互独立。从罪的角度看，它是赃罪正名。若从量刑角度看，坐赃致罪的性质是量刑的比附核心。吴谨伎也有类似观点。他将“比附‘坐赃’量刑刑度的犯罪”作为有关唐律中比附六赃量刑之相关犯罪的分类之一，并指出“‘坐赃’是六赃罪中处罚最轻的一种，是非监临主司因事受财致罪……故在司法执行中六赃之外，凡一般官吏或人民涉及财物侵损之犯罪，均比附‘坐赃’刑度来论处”，唐律第173条、第215条、第448条、第240条、第241条、第242条、第399条是为例证。[①]笔者不再赘言。

在明清律中，坐赃致罪是论罪之法，非犯赃之名。从罪的角度看，它不是切实的赃罪。从量刑角度看，其并非比附核心，坐赃论即直接适用坐赃致罪条的法律规定。《大清律辑注》曰：“凡别律照监守、常人、窃盗、枉法、不枉法科断者，曰‘以’，曰‘准’，而照坐赃者，则但曰‘坐赃论’。盖诸赃皆有正名，而此独无名者，以非实赃而坐以为赃也。坐赃是论罪之法，非犯赃之名，故照此问拟者，直曰‘坐赃’，不言‘以’‘准’，但查照此条以

① 吴谨伎：《六赃罪的效力》，载高明士主编：《唐律与国家社会研究》，五南图书出版有限公司，1999，第188—190页。

科断耳。”[①] 这段论述反映出，明清律学家认为坐赃致罪与其他五个切实的赃罪不同，“是论罪之法”。其缘由或许如上引《大清律辑注》所说的那样，“盖和同取与之财，于法无碍，本非赃也；科敛等不入己之项，实无赃也”。坐赃致罪的各种行为不是真正的赃罪，只是由于与财利相关，“以非实赃而坐以为赃”。《大明律附例笺释》“坐赃致罪”条直言：“凡律称‘坐赃论’者，尽系此条。注言擅科敛等，特举其凡耳。”这一解释则明确将诸律称坐赃论者，划归本条范围之内。《淑问汇编》卷3《律例辨疑》“坐赃致罪”有小注“凡律称坐赃论者，皆与此条同意，惟出钱人不坐，官吏坐赃若不入己，拟还职役”，[②] 也系此意。

还需强调，明律坐赃致罪的性质是独有的。在明律中，其性质不同于其他五赃。以“枉法”为例，从丘濬《讲求律意以定国是疏》（后被《大明律附例笺释》化用，仅个别字句不同）对“以枉法论”“准枉法论”的解释中可见，这两种枉法的比附量刑规定与唐律“以六赃为中心，其他犯罪行为比附六赃量刑标准量刑”的模式[③]相一致：“何以谓之‘法’？律有明条，是之谓法；何以谓之‘枉’？罪有出入，是之谓枉。此又‘枉法’二字之义也。至于法不应受财而受及不应为而为之者，谓之犯法则可，以其犯在官之法，而法不属于彼，诚难谓之枉也。诸条犹有‘以枉法论’‘准枉法论’者，盖以诸人所犯之情不同，而有类于此者。官吏枉法条该括不尽，故又有‘以枉法’‘准枉法’之条，以别其罪。祖宗因情定法之意至为精密，固不容文外求意，致罪有出入者也。若凡受财但于法有违者，便谓之枉法，则人人皆可以官吏枉法条科断，而‘以枉法’‘准枉法’诸条，似若不必设……”[④] 该解释强调“以枉法论”“准枉法论”诸条与“赃罪正名”枉法条之别，而坐赃致罪条的相关解释却在强调“坐赃论”“尽系此条”。律文中的“坐赃论”没有“别其罪”的作用。

三、结论

针对明律对唐律的变革，清末薛允升的《唐明律合编》曾多有批评。称其改自唐律却不如唐律，赃罪条目排列杂乱，同类赃罪量刑悬殊，多处改动不仅毫无意义，而且破坏了唐律原有的量刑逻辑。其中，薛允升对六赃指出：“唐律之受赃，俱指官吏而言。枉法为重，不枉法次之，受所监临又次之，故载在职制律。若平人得赃，则诈欺、诓骗类居多，

---

① （清）沈之奇撰：《大清律辑注》，卷23，怀效锋、李俊点校，法律出版社，2000，第861页。

② （明）李天麟纂集：《淑问汇编》，卷3，载杨一凡编：《中国律学文献》，第5辑第2册，社会科学文献出版社，2018，第371页。

③ 参见王舒：《明代“计赃论罪”研究》，湘潭大学法律史硕士学位论文，2020，第9页。

④ （明）孙旬辑：《皇明疏钞》，卷64，明万历十二年自刻本，第8页；（明）王肯堂：《大明律附例笺释》，卷23，清抄本，第5—6页。

并无枉法、非枉法之分。至彼此交接馈送，系人情之常，亦不得以赃论。然实有取非其有，如疏议所云者，故又有坐赃之科。俱极分明，明律总受赃为一门，而官吏与平民俱混而为一，后且有以平民而科以枉法与准枉法论者矣。”[①] 薛氏的评判有其道理。正如前文所述，明六赃在受赃问题上，对唐律进行了很大程度的整合与简化，这已然触动了唐律在赃罪及其量刑体系建设方面的基本逻辑。

试举几例：如唐律确立受财类赃罪正名的主要依据之一，是区别主体，明律削弱这一点，因此会产生“以平民科以枉法与准枉法论者”这种突破唐律逻辑的现象。又如，唐律在建立量刑体系时，力求层次丰富，先设六个量刑阶梯作为标准，并用不同的赃数计算方法拉开差距，比附量刑者各自以、准、加、减，进一步分化量刑，同时此六等也是比附量刑者在立法幅度中的边界，于是相关犯罪的刑罚不仅轻重有序，而且充分与犯罪情节相结合，故十分多样；明律先变六个阶梯为四，又简化赃数计算方法，再将占比较大的坐赃从比附核心改为直接适用，从而舍弃坐赃的加减等，整体而言虽然有轻重次序，却力求简化，不太追求量刑的丰富与差异化。

但明律在这方面的整合无疑是逻辑相对自洽的。既有对法益保护的侧重，又照顾到篇章结构变化后带来的一系列影响。在分类上，唐六赃以受财类犯罪占多数，侵犯财产类犯罪占少数，明律则是受财类犯罪和侵犯财产类犯罪并重。从财产性质来看，唐律更重视对私有财产的保护，明律则更重视官有财产的损失。故在技术处理时，应篇章结构调整需要，重塑六赃间的逻辑关系：一方面，删除受所监临，其本罪部分进入坐赃，并调整坐赃的内容、性质，在内容尤其是律文的内容上形成对枉法、不枉法的补充；[②] 约罪部分进入不枉法，使不枉法真正成为比附核心。另一方面，纳入监守盗、常人盗，适应重视官有财产的社会需求，并通过相同的量刑阶梯在盗罪与受财类犯罪间建立联系，[③] 使坐赃在性质（非赃罪正名，而是论罪之法）上，能够成为五赃之外的兜底条款。因此仍具备相当的合理性。

在坐赃致罪与六赃的设置上，唐明律各有是处，虽然明律在修改过程中有所取舍，无法全盘保留唐律的各种设计，但简化法律无疑更符合明代的普法政策，因此无可厚非。在看待唐明律变化问题时，若有疑问及看似矛盾之处，不妨从多个层面关注二者间的立法逻辑是否有所调整，调整后又有哪些影响，或可有所收获。

---

① （清）薛允升撰：《唐明律合编》，卷 11，怀效锋、李鸣点校，法律出版社，1999，第 251 页。

② 篇章结构调整后，枉法、不枉法与坐赃致罪三条位于《受赃》门，在该门内，三者正文的内容可共同形成一个逻辑闭环，并拥有特殊地位。正如薛允升所言：“如官吏受财条内，分枉法、不枉法、坐赃致罪三条，此计赃科罪之凡例也；事后受财以下，其九条，此以赃定罪之节目也。”（清）薛允升撰：《唐明律合编》，卷 11，怀效锋、李鸣点校，法律出版社，1999，第 246 页。

③ 明律在量刑阶梯的设置上，令常人盗与枉法为一等，窃盗与不枉法为一等。详见表 1。

综上所述，唐明之间，六赃的改换不止名目，其中变化包括主体、行为、惩罚方式、法律用语乃至根本性质等多个方面。在唐明律发展的过程中，“因事”一词看似被沿用，实则已经在篇章、六赃、坐赃等各层面的变革下拥有了全新的内涵。虽然“因事”作为法律术语，其关键程度不及能够贯穿全律的“以”“准”等字，很容易被忽略。但从本文可以看出，经过发展的“因事”在明律已经成为枉法、不枉法与坐赃致罪的关键分割点。唐明律坐赃致罪条状似只有简单的字词变动及语序调整，但这些暗含深意的变化却是坐赃致罪的性质变更的体现，甚至六赃的体系架构亦随之受到影响。“因事”一词的流变不过是管窥。明六赃乃至代际间条款沿革关系的察考不可止于表面，尚待细细辩证，方能免于误区。

主题研讨三：四川治理的历史经验

成汉法制考论*

高　然**

摘　要　成汉于两晋十六国时期立国巴蜀南中四十余年，建国前后分别出台了“法三章”“法七章”两套较为简单的法律，并依照魏晋制度构建了自上而下的国家行政系统。在具体的司法、监察活动中，基本只保留了维护君权的部分，行事主要体现君主意志。经济领域仅制定了国家经济最为核心的租调法令。对于边疆、少数民族，成汉采取了地方“军政合一”的体制加以镇抚管理，并对少数民族地区采用“以夷治夷”的治理思路，依靠其豪酋、习惯法进行自治。总之，成汉国家法制整体上表现出了简单化、随意性的特征，这种状况的出现主要是其内外政治环境不稳定、自身法制人才缺失，以及国家主体思想混乱等因素所导致的。

关键词　成汉；法制；形成原因

成汉（304—347）政权由西晋末年入蜀的关陇六郡流民建立，于巴蜀南中地区立国四十余年。学术界对其发展历史、政权性质、民族宗教等问题均有不同程度的探讨，[①] 但因其

* 本文系国家社科基金西部项目“北朝隋唐鲜卑人家族墓志整理与北朝隋唐鲜卑人家族研究”（项目号：20XMZ008），四川省教育厅人文社科基地项目“蜀汉、成汉南中治理比较研究”（项目号：QYYJA2003）的研究成果。

** 高然，西华师范大学历史文化学院教授。

① 成汉相关研究可参见范双双、高然：《20 世纪 50 年代以来的成汉史研究述评》，《北华大学学报（社会科学版）》2017 年第 3 期。

存国时间相对较短，资料较为稀少、零散，目前尚无针对其国家法制进行专门研究者。笔者梳理相关史料，对成汉法制初作探索，以期对相关研究的深入展开有所助益。

一、成汉的立法活动及其法律

成汉立国巴蜀南中四十余年，[①] 其并未直接继承魏晋法律传统，而是形成了一套自身较为独特的法律系统。

（一）“约法三章”

成汉立法活动早在李氏流民集团征战巴蜀之时即已开始。永宁元年（301 年），正在与西晋益州刺史罗尚作战的李特围困成都，自称使持节、大都督、镇北大将军，承制封拜一依窦融在河西故事，构建了自己的统治机构，摆脱了流寇面貌，转而寻求建立长期统治，并开始其立法活动。史载李特“与蜀人约法三章，施舍振贷，礼贤拔滞，军政肃然”。[②] 此后一段时间，由李氏集团与巴蜀土著势力共同订立的“法三章”即成为李特所控区域的基本法律，但此“法三章”又不同于普通的法律。

对于“约法三章”内容，杨伟立研究认为其内容即为后面提到的“施舍赈贷，礼贤拔滞，军政肃然”三点。其中“礼贤拔滞”为核心，即地主阶级掌权，在此原则下，对贫民“施舍赈贷”。“军政肃然”表面上对任何人都有好处，但因为贫民已无可“侵掠”，故维护的仍是富人利益。因此“约法三章”代表地主阶级利益，为地主阶级服务。[③] 虽然杨伟立所论李特行为目的在于获得以益州地主为核心的巴蜀土著势力支持这一观点较为准确，但所指“约法三章”内容即“施舍赈贷，礼贤拔滞，军政肃然”三事的观点值得商榷。所谓“法三章”，以其最初出现于汉高祖刘邦与关中父老约定来看，应为“杀人者死，伤人及盗抵罪”，[④] 明显是为简化、理顺当时混乱、繁冗的法律体系而出现，并无经济生活、人才选拔等内容。李特的情况应与此相类，为针对罗尚的贪残乱法而来，与此后二事应为并列关系，共同构成李特在各个层面（司法简化、经济救助、人才选拔）发展的指导政策，最后的“军政肃然”则是结果。当然，直接目的如杨伟立所说，是为了进一步拉拢巴蜀百姓，分化罗尚的统治基础，这也导致“法三章”带有较明确、直接的目的性和临时性。“约法三

---

① 成汉国家相关历史可参见高然、范双双：《成汉国史》，社会科学文献出版社，2020。
② 《晋书》，卷 120《李特载记》，中华书局，1974，第 3027 页。
③ 杨伟立：《论李特起兵及其所建政权的性质》，《西南师范大学学报》1980 年第 2 期。
④ 《史记》，卷 8《高祖本纪》，中华书局，2014，第 459 页。

章”的效果是较为明显的，史载“百姓为之谣曰：‘李特尚可，罗尚杀我。’尚频为特所败”。[①]

此外，虽然“约法三章”所推行区域为李特控制地区，但最初的适用对象并不是全体百姓，而更多应是对李特所带领的流民军队自身的约束。即除了安抚巴蜀土著势力外，“法三章”最初主要是强调流民军队纪律的军法。这可以从几个方面得到佐证：

一是在此之前的一段时间里，在巴蜀地区多行杀人、劫掠的主要就是李氏所领导的六郡流民军队。如史书记载：

> （益州刺史赵）廞厚遇之（李特），以为爪牙，故特等聚众，专为寇盗，蜀人患之。[②]

又记赵廞被杀后：

> （李）特至成都，纵兵大掠，害西夷护军姜发，杀廞长史袁治及廞所置守长。[③]

此后李雄等也曾提到“吾属前已残暴蜀民，今一旦束手，便为鱼肉”，[④] 以此凝聚流民人心。可知西晋末年在巴蜀地区杀人、伤人、为盗的主要是六郡流民军队。

二是从李特所构建的职官系统可以发现，李特所封职官几乎都是军事职官，史载：

> （李）特自称使持节、大都督、镇北大将军，承制封拜一依窦融在河西故事。兄辅为骠骑将军，弟骧为骁骑将军，长子始为武威将军，次子荡为镇军将军，少子雄为前将军，李含为西夷校尉，含子国离、任回、李恭、上官晶、李攀、费佗等为将帅，任臧、上官惇、杨褒、杨珪、王达、麹歆等为爪牙，李远、李博、夕斌、严柽、上官琦、李涛、王怀等为僚属，阎式为谋主，何世、赵肃为腹心。[⑤]

这里的持节都督以下均为军事职官，以及爪牙、僚属、谋主、腹心等自身幕僚，地方

---

① 《晋书》，卷120《李特载记》，中华书局，1974，第3027页。
② 《晋书》，卷120《李特载记》，中华书局，1974，第3023页
③ 《晋书》，卷120《李特载记》，中华书局，1974，第3024页。
④ 《资治通鉴》，卷85《晋纪七》惠帝太安二年，中华书局，1956，第2679页。
⑤ 《晋书》，卷120《李特载记》，中华书局，1974，第3027页。

行政官员仅有此前不久任命的广汉太守李超[①]。

三是此时的西晋法律也并未废除（具体见后），晋律实际与“法三章”并行。

因此，这一时期的法律应用情形应该是：地方行政系统中，仍维持西晋的地方行政制度、职官系统及法律，这些也主要把握在巴蜀土著势力手中；“法三章”则行于军队，主要为约束自身军队的军法。

（二）“约法七章”

“法三章”出台后的数年，李氏流民集团与西晋益州地方官员的战争不断反复，巴蜀地区进入一个“有法难行”的战乱状态，直到李雄彻底奠定了自身在巴蜀的统治，新的立法活动也随之被提上日程。

西晋永兴元年（304年）十月，在各方力量支持下，李雄即成都王位，大赦境内，改元建兴，建立了大成政权，与此同时，“除晋法，约法七章”，[②] 这是李氏集团第二次有明确记载的立法活动。此时的李氏流民集团正式建立了自己的割据政权，与西晋以及北方崛起的刘渊等势力分庭抗礼，而废除西晋法律，与蜀人重新“约法七章”就是其在法律上的体现。

这次“约法七章”的内容不得而知，从提法上看：一是七章法律仍是李氏流民集团与巴蜀土著势力共同敲定的；二是“法七章”的内容应该是在原“法三章”的基础上有所丰富，且从原有的军队范围扩展到整个成汉国家；三是“法七章”同时废除了西晋法律，而“法七章”较晋法应是极为简化了的，或约化晋法为“法七章”，[③] 故有“（李）雄性宽厚，简刑约法，甚有名称”[④] 的记载。总之，“法七章”本质上应仍以杀人、伤人、盗等人身、财产安全保障为核心。

此后再未见成汉有立法活动，“法七章”应该就此成为成汉国家此后四十余年的法律基础，只在具体运行过程中有所调整和灵活处置。

---

① 西晋永宁元年（301年）三月李特“入据广汉，以李超为太守，进兵攻尚于成都”。《晋书》，卷120《李特载记》，中华书局，1974，第3026页。

② 《晋书》，卷121《李雄载记》，中华书局，1974，第3036页。

③ 史载：“晋初，甲令已下，至九百余卷，晋武帝命车骑将军贾充，博引群儒，删采其要，增律十篇。其余不足经远者为法令，施行制度者为令，品式章程者为故事，各还其官府。”《隋书》，卷33《经籍志二》，中华书局，1973，第967页。

④ 《晋书》，卷121《李雄载记》，中华书局，1974，第3040页。

二、成汉的司法与监察

成汉的国家行政机构的建设较为完备，基本沿袭魏晋中原王朝的传统行政系统，[①] 司法、监察也与此相适应。在成汉国家正式建立前，虽有“约法三章”的法律存在，但作为军法，并未见有进行司法处置的机构及具体司法事件。李雄建国后，其司法、监察机构与魏晋中原王朝大致相同，具体的司法、监察活动则基于其职官系统和法律得以实施，但在很多时候具体表现并不明晰。

（一）司法、监察机构

成汉中央司法、监察机构，据《华阳国志·后贤志·侯馥传》载李恭“生虏馥，送雄。雄下廷尉”[②] 知其有廷尉的设置。“廷尉，主刑法狱讼，属官有正、监、评，并有律博士员”，[③] 但成汉廷尉下属职官设置不详，且未见何人出任廷尉之职。此外，成汉时期能够介入司法的人更多是依靠君主的信任，并不局限于司法机构的专门人员。如“（李）期……外则信任尚书令景骞、尚书姚华、田褒。褒无他才艺，雄时劝立期，故宠待甚厚。内则信宦竖许涪等。国之刑政，希复关之卿相，庆赏威刑，皆决数人而已”，[④] 可知尚书、宦官等都在李期的信任下主持司法活动。此后李势时期也有类似情况。

监察之官设有御史。李寿时期曾以李摅为御史，入南中安抚人心。李摅为西晋宁州刺史李毅之孙，且此前为汉国尚书，此时加御史入南中是要借助李毅在南中的旧日威信安稳局势，此后也不再见李摅的活动，可知应是一种临时举措，至于完整的监察系统设置情况则不得而知。

此外，成汉设有司隶校尉，司隶之官“掌察举百官以下，及京师近郡犯法者”；[⑤] 同时，在中央的散骑诸官（散骑常侍）等亦“掌规谏”，[⑥] 二者均有一定的监察职能。

成汉地方司法、监察主要依靠州郡县自身官吏加以推行，具体设置及其职能应与汉晋

---

① 如三崎良章即提到“成汉引入了包括设置丞相以下的百官、采用郡县制（在郡以下设置县的地方行政制度）等汉族的统治体制”。［日］三崎良章：《五胡十六国——中国史上的民族大迁徙》，商务印书馆，2019，第 66 页。

② （晋）常璩：《华阳国志校补图注》，卷 11《后贤志·侯馥传》，任乃强校注，上海古籍出版社，1987，第 663 页。

③ 《晋书》，卷 24《职官志》，中华书局，1974，第 737 页。

④ 《晋书》，卷 121《李期载记》，中华书局，1974，第 3042 页。

⑤ 《后汉书》，志第 27《百官四》，中华书局，1965，第 3613 页。

⑥ 《晋书》，卷 24《职官志》，中华书局，1974，第 733 页。

以来的情况基本一致，不再赘述。[①]

（二）司法、监察活动

在具体的司法活动中，无论“法三章”还是“法七章”都应保留其作为封建法律维护君权统治、社会稳定的基本功能。如李雄曾有部将张宝，为做间谍内应而杀人犯法，假意亡命，可知杀人作为“法三章”中“首恶”，为极重罪名，才能使其借此亡命，并被敌人信任。而从成汉“大赦”的情况来看，[②] 其基于“法三章”和“法七章”是作出了较多审判和处罚的，只是难以看到其中的细节。至于能见到缘由的司法活动，最多的是成汉君主因臣僚谋反伏诛，或君主因个人目的而借口杀人，现对其分类整理如下：

为收买人心而杀人、赦免：成都王建兴三年（306年），范长生自青城山来到成都，李雄因李流之子李置没有陪同迎接，特诛杀之以显示对于范长生的尊重。大成玉衡元年（311年），对于反复叛乱，甚至刀伤其母的氐人苻成、隗文等人，李雄并不加罪，反而厚待，仍以之为将。这些均是为收买人心而做出的或杀或赦行为。

因臣子谋逆而杀人：如李期因罗演与汉王相上官澹欲谋杀自己，另立李班之子李幽，故诛杀罗演、上官澹、李班之母罗氏、李琀之子、李稚之妻昝氏等人。李寿统治时期，尚书仆射任颜谋反，被杀。

为免除后患、威慑臣下而杀人：如李期因顾忌侄子尚书仆射、武陵公李载才能出色，于是污蔑李载谋反，下狱杀之。李寿将李雄子李豹等悉数杀死，以杜绝诸大臣以李雄诸子为谋反借口的可能。李寿因李演上书劝说其降号称王而诛杀李演，以此来威慑劝自己降晋的龚壮、罗恒、解思明等人。李势怀疑大臣马当、鲜思明与自己兄弟李广有阴谋，诛杀马当、解思明。

为谋利而杀人：如李期“多所诛夷，籍没妇女资财以实后庭”，[③] 李势“性爱财色，常杀人而取其妻，荒淫不恤国事”。[④]

据以上情况推测，成汉国家司法在保持最根本的维护统治的功能之外，更多是沦为君主牟利的手段。

成汉的监察活动多见于大臣对君主的劝谏。如李雄母亲死后，李雄先是不欲安葬，后

---

① 参见黄惠贤：《中国政治制度通史》，第四卷《魏晋南北朝》，人民出版社，1996，第323—329页。

② 成汉时期的大赦所见有八次，依时间顺序分别为：李雄即成都王位的大赦、改元，即皇帝位的大赦、改元，玉衡元年（公元311年）因大胜而大赦、改元，取宁州后又有大赦；李期即位的大赦、改元；李寿即位的大赦、改元；李势即位的大赦、改元；李势平定李奕之乱后的大赦、改元等。

③ 《晋书》，卷121《李期载记》，中华书局，1974，第3042页。

④ 《晋书》，卷121《李势载记》，中华书局，1974，第3047页。

欲服丧三年，最终被赵肃、李骧、任回等劝止。又有大臣杨褒曾就李雄卖官、酗酒、轻出等事提出劝谏。但这种监督、劝谏的有效性更多是依靠君主的个人态度，如李期“多所诛夷，籍没妇女资财以实后庭”之时，也多有劝谏者，但最终结果是“谏者获罪”。

总之，成汉时期的司法、监察活动较为随意、混乱，只看其一方面依靠李雄的管理而有“狱无滞囚，刑不滥及”的情况，另一方面又有“货贿公行，惩劝不明”的记载即可知一二。[①] 李寿建汉后，最初“承雄宽俭”，但此后因“闻季龙虐用刑法，王逊亦以杀罚御下，并能控制邦域，寿心欣慕，人有小过，辄杀以立威”，[②] 其刑罚从宽松转向严酷。李势时期则将国事交给亲近小人处理，更加导致“刑罚苛滥”。但成汉于“法七章”之外并无其他立法记录，故这里的“刑罚苛滥”只能是君主及其宠臣根据自身喜好随事而定的司法处置，而非规范的司法行为。

三、成汉的经济法令及边疆、民族管理

（一）成汉经济法令

李雄建国之初，因经济情况较差曾纵容将领进献金银珍宝买官，以此来补贴国家经济。经过李雄的治理，成汉经济恢复很快，巴蜀地区民多富实，“年谷屡熟”。目前所能见到的成汉经济法令，主要反映在租调徭役上。

大约在大成玉衡四年（314 年）以前，成汉国家有了较为清晰明确的租调法令。史载“其赋，男丁一岁谷三斛，女丁一斛五斗，疾病半之。户调绢不过数丈，绵不过数两”，[③] 可以此推断此时的成汉国内已经有了较为系统的编户体系，下层民众与土地的重新结合较好。

从材料可以看到，成汉的田租是税人的，以成丁年龄为限，层级划分较为简单，但具体成丁年龄则未见于记载，可能与西晋相同。[④] 不过这一田租法令并未给出承担标准，丁男所交三斛谷是基于多少土地占有给出的并不明确，而数丈绢与数两绵的户调负担则明显较魏晋减轻许多，[⑤] 因此成汉的租调负担整体上是减轻了的。但在此基础上的徭役情况不详，从李雄朝“事少役稀”，李寿朝因“广修宫室，引水入城，务于奢侈。又广太学，起宴殿。

---

① （晋）常璩：《华阳国志校补图注》，卷 9《李特雄期寿势志》，任乃强校注，上海古籍出版社，1987，第 485 页。

② 《晋书》，卷 121《李寿载记》，中华书局，1974，第 3045 页。

③ （晋）常璩：《华阳国志校补图注》，卷 9《李特雄期寿势志》，任乃强校注，上海古籍出版社，1987，第 485 页。

④ 西晋丁役制度规定“男女年十六已上至六十为正丁，十五已下至十三、六十一已上至六十五为次丁，十二已下六十六已上为老小，不事。”《晋书》，卷 26《食货志》，中华书局，1974，第 790 页。

⑤ 曹魏户调绢二匹、绵二斤，西晋户调丁男户绢三匹、绵三斤。

百姓疲于使役”[①] 等记载来看，成汉应该没有严格的徭役法令，而是随国家实际需要而作出征派。

此外，成汉对于租调徭役的承担者没有具体的交代。史籍中记载成汉有对新依附人口给予“复除”的法令，[②] 甚至一度因为大力“招致远方”，导致国家经济紧张、用度不足，但“复除”的具体年限没有记录。另外对于范长生部曲也均给予“复除”的优待，“租税皆入贤家”，[③] 表示对于范长生集团特殊地位的照顾。从这两段来看，成汉政权会对一些特殊人群给予“复除”待遇，因此六郡流民作为李氏建国的核心基础应该也在一定程度上享受了一些“特殊待遇”，并且流民集团在脱籍流亡且未见重新编户入籍的情况下，缺乏系统的人丁、户籍记录与管理体系，也难以作为租调的稳定征收对象。综上，成汉租调徭役的主要承担者应该是以原有编户相对完备的巴蜀本地百姓为主。

租调法令之外，史籍中对于土地制度没有说明。从西晋末年长期战乱造成巴蜀人口大量伤亡和外流的情况来看，成汉人地关系应该并不紧张。[④] 但随着经济的发展和社会环境的好转，成汉国家也开始走上了土地兼并、贫富不均的道路。李班曾对李雄建议：“古者垦田均平，贫富获所，今贵者广占荒田，贫者种殖无地，富者以己所余而卖之，此岂王者大均之义乎！”[⑤] 李雄采纳了这一建议，但此后的土地规定情况不明。

成汉在普通民田之外，于驻军之地有军屯的设置，如史籍中见有李玝为梁州刺史，修晋寿军屯的记载，但其具体细节不得而知，应该是地方军政长官的临时性举措，而非全国性的普遍制度。

（二）成汉的边疆、民族管理

成汉发展过程中，未见有专门的边疆、民族法律，仅有一些相关的管理体制和治理思路。

在边疆管理上，成汉基本以州郡长吏加将军开府进行军政一体的管理，对少数民族地区则以校尉统军进行专门管理，二者又多合并，形成一种区域军政长官一体，并兼任校尉

---

① 《晋书》，卷121《李寿载记》，中华书局，1974，第3046页。

② 李“雄于是下宽大之令，降附者皆假复除”。《晋书》，卷121《李雄载记》，中华书局，1974，第3038页。

③ （晋）常璩：《华阳国志校补图注》，卷9《李特雄期寿势志》，任乃强校注，上海古籍出版社，1987，第484页。

④ 史载在西晋末年流民军与赵廞、罗尚等人的战争中曾造成“蜀民皆保险结坞，或南入宁州，或东下荆州，城邑皆空，野无烟火”（《资治通鉴》，卷85晋纪7惠帝太安二年，中华书局，1956，第2682页），其中仅向东流亡到荆州的就达到“十余万户”（《资治通鉴》，卷85《晋纪七》惠帝永兴元年，中华书局，1956，第2695页）。周蜀蓉即指出，数十万巴蜀之民向外流徙，是由秦雍六郡流民与巴蜀民众之间的尖锐矛盾引起的。周蜀蓉：《成汉前期巴蜀之民外流及其影响》，《成都大学学报》2004年第1期。

⑤ 《晋书》，卷121《李班载记》，中华书局，1974，第3041页。

的综合体制。成汉时期即见有：梁州刺史出任东羌校尉，汶山太守出任西夷校尉，宁州刺史出任南夷校尉，荆州刺史出任南蛮校尉，并带高低不同将军衔的情况。这是成汉国家在军权和地方行政权力均较集中的情况下，为镇抚边疆和控御少数民族而产生的一种边疆、民族治理模式。

在军事镇抚的同时，成汉也对边疆少数民族地区采取了以夷治夷的管理思路，尤其在南中多以大姓、夷帅出任刺史、郡守。如史载："南夷初平，威禁甚肃。后转凌掠民。秋，建宁民毛衍、罗屯等反，杀太守邵攀。牂牁太守谢恕举郡为晋。（李）寿讨破之。"[①] 随后即有分宁州置交州，以及以霍彪为宁州刺史、爨深为交州刺史之举，其中霍彪世代居南中为官，为南中著名大姓，爨氏为南中夷帅。可知成汉对策为：一方面分解宁州，以便于管理；另一方面改以宁州大姓、夷帅出掌地方，以安南中人心。南中地区在成汉时期虽先后设有宁、交、汉、安诸州，但最主要为宁州，所见历任宁州刺史为任回、李寿、李权、霍彪，其中任回、李寿出任宁州刺史之时尚未取得南中之地，故仅为虚授；李权、霍彪则是实际控制宁州。宁州州治建宁郡（治今云南曲靖市西北），历任太守为邵攀、孟彦，邵攀为成汉将领，但很快为建宁民所杀，后任孟彦则为南中大姓。此外，在南中地区先后分化出的交、汉、安三州，其中交州刺史为南中夷帅，其他两州不见具体刺史人选。可见成汉在南中的管理基本采用以夷治夷思路，即在承认成汉国家统治的前提下，将实际治理交由当地大姓、夷帅。因此，成汉边疆地区的氐羌、蛮、僚人以及南中夷人等少数民族群体，在成汉统治下多以自身习惯法相约束。这些少数民族人群多处于较为原始社会状态，组织结构比较简单，依靠较为单纯的习惯法维系其社会组织和管理，而在各习惯法中，巫术往往起着重要作用。对此问题相关研究较多，不再赘述。

四、成汉国家法制形态成因

综上所述，成汉在立国四十余年中，虽然在法制建设上做出了较多努力，但其国家法制在诸多方面始终呈现出较为简单、随意的状态。之所以会出现这种情况，原因主要应有以下几点。

（一）成汉国家内外政治环境不稳定

法制建设需要一定的时间和内外政治环境因素的保障，但整个成汉国家在发展过程中，

---

① （晋）常璩：《华阳国志校补图注》，卷9《李特雄期寿势志》，任乃强校注，上海古籍出版社，1987，第492页。

始终与其周边的政权战争不断，持续安定的时间很少。同时，其国家内部的各种势力关系紧张、争斗不休，甚至李氏家族内部也始终隐藏诸多不稳定因素。

成汉国家权力结构最初以李氏家族和六郡汉人为核心，排斥巴蜀土著势力和氐羌豪酋；李寿朝以后进一步分裂，李雄时“旧臣及六郡人，皆斥废也”,① 更加导致了各种势力的冲突。

李氏家族内部则因皇位继承问题矛盾重重。李雄掌权之前，李氏家族最初以第三代的李庠为领导核心，此后为李庠兄弟李特、李流相继，之后又转回李特一系，由李特第三子李雄继任。李雄建国后在选择继承人时却放弃了自己的众多儿子，转而将皇位传给兄长李荡的儿子李班，最终引起李期的叛乱夺权，李荡一系遭到大规模杀戮。此后不断受到李期威胁的李寿（李骧一系）再次发动叛乱，李雄一系又为李寿所杀。这些情况就导致李氏家族在统治基础本就较为薄弱的情况下，又难以长期团结自身的统治核心，破坏了内部的稳定。②

最终，在内外局势均不安定的情况下，缺乏建设时间与空间的法律，最终只能沦为君主镇压各方势力，维持君位稳定的工具。而为了保证法为君用的灵活性，其法制的简单化、随意性自不可避免。史载李寿“又闻季龙虐用刑法，王逊亦以杀罚御下，并能控制邦域，寿心欣慕，人有小过，辄杀以立威”,③ 即是明证。

（二）成汉国家缺乏法制建设人才

法制建设需要专门的政治、法律人才，但成汉国家在这方面是比较缺乏的。

作为统治核心的李氏家族原本为关陇地区地方佐吏及中下级武官出身。如李特“少仕州郡，见异当时，身长八尺，雄武善骑射，沉毅有大度”,④ 应为州郡自辟属吏，虽不载具体职位，但以其突出的武勇来看，为武职的可能性较大。李流“东羌校尉何攀称流有贲育之勇，举为东羌督”,⑤ 亦为武吏。李庠“少以烈气闻。仕郡督邮、主簿，皆有当官之称。元康四年，察孝廉，不就。后以善骑射，举良将，亦不就。州以庠才兼文武，举秀异，固以疾辞。州郡不听，以其名上闻，中护军切征，不得已而应之，拜中军骑督。弓马便捷，

① （晋）常璩：《华阳国志校补图注》，卷9《李特雄期寿势志》，任乃强校注，上海古籍出版社，1987，第500页。

② 成汉国家权力关系参见范双双、高然：《成汉国家权力结构与灭亡原因考论》，《西北民族论丛》第二十辑，社会科学文献出版社，2019，第1—22页。

③ 《晋书》，卷121《李寿载记》，中华书局，1974，第3045页。

④ 《晋书》，卷120《李特载记》，中华书局，1974，第3022页。

⑤ 《晋书》，卷120《李流载记》，中华书局，1974，第3029页。

膂力过人，时论方之文鸯”,[1] 亦是曾经仕郡为僚属佐吏，并出任中军将领。以上诸人在成汉正式建国前即已死去。此后的大成建国者李雄有“手不释卷”的赞誉，汉国建立者李寿亦“敏而好学，雅量豁然，少尚礼容，异于李氏诸子”,[2] 但均未有基层任职的经历。

此外的六郡流民集团核心人物则有少量出身关陇基层官员者，如李特统治时期德阳太守任臧原为西晋上邽令，李雄统治时期尚书令阎式原为西晋始昌令，李远原为西晋阴平令，李武原为西晋陈仓令，均为基层主官，家族则应为中小地主，而非门阀大族。

以上所列这些统治核心人物中，李雄等并无基层司法工作经历，家族又无律学传承；其他几人虽有基层司法工作经历（县令），但层级较低，亦未见其律学修养，因此缺乏对整个国家进行法制建设的能力，并且这几人在成汉国家任职等级普遍不高，在国家法制建设上也缺乏话语权。[3]

此外，成汉发展过程中曾归降数位晋朝地方官，但这些人也未能对国家法制建设提供太大帮助。如晋建宁太守霍彪、宁州守将谢恕，被俘后分别出任宁州刺史、牂牁太守，是取于宁州，用于宁州。归顺李雄的晋平西将军徐轝则任职镇南将军，为武官，又不再见其消息。晋宁州刺史尹奉先后出任李雄、李班时期卫将军，李期时期右丞相、骠骑将军，虽然职位较为尊贵，但其身处成汉交替的混乱局势中，李寿即位后又以自己的旧侍属为统治核心，身为降臣的尹奉也难以拥有实际话语权。在成汉制度建设中参与最多的只有东晋越嶲太守、西夷校尉李钊，史载李雄将“朝廷仪式，丧纪之礼”均交由李钊决断，但也往往只是随事而断，缺乏制度化建设。

至于文化修养较深且有建国治国经验的巴蜀土著大族地主，除大批外逃外，留居故地的也基本被排斥于统治核心之外，更不具备国家法制建设的话语权。

总之，成汉国家是缺乏法制建设人才的，这应是导致其国家法制简单随意的重要原因之一。

（三）成汉国家立国思想不明确

成汉国家在立国思想上的不明确，也导致其法制建设难以成立。

中国古代法律本于法家精神，又在发展过程中不断儒家化,[4] 这与西汉以后儒家思想在

---

① 《晋书》，卷 120《李流载记附李庠》，中华书局，1974，第 3031 页。

② 《晋书》，卷 121《李寿载记》，中华书局，1974，第 3043 页。

③ 所见只有尚书令阎式对职官班位问题上疏建议，为李雄采纳，但实际效果存疑。

④ 中国法律儒家化问题研究参见杨素花、吴佩林：《中国法律儒家化：一个学术史的考察》，《法律史评论》第 18 卷，社会科学文献出版社，2022，第 207—227 页。

思想意识领域支配地位的奠定，以及外儒内法治国思想的确立密切相关，但成汉却在国家主体思想上十分混乱。

在儒家思想方面，成汉国家自建国后即不断强调传统的儒学教育，李雄之时曾“兴文教，立学官”，按照中原传统官学系统建立教育机构；李寿时期也曾“广太学，起宴殿”并“宴礼于太学，举明经者封好学侯”，① 李氏家族中的下一代也多具备儒学文化修养。李雄也曾试图用儒家礼制规范国家（见前李钊正礼），但成效不大。同时，李氏家族又具有很深的巫术信仰。李氏祖籍巴西宕渠（今四川渠县东北）賨人，賨人即“敬信巫觋”。史载李雄母罗氏死后，李雄信“巫觋者之言，多有忌讳，至欲不葬”，② 进一步证明李雄建国后身边仍有巫觋者，且为李雄所敬信，这是成汉建国后巫术信仰仍较深厚、影响力很大的表现。③ 此后在众人劝谏下，李雄才舍弃巫术葬礼，改行儒家丧葬之礼。丧葬本身即是古代儒家礼法的重要组成部分，李雄在此置“巫”于“儒”前，即可见儒家思想在成汉国家并非主体思想。

巫觋信仰之外，道教在成汉国家也有很深的影响。东汉末年道教首领张鲁据汉中（今陕西汉中市东）之时，李氏等賨人即因张鲁以鬼道教人而投奔张鲁。而张鲁在汉中所行司法为“教使自隐，有小过者，当治道百步，则罪除”，④“犯法者，三原，然后乃行刑。不置长吏，皆以祭酒为治，民夷便乐之”，⑤ 也表现出简单化、随意性的特点。成汉建国后又尊奉道教领袖范长生为四时八节天地太师，唐长孺即认为道教是李氏与范长生联合的一个基础，“当巴氐李氏统治期间天师道在巴蜀一定更有发展”。⑥ 甚至有学者认为成汉政权就是巴人一手缔造的道教王国，⑦ 虽然这一提法尚存有较多争议，但道教在成汉国家内部享有极大自由和较高地位应是没有问题的。

除了以上几种思想之外，流民集团还保持着若干朴质的作风。⑧

---

① 《太平御览》（《四部丛刊》三编子部），卷123《偏霸部七·蜀李寿》引崔鸿《十六国春秋·蜀录》，上海书店，1985年影印本。

② 《晋书》，卷121《李雄载记》，中华书局，1974，第3037页。

③ 林富士即认为李雄“应该是一名巫者的信徒”。林富士：《巫者的世界》，广东人民出版社，2016，第80页。陈辉甚至认为：“五斗米道对巴蜀李雄的影响可以说是微乎其微，李雄的信仰还应当沿袭賨人的传统，即巫觋信仰，也就是巴蜀地区民间流行的鬼道。”陈辉：《民间信仰的新发展：论汉晋鬼道》，《重庆科技学院学报（社会科学版）》2015年第5期。

④ 《三国志》，卷8《二公孙陶四张传》注引《典略》，中华书局，1959，第264页。

⑤ 《三国志》，卷8《二公孙陶四张传》，中华书局，1959，第263页。

⑥ 唐长孺：《范长生与巴氐据蜀的关系》，《历史研究》1954年第4期。

⑦ ［美］祁泰履：《传统中国的民族身份与道教身份认同》，《正一道教研究》第五辑，宗教文化出版社，2016，第26—36页。

⑧ 参见漆泽邦：《试论李特起义和成汉政权》，《西南师范大学学报》1979年第2期。

因此，成汉国家实际存在着儒、道、巫，以及流民朴质风尚等多种思想意识，但其中的任何一个又都无法成为主体思想来主导国家法制建设并形成相对成熟、完善的法律体系及各种制度，只能在各种思想交织影响下无所适从，最终出现这种简单化、随意性的国家法制状况。

宗教、祥瑞与治民：《广成集》所见前蜀地方官的日常*

胡耀飞**

摘　要　杜光庭《广成集》是五代时期难得基本完整保存下来的文集，从中可以看到道教色彩浓厚的前蜀政权基本情况，特别是州县政务的相关内容。通过梳理可以看到，前蜀政权至少有1个府、13个州的地方官员有设醮行为，分布于直隶地区和7个藩镇，数量上占前蜀州（府）总数的近四分之一。前蜀君臣的崇道行为也至少涉及13个州，分属直隶地区和6个藩镇。前蜀地方官员斋醮活动所涉及内容包括宗教祈福（为己或为公）、祥瑞呈报、地方治理三大类，并且各有交叉。这些内容除了深入展示前蜀政权道教色彩的清晰画面，也能直观反映前蜀地方州县官员利用宗教手段介入政务运行的机制与理念。

关键词　宗教；祥瑞；地方治理；广成集；前蜀

* 本文系国家社科基金后期资助项目"黄巢新探"（项目号：19FZSB045）的研究成果。

** 胡耀飞，陕西师范大学历史文化学院暨唐文明研究院副教授。

唐五代地方治理的研究，多与地方职官制度和地域社会相关联。具体来说，研究者多是关注关于地方职官的制度设计、地方官的地方治理和人事变革，[①] 以及地方官与地域社会的互动关系[②]等。治民活动（主要包括赋税征收、案件审理等）是地方官的基本职责，但并不足以反映地方官的多面样貌。在治民之外，还有宗教活动如山川祭祀，政治活动如祥瑞呈报、土贡进奉，文化活动如吟诗雅集，等等，都值得关注。这些内容往往与治民和地域社会相关联，有时候则互不干涉。对于这些治民之外的地方官日常，学界已有一定的研究，但并不全面。比如在宗教氛围浓厚的唐末五代时期四川地区，地方官在治民之外的日常就与唐代颇有差异，该部分内容尚未得到梳理。本文即就杜光庭《广成集》所见前蜀地方官的日常进行梳理，以见地方官治民之外的活动。

杜光庭（850—933）是唐末前蜀之际四川地区的道教核心人物，与唐末前蜀政治的关系也十分紧密。其流传下来的著述对于道教史以及唐末前蜀政治史都很重要，学界研究很多。[③] 杜光庭大部分著作是道教类专门著作，其本人的文集仅有一部传世，即《广成集》十七卷。当然，根据董恩林的整理，杜光庭的文集曾有《广成集》和《杜光庭集》两种流传，且皆不止十七卷。[④] 如今所见《广成集》虽为残本，但内容对于今人而言已经弥足珍贵。

学界对《广成集》的研究，多集中于道教、文学、语言学内容。[⑤] 史学方面，吴羽对

① 制度设计、地方治理的相关研究参见陈志坚：《唐代州郡制度研究》，上海古籍出版社，2005；陈翔：《唐代中央与地方关系研究——以三类地方官为中心》，载《陈翔唐史研究文存》，花木兰文化出版社，2013，第1—147页；张卫东：《唐代刺史若干问题论稿》，大象出版社，2013；赵璐璐：《唐代县级政务运行机制研究》，社会科学文献出版社，2017。人事变革参见郁贤皓：《唐刺史考全编》，安徽大学出版社，2000；以及其他地域性的地方职官考证。

② 比如张玉兴：《唐代县官与地方社会研究》，天津古籍出版社，2009；夏炎：《唐代州级官府与地域社会》，天津古籍出版社，2010。

③ 专著方面，参考：Franciscus Verellen（傅飞岚），*Du Guangting(850—933): taoïste de cour àla fin de la Chine médiévale*. Paris: Collège de France, Institut des hautes écoles[i. e. études] chinoises: En vente, De Boccard, 1989；傅飞岚：《道教视野中的社会史：杜光庭（850—933）论晚唐和五代社会》，香港中文大学宗教与中国社会研究中心，2001；孙亦平：《杜光庭思想与唐宋道教的转型》，南京大学出版社，2004；孙亦平：《杜光庭评传》，南京大学出版社，2005；金兑勇：《杜光庭〈道德真经广圣义〉的道教哲学研究》，巴蜀书社，2005；罗争鸣：《杜光庭道教小说研究》，巴蜀书社，2005；蔡堂根：《道门领袖——杜光庭传》，浙江人民出版社，2006。学位论文和单篇论文从略，有相关者下文附注。

④ 董恩林：《点校说明》，载杜光庭：《广成集》，中华书局，2011。

⑤ 成娟阳、刘湘兰：《论杜光庭的斋醮词》，《中国文化研究》2006年冬之卷；阚岱馨：《杜光庭〈广成集〉青词研究》，华侨大学宗教学硕士学位论文，2014；孙伟杰、盖建民：《斋醮与星命：杜光庭〈广成集〉所见天文星占文化述论》，《湖南大学学报（社会科学版）》2016年第3期；闫梦珂：《〈广成集〉词汇研究》，浙江财经大学汉语言文字学硕士学位论文，2018；靳志佳：《杜光庭〈广成集〉"天符"释义》，《宗教学研究》2019年第2期。

《广成集》所载部分表、醮词的写作年代进行了史学考辨，并进一步深入到吉凶时间问题。[①] 三田村圭子首次就《广成集》涉及的前蜀政权节度使宗教活动进行了梳理与论证。[②] 杨荟淋简单总结了杜光庭所撰公文的社会史料价值，认为其揭示了兵祸连绵的社会现状。[③] 罗亮近年来又进一步深入到政治文化领域，探讨了前蜀利用祥瑞塑造自身合法性的问题。[④] 不过，从整体上揭示《广成集》所收表、醮词对前蜀州县地方政务的反映，亦有必要。故笔者不揣浅陋，在前人研究的基础上，进一步综合梳理，以求教于方家。

一、《广成集》所见前蜀州县梳理

杜光庭《广成集》中所载文章，卷1至卷3为表，卷4至卷5为斋词，卷6至卷17为醮词。[⑤] 其中表为杜光庭向前蜀皇帝所进之表，事类繁杂；而斋、醮词类，都是杜光庭应前蜀皇帝、大臣之请而撰写的各种斋词和醮词。从中可以反映杜光庭在当时的声望，以及与前蜀（891—925年）[⑥] 政治之关系。在大臣中间，又包含了许多地方行政官员，故又可反映前蜀地方官日常政务之内容。五代时期行政区划延续唐末，在州（府）之下又有县，和由县分置，类比于州或县的军、监、场等。[⑦] 据初步翻检，《广成集》所涉及的前蜀州县如下[⑧]：

---

① 吴羽：《杜光庭〈广成集〉所载表、醮词写作年代丛考》，载《魏晋南北朝隋唐史资料》第28辑，武汉大学人文社会科学学报编辑部，2012，第243—248页。不过吴羽之文并非全面考察《广成集》所载表、醮词的年代，而是针对未有具体年代，或在王文才、王炎《蜀梼杌校笺》（巴蜀书社，1999）中错系年代者进行考证。吴羽更感兴趣的是吉凶时间所体现的道教影响，参见吴羽：《晚唐前蜀王建的吉凶时间与道教介入——以杜光庭〈广成集〉为中心》，《社会科学战线》2018年第2期。

② ［日］三田村圭子：『唐末五代における宗教活動と節度使——〈廣成集〉を中心として』，《東方宗教》第120号，2012年11月。

③ 杨荟淋：《杜光庭公文研究》，湖南师范大学中国古代文学硕士学位论文，2021，第61—65页。

④ 罗亮：《草妖或祥瑞："枯树再生"与前蜀建国》，《中国史研究》2021年第1期；收入氏著《权力与正统：五代政治史论稿》，中国社会科学出版社，2022，第255—279页。

⑤ 关于斋、醮的区别，参见张泽洪：《道教斋醮科仪研究》，巴蜀书社，1999，第13—37页。

⑥ 前蜀政权开始时间，一般以王建称帝之天祐四年（907年）为始，然王建对蜀地的统治始于大顺二年（891年）攻下成都，成为西川节度使之时。《广成集》中，亦未严格区分称帝前后醮词，故本文考察范围亦不以称帝时间为限。至于《广成集》诸醮词写作年代，笔者拟在王文才、王炎、吴羽等研究基础上另文考证。

⑦ 李晓杰：《中国行政区划通史・五代十国卷》，复旦大学出版社，2014，第7—8页。

⑧ 其中括号内数字为所据《广成集》表词编号，以卷1为01，卷2为02，以卷1第1篇为0101，卷2第2篇为0202，依此类推；有方框者，为原文未明确提及州县名称，但可从内容推导者；位于前蜀政权首都成都府城内的玉局化等不计入内，当另文梳理。本文据县名推导州名之处，皆从李晓杰：《中国行政区划通史・五代十国卷》。除需要详细考证者外，不再一一出注。

卷 1：兴元府西县（0101）[①]、雅州严道县多功团崇善里（0107）、（天贞军）梓州射洪县（0108）、利州（0109、0110）[②]、陇州（0114）、夔州（0116）、绵州罗江县（0116）。

卷 2：夔州（0201）、嶲州（0202）、凤翔府（0205）、汉州通记县（0206）、蜀州青城县（0207）[③]、蜀州青城县（0212）[④]、蜀州青城县（0213）、合州（0214）、（武信军）遂州（0215）[⑤]、邛州大邑县（0216）、彭州九陇县（0219）[⑥]。

卷 3：资州（0302）、忠州（0302）[⑦]。

卷 4：蜀州青城县（0406）、普州普康县（0407）[⑧]、汉州通记县（什邡县）（0410）[⑨]。

卷 5：成都府温江县（0503）、成都府犀浦县（0504）、兴州（0506）、蜀州（0514）、邛州（0515）。

卷 6：蜀州青城县（0610、0611、0612、0613、0614、0615、0616、0617）。

卷 7：蜀州青城县（0701、0702）。

卷 8：蜀州青城县（0811）、蜀州青城县（0812）、遂州（0814）。

---

① 原文提及浕口化，当即浕口治，据张君房《云笈七签》（中华书局，2003）卷 28 在“汉中郡江阳县，去成都二千九百二十里……汉中水过其前山，一名平元山”云云（第 643 页）。然汉中郡无江阳县，据郦道元撰，杨守敬、熊会贞疏《水经注疏》（江苏古籍出版社，1989）卷 27《沔水》，“沔水又东迳白马戍南，浕水入焉”（第 2297 页），“浕水南流入沔，谓之浕口。其城西带浕水，南面沔川，城侧二水之交，故亦曰浕口城矣……沔水又东，迳沔阳县故城南”（第 2299 页）。又据乐史《太平寰宇记》（中华书局，2007）卷 133《山南西道一》，“西县，按《郡国县道记》云：‘西，本名白马城，因山以名县，又曰浕口城。’”（第 2617 页）可知“江阳”或“沔阳”之误，而浕口当即前蜀时期兴元府西县。此外，原文为应陶福之请而作，据孙光宪《北梦琐言》（中华书局，2002）逸文卷 3“陶福暴疾”条，“蜀将陶福……屯戍兴元府之西县”（第 424 页），可知陶福即戍西县，其所请之浕口化亦在西县无疑。

② 第 0109、0110 两篇为杜光庭请王建不巡幸军前的表，但王建最终依然巡幸至利州。参见吴羽：《杜光庭〈广成集〉所载表、醮词写作年代丛考》，第 243—244 页。

③ 原文载修青城山丈人真君殿事，考青城山，即在蜀州青城县西北 32 里。参见李吉甫：《元和郡县图志》卷 31《剑南道上・蜀州》，中华书局，1983，第 776 页。

④ 原文载“长平山惠进禅师行真奏，伏惟宣旨重起立丈人观真君大殿功毕”（第 27 页），与前文第 0207 篇“惠进大师僧行真状奏，奉圣旨修青城山丈人真君殿功毕”（第 23 页）当指同一事同一人，则长平山即在青城山。又据孙光宪《北梦琐言》逸文卷 1“韦承皋修黄白术”条，“有待诏僧名行真，居蜀州长平山”（第 384 页），可知长平山即在蜀州青城山。两山关系另考。

⑤ 原文为杜光庭贺诛刘知俊表，后者为前蜀武信军节度使，于天汉元年（917 年）冬被诛，参见朱玉龙：《五代十国方镇年表》，“遂州”，中华书局，1997，第 557 页。

⑥ 原文载阳平山，考《云笈七签》卷 28《二十八治》载“第一阳平治，治在蜀郡彭州九陇县”（第 634 页）知阳平山即阳平治所在，前蜀彭州九陇县。

⑦ 资州、忠州皆从第 0302 篇所得，盖前蜀政权以州名作为宗室所封王号。

⑧ 原文为杜光庭代普康诸公主为皇帝修金箓斋词，其中普康公主为前蜀以普州普康县作为汤沐邑的公主。另据“诸”字，似非一位公主，然文中未及其他公主名号，故略之。

⑨ 原文为“汉州十邡县”，然此事之后即改通记县，故此径标通记县。关于什邡县改通记县时间，参见李晓杰：《中国行政区划通史・五代十国卷》，第 555 页。

卷9：蜀州青城县（0901）、果州（0902）、忠州（0904）、忠州酆都县（0905）[1]、忠州酆都县（0906）、蜀州青城县（0914）[2]、？州（0915）[3]、？州（0916）[4]。

卷10：蜀州青城县（1004）[5]、蜀州青城县（1008、1010、1011、1012）、彭州蒙阳县（1015）[6]、昌州（1017）、泸州（1017）、梓州（1017）、遂州（1017）。

卷11：？州？县（1101）[7]、泸州合江县（1113）[8]。

卷12：（镇江军）夔州（1202）、彭州九陇县（1204、1205、1206）、汉州通记县（什邡县）（1208）、利州景谷县（金仙县）（1208）、洋州（1209）、江州（1213）[9]、汉州（1215）。

卷13：蜀州青城县（1301、1302）、汉州通记县（什邡县）（1313）[10]、汉州通记县（什邡县）（1314）。

卷14：汉州通记县（什邡县）（1401）、洛州（1401）、彭州蒙阳县（1403、1404）、蜀州青城县（1408）、梓州（1408）、遂州（1408）、黔州（1408）[11]、黎州（1408）、

---

① 据校勘记，此文四库本题《？冄（梓）州谒二真人庙醮词》，底本及其他版本均作“蜀王仙都山醮词”。考仙都山，《云笈七签》卷119引《道教灵验记》有《忠州平都山仙都观取太平经验》（第2628页），又有《崔公辅取宝经不还验》谓“使君任酆都县令之日，于仙都观中取真人阴君宝经四卷”，及“忠州仙都山”云云（第2636页），知所谓“仙都山”当即指“平都山仙都观”，在忠州酆都县。

② 原文题《莫令南斗醮词》，“莫令”当即指前文第0612篇（第87页）等处出现的青城令莫庭乂。

③ 原文题中有“郑项别驾”，似郑项为某州别驾。然据司马光《资治通鉴》卷259，景福元年（892年）十二月，郑项作为王建的节度押衙出使朱温（第8438页）；又据同书卷267，开平四年（910年）三月，郑项自蜀宣徽北院使升内枢密使，又出为果州刺史（第8721页）。此后未见记载，知“郑项别驾”当即此人，而其任别驾不知是果州，抑或他州。

④ 原文题中有“孙途司马”，孙途此人不可考，从此题来看，当是某州司马。

⑤ 原文题《莫庭乂为张副使本命甲子醮词》，据内文，可知为莫庭乂为当川安抚副使张琳设醮。而前文第0612篇《青城令莫庭乂为副使修本命周天醮词》，其内文亦有“切以张某，久持重柄”（第88页），则两篇所奉为同一张副使，且莫庭乂亦是青城令也。

⑥ 原文题《葛仙山化醮词》，然葛仙山蜀地有多处，全国更多。而葛仙化仅一处，据《云笈七签》卷28《二十八治》载，“第五葛瑰山治，治在彭州九陇县界”（第637页）。又据潘自牧《记纂渊海》（文渊阁四库全书本）卷16《郡县部・成都府路・彭州》记载：“葛瑰山在九陇县。葛仙化滁蒙水在蒙阳县。”九陇县和蒙阳县皆在彭州，且相邻近。可知葛仙化在彭州蒙阳县，所谓“葛仙山化”当指即葛仙化。

⑦ 原文题《程德柔醮水府修堰词》，有“当县地控上游，素名剧邑”之句，知为某县令程德柔修堰词。

⑧ 原文题《醮泸州安乐山词》，据《元和郡县志》卷33《剑南道下・泸州》“合江县，本汉符县地，晋穆帝于此置安乐县，梁改置安乐戍，周改为合江县。安乐山，在县东八十三里。县取名焉”（第866页）可知安乐山在泸州合江县。

⑨ 原文题中有“庐山”，正在江州。

⑩ 原文题《皇帝醮仙居山章仙人词》，文中又曰：“大蜀皇帝谨稽首北邙化得道章真人：……今者百姓郭回芝采药于仙居观，得真人天宝年所留铜牌。”（第189页）又据前文第0410篇“今年七月，汉州十邡县百姓郭回芝，于仙居观采药耕地，掘得铜牌”（第56页）记载，仙居观在仙居山，位于汉州十邡县。章真人于北邙化得道，于仙居观留铜牌。至于北邙化所在，据前文第0202篇，“北邙化在嶲州”（第19页）。然据后文第1401篇，“洛州北邙化章弘道”，则北邙化又在洛州，即洛阳以北之北邙山。

⑪ 原文作“梓遂黔巫”，时有梓州、遂州、黔州，而无巫州。其“巫”，当指巫溪、巫峡之地。

彭州蒙阳县（1409）、汉州通记县（什邡县）（1410）、嘉州（1411）。

卷15：阆州（1504、1505）、蜀州青城县（1510）①。

卷16：汉州通记县（什邡县）（1601、1602）、汉州通记县（什邡县）（1604）、嘉州（1605）、汉州（1606）、洋州（1609）、彭州九陇县（1611）②。

卷17：洋州（1710、1711）、蜀州青城县（1712、1713）。

通过以上统计，可以看到今本《广成集》现存十七卷中，无一卷不提及蜀地某州县。当然，需要排除关中凤翔府；另有江州、洛州（或许也指嶲州）也可排除。此外，从所涉及蜀地州县的政务角度而言，也是方方面面都有。因此，透过《广成集》对蜀地州县的涉及，可以从中管窥前蜀政权州县地方官日常。而在此之前，可据上文整理，再梳理一下《广成集》所涉及的除成都府城外的州县分布情况。

首先梳理的是州县官员为主体的醮词所涉及州县及其内容类型，基本按州县整理，以在《广成集》中的出现先后为序，可列为表1：

表1：《广成集》所见地方官员设醮类型及其分布

州县	为己	为公	祥瑞	工程
兴元府西县		0101		
兴州	0506			
雅州严道县			0107	
梓州射洪县			0108	
利州金仙县			1208	
夔州				1202
汉州通记县	1410、1604		0410、1208、1313、1314、1401、1601、1602、1604	
汉州	1215、1606			
蜀州青城县	0614、0615、0701、0702、0914、1010、1011、1012、1302	0612、0613、0812、1004、1301		

① 原文题中有“丈人山醮词”，据前文第0812篇《蜀州宗夔为太师于丈人山生日醮词》，文中又有“仰惟青城巨镇”（第116页）之语，以及前文第0610篇《告修青城山丈人观醮词》，知“丈人山”当即青城山之别称，因丈人观而名。又据《记纂渊海》卷40引《青城山记》，则谓“青城山为五岳之长，故名丈人山”。然五岳之中，并无在蜀地者，青城山如何为五岳之长，颇不清晰。《青城山记》亦杜光庭所著，点校本《广成集》附录亦有辑佚此条，见第265页。

② 原文题中有“阳平化”，当即阳平治，据前文第0219篇，在彭州九陇县阳平山。

续表

州县	为己	为公	祥瑞	工程
蜀州	0514			
合州			0214	
遂州	0814			
邛州大邑县			0216	
邛州			0515	
成都府温江县	0503			
成都府犀浦县	0504			
果州	0902			
？州	0915			
？州	0916			
？州？县				1101
洋州	1209、1609、1710、1711			
嘉州	1411、1605			

由表1可知，除了三篇醮词的具体州县不详外，其余醮词所见州县，可以揭示出前蜀政权地方官员在为己或为公祈福、祥瑞、工程等方面的设醮情况，已遍布于前蜀各个州县。根据李晓杰的梳理，前蜀时期的州（府）数量，若以通正元年（916年）作为基准年，共计58个，分属直隶地区及11个藩镇。① 而此处则涉及1个府、13个州，数量上占前蜀州（府）总数的24.1%，范围上分布于直隶地区和7个藩镇。

其次，需要梳理在其他涉及州县的醮词中，反映前蜀君臣崇道行为的情况，基本以在《广成集》中出现的顺序，列表如下：

表2：《广成集》所见前蜀君臣崇道地域分布

州县	皇帝（川主）	太子	诸王、公主	大臣
梓州	1017、1408			
夔州	0116、0201			
绵州罗江县	0116			
汉州通记县				0206
蜀州青城县	0207、0212、0213、0610、0616、0617、1408、1712、1713	0406	0407、1510、	0611、0811、0901、1008、
遂州	1017、1408			

① 李晓杰：《中国行政区划通史·五代十国卷》，第209页。

续表

州县	皇帝（川主）	太子	诸王、公主	大臣
彭州九陇县	0219、1204、1205、1206			1611
彭州蒙阳县	1403、1404、1409			1015
忠州				0904
忠州酆都县	0905			0906
昌州	1017			
泸州	1017			
泸州合江县				1113
黔州	1408			
黎州	1408			
阆州				1504、1505

通过表 2 的整理，可知前蜀政权从皇帝（川主）、太子、诸王、公主到大臣，都曾在境内各州的某个道教名山斋醮，或进行其他形式的崇道活动。但因为这些活动并不涉及，或很难从醮词中看到是否惊动所在州县地方官员，故此单独列表。若从州的数量而言，则表 2 中共计 13 个州，亦占前蜀基准年（916 年）所有州县的约四分之一。从范围而言，则表 2 中 13 个州分属直隶地区和 6 个藩镇。

最后，《广成集》中涉及州县的醮词，还有一些并不能够归入以上两类的情况，共计五篇，涉及五州。分别是：利州（0109、0110）、陇州（0114）、遂州（0215）、资州（0302）、忠州（0302）。这五篇从内容而言，多涉及特殊的用途，下文当单独讨论。

总之，对于道教学者而言，《广成集》是研究道教斋醮仪式的重要材料。对笔者而言，更感兴趣的是其中涉及的前蜀政权州县地方官员的政务。这些政务包括两大类：第一类即前文表 1 所揭示的州县官员设醮情况；第二类即前文表 2 所揭示的与前蜀君臣崇道行为有关的州县地域分布情况。通过前者可以看到前蜀州县官员道教行为所涉及的各类政务，通过后者则能看到前蜀君臣道教信仰所牵涉的州县，以及由此产生的对州县的影响。

前蜀政权作为一个地域性政权，其存在的历史大环境是唐末五代全国性分裂态势。其创建者是在黄巢之乱后崛起的地方军将王建。王建出身忠武军都将，但并不像其他南方政权创建者那样单纯地从军将脱身而为地方掌权者，而是先有在神策军的一番经历，并曾为权宦田令孜的养子，笔者将他归入“宦官系武人”。[①] 此类“宦官系武人”所体现的是黄巢之乱后，在地方普遍割据的情况下，因旧神策军崩溃而失去军事力量的宦官群体，依靠地

① 胡耀飞：《从防御到割据：黄巢之变与唐末西北藩镇的转型》，载周伟洲主编：《西北民族论丛》第十二辑，社会科学文献出版社，2015，第 108—113 页。

方武力重建自身在朝政中的地位。此外，地方武力也借助宦官势力巩固自身对地方的控制，并且随着自身实力的增强，开始摆脱宦官的控制，互相之间也开始兼并，最终形成了以田令孜养子李茂贞为首的秦岐政权和以另一养子王建为首的前蜀政权。

“宦官系武人”的这种军政背景，其在文化上的体现，则是他们在与李唐皇室的频繁互动中，不仅接纳了因乱来投的大量朝贵，也受到了李唐王朝君臣崇道思想的影响。而对此的集中体现，即《广成集》的相关记载。[①] 此外，也能通过这些崇道记载，得到与五代州县地方官政务相关的内容。

二、《广成集》所见前蜀地方官的日常

《广成集》中收录的各种文书，主要体现了前蜀政权君臣的道教信仰，特别是州县地方官员的各类日常政务。通过前文表1，可以看到州县官员在此方面日常活动的各种形式，大致可以归类为：宗教祈福（为己或为公）、祥瑞呈报、地方治理。

（一）宗教祈福

《广成集》中见到最多的前蜀政权州县官员设醮行为，是向杜光庭请求撰写斋词或醮词，用于自家斋醮仪式，或为己求福，兼及上司、皇帝，或直接为上司或皇帝祈福，从中可见道教信仰在这类人群中颇为普遍。在前文表1中，笔者将此二类醮词分别予以统计，各得为己类醮词27篇、为公类醮词6篇。当然，表1统计仅就各篇醮词主体内容而言，盖为己、为公多在一处，因祥瑞而为己或为公亦属常见。

其中为己类，颇可从题名得到反映，如第0506篇《兴州王承休特进为母修黄箓斋词》、第0514篇《蜀州孟驸马就衙役设销灾迁拔黄箓到场词》等，都是州级长官为母或为己之福所设斋词。又如第0614篇《莫庭乂周天醮词》、第0615篇《莫庭乂青城山本命醮词》等，都是县级长官为己之福所设醮词。又如第0503篇《温江县招贤观众斋词》、第0504篇《犀浦刘股费顺黄箓斋词》等，都是地方上的普通百姓为己之福所设斋词。

为公类醮词共计6篇，分别为：第0101篇《代陶福太保修氵曳口化请额表》、第0612篇《青城令莫庭乂为副使修本命周天醮词》、第0613篇《莫庭乂为川主修周天醮词》、第0812

---

① 除了《广成集》的相关记载，前蜀、后蜀时期君臣崇道，还体现于道教著述种类的繁多，为当时其他地区所无法比拟。其中，前蜀又比后蜀更多。详参张亚平：《前后蜀道家著述总录》，载成都王建墓博物馆编：《前后蜀的历史与文化——前后蜀历史与文化学术讨论会论文集》，巴蜀书社，1994，第71—83页。

篇《蜀州宗夔为太师于丈人山生日醮词》、第1004篇《莫庭乂为张副使本命甲子醮词》、第1301篇《莫庭乂为安抚张副使生日周天醮词》。其中，第0101篇涉及西县戍将陶福修浕口化之事，其目的在于“辄备兴修，愿资圣寿”，“庶使琅书银牓，长悬日月之辉；汉水仙山，永祝圣明之寿”（第1页）。第0812篇为蜀州王宗夔为太师生日所设醮之词。而除第0101、0812篇外，其余都是蜀州青城县令莫庭乂为上司所设醮之词，设醮对象则包括“张副使”“川主”等。

然而，除请杜光庭撰写的斋词或醮词外，从相关州县官员的其他记载出发，可以看到信仰的复杂远非简单且格式化的斋词或醮词所能涵盖。这大致体现在这些官员的其他信仰，以及其他行为的表现上。

其他信仰方面，道教之外，佛教也是一种信仰来源。四川地区虽然也盛行佛教，但相比于佛教各宗派祖庭遍布的关中地区而言，反而因为汉魏六朝以来五斗米道的盛行，影响所及，四川地区的道教更盛，至前蜀时期又由杜光庭集其大成。不过，在《广成集》中，依然能够发现佛教的身影，比如在第0217、0301篇两次出现的西域胡僧。前篇题《贺西域胡僧朝见表》，有“臣某伏以西域天竺僧到阙朝觐者”云云（第31页）；后篇题《宣进天竺僧二十韵诗表》，有“臣某伏睹西天三满多到阙朝对者……天竺国之胡僧入贡”云云（第34页）。可知此天竺僧或胡僧名三满多，曾至成都入见王建。又据《锦里耆旧传》卷6载，“光天元年（918年）春三月，西域胡僧满多三藏来游峨嵋山，却归西国”，[①] 则《广成集》中“三满多”或为“三藏满多”之略称，即“满多三藏”。此天竺僧具体情况不详，从王建礼遇此僧，且请杜光庭撰文来看，虽然对此事的记载有某种象征化特点，依然能够看到前蜀政权对佛教并不排斥。在第0301篇中，杜光庭也写道：“梵刹精严，道宫焕丽，一心斋致，二教俱荣。紫霞洞之仙客效祥，天竺国之胡僧入贡。咸归睿感，共福皇图。”（第34页）当然，满多三藏反映的是王建对佛教的态度。而在州县官员方面，《广成集》中虽无直接反映，但定有其现象存在。

道教、佛教之外，又有地方祠祀。在《广成集》中，第0904篇即《忠州谒禹庙醮词》，为崇祀大禹而创之庙。当然，这些地方祠祀或多或少都被纳入了道教信仰体系，或其信仰本身自我吸收道教因素。故谒禹庙，也需要道教的醮词。

其他行为方面，与道教的清心寡欲相比，很多州县官员的俗世生活颇为两样。比如第0101篇所载陶福此人，杜光庭写其为修缮浕口化，“兼召道士杨玄敬、独孤知元、何某等三人，就观居住讫。但以荒凉既久，门额全无，敢祈雨露之恩，特饰神仙之境”（第1页）。

---

① 《锦里耆旧传》，《五代史书汇编》卷6，杭州出版社，2004，第十册，第6037页。

然据《北梦琐言》“陶福暴疾”条记载：“蜀将陶福，少年无赖，偷狗屠牛。后立功至郡守，屯戍兴元府之西县。暴得疾，疾命从人朱军将诣府迎医李令霭。令霭与朱军将连骑驰往。至夜，抵西县近郭诸葛亮庙前，见秉炬三对前道，拥一人步行，荷校执缚，众人相从，后有陶亲叟抱衣裘而随之。令霭先未识陶福，朱军将指谓令霭曰：‘此是我家太尉，胡为如此?’逡巡恐悚，亦疑是鬼。晓至其营，已闻家人哭声，向来执录，乃福之魂也。”[①] 可见陶福本人少年时为无赖，中年为郡守又“暴得疾”。从其鬼魂在诸葛亮庙前被执缚来看，当因陶福有不得民心之事。陶福虽然不是州县官，但其戍守西县，可目之为“镇将”。其所经历的这一遭遇，以及他自身的行为与虔心修缮涢口化的反差，颇可见人性之复杂。

（二）祥瑞呈报

在《广成集》中，事涉祥瑞醮词有14篇。其中出现次数较多的是汉州什邡县百姓郭回芝采掘得章真人铜牌事，见于第0410、1208、1313、1314、1401、1601、1602等篇。综合诸篇，大意谓永平二年（壬申，912年）七月二十二日（丁卯），[②] 汉州什邡县百姓郭回芝耕地，掘得铜牌一枚，长七寸、广四寸（见第0410、1401篇），上有60字的《老子通天记》。此铜牌由汉州上呈后不久，什邡县即改名通记县。

表3：汉州什邡县《老子通天记》出土记载对比

编号	题名	关于《老子通天记》的记载
0410	皇帝修符瑞报恩斋词	上有六十字《老子通天记》，云：丁卯年甲戌乙亥，人王生，享二百年。天子王从建、王元膺、王万感、王岳、王则、王道宜。五字篆文，后云：北邙化张弘道，天宝留此明圣代。
1208	紫霞洞修造毕告谢醮词	获太上老君锡命谶文。留玉篆于仙居，刻铜符于厚地。生辰命属，时日姓名，叙奕世之蝉联，明卜祚之延久。
1313	皇帝醮仙居山章仙人词	得真人天宝年所留铜牌。六十字之周旋，名姓与年辰备在；二百年之藏秘，钱文与篆迹皆全。嗣续具明，日时无爽。
1314	皇太子醮仙居山词	惟兹古观，果显殊祯，得天宝真符，出老君秘记。金文鸟印，篆字虬蟠。分明而瑞迹如新，拂拭而苔痕尚在。几千年之前，定圣主开图；二百岁之昌，期吾皇享国。御名国姓，生日年辰，一一指陈，重重符验。继书薄德，备列姓名。
1401	皇帝醮仙居山词	上有六十字云：“《老子通天记》云：丁卯年甲戌乙亥，王生，享二百年。天子王从建、王元膺、王万感、王岳、王则、王道宜。”五字篆文未详。后云：“洛州北邙化章弘道，天宝年留此，明后圣代。顾惟薄德，遽捧殊祥。”云历数之延长，纪子孙之次第。

---

① 孙光宪：《北梦琐言》，逸文卷3“陶福暴疾”条，中华书局，2002，第424页。

② 据第1208篇，铜牌获得时间在“粤以永平二年壬申七月二十一日丁卯”云云（第171页），然据此年七月丁卯日实为二十二日，故改之。此外，据第1401篇，则时间在“七月八日”（第191页）。

续表

编号	题名	关于《老子通天记》的记载
1601	天锡观告封章李二真人醮词	于仙居灵山获古篆铜谶，乃太上通天之记，是章真人所铸之文，名姓、生辰、子孙、年数，重重显述，一一合符。
1602	天锡观告封章真人词	镂铜篆于仙山，证金行于蜀国。二百余年缄祕，踪迹长新；五十八字周旋，祯祥尽验。顾惟薄德，祗奉灵休。

通过表 3，可见《老子通天记》的具体内容。其字数诸词皆云有 60 字，第 1602 篇又谓 58 字。但通过直接记载其内容的第 0410、1401 篇来看，前者共计 45＋5（篆文）字，后者共计 56＋5（篆文）字，皆非 60 之数，“六十”或为约数。无论字数多少，就内容而言，此记可分三部分：

第一部分为“丁卯年甲戌乙亥，（人）王生，享二百年。”其中“人”字见于第 0410 篇，从文意而言，当有此字，以示人间之王，与天、地两界不同。丁卯年即前蜀太祖王建的本命年，据第 0913 篇《蜀王本命醮葛仙化词》记载“况岁当丁卯，是臣元命之年；月届仲春，是臣禀生之节”（第 132 页）知王建生于唐宣宗大中元年（847 年）二月。甲戌乙亥，当是甲戌月乙亥日，但据万年历推算，大中元年并无甲戌月，而有甲辰月（闰三月），甲辰月乙亥日则是闰三月初十日。不过若将第 0913 篇所云理解为蜀王在本命日的设醮时间，则天祐四年（907 年）甲辰月乙亥日，即二月廿八日，符合所谓“月届仲春”之说。则王建本命日设醮，当即取丁卯年甲辰月乙亥日，故《广成集》中所载《老子通天记》的“丁卯年甲戌乙亥”，当是“丁卯年甲辰乙亥”之误。至于致误，或因“辰”“戌”二字形近而误，或前蜀行用之历法与唐不同而误。[①]

值得注意的当是“人王生，享二百年”，这与下面一部分，是对前蜀国运的预言。即王建作为人王，得享国二百年。若以每代人 30 年计，六代人 180 年，差可等于二百年。以出土这种预言的方式，作为政权合法性或神圣性的来源，中古时期许多政权都有出现，已经成为一种人造祥瑞。前蜀政权作为偏处一隅的小国，而又要以帝国的姿态继承唐王朝，必然也需要这样一种造作。

更有趣的是第二部分，即“天子王从建、王元膺、王万感、王岳、王则、王道宜”一句，直接将享二百年的几位人王（天子）姓名列了出来。第一位天子王从建，“从建”是王

① 公维章据《十国春秋》卷 37《前蜀本纪》所载前蜀咸康元年增置闰十二月之事，认为：“五代时期前蜀政权亦行用本地历法并参考中原王朝历法，适时进行修订补充。”参见公维章：《从〈大历碑〉看唐代敦煌的避讳与历法行用问题》，《敦煌研究》2012 年第 1 期。

建为宦官田令孜假子时获赐之名（田从建）。[①] 因此，当此《老子通天记》于永平二年（912年）七月出土之后，王建即为了应此符节，将太子王宗懿改名为王元膺。[②] 不过，第二年（913年），王元膺（二十二岁）即因谋反而被斩。随后，王建以幼子王宗衍（十五岁）为太子。亦即，此《老子通天记》未期年，即已作废。

但永平三年（913年）王元膺谋反之事，并非永平二年的王建所能预见。故在这一年，随着《老子通天记》的出土，前蜀政权从中央到地方有许多动作。在中央，除了太子王宗懿改名王元膺，还有《广成集》所载的这几次斋醮。这几次斋醮可分三类：第一类即第0410篇所示修符瑞报恩斋，即对此符瑞事件予以报恩；第二类为第1313、1314、1410篇所示皇帝、皇太子醮《老子通天记》出土的仙居山，兼及仙居山章真人；第三类是第1601、1602篇所示告封章真人。[③]

至于地方，涉及第二、三类醮词中提到的章真人，即《老子通天记》所谓"作者"，与此记第三部分内容直接相关，即第1401篇更加详尽的"洛州北邙化章弘道，天宝年留此，明后圣代。顾惟薄德，遽捧殊祥"。此章弘道，在第0410篇记载为张弘道，但从第1313、1401、1601、1602篇来看，当以章弘道为准。虽然《广成集》记载此道士在天宝年间于仙居山留此《老子通天记》，但除了这一事件外，相关文献并未见关于此道士的其他记载。可见，所谓章弘道于天宝年间留下《老子通天记》，基本可以认为是前蜀君臣之假托。至于何人假托，则涉及前蜀政权当时盛行的祥瑞之说对地方官员的影响。

一方面，前蜀政权普遍崇尚祥瑞对州县地方官员的影响。在前蜀政权成立之年，全蜀各地普遍上呈祥瑞。《新五代史》谓："是岁正月，巨人见青城山。六月，凤凰见万岁县，黄龙见嘉阳江，而诸州皆言甘露、白鹿、白雀、龟、龙之瑞。秋九月己亥，建乃即皇帝位。"[④] 此后，祥瑞并未因前蜀已经成立而消歇，单就《广成集》而言，即有：雅州严道县多功团崇善里进白鹊（0107）、梓州射洪县进嘉禾（0108）、合州江上获神剑（0214）、邛州大邑县枯树再生（0216、0515）、利州金仙县（旧名景谷县）玄都山（旧名道长山）紫霞洞（旧名阳谟洞）显见神仙（1208）等。[⑤]

---

① 田令孜诸假子皆以"从"字排行，如黄巢围攻许州时的忠武军监军田从异，参见（晋）刘昫：《旧唐书》，卷19下《僖宗纪》，中华书局，1975，第718页。

② 王文才、王炎：《蜀梼杌校笺》，卷1永平二年八月条，巴蜀书社，1999，第118页。

③ 在这几篇涉及《老子通天记》出土的醮词中，第1208篇《紫霞洞修造毕告谢醮词》的主体内容是对永平四年（914年）利州上呈的祥瑞之告谢，顺带涉及汉州的《老子通天记》，故不计入随《老子通天记》出土而兴起的一系列动作。

④ （宋）欧阳修：《新五代史》，卷63《前蜀世家》，中华书局，1974，第787页。

⑤ 其中，关于枯树再生，可参考罗亮：《权力与正统：五代政治史论稿》，第255—279页。

另一方面，地方官员对祥瑞的应对又推动了祥瑞的扩大化发展。比如关于《老子通天记》一事，又见于《太平广记》所引《录异记》，“王蜀永平二年，得北邙山章宏道所留瑞文于什邡之仙居山，遂出缗钱，委汉州马步使赵宏约缔构观宇。洎创天尊殿，材石宏博，功用甚多。是日，将架巨梁，工巧丁役三百余人，缚拽鼓噪，震动远近。忽有异鸟三只，一红赤色，二皆洁白，尾如曳练，各长二尺余，栖于梁上，随絙索上下，在众人中略无惊怖。工人抚搦戏玩之，如所驯养者。梁既上毕，鸟亦飞去。”[①] 这里的《录异记》就是杜光庭的另一种著作。从中不仅可见祥瑞的出现，影响到地方上的汉州马步使赵宏约构建观宇，更可见因此构建观宇之事，又产生出新的祥瑞，即异鸟之临。

（三）地方治理

作为州县长官，自然不能仅仅自我成道，或用祥瑞来向上邀功。对于地方而言，注重一地之民生，方为首要任务。对此的追求，一部分附见于其他类型的醮词中，另一部分则有专门为地方民生而作的醮词。

就前者而言，比如第1410篇《什邡令赵郁周天醮词》是汉州什邡县令赵郁为自己所治理的什邡县之一境平安和身家之福禄而作。其词曰：

> 臣谬以非才，理兹剧邑，赋舆所总，征督所难，乡里凋荒，缉绥尤切。洗心求瘼，克己徇公。果蒙道力潜资，真灵密助，征科办集，境土乂安，疫毒不侵，生灵以泰。思酬玄造，众竭丹诚，共崇黄箓之坛，虔备焚修之会。兼申大醮，上答灵恩。况境接仙山，人怀道化。李相国之神功宛在，罗真人之圣力时彰。控诸观之福庭，摽二化之真府。必垂昭鉴，纳此诚祈。伏惟太上延慈，众神孚祐，普资幽显，遐及存亡，俱锡福祥，咸蒙济祐。使一方清谧，百谷滋丰，疫疠兵戈永无侵轶，飞沉蠢动各遂安全。臣等九祖七玄生天受福，三途九夜离苦参真。然乞灾厄蠲销，罪尤除荡，潜增禄祚，克保年龄。同力运心，俱沾巨祐。不任。（第199页）

此词醮主为什邡县令，故其首先强调本县作为“剧邑”，征督赋税是个难题，甚至导致乡里凋敝。故他设此周天醮，希望能够得到“道力”“真灵”的暗中资助，使得征科能够办齐，县境得以平安。此外，作为汉州什邡县的县令，境内有仙居山仙居观，故词中有“境接仙山”之语。但前文所论及的郭回芝于仙居观采得铜牌之事，似乎尚在赵郁设醮之后。

---

① （宋）李昉等编：《太平广记》，卷463“仙居山异鸟”条，中华书局，1961，第3815页。

盖郭回芝采得铜牌后不久，什邡县即改名通记县，而此处仍然是什邡县。无论如何，赵郁的主要目的在于百姓，即“使一方清谧，百谷滋丰，疫疠兵戈永无侵轶，飞沉蠢动各遂安全”，其次方为家人，即“臣等九祖七玄生天受福，三途九夜离苦参真”。

除了兼带为地方祈求的醮词，还有屈指可数的专门醮词，即事涉工程治理类的醮词 2 篇。此类醮词，可举第 1101 篇《程德柔醮水府修堰词》，即某县令程德柔为本县修堤堰而设醮之词。其词曰：

> 伏闻大道垂功，裁成品物；真灵设位，主宰群生。至于水府明神，山林正职，各司罪福，以庇烝黎。当县地控上游，素名剧邑，赋舆重大，耕稼兹繁。堤堰所防，安危是系。某所修堰分，当彼濬流，自汎溢以来，累有摧坏。虽俾夜作昼，竭力焦心，旋有葺完，寻闻倾陷。岂水脉所注，不可备防？岂龙神所为，未容障塞？忧惶迫切，无所告祈。且食乃民天，人为邦本，或亏秋稔，必致年凶。况天府膏腴，势连下濑；少城户口，旁接通波。若为侵轶之灾，必有泥沙之变。救兹垫溺，须仗玄威。伏惟大道开恩，明神流鉴，愍其农亩，念彼生灵。回不测之神功，借无私之圣力。特垂济护，俾获安全。使黍稷永丰，京坻有望。息襄陵怀山之祸，叶年丰俗富之期。苹藻效诚，敢负灵贶。不任。（第 152—153 页）

从此篇醮词中可知，程德柔所居之县，为蜀地“地控上游”之“剧邑”，农业生产繁荣。

众所周知，在农业社会，最重要的就是水利（工程），因水利（工程）而兴起的水利社会也是学者关注的重要对象。在蜀地，最为知名的水利工程即都江堰，此堰地处都江上游，属彭州导江县灌口镇，唐时名楗尾堰。① 此篇醮词中虽然没有言明具体是何县何堰，但从此县“地控上游”，且“若为侵轶之灾，必有泥沙之变”来看，与楗尾堰分导都江水流以防止泥沙淤塞的情况类似。此外，从导江县灌口镇沿都江而下，即至蜀州青城县，与杜光庭所重视的道教名山相近，程德柔当熟知杜光庭，请其撰写醮词，也有可能。当然，既然此篇内容并未明言，亦不可断定其为楗尾堰。

但通过这篇醮词，却能看到水利工程与道教醮仪的结合。其题中“醮水府修堰”，即表示因修堰而使道士醮水府。在道教信仰体系中，水府是重要的组成部分，醮词中所谓“水

① 《元和郡县图志》，卷 31《剑南道上 · 彭州》，第 774 页。

府明神，山林正职，各司罪福，以庇烝黎”，即指水府中的神明掌管罪福，庇佑黎民百姓。[①]在道教信仰中，水府也往往成为投龙简的场所，用以祈求自身的延年、国家的安泰之类。[②]此处则具体为对“旋有葺完，寻闻倾陷”的堤堰工程进行祈求，从而“回不测之神功，借无私之圣力。特垂济护，俾获安全”。

此外，在《广成集》集外佚文部分，有《贺江神移堰笺》一文曰：“伏睹导江县令黄璟奏六月二十六日江神移堰事”（第 260 页）云云。可知杜光庭对于此类水利事务原本即多有关注，其能为程德柔撰写此醮词，亦在其理。

三、结语

杜光庭《广成集》是五代时期难得基本完整保存下来的文集，与南唐徐铉的《骑省集》一起，分别是前蜀、南唐唯一传世较为完整的文集，可谓东西双璧。与身为文臣的徐铉的《骑省集》侧重诗文不同，身为道士的杜光庭的《广成集》侧重宗教（特别是道教）活动。于是，通过《广成集》便可以看到道教色彩浓厚的前蜀政权基本情况。但并不是说前蜀政权只有道教，而无佛教和儒家思想传播。只不过，就史料保存情况来说，《广成集》是我们窥探前蜀政治，特别是州县政务的一个很好的窗口。

通过上文梳理，可以看到，前蜀政权至少有 1 个府、13 个州的地方官员有设醮行为，分布于直隶地区和 7 个藩镇，数量上占前蜀州（府）总数的 24.1%（近四分之一）。此外，前蜀君臣的崇道行为方面，也至少涉及 13 个州，分属直隶地区和 6 个藩镇。这还只是由杜光庭接手撰写斋醮词文的例子，其他人等撰写的当亦有不少。其中，前蜀地方官员的斋醮活动所涉及的内容则包括宗教祈福（为己或为公）、祥瑞呈报、地方治理三大类，并且各有交叉。这些内容的展现，除了深入展示前蜀政权的道教色彩的清晰画面，也能直观反映前蜀地方州县官员利用宗教手段介入政务运行的机制与理念。

① 王永平：《论唐代的水神崇拜》，《首都师范大学学报（社会科学版）》2006 年第 4 期。此文对唐代的水神史料有综合性分类梳理，但宗教性的内在理路分析不足。

② 唐代投龙简多在五岳，而吴越国时期多在水府，参见赵幼强：《唐五代吴越国帝王投简制度考》，《东南文化》2002 年第 1 期。

诸葛亮“刑法峻急”辨正

秦　涛*

摘　要　魏晋史料常见诸葛亮“刑法峻急”一类表述，不能等同于“严刑峻法”“重典治蜀”。从案例来看，蜀汉刑事立法轻于相近时期的各政权，司法情况也是最好的。“亮刑法峻急”作为史料，虽无“个性的真实”，却有“通性的真实”，指涉汉末三国“名法之治”的法制实践。诸葛亮的“名法之治”与曹操共享“严明”“峻急”之评，却避免了“苛碎”“酷虐变诈”之讥，是因为二人的政治理念与治理方式有所不同。破解了“峻急”“宽柔”“苛碎”“和缓”一类陈词背后的政治文化背景，才能从有限的史料中准确读取更多信息。

关键词　诸葛亮；蜀汉；名法之治；刑法峻急

诸葛亮主政时期，蜀汉的政治与法制应当如何评价？后世史料提供了截然相反的记录。或称道其“抚百姓，示仪轨”，或贬斥其“刑法峻急，刻剥百姓”；或云蜀人“欣悦”“戴服”，或称益土“自君子、小人咸怀怨叹”。不过，正反双方对于“诸葛亮以严法重刑治国”这一事实判断，似乎均无异辞。分歧仅仅在于价值判断层面的褒奖抑或抨击。有趣的是，考之以史料，恰恰这一“事实判断”经不起推敲，反而是分歧的“价值判断”蕴含着某种历史书写层面的“通性真实”：魏晋时人倾向于以“峻急”“严密”一类语词，书写一种特定的治国模式。本文尝试考辨诸葛亮主政下的蜀汉是否“刑法峻急”，进而探讨法律史料的运用方法。

---

* 秦涛，西南政法大学行政法学院讲师。

一、一则“伪史料”的生命力

让我们先从一则“伪史料”的生命力说起。

西晋初年，扶风王司马骏的幕僚曾集中讨论诸葛亮治蜀的功过得失。大多数人持否定、贬低态度，认为诸葛亮“托身非所，劳困蜀民，力小谋大，不能度德量力”云云。唯有郭冲认为诸葛亮的功业被严重低估了，实际上其历史地位应当超越管仲、晏子。不仅如此，他还摆出证据，“条亮五事隐没不闻于世者”。由于拿出独家秘闻，反对派便无从反驳。这五条褒美诸葛亮的史料，保存于《三国志·诸葛亮传》裴松之注引《蜀记》，一般称之为“郭冲五事”。

裴松之对“郭冲五事”的史料价值，进行了系统的批判和逐一的辩难，结论是“冲之所说，实皆可疑”。其中如诸葛亮识出曹操派来的刺客（第二事）、以“空城计”吓退司马懿等（第三事），描写近小说家言，且与《三国志》矛盾，显然为假，无足深论。陈寿撰《三国志》，取材严谨，号称“良史”，而对这些“隐没不闻于世”的故事一无所取。“郭冲五事”的史料价值，由此可见一斑。

有趣的是，“郭冲五事”的生命力却异常旺盛。如果说“空城计”经《三国演义》的采用与渲染而家喻户晓，还只是其在文学领域的生命力，不足为怪；那么“郭冲五事”的第一事，指称诸葛亮“刑法峻急，刻剥百姓”，虽遭裴松之反驳，却仍为诸多史学名家信之为真、频繁引用，这就耐人寻味了。为方便后续讨论，以下先全引这则史料：

> 其一事曰：亮刑法峻急，刻剥百姓，自君子、小人咸怀怨叹。法正谏曰：“昔高祖入关，约法三章，秦民知德。今君假借威力，跨据一州，初有其国，未垂惠抚；且客主之义，宜相降下。愿缓刑弛禁，以慰其望。”亮答曰：“君知其一，未知其二。秦以无道，政苛民怨，匹夫大呼，天下土崩，高祖因之，可以弘济。刘璋暗弱，自焉以来，有累世之恩，文法羁縻，互相承奉，德政不举，威刑不肃。蜀土人士，专权自恣，君臣之道，渐以陵替。宠之以位，位极则贱；顺之以恩，恩竭则慢。所以致弊，实由于此。吾今威之以法，法行则知恩；限之以爵，爵加则知荣。荣恩并济，上下有节。为治之要，于斯而著。”

裴松之反驳说：法正死于公元220年。当时最高权力掌握在刘备手中，益州牧也是刘备本人，诸葛亮只是辅佐之职。所以：第一，蜀汉即便真的“刑法峻急”，也不是诸葛亮决定的；第二，法正如果反对这一刑事政策，那么应该找刘备，而非诸葛亮。裴松之反驳之后，意犹未尽，又追加了一句："又云'亮刑法峻急，刻剥百姓'，未闻善政以'刻剥'为称。"他无法理解，"刻剥"与"善政"怎么能在同一个人身上和谐共处。因此他将这条史料判了死刑。①

此处还可以为之补充一条佐证。《三国志·法正传》载：法正担任蜀郡太守，"一餐之德，睚眦之怨，无不报复。擅杀毁伤己者数人"。有人劝诸葛亮启禀刘备，加以制裁。诸葛亮没有听从。由此可见，诸葛亮对于"蜀土人士，专权自恣"的情况，并没有加以有力的约束。应该说，经过裴松之的批驳，"郭冲五事"作为史料，信值较低。如果需要引用，必须对其史料价值加以证明。

可是，已被判处死刑的这则"伪史料"，生命力之强大，远远超出裴松之的想象。北宋司马光编《资治通鉴》，便几乎全文引用"诸葛亮佐备治蜀，颇尚严峻，人多怨叹者。法正谓亮曰"云云。可能是注意到了裴松之的反驳，司马光特意添加了"佐备治蜀"四个字，对这则材料与《三国志》记载之间的矛盾稍加缓冲。②

内藤湖南《中国史通论》虽然觉得"它是否是事实，还不清楚"，但仍全引这则史料，证明"在整治汉末散乱不严的时世这点上，曹操与诸葛亮的政治是一致的"。③ 吕思勉《魏晋法术之学》，全引这则史料，并反驳裴松之。他说：当时权力固然在刘备手中，但安知不咨询诸葛亮而后行之?④ 这一反驳只是揣之情理，并无实据。陈寅恪在清华大学讲授魏晋南北朝史，全引这则史料，证明"在他（引按：诸葛亮）治下，'刑法峻急'。这与曹操以法术为治也是相似的"。⑤ 田余庆《李严兴废与诸葛用人》多次引用这则史料，证明蜀汉政权内部存在新旧主客矛盾，诸葛亮以法治蜀则以消泯新旧、主客的区别为核心。⑥ 王仲荦《魏晋南北朝史》也采用了这条史料。⑦ 余明侠《诸葛亮评传》是影响较大的诸葛亮传记和三国史作品。他认为："亮刑法峻急"是指诸葛亮制定的法令侵犯了益州豪强权贵势力的利益。⑧这一意见与田余庆的看法相似，都将之置于新旧主客矛盾的具体历史环境之下，加以新的

---

① 《三国志》，卷35《诸葛亮传》，中华书局，1982，第917页。标点或有改定。

② 《资治通鉴》，卷67，献帝建安十九年，中华书局，1956，第2131页。

③ ［日］内藤湖南：《中国史通论》，夏应元、钱婉约等译，九州出版社，2018，第329—330页。按：内藤湖南在引用之后，对自己在何一层面、何种程度认知该史料的真实性作出了说明。应当说，内藤的引用在诸家之中是最高明的。详后文。

④ 吕思勉：《读史札记》，载《吕思勉全集》，第10册，上海古籍出版社，2016，第747页。

⑤ 万绳楠整理：《陈寅恪魏晋南北朝史讲演录》，贵州人民出版社，2008，第23—24页。

⑥ 田余庆：《秦汉魏晋史探微（重订本）》，中华书局，2011，第193、205页。

⑦ 王仲荦：《魏晋南北朝史》，上海人民出版社，1979，第83、98页。

⑧ 余明侠：《诸葛亮评传》，南京大学出版社，1996，第453页。

解读。但他们都没有对史料的真实性加以说明。这是史学名家的引用情况。

再看法律史学界的情况。《中国法制通史·魏晋南北朝》完整引用了这段材料，证明诸葛亮“厉行法治，恩威并济”的法律思想。[①]《中国法律思想通史·三国两晋南北朝》则以此证明诸葛亮“重典治蜀”。但该书随即提出：“诸葛亮的重典治蜀只是权宜之计”，“他并不是一个重刑迷信者，他反对滥用重刑”。[②] 这说明作者注意到了相反的史料，不得不对史料的矛盾加以弥缝。但这一努力未见成功，因为没有证据证明诸葛亮治蜀的刑事政策有何转变，则所谓“权宜之计”也就无从谈起了。由于两种通史的权威地位，法律史学界普遍采信这一说法，认为蜀汉适应时代需求，推行严刑峻法。

“郭冲五事”史料价值低劣，但“第一事”却似乎成为无需证明的例外。臧振《诸葛亮北伐失败原因再探》的一则脚注提出：“‘郭冲五事’裴氏疑其伪，然其驳难法正谏亮一事最为无力，故此第一事应可不疑。”[③] 道出了引用者的心声。

那么，“郭冲五事”的第一事究竟是真是假？如果是真，从来没有在蜀土生活过的晋人郭冲，从何获知这则“隐没不闻于世”的诸葛亮轶事？为何其余四则均为假，独此一条为真？如果是假，为什么一则已经被裴松之判处死刑的“伪史料”，却有如此强大的生命力？究竟是什么吸引着众多史学名家，不顾史料运用的基本规则，乐此不疲地反复引证？

二、重审“诸葛亮刑法峻急”论

利用史料，应重视反证，避免抽样作证。接下来便罗列正反双方的证据，两造对谳，让真相自然呈现。

（一）“诸葛亮刑法峻急”符合魏晋人的一般印象

先看正面的有利证据。

诸葛亮“刑法峻急”之论，并非郭冲一家之言，《三国志》及裴注均有明证。《三国志·诸葛亮传》传末评曰：“（诸葛亮）刑政虽峻而无怨者，以其用心平而劝戒明也。”陈寿用“峻”字评价诸葛亮的“刑政”，可见“刑法峻急”其来有自。《三国志·杨戏传》注引

---

① 张晋藩总主编，乔伟主编：《中国法制通史》，卷 3《魏晋南北朝》，法律出版社，1999，第 114—116 页。按：蜀汉部分由乔伟先生执笔。

② 李光灿、张国华总主编，乔伟、王召棠主编：《中国法律思想通史》，卷 4《三国两晋南北朝》，山西人民出版社，2000，第 48、49 页。

③ 臧振：《古史考论》，商务印书馆，2016，第 159 页。

《益部耆旧传》也说："时诸葛亮用法峻密。"据《晋书·陈寿传》，《益部耆旧传》也是陈寿所撰，史料价值应不下于《三国志》。

又《晋书·宣帝纪》记载，蜀汉降将率领其属七千余人投降曹魏，魏明帝想要查实户口，司马懿劝谏："贼以密网束下，故下弃之。宜弘以大纲，则自然安乐。"司马懿是诸葛亮的同时代人。他说蜀汉"以密网束下"，似乎意味着曹魏的法网更宽疏一些。

"刑政虽峻""用法峻密""密网束下"，与"刑法峻急"措词相似。这些来自陈寿或司马懿的评价，似乎为郭冲的观点提供了强有力的佐证。如果不拘泥于语词的外壳，则褒美诸葛亮者也往往会说"科教严明，赏罚必信""行法严而国人悦服"云云。"国人悦服"与否，千载之下不得而知，只能看作事后的溢美之词。但"科教严明""行法严"与"刑法峻急"，褒贬色彩或有不同，却折射出近似的历史事实。"郭冲第一事"的真实性似可定谳了。

（二）"诸葛亮刑法峻急"不符合史料的具体记录

再看反面的不利证据。

就史书的概括性描述而言，几乎找不到说诸葛亮用法轻缓、宽和的记录。但是细按史料，蜀汉的刑法却可能是当时最轻的。以下便以搜辑到的案例为材料，纵向比较蜀汉法制与东汉、益州刘焉刘璋政权的法制，横向比较蜀汉法制与魏、吴法制。

首先，与汉律相比，蜀汉法律较轻。

汉律的一大弊病，就在于繁苛。曹操就"嫌汉律太重"而另立科条，"令依律论者听得科半，使从半减也"。此后，曹丕"下怨毒杀人减死之令"，曹叡"改士庶罚金之令"，均将刑罚往更加轻缓的方向改革。[①] 总体而言，汉律比曹魏法制还要重。蜀法与汉律不尽相同，难以系统比较，兹举两例进行局部对比。

其一，"诬罔罪"在汉律为死刑，在蜀法为废徙。诬罔是汉律规定的"不道重罪"。《周礼·秋官·邦诬》郑注："诬罔君臣，使事失实。"可见诬罔即欺君罔上而引发重大恶果。[②] 程树德《九朝律考》辑得汉朝官吏犯"诬罔"罪七例，犯者二人腰斩，二人下狱死，一人自杀，一人弃市，余者伏诛，无一不是死罪。[③] 蜀汉犯此罪的是都护李严，据诸葛亮的上书，其罪状很多："受恩过量，不思忠报，横造无端，危耻不办，迷罔上下，论狱弃科，导人为奸，情狭志狂，若无天地。自度奸露，嫌心遂生"，导致北伐无功而返。《陈震传》：

① 《晋书》，卷30《刑法志》，中华书局，1974，第922页。

② 沈家本：《历代刑法考·汉律摭遗》，中华书局，1985，第1436—1437页。

③ 程树德：《九朝律考》，中华书局，2006，第103页。

“都护李严以诬罔废。”可见“诬罔”当是《蜀科》的律目，也是李严被废的正式罪名。汉律诬罔罪非族诛即弃市，而李严的处分是“废徙”，其子李丰仍受重用。可见《蜀科》改变了汉律的罚则，较汉律为轻。

其二，汉律轻用“夷三族”的极刑，而蜀汉慎用之。宋人洪迈《容斋随笔》“汉轻族人”条，举晁错、主父偃、郭解三例以证明“汉之轻于用刑如此”。[①] 汉王温舒“受员骑钱，他奸利事”居然就夷三族，[②] 难怪曹操都嫌汉律太重了。蜀汉的夷三族仅魏延叛逆罪一例。这不仅是因为蜀汉人口少、历时短，更因为主政者对夷三族刑罚的使用保持了最大限度的克制。《魏延传》云：“（魏）延、（杨）仪各相表叛逆。”叛逆罪的法定刑是夷三族，即《二年律令·贼律》说的“皆腰斩，其父母、妻子、同产无少长，皆弃市”。[③] 魏延的叛逆罪坐实之后，“遂夷延三族”。值得注意的是：第一，唯一适用夷三族的魏延叛逆案，是诸葛亮死后的政治斗争，不足以证明“亮刑法峻急”；第二，同样涉嫌叛逆罪的麋芳、孟达、黄权，均未罪及家属，因为刘备、诸葛亮通过经义决狱，确立了“罪不相及”的司法惯例。[④]《麋竺传》：“（麋）芳为南郡太守……叛迎孙权，羽因覆败，（麋）竺面缚请罪”；《黄权传》：“道隔绝，权不得还，故率将所领降于魏。有司执法，白收权妻子”；《孟达传》也记录孟达反叛后的谣言：“言往者达之去就，明公切齿，欲诛达妻子，赖先主不听耳。”所谓“面缚请罪”“收权妻子”“欲诛达妻子”，可见这都是“有司执法”的常态。总之，《蜀科》的“叛逆”罪与汉律一样，均处夷三族之刑，这是其相同处；将“叛逆”设专条，执法时从轻，这是其变通处。

其次，与益州刘焉刘璋政权相比，蜀汉法律较轻。

刘焉曾“托他事杀州中豪强王咸、李权等十余人”。刘璋继位后，因“张鲁稍骄恣，不承顺璋”，就“杀鲁母及弟，遂为仇敌”。[⑤] 彭羕因遭人毁谤，刘璋就“髡钳羕为徒隶”。[⑥] 刘备围困成都，郡督邮朱叔贤谋外降，刘璋不仅将其诛杀，还将其妻张昭仪“配兵将，见逼，昭仪自杀”。[⑦] 相比起蜀汉对于叛逆罪犯家属的“罪不相及”来，刘璋执法的任意性简直荒唐。又有盛道夫妇，“建安五年，道坐过，夫妇闭狱。子翔，方五岁”，其妻为使儿子

① （宋）洪迈：《容斋随笔》，卷2《汉轻族人》，上海古籍出版社，1978，第21页。
② 《史记》，卷122《酷吏列传》，中华书局，2014，第3823页。
③ 彭浩等主编：《二年律令与奏谳书》，上海古籍出版社，2007，第88页。
④ 秦涛：《蜀汉法制“郑义”发微》，《许昌学院学报》2014年第1期。
⑤ 《三国志》，卷31《刘二牧传》，中华书局，1982，第867—868页。
⑥ 《三国志》，卷40《彭羕传》，中华书局，1982，第995页。
⑦ （晋）常璩撰：《华阳国志校注》，刘琳校注，成都时代出版社，2007，第407页。

不至于饿死，协助盛道逃跑后自首，被杀。[①] 以上所说都是益州刘焉刘璋政权的司法情况，而其立法应当是奉行汉法。由此可见，刘璋统治时期，不但立法较严，且执行时带有较大随意性，这也正是其灭亡的原因之一。

最后，与同时期的魏、吴相比，蜀汉法律较轻。

前面提到，蜀汉“夷三族”一刑是用来对付叛逆的，但仅用于魏延案；对于其他叛逆者，则较为宽大。如被迫降魏的黄权，刘备对其家属“待之如初”；对于主动降魏的孟达，蜀汉执法官员“欲诛达妻子，赖先主不听耳”；对于通敌害死关羽的麋芳，刘备更是以“兄弟罪不相及”来宽慰其兄麋竺，“崇待如初”。而在曹魏，仅《九朝律考》辑录遭夷三族的就有曹爽、丁谧、邓飏、何晏、毕轨、李胜、桓范、诸葛诞、毌丘俭、李丰、夏侯玄、张缉、乐敦、刘贤、王凌十五例，其中还不包括王凌案的“诸相连者”。[②] 时人也评价说魏法制“苛碎”“用法深重”。[③] 再看士亡罪。曹魏“重士亡法，罪及妻子”，[④] 有军士逃亡，即“没其妻盈及男女，为官奴婢”。[⑤] 而蜀汉面对“士伍亡命，更相重冒，奸巧非一”的情况，则是“为之防禁，开喻劝导”，“数年之中，漏脱自出者万余口”。[⑥] 由以上两条比较，可以得出蜀汉法律比曹魏轻的结论。

至于孙吴，用刑比曹魏更酷。曹魏屡次兴起恢复肉刑的讨论而终未能复，孙吴则有“剥人之面”“凿人之眼”“烧锯断头”等种种酷刑，“淫刑所滥，陨毙流黜者，盖不可胜数”。[⑦] 乔伟先生评价孙吴的法制之严酷，“在封建社会的历史上也可以说是一个坏的典型”。[⑧] 蜀汉法律比孙吴轻，自不待言。

综上，蜀汉的法制相比纵向的汉朝、刘焉刘璋政权，相比横向的曹魏、孙吴政权，都是比较轻的。说蜀汉“严刑峻法”或诸葛亮“重典治蜀”，并不符合史料。可是问题非但没有解决，疑惑反而增强了：为什么蜀汉刑法较轻，魏晋人却普遍得出诸葛亮“刑法峻急”“刑政虽峻”“用法峻密”的评价，而后世也更愿意采信这样一条已经被裴松之判处死刑的史料呢?

---

① （晋）常璩撰：《华阳国志校注》，刘琳校注，成都时代出版社，2007，第442页。

② 程树德：《九朝律考》，中华书局，2006，第201—202页。

③ 《三国志》，卷27《王昶传》，中华书局，1982，第744页；《三国志》，卷25《高堂隆传》，中华书局，1982，第712页。

④ 《三国志》，卷22《卢毓传》，中华书局，1982，第650页。

⑤ 《三国志》，卷24《高柔传》，中华书局，1982，第689页。

⑥ 《三国志》，卷39《吕乂传》，中华书局，1982，第988页。

⑦ 《三国志》，卷48《三嗣主传》，中华书局，1982，第1173、1178页。

⑧ 张晋藩总主编，乔伟主编：《中国法制通史》，卷3《魏晋南北朝》，法律出版社，1999，第134页。

三、“诸葛亮刑法峻急”论的成因

（一）“个性真实”与“通性真实”

陈寅恪探讨《太平广记》的史料价值，有个著名的论断：“小说亦可作参考，因其虽无个性的真实，但有通性的真实。”[①] 像“郭冲五事”这样足以以假乱真的历史轶事，便更是如此。这个故事的具体情节（法正谏言的年代）可能是假的，但作者（郭冲）为这个故事搭建的舞台却具有相当的真实性，才能在讨论中胜出，令反对者无言以对。史家若想利用其“个性的真实”，便需承担更重的证明责任；史家能从中获取出几分“通性的真实”，取决于其史识的高明与否。

具体到“郭冲第一事”这则史料，内藤湖南意识到“法正进谏的年代与事实不符”，这是个性的失真；随后解释道：“但我认为，诸葛亮在益州实施了他的严格整治的政治方针，这一点大体上讲是没有错的。”这是他从“郭冲第一事”中看到的“通性的真实”。又如田余庆从该史料中看到了“客主之义”的通性真实，作为蜀汉政权兼具“新旧主客”矛盾的重要论据，就是非常高明的见解。无论何种“通性的真实”，都需要其他史料加以佐证。

以法律史的眼光来看，“亮刑法峻急”也是通性的真实，可以得到《三国志》《益部耆旧记》《晋书》的佐证，与“刑政虽峻”“用法峻密”“密网束下”均反映了魏晋人对诸葛亮主政时期蜀汉法制的真实观感。这就是这条“伪史料”（“伪”在个性的失真）生命力旺盛的原因所在。

下一步要解决的问题是：为什么蜀汉刑法明明较东汉、曹魏、孙吴为轻，时人却均有“刑法峻急”的一般印象？这就要求我们搁置现代人的刑法观念，将“峻急”“峻密”“密网”一类语词当作文化密码，解明这些魏晋语词指涉的具体对象。既然“郭冲第一事”个性失真而仅具通性的真实，那就让我们先从与之关联的其他案例入手。

例一：“贼以密网束下”是指诸葛亮对地方豪强进行严格的户籍管理。《晋书·宣帝纪》说：“蜀将姚静、郑他等帅其属七千余人来降。时边郡新附，多无户名，魏朝欲加隐实。”在这样的背景下，魏明帝征求司马懿的意见。司马懿回答：“贼以密网束下，故下弃之。宜弘以大纲，则自然安乐。”司马懿所谓“弘以大纲”，是指对蜀汉新迁移民的户籍管理睁一

① 石泉、李涵整理：《听寅恪师唐史课笔记一则》，载《陈寅恪集·讲义及杂稿》，生活·读书·新知三联书店，2002，第 492 页。

只眼闭一只眼，不必依法核实。诸葛亮十分重视户籍管理。他初出茅庐，就曾建议："令国中凡有游户，皆使自实，因录以益众可也。"[①] 蜀汉政权建立后，特别注重将豪强大户荫蔽的户口，登记到国家的账面上来。所谓"贼以密网束下"，就是指蜀汉政权对姚静、郑他及其私属进行严格的户籍管理，将之纳入国家纳税、征兵体系。在今天看来十分正常的国家管理活动，在司马懿眼中却是"密网束下"。

例二："用法峻密"是指诸葛亮对官吏进行严格的监察。《三国志·杨戏传》注引《益部耆旧记》说：蜀汉专职司法的何祗很不负责任，"时诸葛亮用法峻密，阴闻祗游戏放纵，不勤所职，尝奄往录狱"。所谓"奄往录狱"就是突击检查司法工作。

例三："刑政虽峻"是指诸葛亮用刑不问对象、不看罪行大小，完全以法律为准绳。《三国志·诸葛亮传》评语云："尽忠益时者虽雠必赏，犯法怠慢者虽亲必罚……善无微而不赏，恶无纤而不贬……终于邦域之内，咸畏而爱之。刑政虽峻而无怨者，以其用心平而劝戒明也。"所谓"刑政峻"是指"犯法怠慢者虽亲必罚"，不因亲信而宽赦；"恶无纤而不贬"，不因恶小而假贷。这在今天看来是十分合理的，无"峻"可言；但在当时，却显得不近人情。《周礼》与汉律均有"议亲""议故"之条，亲故犯罪有所宽宥，才是人之常情。所以诸葛亮斩马谡，在当时遭到蒋琬、李邈的反对，后来遭到习凿齿的非议。又如《论语》有"赦小过"的教诲，《管子》也说"弛刑罚，赦罪戾，宥小过，此谓宽其政"。诸葛亮不肯"缓刑弛禁"，又有"惜赦"之名，自然被当时人看作"不宽"而"峻急"了。

以上三则案例，没有一例的用法是说诸葛亮"重典治国"。此外还有一个反例，需要委曲辩论：史书常说刘璋"宽柔""暗弱"，说诸葛亮"峻急""峻密"；可是前文考证却发现诸葛亮用法较刘璋政权为轻——这个矛盾应该如何疏释呢？这就要求我们不仅知道"峻急"的用法，还要明了"宽柔"的辞例。

（二）"名教之治"与"名法之治"

《三国志·郭嘉传》注引《傅子》，记录了一段谋士郭嘉预测袁、曹胜负的著名论断，其中提及："汉末政失于宽，绍以宽济宽。"袁绍政宽的表现是什么？郭嘉说袁绍"所任唯亲戚子弟"而不能"唯才是举"，"繁礼多仪"而不能"体任自然"，"大臣争权"而不能"御下以道"，"是非不可知"而不能"所是进之以礼，所不是正之以法"。《武帝纪》注引《魏书》："袁氏之治也，使豪强擅恣，亲戚兼并，下民贫弱，代出租赋，炫鬻家财，不足应命。审配宗族，至乃藏匿罪人，为逋逃主。"《王脩传》也说："袁氏政宽，在职势者多畜

① 《三国志》，卷35《诸葛亮传》注引《魏略》，中华书局，1982，第913页。

聚。太祖破邺，籍没审配等家财物赀以万数。”

概括而言，“政宽”的表现是：实行身份差序的礼仪之治，优容豪强士族的纤细小过，形成相对分权的士族共同体。与之相对，“政猛”的表现则是：实行身份平等的法律之治，对一切功过进行严格的正负向激励，形成绝对集权的君主官僚制。前者顺应东汉以来豪强士族崛起的历史大势，延续了汉代的名教之治；后者对治东汉的种种弊政，是汉末以来激荡而成的名法之治。[①] 魏晋时期形成的史料，常用“峻”“急”“严”“密”“苛”“察”一类语词描述后者，用“宽”“缓”“暗”“宏（弘）”一类语词描述前者。至于“宽”“严”“缓”“急”是否一定指涉律令或刑罚的轻重，倒没有必然联系。

明白了这一点，就能理解刘璋政权的统治风格。《三国志·刘二牧传》注引《英雄记》：“先是，南阳、三辅人流入益州数万家，收以为兵，名曰东州兵。璋性宽柔，无威略，东州人侵暴旧民，璋不能禁，政令多阙，益州颇怨。”所谓“宽柔”，是缺乏集权能力的遮羞之词。政令多阙、大臣争权，都是“政宽”的典型表现。“宽”并不见得比“峻”好。刘璋政权承袭汉律，立法严苛而执法混乱。他任用的成都令董和，严格限制豪族所为。当地豪族联合要求将董和调走，刘璋只得同意；成都官员出来留董和，刘璋又听命。[②] 刘焉、刘璋父子用刑刻深，却又好行宽赦，正如诸葛亮所说，“岁岁赦宥，何益于治”。[③] 这样政令反复软弱，才是刘璋执法所谓“宽”的原因，其实用“暗弱”二字更为妥帖。刘璋“宽柔”但“益州颇怨”，诸葛亮“刑政虽峻而无怨者”，正构成两种统治风格的鲜明对比。内藤湖南、陈寅恪等学者将曹操、诸葛亮相提并论，认为他们都在矫正“汉末政失于宽”的弊端，这是很有见地的。

但曹操、诸葛亮的“名法之治”也有很大不同，所以在当时的延续时间、治理效果，在后世的美誉度，均迥然有别。

就延续时间而言，诸葛亮的“名法之治”久于曹操。

曹操统治的区域广泛，各种社会势力的矛盾远比益州一地复杂。随着政治目标的逐渐达成，“曹操晚年政治上出现向世家大族转化的倾向”，从“有事赏功能”的名法之治，逐渐转向“治平尚德行”的名教之治。[④] 刘备、诸葛亮以流寓集团托身益州，却不以偏安为满足，而以“兴复汉室，还于旧都”为号召，便不得不最大限度集中权力与资源。所以终刘、诸葛之世，利于集权的“名法之治”一直得到贯彻。蜀汉铸造大钱，将盐铁收归官营，又

---

① 秦涛：《汉末三国名法之治源流考论》，西南政法大学法律史硕士学位论文，2011，第12—17页。

② 《三国志》，卷39《董和传》，中华书局，1982，第979页。

③ 《三国志》，卷33《后主传》注引《华阳国志》，中华书局，1982，第903页。

④ 田余庆：《秦汉魏晋史探微（重订本）》，中华书局，2011，第161—162页。

推行严格的户籍管理，“府库充实”的同时不可避免对地方豪强造成冲击。这就是“刻剥百姓”“密网束下”印象的由来。严明的“名法之治”，在诸葛亮死后逐渐松垮。诸葛亮的第一位继任者蒋琬，被时人抨击为“作事愦愦，诚非及前人”；第二位继任者费祎因违背“赦不妄下”的国策，遭到老臣批评。蒋、费死后，更不足道。《后主传》评：“自亮殁后，兹制渐亏。”这是妥帖的史论。

就治理效果与美誉度而言，诸葛亮的“名法之治”优于曹操。

吴人张悌评论，曹操“崇仗诈术”，“民畏其威，而不怀其德也”。诸葛亮却令“邦域之内，咸畏而爱之”。“畏”是相同的治效；一“不怀其德”，一“爱之”，这是不同的治效。魏晋的历史书写，均用“峻”“急”“严”“明”“密”一类字眼描述曹、诸葛的名法之治。但曹操另外还有一些专享字眼，例如“苛碎”“烦苛”“酷虐变诈”等，诸葛亮则与这些贬词毫不沾边。美誉度的天壤之别，不仅是后人的主观评价，也取决于二人治道的不同。曹、诸葛的“名法之治”，都集中权力于上、打压豪强于中、推行均平于下，这是共享“峻”“急”“严”“明”“密”的原因。曹操以诈术济法律之穷，诸葛亮则任法而不用术，这是“变诈”评价之不同。曹操将权力集中于君主（他本人是实质上的君主），文、明二帝均大权独断、“政自己出”。[①] 在曹魏三祖时代，君权压倒相权。这不符合儒家选贤任能、君主无为、臣下有为的治理理念。君权的触角伸得太长，事必躬亲，在传统政治话语中，这叫“不知大体”，故有“苛碎”“烦苛”之称。诸葛亮同样事必躬亲，但他是丞相，本来就有“百官总己以听”的权责。在诸葛亮主政时期，实现了“政由葛氏，祭则寡人”、君逸臣劳的儒家理想治国模型。吴人张俨赞其深得“治国之体”，[②] 继魏而立的晋武帝也叹美道：“使我得此人以自辅，岂有今日之劳乎！”[③]

是否设置特务机构，也是曹、诸葛的一项重大区别。曹操、孙权晚年都大权独揽、猜忌成性，设置特务组织——校事官以监察群臣；而蜀汉中枢权力在外廷的相府，诸葛亮秉持大公，各级监察职官运作良好，自然就不会设置校事。魏臣程晓上疏反对校事时曾说：“曹恭公远君子，近小人，国风托以为刺……纵令校事有益于国，以礼义言之，尚伤大臣之心”。按所引“远君子，近小人”出自《诗经·曹诗·候人》毛序，当是《出师表》“亲小人，远贤臣”之本。程晓以校事为小人、外廷的大臣为君子，与《出师表》以寄生于君主权力的宦官、外戚为小人，以外廷士大夫为贤臣，同出一意，可见是当时人的共识。正因为蜀汉有着“亲贤臣，远小人”的自觉，所以不曾产生校事之官。同样因为如此，诸

---

① 《三国志·明帝纪》注引孙盛曰。

② 《三国志》，卷35《诸葛亮传》注引张俨《默记》，中华书局，1982，第936页。

③ 《三国志》，卷35《诸葛亮传》注引《汉晋春秋》，中华书局，1982，第933页。

葛亮得以免于“酷虐”“苛碎”之类讥弹。

综上所述，诸葛亮的“名法之治”品质优于曹氏，更符合魏晋以儒家、道家思想为主的政治审美，故能避免恶评，赢得良好的美誉度。即便郭冲说诸葛亮“刑法峻急，刻剥百姓”，其用意也在表彰其“异美”，仍属一种可以接受的“善政”。

四、结语

秦汉的政治文化体制，不足以充分抑制新一轮世家的积累。东汉以来，随着世族豪强的再度崛起，政府集权程度下降，国家控制能力削弱，引发种种统治危机。[①] 汉末群雄或顺应世家积累的历史大势，成就个人的功业；或试图克服危机，与世族崛起的大势相抗。这就形成了“名教之治”与“名法之治”两种统治风格。袁绍、刘璋属于前者，曹操、诸葛亮属于后者。惜乎形势比人强，与世族采取和解、合作姿态的司马氏取得了最后胜利，也对汉魏以来“腐化、老化、世家化因素”照单全收。[②] 明末王夫之说：曹操、诸葛亮都师法申、韩，故魏、蜀相继灭亡；孙吴不师申、韩，故最后灭亡。名法之治的苛政之后，“逆若司马，解法网以媚天下，天且假之以息民”。[③] 陈寅恪说：“东汉、袁绍、孙吴、西晋统治者的社会阶级是相承的”，“从利弊来看，魏与蜀国的政治胜过东汉、袁绍政权、孙吴政权、西晋的政治”。[④] 应当说，都看到了这一段历史的脉络。由于曹魏后期至两晋统治者推崇“宽大”之政，与世族达成和解，所以魏晋人的历史书写常用“峻急”“峻密”“烦苛”“苛碎”“刻剥”一类贬词指涉曹、诸葛的“名法之治”，用“宽柔”“和缓”“宏大”“大纲”一类褒词指涉东汉、袁绍、刘璋、西晋的统治风格。这是“郭冲第一事”的“通性的真实”。如果脱离当时的历史语境，不明白这些陈套惯语背后蕴含的特定政治文化意义，而以后人刑罚轻重的法学观念理解“刑法峻急”，那就貌合神离、谬以千里了。

---

① 阎步克：《波峰与波谷：秦汉魏晋南北朝的政治文明（第二版）》，北京大学出版社，2017，第 95—110 页。

② 阎步克：《波峰与波谷：秦汉魏晋南北朝的政治文明（第二版）》，北京大学出版社，2017，第 117 页。

③ （清）王夫之：《读通鉴论》，中华书局，1975，第 290 页。

④ 万绳楠整理：《陈寅恪魏晋南北朝史讲演录》，贵州人民出版社，2008，第 26 页。

唐朝中叶四川地区的统治格局

——以剑南东川节度使为中心

罗　凯[*]

摘　要　唐朝中期朝廷在今四川地区的统治，主要依赖三个方镇，即剑南西川，剑南东川，山南西道，其中东川一镇变化最大。东川镇并非始置于至德二年（757年），很可能是上元元年（760年）所置。次年冬，严武兼任东、西川节度使，但二镇并未合一。广德二年（764年），两镇合并，但两年后复分为东、西川两个方镇，再过两年才定型为以涪江流域八州为辖境的东川节度使。这一过程可归纳为“两度分立、一次合并”。约40年后，东川增领西南四州，遂管十二州，与西川形成“犬牙相入”的政治地理新格局。而严武及其亲信，数十年中，在三川均影响甚大。

关键词　唐朝中叶；剑南；东川；严武

在唐朝历史进程中，安史之乱是一道十分重要的分水岭。肃宗前后，唐朝的政治、军事与社会经济、文化等领域变化颇剧，四川地区①也不例外。

安史之乱起，为了抵御乱军，同时加强对地方的掌控，唐朝在内地遍立方镇，一时间，节度使、防御使、团练使等纷纷涌现。今四川省范围内，西部地区在开元初年已设有剑南

* 罗凯，四川大学历史文化学院副教授。

① 本文所论的四川地区，是指今四川省范围内当时属于唐朝的地域。至于其时属于吐蕃以及南诏等的地区，情况更为复杂，本文不做探讨。

节度使，其他地区此时也逐渐纳入方镇体系。今川东北地区原属山南西道，这段时间虽有变动，但大致延续了之前的区域政治格局。介于其间的中部地带，是此期变化最大的区域，也是本文将着重探讨的地区。[①]

一、东川节度使的建置与辖区

《资治通鉴》于至德二载岁末书曰："分剑南为东、西川节度，东川领梓、遂等十二州……"胡三省注谓："东川领梓、遂、绵、剑、龙、阆、普、陵、泸、荣、资、简十二州，治梓州。"[②] 胡氏注解的依据是《新唐书·方镇表》："（至德二载）更剑南节度号西川节度使，兼成都尹，增领果州。以梓、遂、绵、剑、龙、阆、普、陵、泸、荣、资、简十二州隶东川节度。"[③] "置剑南东川节度使，领梓、遂、绵、剑、龙、阆、普、陵、泸、荣、资、简十二州，治梓州。"[④] 此外，《方镇表》又曰："（乾元二年）剑南东川增领昌、渝、合三州。"至于广德二年（764 年）、大历元年（766 年）东川的罢废与复置，《方镇表》均谓十五州。而后，兴元元年（784 年），"阆州隶山南西道""果州隶山南西道"。元和四年（809 年），"西川节度复领资、简二州""资、简二州隶西川节度"。[⑤] 这样，就与《元和郡县图志》记载的东川节度使所管十二州完全吻合了。[⑥] 但这样的记述真的符合历史事实吗？剑南西川节度使越过东川诸州，遥领果州，且为时长达 25 年，不免让人有所怀疑。赖青寿即以为《方镇表》东川条漏掉了果州，[⑦] 郭声波认同其说。[⑧]

《旧唐书·高适传》曰："剑南自玄宗还京后，于绵[⑨]、益二州各置一节度，百姓劳敝，（高）适因出西山三城置戍，论之曰：'……今梓、遂、果、阆等八州分为东川节度……'"[⑩]

---

① 前人相关研究，本文将于行文所及之处征引、商榷。

② 《资治通鉴》，卷 220，唐肃宗至德二载十二月，中华书局，1956，第 7051 页。

③ 《新唐书》，卷 67《方镇表四》剑南条，中华书局，1975，第 1870 页。

④ 《新唐书》，卷 68《方镇表五》东川条，第 1902 页。

⑤ 以上参见《新唐书》，卷 67《方镇表四》剑南条、卷 68《方镇表五》东川条，第 1873—1879、1903—1914 页。

⑥ 参见《元和郡县图志》，卷 33《剑南道下》，贺次君点校，中华书局，1983，第 841 页。

⑦ 赖青寿：《唐后期方镇建置沿革研究》，复旦大学博士学位论文，1999，第 163 页。

⑧ 郭声波：《中国行政区划通史·唐代卷》，复旦大学出版社，2012，第 903 页。

⑨ 中华书局点校本径改"绵"为"梓"，不妥且误甚。

⑩ 《旧唐书》，卷 111《高适传》，中华书局，1975，第 3329 页。亦可参见《册府元龟》，卷 533《谏诤部·规谏一〇》，中华书局，1960 年影印本，第 6372 页；（唐）高适：《请罢东川节度使疏》，载《全唐文》卷 357，中华书局，1983 年影印本，第 3627 页。《新唐书》卷 143《高适传》作"今裂梓、遂等八州专为一节度"，第 4680 页。

高适之论在上元二年（761年）四月段子璋反叛之前，[①] 其明言此时东川节度使所领为八州，其中含有梓、遂、果、阆四州。又，《李巨传》谓“剑南东川节度兵马使、梓州刺史段子璋反”，[②] 与《高适传》互相印证，梓州属东川自不待言。《资治通鉴》载：“梓州刺史段子璋反。子璋骁勇，从上皇在蜀有功，东川节度使李奂奏替之，子璋举兵，袭奂于绵州。道过遂州，[③] 刺史虢王巨苍黄脩属郡礼迎之，子璋杀之。李奂战败，奔成都，子璋自称梁王，改元黄龙，以绵州为龙安府，置百官，又陷剑州。”[④] 既然绵州此时为东川治所，[⑤] 则与其毗邻、控扼形胜的剑州，自当在东川属郡之列。《严震传》曰：“东川节度判官韦收荐震才用于节度使严武，遂授合州长史。及严武移西川，署为押衙，改恒王府司马。严武以宗姓之故，军府之事多以委之。又历试卫尉、太常少卿。严武卒，乃罢归。东川节度使又奏为渝州刺史，以疾免。”[⑥] 由此可知东川节度使第一次设置时管有合州，第二次设置时管有渝州，然不知第一次是否亦管渝州，因为东川治所在绵州，则管龙州更合情理。综上可知，东川节度使初置之时，领有八州，其中七州为绵、剑、梓、遂、阆、果、合，余一州或为龙州。

但杜甫在《为阆州王使君进论巴蜀安危表》中，谓“况臣本州，山南所管，初置节度，庶事草创，岂暇力及东西两川”，[⑦] 则此时阆州已改隶山南西道节度使。从该文所云“吐蕃今下松、维等州”“昨窃闻诸道路，云吐蕃已来，草窃岐陇，逼近咸阳”，[⑧] 可以推知时在广德元年（763年）农历十月左右。这表明，山南西道置节度使后，阆州已从东川划出，与此同时，果州也极有可能改隶。

东川第一次置镇时，治所有过迁徙。《旧唐书·严武传》谓“出为绵州刺史，迁剑南东川节度使”，[⑨] 此处用“迁”字，张熊认为“表明严武担任东川节度使时，东川的治所已在梓州”，[⑩] 其实不然。这里的“迁”，或为“充”字之讹。若为“迁”，则“剑南东川节度使”前缺某州刺史这样的“本官”，不符合正常的行文逻辑。且以严武原河南尹之资位（详见下

---

① 马剑、孙琳《唐代剑南东川节度使治所迁移考论》（《历史地理》第34辑，上海人民出版社，2017年，第95页）以为高适此论在其任剑南节度使之时、段子璋乱平之后，误。《旧唐书》卷111《高适传》（第3331页）明确记载高适作此论疏，在其任彭州刺史之时，“后梓州副使段子璋反”。

② 《旧唐书》，卷112《李巨传》，第3347页。

③ 马剑等指出此处不合舆地形势，从梓州去绵州，不必经过遂州，乃属正确的论断。参见马剑、孙琳：《唐代剑南东川节度使治所迁移考论》，《历史地理》第34辑，上海人民出版社，2017，第94—95页。

④ 《资治通鉴》，卷222，唐肃宗上元二年四月壬午，第7113页。

⑤ 参见张熊：《有关唐代两川第一次分治的两个问题》，《中国历史地理论丛》2013年第4辑，第97页；马剑、孙琳：《唐代剑南东川节度使治所迁移考论》，《历史地理》第34辑，第93—98页。

⑥ 《旧唐书》，卷117《严震传》，第3405页。

⑦ （唐）杜甫：《为阆州王使君进论巴蜀安危表》，载《全唐文》卷359，中华书局，1983，第3651页。

⑧ （唐）杜甫：《为阆州王使君进论巴蜀安危表》，载《全唐文》卷359，第3651、3652页。

⑨ 《旧唐书》，卷117《严武传》，第3395页。

⑩ 张熊：《有关唐代两川第一次分治的两个问题》，《中国历史地理论丛》2013年第4辑，第98页。

文），以其时官员迁转之正常情形，外放当为方镇，而非一般的州刺史。故严武上元二年（761 年）任东川节度使之时，驻地显然尚在绵州。但杜济宝应元年（762 年）任绵州刺史，不兼节度使，[①] 可见此时东川治所已经迁走。从后来章彝以梓州刺史为东川留后观之，[②] 当迁至梓州。[③]

《杜济碑》曰："大历初，杜鸿渐分蜀为东、西川，公为副元帅判官，知东川节度，拜太中大夫、绵剑梓遂渝合龙普等州都防御使、梓州刺史，兼御史中丞。公以威信驭戎，宽明莅俗。克念八州之地，绥靖两川之人。朝廷嘉之，寻拜东川节度使。俄而移军，复为遂州都督。征拜给事中，间岁，拜京兆少尹，明日迁京兆尹。"[④] 据《旧唐书·代宗纪》，大历二年（767 年）七月丙寅，"遂州刺史杜济为剑南东川节度观察等使"，[⑤] 其任八州都防御使显然早于此日，史载该年正月"壬申，分剑南置东川观察使，镇遂州"。[⑥]《方镇表》亦谓大历二年"废剑南东川节度，置都防御观察使兼静戎军使，治遂州。寻复置节度使，治梓州"。[⑦] 唯据《杜济碑》，置东川都防御观察使时治所在梓州，复升为节度使后不久迁至遂州。《唐会要》谓"遂州，大历二年二月升为中都督（府）"，[⑧] 极可能与作为节度使治所有关，"二年"或为"三年"之讹。

《代宗纪》又谓大历三年（768 年）五月"庚午，以邛州刺史鲜于叔明为梓州刺史，充剑南东川节度使"。[⑨] 然《李叔明传》曰："出为邛州刺史。寻拜东川节度、遂州刺史，后移镇梓州，检校户部尚书。时东川兵荒之后，凋残颇甚，叔明理之近二十年，招抚氓庶，夷落获安。"[⑩] 则大历三年五月东川治所当仍在遂州，后才移归梓州。

又，据上引《杜济碑》，东川复置之时，所统八州为"绵剑梓遂渝合龙普"。在阆、果二州改隶山南西道节度使后，东川复从西川割得普州，以及龙州或渝州。这一八州格局，

---

① （唐）颜真卿：《京兆尹御史中丞梓遂杭三州刺史剑南东川节度使杜公神道碑铭》，载氏著《颜鲁公文集》卷 10《神道碑铭三》，上海中华书局据三长物斋丛书本校刊《四部备要》本，第 96 页。

② （唐）杜甫著，（明）钱谦益笺注：《钱注杜诗》，卷 5《冬狩行》注，上海古籍出版社，2009 年第 2 版，第 156 页；（唐）杜甫著，（清）仇兆鳌注：《杜诗详注》，卷 12《冬狩行》原注，中华书局，1979，第 1055 页；（唐）杜甫著，（清）杨伦笺注：《杜诗镜铨》，卷 10《冬狩行》原注，上海古籍出版社，1980，第 477 页；（唐）杜甫著，谢思炜校注：《杜甫集校注》，卷 4《古诗三十六首》注，上海古籍出版社，2015，第 636 页。

③ 亦可参见马剑、孙琳：《唐代剑南东川节度使治所迁移考论》，《历史地理》第 34 辑，第 96 页。

④ （唐）颜真卿：《京兆尹御史中丞梓遂杭三州刺史剑南东川节度使杜公神道碑铭》，载氏著《颜鲁公文集》卷 10《神道碑铭三》，《四部备要》本，第 96 页。

⑤ 《旧唐书》，卷 11《代宗纪》，第 287 页。

⑥ 《资治通鉴》，卷 224《唐纪四十》代宗大历二年正月壬申条，第 7194 页。

⑦ 《新唐书》，卷 68《方镇表五》东川条，第 1906 页。

⑧ 《唐会要》，卷 70"州县分望道"，第 1469 页。

⑨ 《旧唐书》，卷 11《代宗纪》，第 289 页。

⑩ 《旧唐书》，卷 122《李叔明传》，第 3506—3507 页。

持续到元和初年。

另一个值得关注的问题是，从乾元元年（758年）三月到上元二年（761年）二月的剑南节度使，均不带“西川”二字，[①] 而剑南东川节度使，此期则几乎不见于史籍。故马剑等认为，在剑南分为东、西川两节度后数月，复合为剑南节度使，以严武充使。[②] 这种解释固然可以调和不少抵牾之处，但却有一些无法回避的问题继续存在。首先，《旧唐书·严武传》曰：“既收长安，以武为京兆少尹、兼御史中丞，时年三十二。以史思明阻兵不之官，优游京师，颇自矜大。出为绵州刺史，迁剑南东川节度使；入为太子宾客、兼御史中丞。”[③] 至德二年（757年）九月底收复长安之后，严武被任命为京兆少尹。东川节度使之分置，据《资治通鉴》记载，系于该年年底。[④] 假设严武为首任东川节度使，至次年三月严氏从剑南节度使卸任（因《旧唐书·地理志》载彼时剑南节度使为卢元裕），[⑤] 那么在短短半年内，严氏的仕途是否过于顺遂？其次，严武在此后不久被贬为巴州刺史，[⑥] 肃宗乾元元年（758年）六月的贬谪诏书中称其为“前京兆少尹严武”，[⑦] 既是前少尹，则此时非少尹，且按官场称呼之惯例，其此前官职应不高于少尹，成都尹兼剑南节度使显然不符合此规则。若严武曾被授予该官职，即便其不曾到任，也应称前成都尹或前剑南节度使。事实上，京兆少尹要直接担任地方最高职位的节度使，可能性是微乎其微的。陈冠明、吴在庆和曾晓云等综考严武宦迹，此段时间皆在京兆少尹任上。[⑧] 张熊亦断言“严武不可能在至德二载出任东川节度使”。[⑨] 实际上，卢元裕至德二年六月即在剑南节度使任上，[⑩] 非次年三月才上任。在此期间，剑南节度使无缺可授。

其实，《新唐书·方镇表》关于东川镇早期历史的记述，笔者颇疑其并无可信的原始史料，其渊源，或是《旧唐书·地理志》的记载：“至德二年十月，驾回西京，改蜀郡为成都府，长史为尹。又分为剑南东川、西川，各置节度使。广德元年，黄门侍郎严武为成都尹，

---

① 可参见马剑、孙琳：《唐代剑南道之分合》，《中国历史地理论丛》2014年第4辑，第43页。

② 马剑、孙琳：《唐代剑南道之分合》，《中国历史地理论丛》2014年第4辑；马剑、杨旭：《杜诗“四登会府地，三掌华阳兵”新释》，《长江文明》第19辑。

③ 《旧唐书》，卷117《严武传》，第3395页。

④ 《资治通鉴》，卷220，唐肃宗至德二载十二月，第7051页。

⑤ 《旧唐书》，卷41《地理志四》嘉州序，第1680页。

⑥ 《新唐书》，卷129《严挺之传附子武传》，第4484页；《资治通鉴》，卷220，唐肃宗乾元元年六月，第7057页。

⑦ 《旧唐书》，卷111《房琯传》，第3324页。亦可参见（唐）肃宗皇帝：《贬房琯刘秩严武诏》，载《全唐文》，卷42，第468页。《资治通鉴》书为“京兆尹严武”（第7057页），误。

⑧ 陈冠明：《严武行年考》，《杜甫研究学刊》1996年第2期，第56—57页；吴在庆、曾晓云：《严武再帅剑南抑或三镇蜀川考》，《周口师范学院学报》2007年第1期。笔者按：严武乾元元年六月前已罢京兆少尹。

⑨ 张熊：《有关唐代两川第一次分治的两个问题》，《中国历史地理论丛》2013年第4辑，第95—96页。

⑩ 参见《新唐书》，卷6《肃宗纪》，第158页；《资治通鉴》，卷219，唐肃宗至德二载六月，第7027页。亦可参见吴廷燮：《唐方镇年表》，卷6《剑南西川》，中华书局，1980，第963—964页。

复并东、西川为一节度。”① 这段记载，几处时间均似是而非。至德二年“十月”当为十二月，广德“元年”当为二年。所谓“又分为剑南东川、西川，各置节度使”的“又”，并不确指至德二年，实际上是泛指此后数年间。究其实，《旧唐书·地理志》作为舆地专志，时间往往并不精确，错讹之处，所在多有，何况此处本有一个词义模糊的“又”字？《方镇表》以及《资治通鉴》据此书写东川节度使的创设时间，显然不妥。至于《太平寰宇记》，本就抄诸正史《地理志》等，可不论。

《唐会要》载：“上元二年二月分为两川，广德二年正月八日合为一道。”② 此说又见于卢求《〈成都记〉序》，然稍简。③ 张熊即主是说。④ 但该说亦有难以回避的问题。上元二年（761年）四月段子璋反时，李奂为东川节度使，上距《唐会要》所云分置不过两月。且《高适传》载高适论应罢东川节度使，在段子璋反之前。“剑南虽名东西两川，其实一道……今梓、遂、果、阆等八州分为东川节度，岁月之计，西川不可得而参也……又一年已来，耕织都废，而衣食之业，皆贸易于成都，则其人不可得而役明矣。”⑤ 既云“一年已来”，则一年之前显然不可能是上元二年（761年）。

从李奂的宦迹观之，肃宗上元元年（760年）析置东川的可能性很大。《旧唐书·肃宗纪》载乾元二年（759年）四月“以商州刺史、兴平军节度李奂兼豫、许、汝等州节度使”，⑥ 其在史籍中再次出现，已经是两年后的上元二年（761年）四月作为东川节度使战败。值得注意的是，史籍中李奂首次“登场”是至德二年（757年），时为兴平军兵马使或兴平军使。⑦ 乾元元年（758年）至二年（759年）皆为兴平军节度使。可见其之前一直在兴平军。“乾元三年四月十三日，襄州军将张维瑾、曹玠率众谋乱，杀刺史史翙。以（来）瑱为襄州刺史、兼御史大夫，充山南东道襄、邓、均、房、金、商、随、郢、复十州节度观察处置使。”⑧ 原兴平军节度使所管商、金、房、均四州此时已隶山南东道节度使，故赖青寿认为该年兴平镇已罢，“《方镇表》系于上元二年，误”。⑨ 如是，则原兴平军节度使李奂必然改任他职。赵抃《成都记》曰：“肃宗上元元年，分剑南为二道。”⑩ 结合《唐会要》

---

① 《旧唐书》，卷41《地理志四·剑南道》，第1664页。

② 《唐会要》，卷78《诸使中·节度使》，第1692页。

③ （宋）袁说友等编：《成都文类》，卷23《〈成都记〉序》，赵晓兰整理，中华书局，2011，第475页。

④ 张熊：《有关唐代两川第一次分治的两个问题》，《中国历史地理论丛》2013年第4辑，第93—99页。

⑤ 《旧唐书》，卷111《高适传》，第3329—3330页。亦可参见《册府元龟》，卷533《谏诤部·规谏一〇》，第6372页；《请罢东川节度使疏》，载《全唐文》卷357，第3627页；《新唐书》，卷143《高适传》，第4680页。

⑥ 《旧唐书》，卷10《肃宗纪》，第256页。《资治通鉴》，卷221，唐肃宗乾元二年四月甲辰，第7075页。

⑦ 《新唐书》，卷6《肃宗纪》，第159页。《册府元龟》卷434《将帅部·献捷》作“兴平军使”，第5159页。

⑧ 《旧唐书》，卷114《来瑱传》，第3366页。

⑨ 赖青寿：《唐后期方镇建置沿革研究》，第128页。

⑩ （宋）王象之：《舆地纪胜》，卷154《潼川府·府沿革》引，李勇先点校，四川大学出版社，2005，第4617页。

所载，东川节度使极可能于上元元年（760年）二月分立，而李奂则为首任节度使。虽然上元元年应从该年农历闰四月己卯算起，二月尚在乾元三年（760年）。但年中改元，往往全年皆以后改之年号称之，《新唐书》《资治通鉴》等均如是，故称上元元年二月亦无不可。

二、严武与肃代之际的剑南局势

中唐时期，严武在巴蜀地区影响巨大，不仅其自身一人“三掌华阳兵”“前后三持节”，① 而且其提拔、重用的崔旰（宁）、杜济、严震等人，此后也曾分掌三川军政。严武一系，于三川秩序的重建，可谓居功至伟。

严武初次到四川地区，是天宝十五年（756年）“从玄宗入蜀”。第二次来四川，则是乾元元年（758年）被贬为巴州刺史。这两次对整个今四川地区的影响不大。但之后的两次入川，则都是举足轻重的。

其中第三次情况最为复杂，史籍记载模糊不清，以致众说纷纭。《资治通鉴》载：“（宝应元年六月）壬戌，以兵部侍郎严武为西川节度使。”② “（宝应元年七月）癸巳，剑南兵马使徐知道反，以兵守要害，拒严武，武不得进……（八月）己未，徐知道为其将李忠厚所杀，剑南悉平。”③ 赵次公等据此认为严武在一年之内两度节度西川。④ 然据杜甫诗序，“武不得进”者，是从蜀归京，而非离京赴任。该年四月，代宗即位，召严武回京，其六月始出发，然阻于徐知道，以致九月尚未出巴蜀。⑤ 如是，则严武第一次任剑南节度使，在肃宗末年。从《严震传》《杜甫传》观之，严武当是从东川节度使转任西川节度使。原西川节度使崔光远上元二年（761年）十月卒，⑥ 严武即继任者。赵抃《玉垒记》载：“崔光远，上元二年太子少保、郧国公、成都尹、剑南节度。会东剑段子璋攻其节度李奂，奂走成都，光远命花惊定平之，而兵剽掠士女，至断腕取金，诏监军按其罪。冬十月，恚死。其月，

① 关于严武三任方镇的具体所指，古今学者探讨者颇多，歧说迭出，赵露露的分析可能最接近实际情况，详细论证参见赵露露：《严武“三持节”考论》，《杜甫研究学刊》2017年第1期，第60—62页。

② 《资治通鉴》，卷222，唐代宗宝应元年六月，第7129页。

③ 《资治通鉴》，卷222，唐代宗宝应元年七、八月，第7130页。

④ （唐）杜甫：《杜诗赵次公先后解辑校（修订本）》，丁帙卷之一，赵次公注，林继中辑校，上海古籍出版社，2012，第699页。

⑤ 参见吴在庆、曾晓云：《严武再帅剑南抑或三镇蜀川考》，《周口师范学院学报》2007年第1期。

⑥ 《旧唐书》，卷111《崔光远传》，第3319页。

廷命严武。”[①]《高适传》谓“天子怒光远不能戢军，乃罢之，以适代光远为成都尹、剑南西川节度使”，[②] 不确。史籍中，李奂在上元二年（761 年）五月收复东川后，即消失无踪，很可能因为此前败退而被问责丢官。而严武恰于此时卸任河南尹，[③] 当接任李奂之职。

《严武传》载：“出为绵州刺史，迁剑南东川节度使；入为太子宾客、兼御史中丞。”[④] 这一段紧接京兆少尹之任，似乎严武是直接外放绵州刺史，再晋升东川节度使的。

其实，在京兆少尹与绵州刺史二职之间，《旧唐书·严武传》或许存在大段脱漏，其内容本应述及严武乾元元年（758 年）被贬为巴州刺史，[⑤] 乾元三年（760 年）任山南西道度支判官、卫尉少卿兼侍御史内供奉，[⑥] 以及此后之任河南尹。《严武传》所谓“以史思明阻兵不之官，优游京师，颇自矜大”者，司马光等早就质疑与京兆少尹的官职和其时局势不符，[⑦] 赵翼且认为“京兆少尹”当是“东都少尹”之讹，[⑧] 实则应为河南尹。成书于唐末的《历代名画记》载：“陈云字玄成，国初丞相叔达之后，明经出身，河南尹严武荐为参军。”[⑨] 王维《河南严尹弟见宿敝庐访别人赋十韵》、岑参《稠桑驿逢严河南中丞便别》《使君席夜送严河南赴长水》等诗，[⑩] 均与严武任河南尹有关。陈铁民、侯忠义意识到《严武传》“‘时年三十二’下有脱文，脱文的意思大约是说严武后转任河南尹”。[⑪] 陈冠明《严武行年考》判断“岑参诗均作于上元二年春”。[⑫] 吴在庆、曾晓云结合刘晏、李光弼的宦迹，推断上元

---

① （宋）黄鹤集注：《黄氏集千家注杜工部诗史补遗》卷 3 注引，清光绪八至十年遵义黎氏日本东京使署刻古逸丛书景高丽翻刻本。又，《钱注杜诗》《牧斋初学集》所引略同，然文辞稍异。参见《钱注杜诗》，卷 7《赠左仆射郑国公严公武》，第 205 页；（明）钱谦益：《牧斋初学集》，卷 110《读杜二笺下·赠左仆射郑国公严公武》，钱曾笺注，钱仲联标校，上海古籍出版社，2009 年第 2 版，第 2211 页。

② 《旧唐书》，卷 111《高适传》，第 3331 页。

③ 参见吴在庆、曾晓云：《严武再帅剑南抑或三镇蜀川考》，《周口师范学院学报》2007 年第 1 期。

④ 《旧唐书》，卷 117《严武传》，第 3395 页。

⑤ 《旧唐书》，卷 111《房琯传》，第 3324 页；《新唐书》，卷 129《严挺之传附子武传》，第 4484 页；《资治通鉴》，卷 220，唐肃宗乾元元年六月，第 7057 页。亦可参见（唐）肃宗皇帝：《贬房琯刘秩严武诏》，载《全唐文》卷 42，第 468 页；（唐）韩济：《唐救苦观世音菩萨像铭》，参见巴中文管所：《巴中石窟调查简报》，载成都文物考古研究所编：《成都考古发现 2000》，科学出版社，2002，第 302 页。

⑥ （唐）严武：《巴州古佛龛记》，载《全唐文》附《唐文拾遗》卷 22，第 10611—10612 页。亦可参见巴中文管所：《巴中石窟调查简报》，载成都文物考古研究所编：《成都考古发现 2000》，第 289 页。

⑦ （宋）司马光：《资治通鉴考异》，参见《资治通鉴》，卷 223，唐代宗广德二年正月癸卯条所附考异，第 7159 页；（唐）岑参：《岑参集校注》，卷 3《编年诗·虢州南池候严中丞不至》注一，陈铁民、侯忠义校注，上海古籍出版社，1981，第 219 页。

⑧ （清）赵翼：《廿二史札记校证》，卷 18《新旧书误处》，王树民校证，中华书局，1984，第 389 页。

⑨ （唐）张彦远：《历代名画记》，卷 10，人民美术出版社，1983，第 199 页。

⑩ 参见（唐）王维撰：《王右丞集笺注》，卷 12《近体诗十六首》，赵殿成笺注，上海古籍出版社，1984，第 218 页；《岑参集校注》，卷 3《编年诗》，第 221、222 页。

⑪ 《岑参集校注》，卷 3《编年诗·虢州南池候严中丞不至》注一，第 219 页。

⑫ 陈冠明：《严武行年考》，《杜甫研究学刊》1996 年第 2 期，第 58 页。

元年（760年）五月至次年五月间，严武曾任河南尹。[①] 此期，恰为史思明阻兵东都洛阳之时，故《严武传》所言非妄，只是传文有所夺逸，以致费解。赵次公等以为《严武传》“出为绵州刺史”误，[②] 系不了解此中缘由所致。

杜甫谓“严自东川除西川，敕令两川都节制”，[③] 即严武第一次任西川节度使时，是兼理东川的。“上皇诰以剑两川合为一道，拜武成都尹、兼御史大夫，充剑南节度使”，[④] 所述有其理据，然谓“上皇诰”恐不确。且这次“两川合为一道”，并非发生在至德二年（757年），而是肃宗“元年”，即上元二年（761年）冬至宝应元年（762年）春。

但《严武传》又载：“梓州刺史章彝初为武判官，及是小不副意，赴成都杖杀之，由是威震一方。”[⑤] 实际上，严武虽然残暴、嗜杀，对章彝却并非“小不副意”辄杀之。因为章彝此时并非普通的梓州刺史，而是“留后东川”，“况今摄行大将权，号令颇有前贤风”，[⑥] 是严武整合剑南两川最大的潜在威胁，故严武“杀之，由是威震一方”。

章彝以梓州刺史为东川留后，表明在严武再次担任剑南节度使之前，东川仍是单独的方镇，而且“东川节度兵马雄”。[⑦]《高适传》明言高适“为成都尹、剑南西川节度使”，亦可证明两川确系分立局面。此时上距严武第一次任剑南节度使，不过一年多时间。难道严武在时，“两川合为一道”，严武甫离任，东川又分置？而且是在力主两川合一的高适任西川节度使期间？

笔者认为，在短短的几个月之间，两川由分到合、再复分的可能性不大。合理的解释是，严武所任，乃杜甫所言“两川都节制”，即严武首任剑南节度使，实际上是剑南西川节度使兼东川节度使，是一人兼任两职，而非两个机构和辖区的合并，即赵次公谓“止是敕命一时指挥”“令两川都节制耳，未是专以两川合为一道也”。[⑧] 唐代类似情况屡见不鲜。如天宝年间，王忠嗣一人兼四节度使，安禄山兼范阳、平卢、河东三节度使，哥舒翰兼陇右、河西节度使，杨国忠兼剑南和山南西道采访使等。此外还有乾元三年（760年）正月“以朔

① 吴在庆、曾晓云：《严武再帅剑南抑或三镇蜀川考》，《周口师范学院学报》2007年第1期，第29页。

② 《杜诗赵次公先后解辑校（修订本）》丁帙卷之一，第699页。

③ 《杜诗赵次公先后解辑校（修订本）》丙帙卷之五《严中丞枉驾见过》自注，第495页；《杜诗镜铨》，卷9《严中丞枉驾见过》原注，第392页。

④ 《旧唐书》，卷117《严武传》，第3395页。

⑤ 《旧唐书》，卷117《严武传》，第3396页。

⑥ 《钱注杜诗》，卷5《冬狩行》注，第156页；《杜诗详注》，卷12《冬狩行》原注，第1055页；《杜诗镜铨》，卷10《冬狩行》原注，第477页；《杜甫集校注》，卷4《古诗三十六首》注，第636页。

⑦ 《钱注杜诗》，卷5《冬狩行》，第157页；《杜诗详注》，卷12《冬狩行》，第1056页；《杜诗镜铨》，卷10《冬狩行》，第477页；《杜甫集校注》，卷4《古诗三十六首》，第636页。

⑧ 《杜诗赵次公先后解辑校（修订本）》丁帙卷之一，第699页。

方节度使郭子仪兼邠宁、鄜坊两道节度使”；[①] 大历三年（768 年）八月至十一月间，王缙也曾兼幽州、河东二节度使；[②] 文宗太和三年（829 年）六月辛亥“以义成军节度使李听兼充魏博节度使”。[③] 与严武情形最相似的是，永泰二年（766 年）二月“以山南西道节度使、梁州刺史张献诚兼充剑南东川节度观察使”。[④] 故肃、代之交，两川各为方镇，不过，严武曾一度兼领二镇。

三、三川格局的调整与定型

大历元年（766 年）形成的东川八州，即绵、剑、梓、遂、渝、合、龙、普州，是一个完整的地理单元，因其全镇几乎均在涪江流域。唐代嘉陵江和涪江、渠江合流后的下游河段，也称涪江，即当时人们对嘉陵江流域的认知，与今天有着较大的差异。这一区域完整性，使得东川八州的格局，持续了 40 来年。

《唐会要》曰：“梓州。元和元年十月，以平刘辟，乃割西川所管资、简、陵、荣、昌、泸等六州隶东川。至四年正月，以东川所部跨制太远，武元衡论奏，复隶西川。”“简州。武德二年置。元和四年正月，以东川所部复隶剑南西川。”[⑤] 结合《方镇表》的记载，可知元和四年（809 年）正月，资、简二州复从东川所部隶西川，则陵、荣、昌、泸四州当于元和元年（806 年）改隶东川，此前则隶属西川。

资、简、陵、荣、昌、泸六州，基本上都位于沱江流域，唐代称中江水。整个沱江流域，除了上游（包括汉州全域，成都府、彭州的各一部分）外，基本上都在此六州范围。划归东川后，东川就覆盖了涪江、中江两大流域。东川的版图，差不多扩大了一倍。而简州离成都只有 150 唐里，且控制着成都的东大门，对成都府乃至整个西川，形成了极大的威胁。这使得限制西川的计划，矫枉过正，大唐西南的政治格局，瞬间大变。因为西川不仅是唐朝物资供应之府库，而且是西南方向之屏障，[⑥] 既可控压西戎（吐蕃）和南蛮（南诏），又可对东川、山南西道、黔中等方镇提供战略支援。过分削弱西川，不但会让西南地区的方镇格局失衡，而且可能造成对吐蕃、南诏的防御体系崩溃，这不符合为政者的本意。

---

① 《旧唐书》，卷 10《肃宗纪》，第 257—258 页。

② 《旧唐书》，卷 11《代宗纪》，第 290 页；《新唐书》，卷 145《王缙传》，第 4716 页。

③ 《旧唐书》，卷 17 上《文宗纪上》，第 531 页。

④ 《旧唐书》，卷 11《代宗纪》，第 282 页；《旧唐书》，卷 122《张献诚传》，第 3497 页；《资治通鉴》，卷 224，唐代宗大历元年二月癸丑，第 7191 页。

⑤ 《唐会要》，卷 71“州县改置下”，第 1513、1514 页。

⑥ 严耕望：《唐五代时期之成都》，载氏著《严耕望史学论文选集》，中华书局，2006，第 175—231 页。

故数年后，又将资、简二州割回西川，而非《唐会要》所言六州全部回归西川，从而使东、西川的力量形成新的平衡。但是，资、简二州回归西川后，东川的辖区就变得非常奇怪，除了涪江流域的主体外，西部的陵、荣二州孤悬在资、简二州之外，陵、荣二州与东川主体之间的联系，需绕道南边的泸、昌等州迂回，或借道西川的资州、简州。这样虽然于东川内部的沟通、往来不便，但“犬牙相入”的地域格局，使得东、西川两个方镇互相制衡，有利于剑南地区的稳定。

在代宗初年剑南地区的动荡局势中，除了东川外，原西川也有几个地方引人瞩目。此期蜀中颇乱，崔旰（宁）曾遭到剑南节度使郭英乂、邛州牙将柏茂琳（茂林、贞节）、泸州牙将杨子琳（猷）、剑州牙将李昌巙（夔）、山南西道兼东川节度使张献诚等群起而攻之，但最后却大获全胜。《旧唐书》载：“（永泰二年二月）壬子，命黄门侍郎、同平章事杜鸿渐兼成都尹，持节充山南西道、剑南东川等道副元帅，仍充剑南西川节度使，以平郭英乂之乱也……癸丑，以山南西道节度使、梁州刺史张献诚兼充剑南东川节度观察使，邛州刺史柏茂林充邛南防御使，剑南西山兵马使崔旰为茂州刺史，充剑南西山防御使，从杜鸿渐请也。”① 据此，在今四川地区，当时很明显形成了五个政治区域：山南西道、剑南东川、剑南西川、邛南、剑南西山。此后，《旧唐书》又载：“（永泰二年八月）壬寅，以茂州刺史崔旰为成都尹、兼御史大夫、剑南西川节度行军司马，邛南防御使、邛州刺史柏茂林为邛南节度使，从杜鸿渐所请也。”②“（大历二年七月）丙寅，以剑南西川节度行军司马崔旰为剑南西川节度观察等使，遂州刺史杜济为剑南东川节度观察等使。”③《资治通鉴》等亦详述了这段乱局。④ 最终，经过数年的战乱和高层斗争，今四川地区正式形成了剑南西川、东川、山南西道三个稳定的方镇，朝野上下往往称之为“三川”“山剑三川”或“剑南三川”。⑤

这段历史也揭示出，邛州、茂州是唐代剑南地区两个关键之地。“自邛关、黎、雅，界于南蛮也；茂州而西，经羌中至平戎数城，界于吐蕃也。”⑥ 因其重要性，故杜鸿渐主政西南之时，曾将邛州以南和剑南西山地区单独设置防御使，邛州甚至一度升为节度使。两者从原来剑南节度使的一部分，提升为与成都并立的军事三角，尽管其中也有崔旰、柏茂琳

① 《旧唐书》，卷11《代宗纪》，第282页。
② 《旧唐书》，卷11《代宗纪》，第283页。
③ 《旧唐书》，卷11《代宗纪》，第287页。
④ 参见《旧唐书》，卷108《杜鸿渐传》，第3283—3284页；《新唐书》，卷126《杜暹传附子鸿渐传》，第4423—4424页；《资治通鉴》，卷224，唐代宗大历元年至二年，第7190—7197页。
⑤ 唐后期此例甚多，难以胪列。可参看（唐）韩愈《顺宗实录》，卷4；（唐）周繇《送人尉黔中》；（唐）罗隐《中元甲子以辛丑驾幸蜀四首》；（唐）韩昭《和题剑门》；《旧唐书》，卷19上《懿宗纪》；《唐会要》，卷74“吏曹条例”、卷79“诸使杂录下”、卷87“转运盐铁总叙”；《资治通鉴》，卷249，唐宣宗大中五年十月等。
⑥ 《旧唐书》，卷111《高适传》，第3329—3330页。

二者兵力强劲，且互不服从的现实原因，但其折射出的，还是邛州、茂州的战略价值。作为唐后期剑南地区抵御吐蕃、防制南诏的战略据点，两地都长期驻有重兵。唐末天下再次大乱时，二者与其周边地区又一度升为节镇。不过，邛州、茂州所在，土地相对贫瘠，缺乏腹地和纵深，故能成为军事重地，但却缺乏维持方镇建置的经济基础，故很难长期作为方镇而存在，必须依赖成都平原的人力、物资、财富等。这样，邛、雅、黎、茂等州，只有与同处于岷江流域的成都、汉、彭、蜀、眉、嘉、戎等州（府）一道，才能构成进可攻、退可守的完整军政实体，这也是后来剑南西川节度使的主体。

《唐会要》载，宝历元年（825 年），山南西道废金牛等十六县为乡，其中涉及兴元府、洋州、阆州、利州、通州、巴州、蓬州、集州、壁州、渠州、凤州、开州 12 府州。[①] 此外，山南西道当时还应管有兴州、果州，以及成州、文州，与《元和志》所载实同，[②] 十余年中辖区不变。事实上，山南西道的方镇格局，在广德元年（763 年）至大中初年的 80 多年间，除扶州、行成州的出入外，长期保持稳定。在今川东北地区，更是在长达 120 多年间辖境不变。[③] 整个山南西道辖区，虽然南北纵跨大巴山，兼治汉江、嘉陵江两大流域，区域状况比较复杂，但在今四川地区，山南西道却同属嘉陵江流域，算是区域完整性较好的一个政治地理单元，故能长期保持稳定。

《唐会要》又载：“（太和）八年八月，剑南东川观察使杨嗣复奏：‘管内普、合、渝三州刺史，元请料钱每月各四十五贯，请各添至六十贯。’敕旨：‘依奏。’”[④] 普、合、渝三州太和八年（834 年）仍属东川，与之前不异。

以上信息表明，经过肃、代、宪宗等朝的不断调整，今四川地区的方镇格局，在相当长的时间内，趋于固化。元和四年（809 年）后的 70 多年间，这种三川并立的格局基本上没有变化。进而言之，这也意味着唐朝的统治格局，经过安史之乱、吐蕃入侵、四镇之乱等大规模战乱之后，渐趋稳定。

四、结语

综上所述，唐朝中叶朝廷在今四川地区的统治，主要是由三个方镇来施行的。相较于

---

① 《唐会要》，卷 71“州县改置下”“山南道兴元府”条，第 1501 页。

② 《元和郡县图志》（卷 22《山南道三》，第 557 页）谓山南西道节度使管州十七，含扶州。但《太平寰宇记》废扶州条谓扶州大历五年后“陷入蕃”，大中二年才收复。参见（宋）乐史：《太平寰宇记》，卷 134《山南西道二》，王文楚点校，中华书局，2008，第 2634 页。则《元和郡县图志》所载或不确。

③ 参见赖青寿：《唐后期方镇建置沿革研究》，第 132—133 页。

④ 《唐会要》，卷 92“内外官料钱下”，第 1978 页。

盛唐时期，其变化主要是剑南东川节度使的设立。但东川节度使并非至德二年（757年）始置，也很可能并非上元二年（761年）分西川时置，而很可能是在上元元年（760年）设置的。上元二年（761年）冬，东川节度使严武兼任西川节度使，但两镇并未合一，在广德二年（764年）正月才合并为剑南节度使，但两年后复分为东、西川两个方镇。不过，复置的东川镇，初期无论是方镇的名号和级别，还是辖区、治所，都与之前有所不同，直到大历三年（768年）才稳定下来，形成以剑南东川节度观察使为官方名称，以梓州为军政中心，以涪江流域八州为辖境的格局。剑南道此期的变迁，可以概括为“两度分立、一次合并”，最终确立了“三川”的区域政治格局。元和初期，东川增领西南四州，遂形成与西川“犬牙相入”、彼此制衡的新局面。

肃代之际的三川政局中，严武是关键人物。他曾四度入川，其中第三次莅川，史籍记载隐晦不清。实际上，严武乃上元二年（761年）夏从河南尹转为绵州刺史、剑南东川节度使。该年冬，西川节度使崔光远去世，严武接任，但仍兼东川节度使。次年四月，代宗即位，召严武回京，但因故迁延至秋季才出川。一年多后，广德二年（764年）春，东、西川合并，严武从黄门侍郎改任剑南节度使，直到次年四月去世。但其亲信崔旰、杜济，不久即分掌西川、东川两镇；另一亲信严震，则在若干年后任山南西道节度使，故严武在三川都影响甚巨。

抗战时期大后方金融监管成效不彰的原因探析

——以友信银行违规经营案为中心*

杨龑霖**

摘　要　本文依据档案材料，以四川自贡友信银行为例，论述了抗战时期大后方银行界在国民政府渐趋周密、日益严厉的金融监管法网下违规触禁经营的历史面相。从法规与实际脱节、四川地方势力干挠抵制、有关部门不能严肃执法等方面，探讨了战时国民政府金融监管成效不彰的缘由。本文认为，近年学界倾向于肯定抗战时期国民政府金融监管法制建设及其成效，然而忽视了其也存在着制度设计漏洞、法制贯彻执行不力等局限。加强这一方面的探讨，或许更能给予我们历史经验的启示与戒鉴。

关键词　抗战时期；国统区；银行违规；金融监管

以银行为骨干的近代金融业③的兴起和发展，是现代化在经济领域的重要标识。政府立法依规实施金融监管，是国家法制建设的重要方面，也是检视国家治理能力的试金石。19世纪中叶，银行自西方舶来而在中国大地落户营业，国人即逐渐认识到“欲富国富民必自

* 本文系国家社科基金重大项目“民国时期荣县档案整理与研究”（项目号：13&ZD152）的阶段性成果。

** 杨龑霖，四川大学法学院博士研究生。

③ 按，现代金融业除银行外，尚有证券、保险等行业。

银行始”。[1]“银行操金融之枢纽，为振商之要品，关系国计，非属细微。”[2]“银行之业，首贵稳固，一有不慎，即足以扰乱市面。”[3]“欲求百业之进步，必先有稳妥健全循规蹈矩之金融机构，如此则《银行法》之速定，实为必要。”[4]因而晚清至民国，政府在建设以银行为骨干的近代金融体系的同时，加强金融立法，制颁相关法规，欲使银钱业“有所遵循，而监督者有所依据”。[5]全面抗战期间，国民政府制颁了近50部涉及金融监管的法规，为战时经济统制和“对金融实施严厉监管”[6]提供法律依据和法制保障。对此，近年来学界进行了比较深入的研究，[7]给予了较为充分的肯定，认为“近代中国已经建立起相对完善的银行监管制度”。[8]“政府的金融监管制度对于健全银行制度、规范银行经营行为和金融市场运行秩序、指导银行事业健康发展起了积极作用。”[9]强调抗战时期国民政府的金融法制建设，“为金融动员的准备与实施提供了基本依据和保证……从而支撑了中国的全面抗战”。[10]然而揆之历史，这不过是事情的一方面。另一方面，研读近代中国金融史资料即不难发现，在抗战时期大后方各地，也有不少的银钱行庄从事金融投机，[11]违法犯规经营，甚至呈现出政府金融监管“法制愈严”而银钱行庄等金融机构的“规避之法亦更层出不穷”局面。时人因而感叹道：“自抗战以来，政府虽有非常时期管理银行办法与其他有关法规之颁行……但试查实际，殊无成效可言。”[12]然而检视学界近年来的研究成果，似对这一方面关注不够，即或言及，也大多寥寥数语空泛论述，较少以具体个案做实证分析。友信银行是抗战中期成

---

① 陈旭麓、顾廷龙、汪熙主编，谢俊美编：《中国通商银行》，《盛宣怀档案资料选辑之五》，上海人民出版社，2000，第38页。

② 孙中山：《致邓泽如函（1912年10月中旬）》，《孙中山集外集》，上海人民出版社，1990，第354页。

③ 孙中山：《咨参议院请核议商业银行暂行则例文（1912年3月17日）》，中国社会科学院近代史研究所中华民国史研究室、中山大学历史系孙中山研究室、广东省社会科学院历史研究室编：《孙中山全集》，第2卷，中华书局，1982，第245页。

④ 张肇元：《新银行法之特征及其要义》，《银行周报》1947年5月19日第31卷19、20号合刊，第59—62页。

⑤ 《财政部拟订商业银行则例请咨交参议院议决呈稿（1912年3月11日）》，中国第二历史档案馆：《中华民国史档案资料汇编》，第二辑，江苏人民出版社，1981，第416—417页。

⑥ 易棉阳：《金融统制与战时大后方经济——以四联总处为中心的考察》，北京大学出版社，2016，第195页。

⑦ 相关的著作主要有：中国人民银行总行金融研究所金融历史研究室：《近代中国金融业管理》，人民出版社，1990；程霖：《中国近代银行制度建设思想研究（1859—1949）》，上海财经大学出版社，1999；王红曼：《中国近代金融法制史研究》，上海人民出版社，2013；易棉阳：《金融统制与战时大后方经济》，北京大学出版社，2016；刘平：《近代中国银行监管制度研究（1897—1949）》，上海远东出版社，2018。硕博士学位论文与刊物文章则相对较多，兹不逐一枚举。

⑧ 柴松霞：《近代中国银行监管制度的特性》，《首都经济贸易大学学报》2010年第10期。

⑨ 周春英：《近代中国银行监管制度探析》，《烟台师范学院学报（哲学社会科学版）》2006年第2期。

⑩ 刘志英：《全面抗战时期的中国金融现代化》，科学出版社，2017，第142页。

⑪ 汪敬虞：《中国近代经济史（1895—1927）下册》，人民出版社，2012，第2257页。

⑫ 《国民政府军委会委员长侍从室第三处为录送取缔商营银钱业建议函（1944年6月16日）》，中国第二历史档案馆：《中华民国史档案资料汇编》，第五辑第二编“财政经济”（四），江苏古籍出版社，1997，第742页。

立于四川自贡[①]的一家民营商业银行。研读该银行留存的历史档案可见，即使在战时国民政府实施严厉经济统制，金融法制规范趋向完备，金融监管日益严格的形势下，它依然试图利用政府金融法制与监管的漏洞牟取非法利益，成为战时大后方银钱业界为投机牟利而游走于遵法与违规之灰色地带的一个值得剖析的历史标本。本文拟以友信银行为例，从虚假注册、违规经营等方面，论述战时中国银钱行庄经营活动中的遵法与违规问题。以此为基础，进而从法规与实际脱节、四川地方势力的抵制干挠、监管部门执法不严等方面，就战时国民政府金融监管为何成效不彰作一思考和探讨。不当之处，祈请识者批评指正。

一

从现存档案材料看，友信银行设立的大致脉络是：1940 年 4 月 1 日，荣县富裕乡绅王子冈等人在自贡市“集资成立”友信银行的前身——友信钱庄。同年 8 月，友信钱庄“来荣开设分号”。[②] 1943 年 3 月 19 日，王子冈等人以友信钱庄为基础，在自贡市正街友信钱庄总号开会发起成立友信银号股份有限公司。[③] 1944 年 11 月，王子冈等人以“扩充业务”为由，依据国民政府财政部《增订银号钱庄改组为银行办法》[④]，呈请将友信银号股份有限公司改组更名为友信银行股份有限公司。[⑤] 开设银行首先须向政府主管部门呈报申请成立的法律文书并办理登记注册及相关手续，注册成为公司法人。为此，从晚清《度支部银行注册章程》（1908 年）到民国前期的《银行注册暂行章程》（1926 年）和《财政部银行注册章程》（1929 年）等法规，均对开设银行须向政府呈报注册“然后始得开业”[⑥] 做出了明文规定，形成了一套较为成熟的制度化流程。[⑦] 抗战期间，国民政府更强调：“凡开设银行，须

① 按，自贡市由原四川省富顺县自流井盐区和荣县贡井盐区合并而组成。1939 年 8 月，国民政府和四川省当局为解决富顺、荣县两县分治自流井盐区和贡井盐区而阻碍自贡井盐业进一步发展的行政体制障碍，遂将富顺县第五区自流井盐区和荣县第二区贡井盐区划出，并取自流井和贡井的第一字而合称为自贡市。在历史上相当长一段时期，自贡都是四川仅次于成都、重庆的第三大城市。

② 《为转呈自贡市友信钱庄申请登记恳祁查核由》（1942 年 6 月 10 日），民国四川省财政厅档案，民 059—02—3112，四川省档案馆藏。

③ 《为发起设立股份有限公司依法备具各项文件请予鉴核准予备案由》，民国四川省建设厅档案，民 115—03—4218，四川省档案馆藏。

④ 《中国近代金融史》编写组：《中国近代金融史》，中国金融出版社，1985 年 5 月，第 246 页；叶景葵：《叶景葵文集》（上），上海科学技术文献出版社，2016，第 384－385 页。

⑤ 《为收足已认未缴股款并增加资本改组银行修正章程改选董事监察人依法备具各项文件费款请求核转变更登记换给执照由》，民国四川省建设厅档案，民 115—03—4218，四川省档案馆藏。

⑥ 《财政部厉行监督全国银行》，《经济旬刊》1935 年 2 月 25 日第 4 卷第 6 期，第 73－74 页。

⑦ 刘平：《近代中国银行监管制度研究（1897—1949）》，上海远东出版社，2018，第 130－141 页。

先拟具章程，向财政部注册，其章程及资本皆合于银行注册章程之规定者，始准设立。”[①] 蒋介石亦发手谕严辞饬令：“各地公私银行之开放，财部应有严格之规定，不可漫无限制，任其自设。”[②] 在国民政府愈益严厉的金融管控情势下，友信银行表面上在从钱庄到银号再到银行的三级跳过程中，均遵照国民政府银钱行庄设立的法制规范履行相关手续，如：依照县商会—县政府—省政府—国民政府财政部的呈报路径逐级上报，以便国民政府核准注册。[③] 在企业资本金填报方面，也按照国民政府开设银钱行号和股份有限公司所规定的资本金最低要求数额填报，并请民国时期著名的立信会计师事务所为其公司设立及资本金信用站台“背书”。然而在这看似中规中矩、遵法守纪的表象掩饰之下，友信银行及其主事者却弄虚作假，进行了欺瞒政府主管部门而朦蔽立业的违规操作。

第一，虚构公司成立发起人和股东、董事等重要成员。1943 年 3 月，友信银号在申请注册登记的呈报书中，开列了一份多达 72 人的公司成立发起人的名单。[④] 1944 年 7 月，友信银行称公司拥有股东 32 人，开列了一份有 22 名股东及其所认占股份、缴纳股本金等情况的股东名簿。[⑤] 后来在友信银行倒闭追讨债务的司法诉讼中却发现，在申请设立友信银号的呈报书上赫然有名的宋若荃、钟让衡、郭鄂秋、张应梁等股东，都只是被窃名而用来申报时凑人头数的挂名股东，“被窃名人（已）正式具呈自贡法院有案”，同时“查获该行伪造私章数枚，以上诸人之章，均被伪造行使”。[⑥]

第二，虚报公司资本额与股东缴款。1940 年 6 月，友信钱庄在申请设立荣县分号的呈报书中称：“因开业以来业务渐趋发达，原有资本不敷周转，商庄总号乃于十二月间召开股东会议，决定增资达前共成五十万元。”[⑦] 1943 年 3 月，在申请成立友信银号有限股份公司的呈报书中，主事者亦称公司拥有额定资本金“国币贰佰伍拾万元”，“分为贰万伍仟股，

① 《财政部拟办理战时金融管制概况稿（1942 年 6 月 20 日）》，中国第二历史档案馆：《中华民国史档案资料汇编》，第五辑第二编“财政经济”（四），江苏古籍出版社，1997，第 523 页。

② 《蒋介石关于限制各地公私银行开设的手令（1943 年 2 月 3 日）》，中国第二历史档案馆：《中华民国史档案资料汇编》，第五辑第二编“财政经济”（四），江苏古籍出版社，1997，第 540 页。

③ 《为发起设立股份有限公司依法备具各项文件请予鉴核准予备案由》，民国四川省建设厅档案，民 115—03—4218，四川省档案馆藏。根据档案记载，友信银行在注册呈报书及相关文件的准备方面，均备具“营业执照影本、营业计划书和全体发起人姓名、经历、住址及认股数目表与代理人委托书”等呈交供政府审核。

④ 《为发起设立股份有限公司依法备具各项文件请予鉴核准予备案由》，民国四川省建设厅档案，民 115—03—4218，四川省档案馆藏。

⑤ 《友信银行股份有限公司股东名簿》（1944 年 7 月 1 日）、《友信银行股份有限公司股东会议决录》，民国四川省建设厅档案，民 115—03—4218，四川省档案馆藏。

⑥ 《呈为陈请转函证明事实真伪以免侵害事》，民国荣县建设科档案，001—16—421，四川省荣县档案馆藏。

⑦ 《为转呈自贡市友信钱庄申请登记恳祁查核由》，民国四川省财政厅档案，民 059—02—3112，四川省档案馆藏。

每股国币一百元。先收半数计国币壹佰贰拾伍万元。所有股份均已由全体发起人认足缴齐”。[①] 1944 年，公司在改组更名为友信银行的呈报书中亦称，因“扩充业务，原有资金不敷周转，须将所有已认未缴股款国币壹佰贰拾伍万元，通知各股东续缴足额，并增加资本国币柒佰伍拾万元，连同原有资本共计国币壹仟万元，分为壹万股，每股国币壹仟元。先收半数”。[②] 但根据事发后荣县友信银行债权团的揭发：“友信银行于荣县设立分行，在初即以友信银号名义，招揽存款，其时股款仅十八万元，复于三十年朦报股款一千万元，其实分文未收，在验资时，即以前友信银号所缴存款虚作股本。”债权团因此要求荣县政府和县法院对该行董事长王子冈，董事周宝琅、曹卓光、宋九卿、何敦厚、杨筱舫、李伯祥、王光常、邹矩柏，监事刘鹏辉、徐建章、李颂尧，及总经理王朝荣，副经理王光烈等领导核心与骨干成员，以“虚缴股款朦蔽立案”“依法处罪”。[③]

第三，友信钱庄成立和开设荣县分庄时，均采取了先开门营业然后向地方政府呈报注册核准的“先斩后奏”不正当手段。对此，荣县商会主席丁绍固为其站台“背书”辩称，友信钱庄于 1941 年 8 月“增资来荣，开设分号”，已经准备好了注册呈报书等相关文件并提交给了荣县商会，“申请转呈备查在案”。“嗣因商会改选发生法律问题”，“本会暂停活动以致未予照转”，导致友信钱庄没能够及时办理和完善向政府主管部门呈报注册等相关手续。[④]

友信银行于 1945 年 9 月倒闭后，荣县政府和县法院指称该银行“过去并未依法为商业登记之申请，以致人事、业务未由考核”，[⑤] 强调其之所以倒闭，主要原因是“股本不足，朦蔽立业”。友信银行倒闭的根子在于该银行的董事长、总经理和董监事及分支行经理等领导和骨干分子皆为“见利趋前，避责恐后”的市侩，[⑥] 违规挪用储户存款、驻军汇款、同业拆借资金等，跑到重庆汇市买汇失手亏空以致倒闭。[⑦] 荣县政府和司法机关的指控，固有为

---

① 立信会计师事务所：《为发起设立股份有限公司依法备具各项文件请予鉴核准予备案由》，民国四川省建设厅档案，民 115—03—4218，四川省档案馆藏。

② 《友信银行股份有限公司股东会议决录》，民国四川省建设厅档案，民 115—03—4218，四川省档案馆藏。

③ 《据荣县友信银行债权团代表会呈为友信银行朦蔽立案违法营业恳予通缉归案处罪并派员清理等情令仰澈查具报已凭核办由》，民国荣县建设科档案，001—16—421，四川省荣县档案馆藏。

④ 《为转呈自贡市友信钱庄申请登记恳祁查核由》（1942 年 6 月 10 日），民国四川省财政厅档案，民 059—02—3112，四川省档案馆藏。

⑤ 《为饬友信银行董监事会立即开会商筹善后办法报核由》，民国荣县建设科档案，009－16－424，四川省荣县档案馆藏。

⑥ 《为准友信银行债权团代表江彦以该行董监事毫无清偿诚意函请转恳依法办理并勒令该行克速破产清偿债务一案函请查核办理由》，民国荣县地方法院档案，009－16－798，四川省荣县档案馆藏。

⑦ 《荣威师管区与四川省银行函荣县司法处拍卖友信银行三处产业以偿还挪用的军费》，民国荣县地方法院档案，009－16－909，四川省荣县档案馆藏。

其未尽职履行监管责任开脱的嫌疑，但从一份题名《友信银行负责人员姓名住址详细表》[①]的司法文书看，友信银行领导层及骨干成员均缺乏金融业特别是开设银钱行庄的职业经历，看不出他们曾受过现代经济学或金融学的教育，具有相关的知识背景。但这些人依旧冒险跨入其并不熟悉的行业，涉足金融，并做起了开设银钱行庄的营生。

二

友信银行在呈报注册书中，申明其营业范围为“专营存放款及汇兑”。[②] 具体做存款、放款、票据贴现、国内汇兑及押汇、买卖有价证券（但不得有投机性质）、代募公债及公司债、代理解收款项7项金融业务。[③] 1945年1月1日，友信银行荣县支行正式成立时对外界宣称，本行“将泸县、乐山两号改为分行，荣县改为支行”，“经营商业银行一切业务”。[④]《自贡市金融志》亦记载，友信银行除“经营一般银行业务”外，亦从事“井灶收交”，[⑤] 即代盐商办理井、灶款项收交业务。在其倒闭后的追讨债务司法诉讼中，荣县政府和县法院则斥责该银行存在着“玩忽业务，任意舞弊”“故意骗债”[⑥]“挪用代收军费汇款及重庆卖汇逞票”[⑦] 等违规经营问题。从档案材料看，友信银行在经营活动中，的确在以下几方面违反了国民政府的金融法制与银行监管规则。

第一，高息揽储吸存。招揽储户吸收存款，是现代银行的基本功能和主要业务，也是近代中国银钱行庄金融活动的重要内容。友信银行亦不例外。档案资料显示，从开设钱庄起，友信银行即在荣县、江安、泸县等自贡周边县份和重庆、乐山等川内重要城市设立分支机构，铺设金融网点，高息揽储吸存，取得了显著成效。1945年10月，荣县友信银行债权团向荣县法院呈交的诉状称，仅在自贡、荣县两地，友信银行即负债达3.8亿元法币（下同）。其中在荣县一地，即负债1.5亿元。根据银行学的常识，银行主要依靠各种性质的存款，而非其自身的股本金，作为其金融经营活动的资金来源。友信银行的负债，即应

① 《友信银行负责人员姓名住址详细表》，民国荣县建设科档案，001—16—421，四川省荣县档案馆藏。

② 立信会计师事务所：《为发起设立股份有限公司依法备具各项文件请予鉴核准予备案由》，民国四川省建设厅档案，民115—03—4218，四川省档案馆藏。

③ 《友信银行股份有限公司章程》，民国四川省建设厅档案，民115—03—4218，四川省档案馆藏。

④ 《友信银号荣县分号公告》，民国荣县地方法院档案，009—16—434，四川省荣县档案馆藏。

⑤ 《自贡市金融志》编纂委员会：《自贡市金融志》，四川辞书出版社，1994，第52页。

⑥ 《为呈请拘押在逃友信银行董监事并请假扣押房地产业事》，民国荣县地方法院档案，009—16—865，四川省荣县档案馆藏。

⑦ 《为布告荣威师管区及省银行请牌告友信银行一案由》，民国荣县地方法院档案，009—16—909，四川省荣县档案馆藏。

主要是储户的存款。[①] 友信银行在荣县的1200余储户中，“鳏寡孤贫居多”，[②] 亦有存款几万、数十万的大户[③]。他们在银行倒闭后，大都陷入“举家生活无着”“难以度岁”的艰难困境。[④] 荣县政府和县法院在友信银行倒闭清算追债的司法诉讼过程中还发现，该银行“只有负债”而“绝无货款存留”。“揆之市面情形，疑窦实多”，存在着“拐骗倒闭赖债”的“为非居心”。[⑤]

第二，经营高利贷放款。民国时期，四川地方流行一种名叫“比期”的短期信用放款。这种比期放款，虽然借贷“手续简便”“周转灵活”，[⑥] 但利息高昂。据时人对重庆市聚兴诚、四川美丰、川盐、和成、通惠实业、建国、四川建设、大夏、亚西实业、永丰美、开源、同心12家商业银行、银号的比期放款年获利息平均数的统计研究，1940年为24%弱，1941年为38%弱，[⑦] 1942年增至48%。[⑧] 友信银行也经营这种高息放贷款业务。1943年，友信钱庄为申请设立友信银号而向政府呈报的本年度营业概算书显示，它所呈报注册公司的资本金125万元，年获营业收入96.65万元，其中年息收入60万元，手续费收入21.65万元，其他收入15万元。这60万元的年息收入，应是其高息贷放款所得。[⑨] 置身于战时四川银钱业及各级各类金融机构“均从事商贷，以博高利”，甚至“以商贷利息与商业利润为惟一收入”[⑩] 的金融经营大环境，友信银行的做法亦无可厚非。然而在前方抗日战事方殷，国家民族生死存亡未卜的紧要关头，抗战大后方的四川金融界竟将有限的金融资源重点投放于商业投机和高息贷放款以牟取非法利益，“对工矿农业之贷款实嫌过少”，[⑪] 则殊违国民政府鼓励和扶持四川金融业发展的初衷，也说明友信银行主事者缺乏对国家危亡、民族前

---

① 《为准友信银行债权团江彦以该行董监事等毫无清债诚意函请转恳依法办理并勒令该行克速破产清偿债务一案呈请鉴核示遵由》《为友信银行倒闭所有清债责任依法应由银行董监事联带负责在未清偿前恳将改行董事长王子冈及董事宋九卿曹卓光等财产予以查封扣押由》，民国荣县建设科档案，001—16—1，四川省荣县档案馆藏。

② 《为函请友信银行倒闭案正式判决前将其已封之公私财产提出一部先行标卖以便清偿而安社会由》，民国荣县建设科档案，001—16—421，四川省荣县档案馆藏。

③ 例如：荣威师管区军官队中尉队员马俊峯，即“在友信银行存款伍万元”。参见《兵役部荣威师管区军官队队部公函》，民国荣县建设科档案，001—16—421，四川省荣县档案馆藏。荣县鼎新乡民刘劲帆，“将变产之款九十万元存入友信银行，得息维生”。参见《为友信银行债团负责人辜子高等还款不均恳予传究事》，民国荣县建设科档案，001—16—421，四川省荣县档案馆藏。

④ 《为友信银行债团负责人辜子高等还款不均恳予传究事》，民国荣县建设科档案，001—16—421，四川省荣县档案馆藏。

⑤ 《为准友信银行债权团江彦以该行董监事等毫无清债诚意函请转恳依法办理并勒令该行克速破产清偿债务一案呈请鉴核示遵由》，民国荣县建设科档案，001—16—421，四川省荣县档案馆藏。

⑥ 杨泽：《四川金融业之今昔》，《四川经济季刊》1944年6月15日第1卷第3期，第213—231页。

⑦ 康永仁：《重庆的银行》，《四川经济季刊》1944年6月15日第1卷第3期，第102—115页。

⑧ 康永仁：《论重庆市银钱业及银行管理》，《金融知识》1942年5月第1卷第3期，第257—259页。

⑨ 《友信银行股份有限公司营业计划书》，民国四川省建设厅档案，民115—03—4218，四川省档案馆藏。

⑩ 杨泽：《四川金融业之今昔》，《四川经济季刊》1944年6月15日第1卷第3期，213—231页。

⑪ 杨泽：《四川金融业之今昔》，《四川经济季刊》1944年6月15日第1卷第3期，213—231页。

途的责任意识和使命担当，暴露其所置身的战时四川银钱行业缺乏社会公德，素质低下，品性恶劣的状况。

第三，为不良商人提供信用担保。1945年10月，驻泸县的国民党青年军第203师发公函致荣县政府称，该师在筹办本年度五、六、七月份花生米、菜油等副食品时，“遵照青年军经理规程第八十三条之规定，副食、马干现品之筹，以包商为原则”，于本年5月9日至13日在泸县登报公告招标，5月13日在该师会议厅公开投标，“以协泰号价格最低中标”。在签订合同时，该师查明协泰商号的老板王明钦为“一游资商人，并无座落正式商号”，遂要求王须找一家有3000万元资本的商号或银行为其作信用担保，“始准立约”。王即找来友信银行泸县分行承保，表示“愿负完全责任之保证”。“经本部派员对保属实，又查该行信用素孚”，始准协泰商号承包并拨发了预付周转金。但该商号老板从第三期起即借口赴宜宾采购而不能照约履行。该师即按当时所签合同的约定，如当事人未能履约时，“应由保证人员归还公款”，再三催促“担保人来本部清结”。作为担保方的友信银行泸县分行则辩称“分行经理邹矩柏已调自贡市总行”。后由“该分行副经理周厚麟乃派杨建辉会同本部派员前往宜宾追王明钦结清。始知该王明钦亏款潜逃，仅存宜宾菜油、土布约值贰佰万元”。“本部接得王明钦在逃电信，乃派员向友信银行分行索还公款。”“该分行周副经理以担保手续系经理邹矩柏经手”，只答应“去电自贡总行请邹矩柏即来泸县清理”。谁知“事隔一日（适为星期日），该分行即倒闭”。青年军第203师遂请求荣县政府协助追讨由友信银行担保并负责清偿的预付之购货公款1162.9万余元。[①]

第四，在同业拆借、汇兑等金融业务中拖赖欠债不还。友信银行在经营中，曾以同业拆借的方式，从四川省银行荣县办事处和泸县分行、荣县县银行等处拆借资金然后拖赖不还或大部未还。其中，拖赖四川省银行泸县分行1650万元，事发后，泸县分行一再催收并以债权证据从信用较佳之商号各款中收回欠款615.45525万元，尚余欠款1034.54475万元未能收回。[②] 1946年，四川省银行荣县办事处向井研县司法处申请，要求将友信银行董事长王子冈“所有井研县廖家坝产业查封拍卖”以收回欠债。王子冈竟主张“此业为弟兄共有，唆使其弟王允执提起异议之诉”。王氏一并公然否认与四川省银行荣县办事处有债权债务关系，“显系以诈术意图得财产上不法之利益”。[③] 友信银行与荣县县银行因同城同业的关

① 《为函请严饬友信银行董事会迅予偿还担保协泰商号短欠之公款由》《为请准友信银行董事会缴接担保本师副食包商欠款一一六〇万元由》，民国荣县建设科档案，001—16—421，四川省荣县档案馆藏。

② 《为呈复四川省银行呈请转令协助追收泸县友信银行倒闭拖欠该行款项令将董事长王子岡等产业移送司法机关查封备抵一案恳予察核由》，民国荣县建设科档案，001—16—421，四川省荣县档案馆藏。

③ 《四川荣县地方法院检察官起诉书检乙字第110号第880号》，民国荣县地方法院档案，009—17—165，四川省荣县档案馆藏。

系，“往还经常未辍”。该银行停业倒闭时，尚欠荣县县银行 257.2615 万元。对其直属之县银行被坑骗并将受到严重经济损失，荣县政府无法置之不理，遂饬令指示：“友信银行停业，结欠该行二百五十余万元，系银行同业往还……惟事关地方金融，自不能听其倒骗。所请令饬该行董事长王子冈负责债偿之处，应予照准。”[①] 在汇兑业务的坑欺赖账方面，1945 年 9 月中旬，国民政府兵役部荣威师管区军需室致函荣县政府提出，该部 1945 年 9 月份的经费 1500 余万元，“由渝中央银行汇发……至自流井分行”。该部遂委托“荣县银行办事处办理”。“惟以该行缺乏现钞支付，乃改托荣县友信银行代收。”“殊该行取得此款后”却拖延不付，并于近日倒闭，致该部因缺经费而“无法支应”。[②] 9 月 22 日，荣县政府复函荣威师管区军需室指出，该室委托友信银行“代收军款”，实际上可能着了友信银行“串骗倒账”“昧骗倒账”的歪门邪道。[③] 在当时的报刊上和现今研究者的笔下，民国时期的军人是很飞扬跋扈、横行霸道的，以政府为后台和支撑的公立银行也总是一副欺压民营商业银行的霸道形象，然而友信银行竟敢拖欠骗赖军队的汇兑公款和省、县银行的同业拆借资金，这些其在经营中的违规非法活动，完全可谓是资本“一旦有适当的利润，资本就胆大起来。如果有 10%的利润，它就保证到处被使用；有 20%的利润，它就活跃起来；有 50%的利润，它就铤而走险；为了 100%的利润，它就敢践踏一切人间法律”[④] 的真实写照。

此外，友信银行还参与了国民政府明令禁止的私营粮食买卖、[⑤] 挪用军款在重庆汇市上炒汇等非法商业活动。[⑥]

三

综括上述可见，友信银行在从友信钱庄到友信银号再到友信银行的发展过程中，表现出鲜明的两面性：表面循规蹈矩，实际“违法营业”。[⑦] 不过它并非特殊个案，而只是战时

---

① 《签呈》，民国荣县建设科档案，001—16—421，四川省荣县档案馆藏。

② 《为电请查封友信银行董事长王子冈财产拍卖偿付本区经费并希速复由》，民国荣县建设科档案，001—16—421，四川省荣县档案馆藏。

③ 《迳启者案准》，民国荣县建设科档案，001—16—421，四川省荣县档案馆藏。

④ 按，［德］卡尔·马克思著，中共中央马克思、恩格斯、列宁、斯大林著作编译局译：《资本论》，第 1 卷，人民出版社，2018，第 871 页，第 24 章注第 250。

⑤ 《凭票（王伯书发壹百陆拾石黄谷）》《凭票（赵哲先发伍拾石黄谷）》和《言词辩论笔录》，民国荣县地方法院档案，009—16—686，四川省荣县档案馆藏。

⑥ 《荣威师管区与四川省银行函荣县司法处拍卖友信银行三处产业以偿还挪用的军费》，民国荣县地方法院档案，009—16—909，四川省荣县档案馆藏。

⑦ 《据荣县友信银行债权团代表会呈为友信银行朦蔽立案违法营业恳予通缉归案处罪并派员清理等情令仰澈查具报已凭核办由》，民国荣县地方法院档案，009—16—909，四川省荣县档案馆藏。

大后方众多违规经营的银钱行庄之普通一例，是当时金融界与国民政府围绕着金融管制和违规经营而较量博弈的历史缩影。

例如，在企业登记注册的呈报书上弄虚作假欺蒙政府，是当时大后方银钱行号比较普遍的现象。1942年7月，负责金融监管的财政部钱币司指出，大后方“各地钱庄、银号仍多早经开业，尚未依限申请补行注册者”。并明令重庆、成都、内江、万县、自贡、江津、宜宾、泸县、合川、广安、遂宁及兰州、贵阳、昆明、衡阳等地153家“营业已久之钱庄”，“限于本年十月底以前呈请核办”。① 1943年6月，财政部成都区银行监理官办公处在灌县（今成都市都江堰市）检查银钱业违规经营情况时发现，该县有华孚银行灌县办事处和昆义、圣愚、济源等7家钱庄，“或未依法呈请注册”，“或虽经呈请未蒙批复”即已开设营业。有的钱庄为规避政府金融监管，“原称钱庄者一律改为字号或商号，事实上仍经营银钱业务”。②

又如，国民政府明文规定：“银行不得直接经营商业或囤积货物，并不得以代理部、贸易部或信托部等名义，自行经营或代客买卖货物。”③ 然而违反国民政府的禁令而经营商业或囤积居奇，在大后方银钱业界屡见不鲜，属于司空见惯的普遍存在。1941年，国民政府稽查四川各地银钱业非法经营活动，仅当年1月的检查记录，即有银行、钱庄参与囤积物资的案件400余起。在这些银钱行庄违禁经营的背后，大都有权势人物参与经营或为其提供支持。④ 文史资料记载，当时在四川各地，“银钱行庄设立公司、字号为划子，经营物资的贩运囤储买卖，或在外地设立分支机构，暗中巧立名目经商，颇不乏人”。在成都，成益银号开设元利字号，昌泰银号开设大德公司，汇通银号设松茂盐号，和通银号设国华公司等，经营棉纱、百货、匹头、盐巴及土特产的运销和囤储。互利、华庆丰、华孚等银行银号，则在灌县设立分支机构做药材生意。四川省银行与聚兴诚、川康、川盐、美丰、福川、上海、重庆、合成、通惠等大银行，在成都及周边县份修建仓库，“开办收储粮食、油料及土特产业务，收取仓租”，同时“藉自有仓库之便，购储物资”待价而沽。⑤ 在贵阳，有康

---

① 《财政部参事厅钱币司会拟变通各地行庄补行注册手续签呈（1942年7月31日）》，中国第二历史档案馆：《中华民国史档案资料汇编》，第五辑第二编“财政经济”（四），江苏古籍出版社，1997，第739—740页。

② 《陆希龄呈签》，民国四川省财政厅档案，民074—01—0025，四川省档案馆藏。

③ 《财政部非常时期管理银行暂行办法》，中国第二历史档案馆：《中华民国史档案资料汇编》，第五辑第二编“财政经济”（三），江苏古籍出版社，1997，第18页。

④ 王红曼：《中国近代金融法制史研究》，上海人民出版社，2013，第324页。

⑤ 成都市政协文史资料研究委员会、成都市民建和工商联史料委员会、中国人民银行成都市分行：《民国时期成都金融实况概述（中）》，成都市政协文史资料研究委员会：《成都文史资料》1988年第3辑（总第20辑），第150页。

成、鸿兴、复茂、泰丰、怡兴昌5家银号，“以银号为名，自做买卖”，“囤积之事，在所难免”。①

在战时的大后方，这类违反国民政府金融监管法令而违法经营的事例甚多，难以逐一枚举。这里有必要也很值得进一步思考的问题是：抗战时期大后方的银钱行庄为什么可以并能够逃避国民政府的金融管制而屡屡违规经营？换言之，战时国民政府看似强力的经济统制，趋于周密的金融法网，日益严厉的金融监管，何以会成效不彰？对此，笔者从以下三个方面进行探讨。

首先，国民政府制颁的金融法规脱离实际，迫使银行不得不违规经营才能生存。虽然从清末制颁《大清银行则例》起，政府即强调要将“各国通商章程”和“中国商务之风俗习惯”结合起来，② 以建设符合实际、切实可行的金融法制，然而在制定法规的实际过程中，因照搬国外成法、法规制定者多出身于缺少银行从业经验的政府官员等缘由，所制颁的法规不合实际而无法得以贯彻实行。迄至抗战期间，这一状况亦未有根本改变。例如，政府规定的申请设立银钱行号的注册呈报手续相当烦琐并且往往耗时数月，银钱业界遂干脆将之视同具文，“并不遵章向部注册”，“擅自经营银行业务”。③ 重庆市社会局也不理睬国民政府关于开设银钱行庄必须向财政部注册领照始准营业的规定，“径即颁发执照”。④ 又如，国民政府规定开设银钱行庄必须以公司形式组织，“并饬将资本实收至少达五十万元”。有关部门也自知，这条规定“对于商业简单各地小规模钱庄，恐未尽合适”，遂修订为“饬改组为无限公司组织，至少增资至五万元”。⑤ 但大后方银钱行庄依然不遵守法规章程，“仅仅加入公会”，甚或连银钱公会组织都不参加即径自“开始营业”。⑥ 在经营活动方面，国民政府严禁银行经商或购囤货物待价而沽牟取暴利。然而在当时的大后方各地，商业银行正常业务“推进异常困难”，单靠传统的存放款业务，“不足以维护开支”，“除兼营商业和囤积货物谋取利润以求生存外，别无他途”，因此只好铤而走险以身试法，违法犯规经营。⑦

---

① 《董辙考察贵州省金融概况报告书》，中国第二历史档案馆：《中华民国史档案资料汇编》，第五辑第二编“财政经济”（四），江苏古籍出版社，1997，第644页。

② 中国人民银行总行参事室金融史料组：《中国近代货币史资料》第1辑，中华书局，1964，第1044页。

③ 《国内要闻：财部取缔未注册银号》，《银行周报》1940年11月19日第24卷46期，第20页。

④ 康永仁：《重庆的银行》，《四川经济季刊》1944年6月15日第1卷第3期，第102—115页。

⑤ 《财政部参事厅钱币司会拟变通各地行庄补行注册手续签呈（1942年7月31日）》，中国第二历史档案馆：《中华民国史档案资料汇编》，第五辑第二编“财政经济”（四），江苏古籍出版社，1997，第739—740页。

⑥ 《财政部参事厅钱币司会拟变通各地行庄补行注册手续签呈（1942年7月31日）》，中国第二历史档案馆：《中华民国史档案资料汇编》，第五辑第二编“财政经济”（四），江苏古籍出版社，1997，第739—740页。

⑦ 成都市政协文史资料研究委员会、成都市民建和工商联史料委员会、中国人民银行成都市分行：《民国时期成都金融实况概述（中）》，成都市政协文史资料研究委员会：《成都文史资料》1988年第3辑（总第20辑），第151页。

例如，战前国民政府即制定了银行存款准备金缴由中央银行收管的法规。1940年，国民政府再次明文规定："银行经收存款，除储蓄存款应照储蓄银行法办理外，其普通存款应以所收存款总额百分之二十为准备金，转存当地中中交农四行任何一行，并由收存行给以适当存息。"[①] 此后，国民政府三令五申反复强调。但上有法规监管，下有对策应付，"更多以巧妙方法逃避"。"其最显著者，厥为串通存户于结算存款期之月尽量提取，各行庄互相转入同业存款，月底一过再行转入。或则收进存款根本不正式入账。"针对国民政府关于"信用放款与抵押放款数额与比例"的规定与限制，大后方各地银钱行庄"改用贴现、买汇、期汇等方式"逃避法规与政府的金融监管，"使商家无限制利用借款"。面对大后方各地银钱行庄经营活动中各种逃避监管与违规犯禁的行为，国民政府"无力裁抑"，金融监管部门"亦唯有熟视无睹"。[②] 这就启示我们：如果制定的法律法规脱离实际，必将因其枘圆凿方而不能得到贯彻落实，从而沦为一纸空头司法文书。

其次，四川地方势力的抵制，亦使国民政府金融法规和金融监管不能严格执行。抗战期间四川的银钱行庄，不乏川康实力派军政要员或地方权势人物在背后撑腰。如川军名将、曾任重庆市长的杨森是大川银行的后台；通惠银行董事长邓华民是川康绥靖公署主任邓锡侯的长子；振华银号为川军将领、曾任四川省主席、第29集团总司令的王瓒绪所开；昌泰银号由川军新九师师长杨晒轩开设；族昌银号为川军第164师师长彭光汉开设；其昌银号为川军第24军原师长唐永晖开设；华庆丰银号为川军第45军师长陈离的兄弟陈谷生开设；怡丰银号为刘文辉的财政管家丁少鹤开设；植光银号为四川省银行成都分行经理、原川北师管区司令周潜川开设；复利为成都著名袍哥大爷胡尚武、谭银山、黄云章等5人合伙开设。[③] 面对这些背景深厚、来头很大的银钱行庄及其违规经营活动，国民政府金融监管部门和四川省政府皆心存忌惮，不敢轻易下手查处。1941年10月，军统特务背景的成都市经济检查大队查处聚兴诚、川康等银行在成都、郫县、新都等地仓库非法囤积粮食的案件，"即有许多要人包围省主席张群，要求放人"。强大压力下，"张群穷于应付，(成都)行辕军法处也不敢进行审判"，最后将案件移送重庆军法执行总监部审理了事。[④] 1943年1月，成都

---

① 《财政部非常时期管理银行暂行办法》，中国第二历史档案馆：《中华民国史档案资料汇编》，第五辑第二编"财政经济"(三)，江苏古籍出版社，1997，第18页。

② 《国民政府军委会委员长侍从室第三处为录送取缔商业银钱业建议函》及附件，中国第二历史档案馆：《中华民国史档案资料汇编》，第五辑第二编"财政经济"(四)，江苏古籍出版社，1997，第742页。

③ 成都市政协文史资料研究委员会、成都市民建和工商联文史委员会、中国人民银行成都市分行：《民国时代成都金融实况概述(中)》，成都市政协文史资料研究委员会：《成都文史资料》1988年第3辑(总第20辑)，第131页。

④ 熊倬云、周震东：《抗战期中成都经济检查大队的活动》，成都市政协文史资料研究委员会：《成都文史资料》1988年第3辑(总第20辑)，第166—167页。

市经济检查大队查获并封存了市区春熙路、东大街几家大商号存储在川康银行仓库中的2900匹布。消息传出，成都市的布商联合起来罢市抗议，同业公会和市商会施压四川省和成都市两级政府，要求保障商人利益。在工商界群情汹汹、集体罢市抗议的浩荡阵势和强大压力下，省主席张群只好下令“体恤商情，全部发还”。①

最后，监管部门工作懈怠，履职执法不得力。抗战中期，国民政府加强金融监管，于1942年7月颁布《财政部银行监理官办公处组织规程》，将大后方划为16个金融监管区（在四川地区，就设置了重庆、成都、内江、宜宾、万县5区），每区设立金融监理官办公处，负责监管辖区内的金融动向和稽查区内银钱行庄的经营。② 1944年10月，财政部吴兴周对成都区银行监理办公处工作进行检查，从其报告看，情况并不乐观。主要存在四个方面的问题。一是缺少人手，办公经费不足。人员方面，该处除监理官和专员外，有职员23人，其中稽核8人，办事员11人，雇员4人。有12人负责检查及报告撰写等工作，2人无其他经常工作（即可抽调担任临时稽查）。成都区管辖范围内共有银钱行庄225家。如以每年每家银钱行庄检查1次，每次旅途往返、现场稽查核实和撰写检查报告，按平均10个工作日计算，共需2250个工作日。按每位稽查人员每年工作300天计算，需要至少8位专职稽查人员。如按常例两人会同赴银钱行庄检查，至少需15人。经费方面，该处每月经费2.9万元，除去员役薪资和文具、邮电、电灯、茶水、房租等开支，每月只剩6400元用于差旅，“每月检查两家犹感不足，距离真正需要甚远”。因此感到“工作推进困难”。③ 二是因人手少、经费不足，对银行、钱庄的稽查浮于表面。其时，有关部门对银钱行庄的日常检查，主要采取普查和赴银钱行庄实地检查两种方式。普查，通过向辖区内各银钱行庄及其他金融机构发放调查表格，令其自行填报。④ 其结果不言而喻，银钱行庄将按照政府金融监管法规填写，而不会如实填报。现场检查，主要是现场审阅银钱行庄提供的材料，并现场稽察指出问题，责令纠正。当时，大后方的银钱行庄，一般都会制作两套会计账册：一套明账对外公开，按政府金融监管法规编写，合规中矩；一套暗账对内，只有企业领导人及核心骨干才能看到，供其掌握企业经营、财会等真实情况。两套账的存在，是战时政府

① 熊倬云、周震东：《抗战期中成都经济检查大队的活动》，成都市政协文史资料研究委员会：《成都文史资料》1988年第3辑（总第20辑），第169页。

② 重庆市档案馆、重庆市人民银行金融研究所编：《四联总处史料下册》，档案出版社，1993，第458—459页。

③ 《吴兴周考察成都区银行业务报告》，中国第二历史档案馆：《中华民国史档案资料汇编》，第五辑第二编“财政经济”（四），江苏古籍出版社，1997，第695页。

④ 详见四川省档案馆藏档案之全宗号民074、民075和民076，即财政部成都区、内江区和宜宾区等银行监理办公处对管区内银行、钱庄检查之工作报告及相关档案文件。

落实“银行管制之最大困难”。[①] 金融监管部门及检查人员亦知道其中奥秘，即只好在明账中寻弊索瑕，挑剔指摘其编制不规范等疏漏，以履行检查职责。这些流于形式走过场的金融检查材料，在四川省档案馆所藏财政部成都区、内江区、宜宾区银行监理官办公处的检查报告中可见端倪。如成都区一次关于成都市汇通银号的检查报告即吹毛求疵地写道：“该号会计沿习钱庄时代旧制，每年年终始办决算，且账簿亦不齐全。如现金每日凭出纳计入流水账内，放款及拆放同业亦仅凭营业，每尝赔汇入流水账簿，汇兑则全部并入联行账簿内……”[②] 三是金融监管部门职员“散漫弛懈”。工作“主动之精神不足，积极之措施甚鲜”，“处中重要公务，诸待推动”。“多数稽核拱手无为”，甚至对工作持敷衍应付态度。“部中有令多录令转行银行，来呈多据呈转报。”有的稽核人员根本不听监理官的指挥，“监理官交办之件，稽核退回不办，或竟在文件上注明‘此件不能承办’”。[③] 四是监管部门执法时不敢较真碰硬。当时，成都区内有些县的县银行“为豪绅把持，作囤积居奇之机构”。其中双流、盐亭、丹棱、眉山等县银行“均违法被控”。面对难啃的硬骨头，成都区银行监理官办公处即以人员缺少和经费不足为借口，“遇有部令饬查县银行事项，多转行中央银行县乡业务督导处办理”。该处也不愿惹事上身，又推给中央银行驻该县经理代办。该经理亦“恐开罪豪绅”而“另请派员查办”。[④] 这样怕担责任彼此推诿，不仅让政府的金融监管法规难以贯彻执行，也令政府监管部门权威扫地，一些地方政府、同业公会及银钱行庄即把成都区金融监理官办公处的检查、稽核不当一回事，其处罚文书亦被视同具文。例如，前述灌县昆义等 7 家银钱行庄未注册即开业经营违规事件，从 1943 年 6 月起，成都区银行监理官办公处即多次致函四川省政府和灌县政府及县商会，要求严肃查处并“勒令停业”，同时要求中国农民银行、四川省银行、灌县县银行及华孚、福川、通惠等银行，不得再与这些违规钱庄有同业往来。然而直至 1944 年 12 月底，这些违规钱庄仍在灌县政府转报的县商会调查本县银钱行庄分别情形的报表上，“显示尚未经取缔停业清理”。[⑤]

“管制政策之实施，必须法令周密，针对政策而无疏漏，切合实际而无流弊，适应环境

---

① 《吴兴周考察成都区银行业务报告》，中国第二历史档案馆：《中华民国史档案资料汇编》，第五辑第二编“财政经济”（四），江苏古籍出版社，1997，第 700 页。

② 《简阳县汇通银行检查报告》，民国财政部成都区银行监理官办公处档案，民 074—01—157，四川省档案馆藏。

③ 《吴兴周考察成都区银行业务报告》，中国第二历史档案馆：《中华民国史档案资料汇编》，第五辑第二编“财政经济”（四），江苏古籍出版社，1997，第 689 页。

④ 《吴兴周考察成都区银行业务报告》，中国第二历史档案馆：《中华民国史档案资料汇编》，第五辑第二编“财政经济”（四），江苏古籍出版社，1997，第 697 页。

⑤ 详见《监字第 93 号训令》与《公函》、《监字第 206 号呈文》、《监字第 353 号训令》（1943 年 9 月 15 日）、《监字第 196 号呈文》、《致四川省政府监字第 197 号公函》和《灌县县政府财银字第 519 号代电》等，民国财政部成都区银行监理官办公处档案，民 074—01—0025，四川省档案馆藏。

而无窒碍，然后可期推行尽利。”如果“徒有完备之法规，而无监督实行之方法，则亦仅具一纸具文，难收实际之效果”。[①] 这应是经历了反复挫折后沉痛的历史经验总结，但它并没有从根本上改变战时国民政府在银钱业的金融监管方面，看似法制严格、规章齐全和制度完备，但因受多种因素的制约而不能切实有效贯彻执行的困窘局面，并为战后国民政府金融监管失控从而造成严重的通货膨胀埋下伏笔，成为其失败的重要经济缘由。蕴含其中的历史经验，很值得今人认真省思，诚为当下金融监管部门和金融业界警惕与戒鉴的反面教训！

① 《财政部拟办理战时金融管制概况稿》，中国第二历史档案馆：《中华民国史档案资料汇编》，第五辑第二编“财政经济”（四），江苏古籍出版社，1997，第 525 页。

学术评论

律疏不应为札记*

［日］川村康　文　李冰逆　译**

摘　要　“不应为”条广泛适用于律例中既无明文规定，也难以运用轻重相举等比附类推的方法拟定刑名的杂多轻微恶性行为。对唐代律疏中适用不应为条的事例进行考察，仅从形式上，可以将其分为三类：明确定位为补充律文欠缺的事例、没有明确说明为补充欠缺的事例以及很难纯粹定位为补充欠缺的事例。其中，第二类事例虽未言明律令规定之欠缺，但从内容看，其适用都弥补了律令规定之不足。第三类事例则包含了对例律中有罪名无刑罚的行为以不应为条加以处罚的情况，以及现有条文虽然明确规定了罪名和刑罚，但刑罚欠妥，适用该条可以予以适当刑罚的情况。基于此，《唐律疏议》中《杂律》第62条疏与《诈伪律》第24条问答所示不应为条的意义，存在重新探讨的余地。

关键词　不应为条；唐律疏议；适用事例

---

* 日文原题为「律疏不応為劄記」，载［日］但見亮等编：『中国の法と社会と歴史——小口彦太先生古稀記念論文集』，成文堂，2017。

** 川村康，关西学院大学法学部教授；李冰逆，四川大学法学院副教授。

一、序言

“不应为”条被理解为“构成要件不特定的、对所有轻罪进行概括规定的条款”,① 主要是在前近代中国是否存在罪刑法定主义的语境下对其进行讨论的。② 但关于不应为条之适用事例的实证研究，以清代刑案和判语中的案件为对象进行探讨的，迄今为止只有中村茂夫氏的唯一一篇成果，而关于唐代律疏中不应为条的适用事例，仁井田陞和戴炎辉两人曾对其中的一部分内容进行过讨论。③ 毋庸赘言，律疏中的事例是假想的事例，但并不能因此而忽略它们，因为通过这些事例可以理解不应为条的适用情况。本文拟对律疏中不应为条的适用事例进行整体性的讨论，并在此基础上，重新考察不应为条是如何适用的。

二、不应为条的意义

唐律在《杂律》第62条中规定了不应为条：

诸不应得为而为之者，笞四十；（谓律、令无条，理不可为者。）事理重者，杖八十。

该条将律令中没有规定但为情理所不容的行为，以不应为轻罪判处笞四十，情状重者以不应为重罪科以杖八十。其意义在《杂律》62条的疏中说得很清楚：

杂犯轻罪，触类弘多，金科玉条，包罗难尽。其有在律在令无有正条，若不轻重

---

① ［日］滋賀秀三：「清朝時代の刑事裁判：その行政的性格。若干の沿革的考察を含めて」，载法制史学会编：『刑罰と国家権力：法制史学会創立十周年記念』，创文社，1960，第74页。（后收入［日］滋賀秀三：『清代中国の法と裁判』，创文社，1984。）

② 关于不应为条与罪刑法定主义之关系的研究，参见［日］中村茂夫：「不応為考：『罪刑法定主義』の存否をも巡って」，『金沢法学』1983年第26卷1号，第3—4页注（二）；［日］佐立治人：「旧中国の罪刑法定主義の存在について」，『関西大学法学論集』2015年第65卷3号，第11—12页。

③ 参见前揭［日］中村茂夫：「不応為考：『罪刑法定主義』の存否をも巡って」；［日］仁井田陞：「宋代以後における刑法上の基本問題：法の類推解釈と遡及処罰」，载［日］仁井田陞：『中国法制史研究：刑法』，东京大学出版会，1959（1980年出版补订版），第278—279页；戴炎辉：《唐律通论》，台湾“国立编译馆”、正中书局，1964，第11、136、29—30页（注11、12、13）。此外，滋贺秀三氏提出：“轻度的帮助和教唆（精神上的帮助）连共犯中的从犯都无法成立，至多以轻度比附或不应为条进行处理”，认为唐代时轻微共犯是适用不应为条的。（律令研究会编：『訳註日本律令五：唐律疏議訳註篇一』，东京堂出版，1979，第260、262页。）

> 相明，无文可以比附。临时处断，量情为罪，庶补遗阙，故立此条。情轻者，笞四十；事理重者，杖八十。

律令中没有规定，根据以现有规定为基础的方法——如《名例律》第 50 条“诸断罪而无正条，其应出罪者，则举重以明轻；其应入罪者，则举轻以明重”所规定的举轻明重和举重明轻，以及“当犯下法无明文之事时，借用其他性质类似的条款作为量刑尺度”[①] 的所谓比附等也无法拟定刑名，这类杂多的轻微恶性行为都适用此不应为条。情状轻者以不应为轻罪科以笞四十，重者以不应为重罪科以杖八十，以此来补充律令规定的欠缺。《诈伪律》第 24 条的问答中也阐述了同样的意义：

> 但论重法，略其轻坐，不可备言，别有“举重明轻”及“不应为”罪。

律条只规定了重大犯罪，对于轻微的恶行则省略了具体规定，而是通过举轻明重、举重明轻或者不应为条来处理。要言之，不应为条的意义在于，对于现有规定中既不存在罪名也不存在刑罚的轻微恶性行为，可以不应为这一罪名来拟定刑罚，它是作为补充欠缺的最后手段而设立的总括性的处罚规定。

三、不应为条的适用事例

本文的课题在于，对《杂律》第 62 条疏与《诈伪律》第 24 条问答所体现的不应为律的意义进行阐发，并对律疏中不应为条之适用事例的具体情况加以解明。中村茂夫对清代刑案和判语中的案例进行了分析，将不应为条的适用事例大致分为两类：“与多多少少近似的犯罪构成要件和处罚条款进行比较衡量的基础上”加以适用的情况以及“具有强烈地惩戒和叱责该当行为的意味”的情况。[②] 本文将前者称为比较衡量型，后者称为叱责惩戒型，并检验在唐代律疏中是否也存在着这两种不应为条的适用形式。下文仅从形式上，将律疏中不应为条的适用事例分为三类：明确说明是补充欠缺的事例、没有明确说明为补充欠缺

---

① 前揭律令研究会编：『訳註日本律令五：唐律疏議訳註篇一』，第 304 页。关于比附事例的分析研究，参见［日］川村康：「宋代比附劄記」，载『宋代史から考える』編集委員会编：『宋代史から考える』，汲古书院，2016，第 49—50 页注（3）。

② 参见前揭［日］中村茂夫：「不応為考：『罪刑法定主義』の存否をも巡って」，第 24 页。

的事例以及很难说纯粹只是补充欠缺的事例三类，并分别进行解读。①

（一）明确说明是补充欠缺的事例

【事例 1】《诈伪律》第 22 条问答：

> 问曰：有人嫌恶前人，妄告父母身死，其妄告之人，合科何罪？
>
> 答曰：父母云亡，在身罔极。忽有妄告，欲令举哀，若论告者之情，为过不浅，律、令虽无正法，宜从“不应为重”科。

《诈伪律》第 22 条“诸父母死应解官，诈言余丧不解者，徒两年半。若诈称祖父母、父母及夫死以求假及有所避者，徒三年；伯叔父母、姑、兄姊，徒一年；余亲，减一等。若先死，诈称始死及患者，各减三等”，规定了对于以下行为的处罚：父母去世应该解官，却诈称其他亲族之丧而不解官的行为；诈称亲族死亡以求休暇、逃避任务的行为；亲族已经死亡却诈称刚刚亡故或患病的行为。但《诈伪律》第 22 条的问答与该条的正文并没有直接的关系。如有人对其厌恶之人谎称对方父母身死，意欲使对方举哀（高声号哭以示哀悼之意），其所犯过错情节不浅，故“律、令虽无正法”，也应适用不应为重之条。

【事例 2】《贼盗律》第 3 条疏：

> 若有口陈欲逆、叛之言，勘无真实之状，律、令既无条制，各从“不应为重”。

《贼盗律》第 3 条“诸口陈欲反之言，心无真实之计，而无状可寻者，流两千里”，是对于没有具体计划、只是公开发表欲反之言的行为的处罚规定。而对于只是公开声称大逆

---

① 仁井田陞氏将《户婚律》第 10 条疏（本稿事例 8），《户婚律》第 11 条问答第二（本稿事例 6），《户婚律》第 32 条疏（本稿事例 9），《杂律》第 13 条疏（本稿事例 12）作为不应为条的适用事例加以列举。（参见前揭［日］仁井田陞：「宋代以後における刑法上の基本問題：法の類推解釈と遡及処罰」，第 278—279 页。）戴炎辉氏除了用《户婚律》第 29 条问答第一（本稿事例 4）来举例说明之外，还进行了形式上的分类。“并言不应为重及轻者”如《户婚律》第 32 条疏（本稿事例 9）、《职制律》第 30 条问答第一与第二（本稿事例 13）、《斗讼律》第 56 条疏（本稿事例 10）、《户婚律》第 10 条疏（本稿事例 8）、《杂律》第 13 条疏（本稿事例 12）、《贼盗律》第 49 条疏（本稿事例 14）、《诈伪律》第 26 条疏（本稿事例 18）、《断狱律》第 10 条疏（本稿事例 24）；“单言不应为重者”如《户婚律》第 45 条疏（本稿事例 5）、《厩库律》第 11 条疏（本稿事例 22）、《擅兴律》第 20 条疏（本稿事例 27）、《贼盗律》第 3 条疏（本稿事例 2）、《贼盗律》第 29 条疏（本稿事例 21）、《诈伪律》第 7 条疏（本稿事例 16）、《捕亡律》第 13 条疏（本稿事例 3）、《诈伪律》第 22 条问答（本稿事例 1）；“因无处罚未遂之文，故适用不应为条而罚之”如《卫禁律》第 23 条问答（本稿事例 11）、《卫禁律》第 16 条疏（本稿事例 23）。［前揭戴炎辉：《唐律通论》，第 11、136、29—30 页（注 11、12、13）］

与叛的行为，“律、令既无条制”，则适用不应为重。也就是说，之所以判处不应为重罪，是与口陈欲反之言的刑罚进行比较的结果。

【事例 3】《捕亡律》第 13 条疏：

> 若诱导官户、部曲亡者，律无正文，当“不应得为从重”，杖八十。与同行者，同过致资给之罪（作者按：《捕亡律》第 18 条）。

《捕亡律》第 13 条“即诱导官私奴婢亡者，准盗论，仍令备偿”规定，诱导官奴婢、私奴婢逃亡的行为，准盗论，以奴婢的价额作为赃额，即准用《贼盗律》第 35 条“诸窃盗，不得财笞五十；一尺杖六十，一匹加一等；五匹徒一年，五匹加一等，五十匹加役流”论罪。[①] 诱导官户、部曲逃亡的行为，“律无正文”，适用不应为重。诱导奴婢逃亡的刑罚，价额不足一尺杖六十，一尺以上不足一匹一尺杖七十，比不应为重的刑罚要轻。但如《捕亡律》第 13 条疏“五匹徒一年，五匹加一等”所示，在现实中，价额在五匹以上，一般要科以徒刑以上的刑罚。与其比较的结果，是对诱导官户和部曲逃亡的行为处以不应为重。

【事例 4】《户婚律》第 29 条问答第一：

> 问曰：或以妻为媵，或以媵为妻，或以妾作媵，或以媵作妾，各得何罪？
>
> 答曰：据《斗讼律》（作者按：第 25 条）：“媵犯妻，减妾一等。妾犯媵，加凡人一等。余条媵无文者，与妾同。”即是夫犯媵，皆同犯妾。所问既非妻妾与媵相犯，便无加减之条。夫犯媵，例（作者按：《斗讼律》第 25 条注）依犯妾，即以妻为媵，罪同以妻为妾。若以媵为妾，亦同以妾为妻。其以媵为妾，律、令无文，宜依“不应为重”，合杖八十。以妾为媵，令（作者按：《户令》复旧第 31 条）既有制，律无罪名，止科“违令”之罪（作者按：《杂律》第 61 条）。即因其改换，以告身与回换之人者，自从“假与人官”法（作者按：《诈伪律》第 9 条）。若以妾诈为媵而冒承媵姓名，始得告身者，依诈伪律（作者按：第 9 条），诈增加功状，以求得官者，合徒一年。

《户婚律》第 29 条“诸以妻为妾，以婢为妻者，徒二年。以妾及客女为妻，以婢为妾

---

① “准某罪论”与“以某罪论”同样，是“引据其他特定罪名时的用语”。但是，“准某罪论”“只是采用作为准据的本罪所定的主刑，来决定对该当犯罪的刑罚”，“并不意味着将该当犯罪与本罪同一视之”。与此相对，“以某罪论”则是“在科刑上完全与真犯同等视之，在附加刑及其他所有法效果上都与本罪相同”。（前揭律令研究会编：『訳註日本律令五：唐律疏議訳註篇一』，第 317—318 页）

者，徒一年半。各还正之”，是关于妻妾之名分变动的处罚规定，关于媵（有官品的妾）的名分变动并非该条的适用对象。《斗讼律》第25条“媵犯妻，减妾一等。妾犯媵，加凡人一等”，是对于媵犯妻、妾犯媵之罪的加、减刑罚的规定，因此，夫对于媵的犯罪不适用此条。这种情况下，适用《斗讼律》第25条注“余条媵无文者，与妾同”，即与夫犯妾的处罚相同。以妻为媵的行为与以妻为妾的行为同样徒二年，以媵为妻的行为与以妾为妻的行为同样科以徒一年半的刑罚。以媵为妾的行为“律、令无文”，故处以不应为重，以妾为媵的行为以违反《户令》复旧第31条[①]的违令罪，依《杂律》第61条“诸违令者，笞五十”处断。之所以将并不违令的行为处以不应为重罪，其原因如戴炎辉氏所言：“以贵为贱者，比以贱为贵者之罪重。媵贵而妾贱，故以媵为妾之罪，须比以妾为媵之罪重罚之。”[②] 关于媵的名分变动，可以分为三种情况：根据现有的律条可以拟定刑名的以妻为媵及以媵为妻的行为；根据现有的规定无法拟定刑名，因而处以不应为重的以媵为妾的行为；作为违令行为来拟定刑名的以妾为媵的行为。在此，必须根据行为的轻重分别对应轻重等级不同的刑罚，其比较衡量的结果，是适用了不应为重。

【事例5】《户婚律》第45条疏：

> 凡称“离之”“正之”者，赦后皆合离，正。《名例律》（作者按：第36条）云：“会赦，应改正。经责簿帐而不改正，各论如本犯律。”应离之辈，即是赦后须离，仍不离者，律无罪条，犹当“不应得为从重”，合杖八十。若判离不离，自从奸法。

根据《名律例》第36条“诸会赦，应改正、征收，经责簿帐而不改正、征收者，各论如本犯律”，该条处罚的对象仅限于，经向官府申告而成立的户籍记载不实等罪，遇到恩赦免罪后，再度申告时又重新成立犯罪的情况。[③] 违律为婚之罪也是经向官府申告而成立的犯罪，因此，只有在遇到恩赦免罪后，再度申告时又重新成立犯罪的情况下，才会成为该条的处罚对象。但根据《户婚律》第45条“诸违律为婚，当条称‘离之’‘正之’者，虽会赦，犹离之、正之”，律条中使用“离之”“正之”等词形容的婚姻，即使遇到恩赦，也不能消解该状态，换言之，必须恢复原状的违法状态并不因此消灭。违律的婚姻遇到恩赦后

---

① ［日］仁井田陞：『唐令拾遺』，东方文化学院，1933（1964年由东京大学出版会出版复刻版），第251页；［日］仁井田陞、池田温編集代表：『唐令拾遺補：附唐日両令対照一覧』，东京大学出版会，1997，第541页。具体内容不详。

② 前揭戴炎辉：《唐律通论》，第29页（注11）。

③ 前揭律令研究会编：『訳註日本律令五：唐律疏議訳註篇一』，第213—214页、第212—213页（注1）。

依然存续，在不向官府申告的情况下，虽然无法适用《名例律》第 36 条进行处罚，但由于该婚姻的存续具备可处罚性，因此，“律无罪条”而适用不应为重。律条视为“离之”“正之”的婚姻（户婚律第 27—30 条、33—38 条、42—43 条），以及虽判令解除但婚姻依然存续时适用的奸罪（杂律第 22—26 条、28 条），大致要处以杖九十以上的刑罚，而本条适用不应为重，是将其与上述两罪进行比较的结果。

【事例 6】《户婚律》第 11 条问答第二：

> 又问：部曲娶良人女为妻，夫死服满之后，即合任情去住。其有欲去不放，或因压留为妾及更抑配与部曲及奴，各合得何罪？
>
> 答曰：服满不放，律无正文，当“不应为重”，仍即任去。若元取当色为妇，未是良人，留充本色，准法无罪。若是良人女压留为妾，即是有所威逼，从“不应得为重”科。或抑配与余部曲，同“放奴婢为良却压为部曲”，合徒一年。如配与奴，同“与奴娶良人女”（作者按：《户婚律》第 42 条），合徒一年半。“上籍为婢者，流三千里”（作者按：《户婚律》第 42 条）。此等转嫁为妻及妾，两和情愿者，并不合得罪。唯本是良者，不得愿嫁贱人。

《户婚律》第 11 条“诸放部曲为良，已给放书，而压为贱者，徒二年；若压为部曲，及放奴婢为良而压为贱者，各减一等；即压为部曲，及放为部曲而压为贱者，又各减一等。各还正之”，是对于将已经获得解放成为良人的部曲、奴婢再次压为部曲、奴婢之行为的处罚规定。作为部曲之妻的良人女性，夫死服丧后，其去就全凭本人的意志。如果部曲的主家违背女子本人的意志留人不放，“律无正文”故适用不应为重，听凭该女子去就。如果违反其意志使其为妾，同样适用不应为重。如果违反其意志将其配与其他部曲，根据《户婚律》第 11 条放奴婢为良而压为部曲的规定，判处徒刑一年。[①] 无论是否自愿，若将其配与奴为妻，根据《户婚律》第 42 条“诸与奴娶良人女为妻者，徒一年半”处断，甚至将其作为婢记入户籍，则根据《户婚律》第 42 条“因而上籍为婢者，流三千里”处断。本是良人的女性，如若违反其意志将其作为良人留在主家，或使其以良人的身份做妾，因无法适用现有的异色为婚的相关律条，故适用不应为律。之所以适用不应为重，是与配与奴为妻徒一年半、配与其他部曲为妻徒一年进行比较的结果。

---

① 滋贺秀三认为“这必须说是比附的手法”。参见律令研究会编：『訳註日本律令六：唐律疏議訳註篇二』，东京堂出版，1984，第 231 页（注 3）。

【事例7】《擅兴律》第1条疏：

其擅发九人以下，律、令无文，当“不应为从重”。

《擅兴律》第一条“诸擅发兵，十人以上徒一年，百人徒一年半，百人加一等，千人绞”，是关于擅自发兵的处罚规定，即在无需发兵或者虽然需要发兵但并未上奏的情况下发兵，以及在无需兵马的情况下请求发兵。《擅兴律》第1条规定的刑罚下限是，擅发兵十人以上、九十九人以下，徒一年，但如果是重大的行为，即便是九人以下，也必须做出处罚，“律、令无文”，故适用不应为重。也就是说，判处不应为重是与《擅兴律》第1条规定的刑罚下限徒一年进行比较的结果。

【事例8】《户婚律》第10条疏：

杂户养官户，或官户养杂户，依《户令》（作者按：复旧第39条）：“杂户、官户皆当色为婚。”据此，即是别色准法不得相养。律既不制罪名，宜依“不应为”之法：养男从重，养女从轻……若养客女及婢为女者，从“不应为轻”法，笞四十，仍准养子法（作者按：《户婚律》第10条注）听从良。

《户婚律》第10条“诸养杂户男为子孙者，徒一年半；养女，杖一百。官户，各加一等。与者，亦如之。若养部曲及奴为子孙者，杖一百。各还正之”，是关于良人收养贱人为养子的处罚规定。《户令》复旧第39条[①]“诸工乐杂户、官户，皆当色为婚”，将杂户和官户的婚姻限制在当色的范围内，既然如此，他们收养养子的行为也应该限定在当色之间。若杂户和官户之间收养养子，“律既不制罪名”，则适用不应为条。之所以反映出男女的轻重之别，即收养男子处以不应为重，收养女子处以不应为轻，其原因与《户婚律》第10条的旨趣相同，男子的收养与祭祀祖先和家产继承息息相关，与此相对，女子的继承则与此无关。良人收养部曲及奴，杖一百，而收养《户婚律》第10条并未规定的客女和婢，则处以不应为轻。这种差别的目的在于平衡异色之间收养女子的刑罚。

① 前揭［日］仁井田陞：『唐令拾遺』，第258页；［日］仁井田陞、池田温編集代表：『唐令拾遺補：附唐日両令対照一覧』，第545页。

【事例 9】《户婚律》第 32 条疏：

> 若居夫丧，而与应嫁娶人主婚者，律虽无文，从“不应为重”，合杖八十。其父母丧内，为应嫁娶人媒合，从“不应为重”，杖八十；夫丧从轻，合笞四十。

《户婚律》第 32 条“诸居父母丧，与应嫁娶人主婚者，杖一百”，规定父母丧内为人主婚处以杖一百。夫之丧内为人主婚，“律虽无文”，也要处以不应为重。父母丧内与人为媒，处以不应为重，夫之丧内与人为媒，则处以不应为轻。在丧内与人为媒，之所以要区分父母丧和夫丧的不同刑级，根据戴炎辉氏的说法，是遵循“同一事而区别轻重者，如犯尊贵者为重，犯卑贱者为轻”① 的原则。而该处罚标准，也是与丧内主婚行为的处罚相比较的结果，就后者而言，也存在着父母丧内杖一百、夫丧内不应为重的等级差别。

【事例 10】《斗讼律》第 56 条疏：

> 教人部曲、奴婢告主期亲以下，虽无别理，亦合有罪：教告主期亲及外祖父母者，科“不应为重”；教告主大功以下、缌麻以上，科“不应为轻”。虽无正文，比例为允。

根据《斗讼律》第 56 条“即教令人告缌麻以上亲，及部曲、奴婢告主者，各减告者罪一等”，教令他人部曲、奴婢告主者，减《斗讼律》第 48 条“诸部曲、奴婢告主，非谋反、逆、叛者，皆绞”一等，处以流三千里。教令他人部曲、奴婢告主亲族之人，“虽无别理”即“虽无正文”，但依然是处罚的对象。使告主之期亲、外祖父母者，适用不应为重，使告主之大功、小功、缌麻亲者，适用不应为轻。这种轻重划分，体现了《斗讼律》第 48 条“告主之期亲及外祖父母者，流；大功以下亲，徒一年”将告主亲族的部曲、奴婢分等级进行处罚的思路，是“比例为允”的结果。

【事例 11】《卫禁律》第 23 条问答：

> 问曰：宿卫人以非应宿卫人冒名自代及代之者，入宫内，流三千里；殿内，绞。若未入宫、殿内事发，合得何罪？

---

① 前揭戴炎辉：《唐律通论》，第 29—30 页（注 12）。戴炎辉将《职制律》第 30 条问答第一和第二（本稿事例 13）、《斗讼律》第 56 条疏（本稿事例 10）、《户婚律》第 10 条疏（本稿事例 8）、《杂律》第 13 条疏（本稿事例 12）作为同样的事例列举。

> 答曰：以非应宿卫人自代，重于“阑入”（作者按：《卫禁律》第2条）之罪。若未至职掌之处，事发在宫、殿内，止依“阑入宫殿”而科。如未入宫门事发，律无正条，宜依“不应为重”，杖八十。其在宫外诸处冒代，未至职掌处，从“不应为轻”，笞四十。

《卫禁律》第5条“诸宿卫者，以非应宿卫人冒名自代及代之者，入宫内，流三千里；殿内，绞”，是对于应在首都长安的宫门内出任宿卫之人以非应宿卫人冒充自己的处罚规定。关于此种行为，如冒代之人已进入宫门且到达宿卫执掌之处，则为既遂。若进入宫门但未到达执掌之处，则属于冒代未遂，根据《卫禁律》第2条“诸阑入宫门，徒二年。殿门，徒二年半”，以阑入宫殿门罪处断。如连宫门都未入，不仅冒代行为属于未遂，阑入之罪亦不成立，“律无正条”，故适用不应为重。对于非应守卫人在宫城门外冒代应守卫人的行为，《卫禁律》第23条做出了规定：“诸于宫城门外，若皇城门守卫，以非应守卫人冒名自代及代之者，各徒一年。以应守卫人代者，各杖一百。京城门，各减一等。其在诸处守当者，各又减二等。”关于此种行为，如冒代者已至执掌之处，便成立既遂。但由于此种行为本来就不会进入宫门内，因此，未遂的情况下，不能适用《卫禁律》第2条，故适用不应为轻。戴炎辉氏所言“因无处罚未遂之文，故适用不应为条而罚之”，此条便是例证之一。① 律例设置了冒代宿卫、冒代未遂之阑入，以及未达到阑入程度的未遂三个等级，在此基础上，适用不应为条。并且，考虑到宿卫和守卫重要程度的不同，又分别适用不应为轻重之条。

【事例12】《杂律》第13条疏：

> 其错认良人以下为子孙，律既无文，量情依“不应为轻”。若错认他人妻妾及女为己妻妾者，情理俱重，依“不应为重”科。若已认得妻妾将去者，多涉奸情，即同奸法（作者按：《杂律》第22条）。

《杂律》第13条“诸错认良人为奴婢者，徒二年。为部曲者，减一等。错认部曲为奴者，杖一百。错认奴婢及财物者，计赃一匹笞十，五匹加一等，罪止杖一百。未得者，各减二等”，是对于将良人错认为自己的奴婢或部曲、将他人部曲错认为自己的奴婢以及将他

① 前揭戴炎辉：《唐律通论》，第11、136页。戴炎辉氏将《卫禁律》第16条疏（本稿事例23）作为同样的事例列举。

人奴婢和财物错认为自己的所有物等行为的处罚规定。而将良人、部曲和奴婢错认为自己子孙的行为，“律既无文”，则根据情状处以“不应为轻”，而将他人妻妾及女错认为自己妻妾的行为，于情于理都是更重的，因此处以“不应为重”。错认为子孙的行为与收养弃儿类似，因此被认为违法性较轻，而错认为妻妾的行为会扰乱婚姻秩序，因此被认为违法性更重。若将错认为妻妾的女性带走，大多确实涉及奸情，因此适用《杂律》第 22 条“诸奸者，徒一年半。有夫者，徒两年”。将错认妻妾的行为处以不应为重，是将其作为奸罪的未遂形态进行把握的结果。

【事例 13A】《职制律》第 30 条问答第一：

问曰：闻丧不举哀，于后择日举讫，事发合得何罪？

答曰：依礼（作者按：《礼记·间传》）：“斩衰之哭，往而不返。齐衰之哭，若往而返。大功之哭，三曲而偯。小功、缌麻，哀容可也。”准斯礼制，轻重有殊，闻丧虽同，情有降杀。期亲以上，不即举哀，后虽举讫，不可无罪，期以上从“不应得为重”；大功，从“不应得为轻”；小功以下，哀容可也，不合科罪。若未举事发者，各从“不举”之坐。

【事例 13B】《职制律》第 30 条问答第二：

又问：居期丧作乐及遣人作，律条无文，合得何罪？

答曰：礼（作者按：《礼记·杂记下》）云：“大功将至，辟琴瑟。”郑注云：“亦所以助哀。”又云：“小功至，不绝乐。”（作者按：《仪礼》）丧服云：“古者有死于宫中者，即三月为之不举乐。”况乎身服期功，心忘宁戚，或遣人作乐，或自奏管弦，既玷大猷，须加惩诫，律虽无文，不合无罪，从“不应为”之坐：期丧从重，杖八十；大功以下从轻，笞四十。缌麻、卑幼，不可重于“释服”之罪。

《职制律》第 30 条“诸闻父母若夫之丧，匿不举哀者，流二千里；丧制未终，释服从吉，若忘哀作乐，（自作、遣人等。）徒三年……闻期亲尊长丧，匿不举哀者，徒一年；丧制未终，释服从吉，杖一百。大功以下尊长，各递减二等。卑幼，各减一等”，是关于以下行为的处罚规定：闻近亲丧却匿不举哀的行为，在丧中脱掉丧服、改穿吉服即平服的释服从吉行为，丧中自己演奏音乐或遣人演奏音乐给自己听的作乐行为。

《职制律》第 30 条问答第一讨论的是对于闻亲族丧不立即举哀、于后择日举哀之行为的处罚。若虽有此打算，但在举哀前已经事发，适用《职制律》第30条的规定。举哀后事发的情况下，却没有相应的规定。这里援引了《礼记》中“斩衰之哭，往而不返。齐衰之哭，若往而返。大功之哭，三曲而偯。小功、缌麻，哀容可也”① 的记述，点明了举哀的宗旨。与此相对应，划分了不应为轻、重与不处罚的刑罚等级，对于期亲以上之丧处以不应为重，大功之丧处以不应为轻，小功、缌麻之丧则不坐罪。

《职制律》第30条问答第二指出，《职制律》第30条未做规定的居期亲以下丧中作乐的行为，“律虽无文，不合无罪”，故适用不应为条。《职制律》第30条将释服从吉的刑罚规定为：期亲尊长丧中杖一百，期亲卑幼丧中杖九十，大功尊长丧中杖八十，大功卑幼丧中杖七十，小功尊长丧中杖六十，小功卑幼丧中笞五十，缌麻尊长丧中笞四十，缌麻卑幼丧中笞三十。以此为基准，作乐的刑罚规定为两个等级，期亲丧中处以不应为重，大功、小功亲以及缌麻尊长丧中处以不应为轻。缌麻卑幼丧中作乐，若比释服从吉科以更重的刑罚是不恰当的，因此处以笞三十。虽然无法明确判断，其是比附释服从吉得出的处罚，还是从不应为轻量减一等，但关于丧中作乐的行为，不应为轻并不是刑罚的下限。

【事例14】《贼盗律》第49条疏：

> “其知盗赃而故买，坐赃（作者按：《杂律》第1条）论减一等”，谓知强、窃盗赃，故买十匹，合杖一百。知而故藏，又减一等，合杖九十。其余犯赃，故买及藏者，律无罪名，从“不应为”：流以上从重，徒以下从轻。

《贼盗律》第49条“知盗赃而故买者，坐赃论减一等；知而为藏者，又减一等”规定：故意买取强窃盗得来的财物及盗赃，以坐赃论减一等，受托对其进行保管，以坐赃减两等论处。坐赃指除其他赃罪之外的一切违法的财产收受，《杂律》第1条规定了其刑罚：“诸坐赃致罪者，一尺笞二十，一匹加一等；十匹徒一年，十匹加一等，罪止徒三年。”因此，故意买取盗赃，价额在一尺以上，科刑从笞十下到徒两年半，受托保管赃物的价额在一匹一尺以上，科刑从笞十下到徒两年。强窃盗以外的赃罪，包括受财枉法即接受请托并收受财物而枉法处分，受财不枉法即接受请托并收受财物却并未枉法处分，受所监临即未有请托而收受财物，以及坐赃，如果故意买受或受托保管这些赃罪得来的财物，“律无罪名”，故适用不应为条。如这些赃罪适用的刑罚在流刑以上，则判处不应为重，徒刑以下，则判处不应为轻。戴炎辉氏提出：“某犯罪为本犯罪之情况者，某犯罪之轻重（即前罪之刑

① 前揭律令研究会编：『訳註日本律令六：唐律疏議訳註篇二』，第159页（注12）。

之轻重)，于不应为条，亦为科轻与重之标准”，并以此条作为例证之一。[①] 根据《贼盗律》第49条，坐赃收受一尺的财物，科刑笞二十，与此相对，故买该财物，科以不应为轻，笞四十。[②] 这与事例13B一样，当赃罪的刑罚比不应为之刑更轻的时候，应适用赃罪的刑罚，在此，不应为轻也并非刑罚的下限。

事例1到事例14都是律疏明确记述律令规定存在欠缺的事例。事例1中，虽然不存在可以成为比较对象的规定，但对“为过不浅”的行为适用不应为条，尤为体现了不应为条的意义。从疏文的语气可以看出，该条属于叱责惩戒型的“不应为条”用例。从事例2开始，都是在与已有罪名和刑罚的类似行为进行比较的基础上，选择不应为的轻重适用，属于比较衡量型的不应为条用例。事例5和事例6中，通过现有规定的适用无法补全法律的漏洞，为了填补这些空白而适用了不应为条。事例7中，为了补正因律条不完备而产生的缺乏处罚规定的情况，适用了不应为条。直到事例7为止都是仅适用不应为重的事例。从事例8开始，则区分了不应为的轻重等级分别加以适用。其意义在事例10中被表述为“比例为允”。事例11和事例12是对于没有未遂处罚规定的行为之未遂形态以及可以同样进行解释的行为适用不应为的用例，体现了与事例7相近似的理论——对于不满足现有律条要件的行为适用不应为条。事例13和事例14是适用比不应为轻更轻之刑罚的用例。

（二）未明确说明是补充欠缺的事例

【事例15】《职制律》第44条疏：

> 若官人不遣立碑，百姓自立及妄申请者，从“不应为重”，科杖八十，其碑除毁。

关于在任上的地方长官为自己立碑来颂扬功绩，或遣人上申自身功绩的行为，《职制律》第44条“诸在官长吏，实无政迹，辄立碑者，徒一年。若遣人妄称己善，申请于上者，杖一百……受遣者，各减一等”做出了处罚规定，对提出命令的地方长官和接受命令的百姓，分别处以杖一百和杖九十。对自发从事此类行为的百姓则适用不应为重。考虑是百姓作为主体，因此从《职制律》第44条规定的官员作主体的刑罚上减等处理，以期实现相对平衡。

---

① 前揭戴炎辉：《唐律通论》，1964，第30页（注12）。戴炎辉将《诈伪律》第26条疏（本稿事例18）、《断狱律》第10条疏（本稿事例24）作为同样的事例列举。

② 正是因为想到了这种情况，滋贺秀三才指出：“故买盗以外的赃物的行为，虽然应被问以不应为之罪，但这是值得商榷的解释。”［前揭律令研究会编：『訳註日本律令五：唐律疏議訳註篇一』，第194—195页（注4)］

【事例16】《诈伪律》第7条疏：

> 若被官司责罚，情在咆哮，或有因斗忿争，欲相恐迫，口虽告密，问即不承，既无文牒入司，坐当“不应为重”。其有已陈文牒，问始承虚；或口称有密，下辩仍执，于后承妄者：并同“未奏减一等”，徒二年。

《斗讼律》第39条“诸知谋反及大逆者，密告随近官司”及《职制律》第19条疏“其知谋反、大逆、谋叛，皆合密告”，允许对谋反、大逆及谋叛进行密告。如妄密告非应密告之罪，根据《诈伪律》第7条“诸对制及奏事、上书，诈不以实者，徒二年；非密而妄言有密者，加一等”的规定，科刑徒二年半。妄密告的既遂需要经过两个必要的阶段，一是官府受理文牒（书面告密文件），二是向皇帝进行上奏。在官府受理文牒之后、履行相应程序[①]的过程中撤回密告，尚未上奏皇帝，属于第二阶段未遂，根据《诈伪律》第7条“未奏者，各减一等”科刑徒二年。出于一时的情感而想要虚假密告，但在官府进行确认时加以撤回，官府并未受理文牒，则属于第一阶段的未遂，处以不应为重。这是对于未遂行为适用不应为条的事例，之所以处以不应为重，是为了与事例2中不应为重的适用保持平衡。

【事例17】《诈伪律》第20条疏：

> 但伤残者，有避、无避，得罪皆同。即无所避而故自伤，不成残疾以上者，从“不应为重”。

《诈伪律》第20条“诸诈疾病，有所避者，杖一百。若故自伤残者，徒一年半。（有避、无避等。虽不足为疾残，而临时避事者，皆是）”规定，无论出于何种目的，故意自伤

① 《狱官令》复旧24条：“诸告密人，皆经当处长官告；长官有事，经佐官告；长官、佐官俱有密者，经比界论告。若须有掩捕，应与余州相知者，所在准状收捕。事当谋叛已上，驰驿奏闻。且称告谋叛已上，不肯言事意者，给驿部领送京。其犯死罪囚及缘边诸州镇防人等，若犯流人告密，并不在送限。”（前揭［日］仁井田陞：『唐令拾遺』，第778页；［日］仁井田陞、池田温編集代表：『唐令拾遺補：附唐日両令対照一覧』，第821页）《狱官令》复原第36条：“诸告密人，皆经当处长官告。长官有事，经次官告。若长官、次官俱有密者，任经比界论告。受告官司准法示语，确言有实，即禁身，据状检校。若须掩捕者，即掩捕。应与余州相知者，所在官司准状收掩。事当谋叛以上，虽检校，仍驰驿奏闻。（其大将临戎、出师在外及本处留守，并边要州都督、刺史，虽被告，不得即禁）指斥乘舆及妖言惑众者，检校讫总奏。承告掩捕者，若无别状，不须别奏。其有虽称告密，示语确不肯道，仍云须面奏者，受告官司更分明示语虚得无密反坐之罪，又不肯道事状者，禁身，驰驿奏闻。若直称是谋叛以上不吐事状者，给驿，差使部领送京。（若勘问不道事状，因失罪人者，与知而不告者同。）其犯死罪囚，及缘边诸州镇防人，若配流人告密者，并不在送限。应须检校及奏闻者，准前例。”（天一阁博物馆、中国社会科学院历史研究所天圣令整理课题组校证：《天一阁藏明钞本天圣令校证：附唐令复原研究》，中华书局，2006，下册第647页）

导致残疾以上结果[①]之人，以及出于逃避课役等目的，故意自伤但未致残之人，均科刑徒一年半。即使没有需要逃避的课役，若故意自伤至残，其处罚与为逃避课役自伤的行为相同，这是因为其将来可以免除部分或全部课役。没有需要逃避的课役却故意自伤，未致残者处以不应为重，是将其作为没有需要逃避的课役却故意自伤致残的未遂形态来把握的，并且考虑到了与徒一年半的刑罚差等。

【事例 18】《诈伪律》第 26 条疏：

> 律称“致罪有出入”，即明据证及译以定刑名。若刑名未定而知证、译不实者，止当“不应为”法：证、译徒罪以上从重，杖罪以下从轻。

《诈伪律》第 26 条“诸证不言情，及译人诈伪，致罪有出入者，证人减二等，译人与同罪”，是对于证言不实的证人以及虚假翻译的通译人员的处罚规定。如若因此使犯罪嫌疑人出入罪，应根据《断狱律》第 19 条“诸官司入人罪者，若入全罪，以全罪论；从轻入重，以所剩论；……其出罪者，各如之（译者按：原作者省略了本条夹注）”，计算出与出入刑的幅度所对应的刑罚，证人减两等处理，通译直接适用。出入的刑罚一经确定，《诈伪律》第 26 条所规定的罪名便成立既遂。在刑罚确定前判明是不实证言或翻译，则作为未遂适用不应为条。出入刑的幅度在徒刑以上，处以不应为重，杖刑以下，处以不应为轻。此条是对未遂行为适用不应为条进行处罚的事例，基于与事例 14 同样的逻辑，区分了不应为轻与重的不同阶段。

【事例 19】《职制律》第 52 条问答：

> 问曰：官人遣人或市司而为市易，所遣之人及市司为官人卖买有剩利，官人不知情及知情，各有何罪？
>
> 答曰：依律（作者按：《名例律》第 49 条）：“犯时不知，依凡论。”官人不知剩利之情，据律不合得罪。所为市者，虽不入己，既有剩利，或强卖买，不得无罪，从“不应为”；准官人应坐之罪，百杖以下，所市之人从“不应为轻”，笞四十；徒罪以上，从“不应为重”，杖八十。仍不得重于官人应得之罪。若市易已讫，官人知情，准

---

① 《户令》复旧第 9 条：“诸一目盲，两耳聋，手无二指，足无三指，手足无大拇指，秃疮无发，久漏下重、大瘿瘇，如此之类，皆为残疾。痴症，侏儒，腰脊折，一肢废，如此之类，皆为废疾。恶疾，癫狂，二肢废，两目盲，如此之类，皆为笃疾。”（前揭［日］仁井田陞：『唐令拾遺』，第 228 页；［日］仁井田陞、池田温编集代表：『唐令拾遺補：附唐日両令対照一覧』，第 524 页）

> “家人所犯知情”之法（作者按：《职制律》第56条）。

《名例律》第49条规定：“其本应重而犯时不知者，依凡论。”也就是说，对于同一类型的行为，根据主体和客体的特殊性，如果存在比一般规定之刑罚更重的特别规定，但主体在触犯该特别规定时并不知道其存在，应根据一般规定处断。《职制律》第52条“若卖买有剩利者，计利，以乞取监临财物论。强市者，笞五十；有剩利者，计利，准枉法论”，是对于监临官自身获取部内卖买剩利行为的处罚规定。受官人命令进行买卖的一般人或者市司获取剩利，在官人不知情的情况下，由于并不存在一般人通过买卖获取剩利的处罚规则，根据《名例律》第49条，官人不受处罚。若官人知情，则对其适用不应为条。根据《职制律》第52条计算剩利的赃额，若对应的刑罚在杖以下，则对官人处以不应为轻，徒刑以上则处以不应为重。如果并不存在强制买卖的行为，则以《职制律》第50条“诸监临之官，受所监临财物者，一尺笞四十，一匹加一等；八匹徒一年，八匹加一等；五十匹流二千里……乞取者，加一等”中规定的以乞取论处的刑罚，作为区分不应为轻重等级的基准。乞取之刑，赃额一尺处以笞五十，六匹一尺以上徒一年，五十匹以上流两千五百里，是刑罚的上限。因此，剩利在一尺以上不足六匹一尺处以不应为轻，六匹一尺以上处以不应为重。如果存在强制买卖的行为，则要以《职制律》第48条“诸监临主司受财而枉法者，一尺杖一百，一匹加一等，十五匹绞”对应的刑罚作为区分不应为轻重等级的标准。受财枉法条的准论之刑，一尺以上杖一百，一匹一尺以上徒一年，八匹一尺以上流三千里，是刑罚的上限。因此，剩利不足一匹一尺处以不应为轻，一匹一尺以上处以不应为重。

【事例20】《擅兴律》第24条疏：

> 其非本部官者，依“不应得为”从轻，笞四十。庸多得罪重者，依职制律（作者按：第57条）：“去官而受旧官属、士庶馈与，若乞取、借贷之属，各减在官时三等。”非监临官私使，亦于准盗论上减三等。

监当官司私自使役服役中的丁夫、杂匠，依照《擅兴律》第24条“诸丁夫、杂匠在役而监当官司私使，及主司于职掌之所私使兵防者，各计庸准盗论；即私使兵防出城、镇者，加一等”的规定，将其庸赁作为赃额，准据《贼盗律》第35条（参见本文事例3的解说部分）论处，刑罚下限为笞五十，上限为流三千里。如果私使之人不是本部的长官，则处以不应为轻，但庸赁在两匹一尺以上，根据《职制律》第57条“诸去官而受旧官属、士庶馈与，若乞取、借贷之属，各减在官时三等"，准盗罪减三等论处，[①] 刑罚上限是徒二年。不应为轻体现了刑罚的下限。

【事例 21】《贼盗律》第 29 条疏：

其非真人、菩萨之像，盗毁余像者，若化生神王之类，当"不应为从重"。有赃入己者，即依凡盗法（作者按：《贼盗律》第 35 条）。若毁损功庸多者，计庸坐赃（作者按：《杂律》第 1 条）论。各令修立。

《贼盗律》第 29 条"诸盗毁天尊像、佛像者，徒三年。即道士、女官盗毁天尊像，僧、尼盗毁佛像者，加役流。真人、菩萨，各减一等"，是关于盗窃或毁损道教、佛教尊像[②]的处罚规定。道教的天尊像和真人像、佛教的佛教和菩萨像被《贼盗律》第 29 条规定为犯罪客体，而盗窃或毁损未做规定的佛教的化生像、道教的神王像等，则处以不应为重。将《贼盗律》第 29 条规定的尊像盗走并将盗赃据为己有，《贼盗律》第 29 条和第 35 条（参见本文事例 3 的解说部分）都规定了相应的刑罚，两相比较后择重者适用。一般人盗窃天尊像或佛像并将盗赃据为己有，刑罚下限是徒三年，赃额在三十匹以上则适用《贼盗律》第 35 条规定的刑罚。在毁损的情况下，《贼盗律》第 29 条所定刑罚，以及根据《杂律》第 1 条，将修复所需劳赁作为赃额（参见本文事例 14 的解说部分）计算出对应的刑罚，两相比较，适用重者。一般人毁损真人像或菩萨像等，刑罚下限是徒两年半，修复所需劳赁如在五十匹以上，则适用《杂律》第 1 条所规定的刑罚。盗窃或者毁损化生像、神王像等也同样处断，将盗赃据为己有，盗赃在三匹一尺以上适用《贼盗律》第 35 条所定刑罚，毁损的情况下，修复所需劳赁在七匹一尺以上，则适用《杂律》第 1 条规定的刑罚。此条中，不应为重是刑罚下限。

【事例 22】《厩库律》第 11 条疏：

两主放畜产，而斗有杀伤者，从"不应为重"，杖八十，各偿所减价。

---

① 《职制律》第 56 条"诸监临之官家人，于所部有受乞、借贷、役使、卖买有剩利之属，各减官人罪二等……其在官非监临及家人有犯者，各减监临及监临家人一等"，体现出准盗论减一等的主旨。岛田正郎认为"其庸重时，根据《职制律》第 56 条，准盗论减三等。但职 56 中有'其在官非监临……者，减监临……一等'，因此，如果不准盗论减一等，便与疏文的说明不一致了"（参见律令研究会编：『訳註日本律令七：唐律疏議訳註篇三』，东京堂出版，1987，第 56 页），这是对《擅兴律》第 24 条疏的误读。

② 天尊是"道教的最高神"，真人为"得'道'最高的人"，神王为道教的神。佛是"释迦牟尼的称谓"，菩萨是"菩提萨埵之略称"，化生"在此指的是天人"。[前揭律令研究会编：『訳註日本律令七：唐律疏議訳註篇三』，第 178 页（注 1、3、6）]

《厩库律》第11条“诸犬自杀伤他人畜产者，犬主偿其减价；余畜自相杀伤者，偿减价之半。即故放令杀伤他人畜产者，各以故杀伤论”的后半段，故意放自己的畜产杀伤他人畜产者，以《厩库律》第8条“诸故杀官私马牛者，徒一年半。赃重及杀余畜产，若伤者，计减价，准盗论，各偿所减价；价不减者，笞三十”论处。没有减价即没有损失额的情况下，笞三十，若有减价，将其作为赃额，准据《贼盗律》第35条（参见本文事例3的解说部分）论处，减价在四十匹以上流三千里，是刑罚的上限。畜产所有者之间放畜产斗殴，发生畜产杀伤的情况下，适用不应为重。因为所有者之间存在合意，所以应比《厩库律》第11条后半段的规定更轻处断，但若减价不足二匹一尺，反而会科以更重的刑罚，因此在这种情况下，应根据《厩库律》第11条后半段科刑。

【事例23】《卫禁律》第16条疏：

> 皆谓箭及宫、殿垣者。若箭力应及宫、殿而射不到者，从“不应为重”。不应及者，不坐……“亦谓人力所及者”，据弹及投瓦石及宫殿方始得罪，如应及不到，亦从“不应为重”上减一等。

《卫禁律》第16条“诸向宫殿内射，（谓箭力所及者。）宫垣，徒二年；殿垣，加一等。箭入者，各加一等；即箭入上阁内者，绞；御在所者，斩。放弹及投瓦石者，各减一等（亦谓人力所及者。）”规定，向皇帝所在的宫或殿射箭者，根据箭到达的地点对应不同的刑罚。放弹弓或投瓦石者，比射箭者减一等科刑。这类罪名只要箭、弹和瓦石到达宫殿的墙即成立既遂。射程外不坐罪，虽在射程内但未到达则属于未遂，这种情况下，如果是箭处以不应为重，弹和瓦石则减不应为重一等。这条虽然是对未遂行为适用不应为条的事例，但对于比不应为重的程度轻一个等级的行为，并没有适用不应为轻，而是从不应为重上减一等处理。

事例15到事例23中，律疏虽然都未明确说明律令规定之欠缺，但从内容来看，确实都补充了律令规定的不足。与从事例2到事例14一样，都是比较衡量型的不应为条适用事例，通过与现有刑罚中类似行为的关联性，选择不应为之轻重。从事例16到事例18以及事例23都是对没有未遂处罚规定的行为在未遂情况下适用不应为条的事例。事例18和事例19设置了不应为轻重的等级差别以求平衡。事例20以不应为轻为起点，事例21以不应为重为起点，都在现有律条的基础上加等处理。事例22以不应为重为起点，显示出在现有律条的基础上减等处理的可能性。事例23中明确记述了从不应为重上减一等。从事例20到事例22，都与事例13和事例14一样，体现出如下情形：即使是适用不应为条的行为，其刑罚也可以根据案件情节，在不应为轻重的基础上加减等适用。中村茂夫氏曾指出，不应为条“是为了实现犯罪情节与刑罚的平衡，作为恰好的标准”① 而存在。通过上述律疏之比较衡量型的不应为条适用事例也同样可以确认这一点。

（三）难以认为只是纯粹补充欠缺的事例

【事例 24】《断狱律》第 10 条疏：

> 其应取保放而不放者，从“不应禁而禁”（作者按：《断狱律》第 1 条）；不取保放者，于律有违，当“不应得为”，流以上从重，徒罪以下从轻。

对嫌疑人进行拷问，达到了规定的次数，还没有获得口供，应根据《断狱律》第 9 条“诸拷囚不得过三度，数总不得过二百，杖罪以下不得过所犯之数。拷满不承，取保放之”的规定，将嫌疑人取保释放。在这种情况下，告发嫌疑人的告人原则上应被反拷，达到反拷规定的次数还未取得口供，根据《断狱律》第 10 条“诸拷囚限满而不首者，反拷告人。其被杀、被盗家人及亲属告者，不反拷。（被水火损败者，亦同。）拷满不首，取保并放”的规定，令告人取保，将其释放。官司如不释放，以《断狱律》第 1 条“若不应禁而禁……者，杖六十”处断。如这些人并未取保，官司却将他们释放，“于律有违”，适用不应为条。若嫌疑人或告人所问之罪在徒刑以下，则处以不应为轻，流刑以上，则处以不应为重，科刑比官司不释放更重。② 这是因为对于可能犯流刑以上之罪的嫌疑人和告人，相比不释放，不取保而释放是更重大的事件。《断狱律》第 9、10 条规定，经过规定的拷问、反拷而未获口供的嫌疑人、被告人，官司在释放时必须令其取保，但却未规定对违反者的处罚。因此适用了不应为条。

【事例 25】《擅兴律》第 12 条疏：

> “并经宿乃坐。”不经宿者，无罪。虽经宿，不满日者一人，从“不应为”之坐：征人从重，镇戍从轻。注云“经宿乃坐”者，以人、日相率，恐放十人经半日即为五人之罪，故云“经宿乃坐”，还与百刻义同。

---

① 前揭［日］中村茂夫：「不応為考：『罪刑法定主義』の存否をも巡って」，第 10 页。

② 断狱律 10 条疏通用断狱律 9 条。（戴炎辉：《唐律各论》，台湾大学法学院事务组、三民书店，1965，第 306 页上段、307 页下段）

《擅兴律》第12条“诸在军所及在镇戍，私放征、防人还者，各以征、镇人逃亡罪论；即私放辄离军、镇者，各减二等。若放人多者，一人准一日；放日多者，一日准一人。（谓放三人各五日，放五人各三日，累成十五日之类。并经宿乃坐）”，是关于私放有就任军所义务的征人及镇戍任务的防人的处罚规定。私放还征人以《捕亡律》第7条“诸征名已定及从军征讨而亡者，一日徒一年，一日加一等，十五日绞；临对寇贼而亡者，斩”论处，私放还防人以《捕亡律》第8条“诸防人向防及在防未满而亡者，（镇人亦同。）一日杖八十，三日加一等”论处。分别以放还的人数乘以日数计算出总日数，据此决定刑罚。《擅兴律》第12条注记明“经宿乃坐”，因此从放还的时间点开始经过一夜，私放还行为便产生了可罚性。然而，《名例律》第55条存在“诸称‘日’者，以百刻”的定义，因此，从放还的时间点开始，经过一夜但未满百刻的情况下，无法适用《捕亡律》第7、8条规定的刑罚。应适用不应为条，对应《捕亡律》第7、8条规定的刑罚轻重，私放还征人适用不应为重，私放还防人适用不应为轻。关于防人，《捕亡律》第8条规定逃走一日杖八十，因此，私放还的处断有必要轻于该刑罚。虽然《擅兴律》第12条注明确记述了“经宿乃坐”，但律条并未规定经宿以上、未满一日的情况该如何处罚。因此，律疏以适用不应为条来应对。

【事例26A】《名例律》第37条问答第一：

> 问曰：谋杀凡人，乃云是舅；或谋杀亲舅，复云凡人，姓名是同，舅与凡人状别。如此之类，若为科断？
>
> 答曰：谋杀凡人是轻，谋杀舅罪乃重，重罪既得首免，轻罪不可仍加。所首姓名既同，唯止舅与凡人有异，谋杀之罪首尽，舅与凡人状虚，坐是“不应得为从轻”，合笞四十。其谋杀亲舅，乃云凡人者，但谋杀凡人，唯极徒坐；谋杀亲舅，罪乃至流。谋杀虽已首陈，须科“不尽”之罪。三流之坐，准徒四年，谋杀凡人合徒三年，不言是舅，首陈不尽，处徒一年。

【事例26B】《名例律》第37条问答第四：

> 又问：假有监临之官，受财不枉法，赃满三十匹，罪合加役流。其人首云“受所监临”，其赃并尽，合科何罪？
>
> 答曰：律云：“以不实不尽之罪罪之，至死听减一等。”但“不枉法”（作者按：《职制律》第48条）与“受所监临”（作者按：《职制律》第50条），得罪虽别，赃已首尽，无财可科，唯有因事、不因事有殊，止从“不应为重”，科杖八十。若枉法取物

（作者按：《职制律》第48条），首言“受所监临”，赃亦首尽，无财可坐，所枉之罪未首，宜从所枉科之：若枉出入徒、流，自从“故出入徒、流（作者按：《断狱律》第19条）”为罪；如枉出入百杖以下，所枉轻者，从“请求施行”（作者按：《职制律》第45条）为坐。本以因赃入罪，赃既首讫，不可仍用“至死减一等”之法。

《名例律》第37条“即自首不实及不尽者，以不实不尽之罪罪之，至死者，听减一等”，是关于自首的罪行与所犯之罪并不相符的处罚规定。

《名例律》第37条问答第一是对于“不尽”之自首的处理方法。对于根据客体特殊性而处以不同刑罚之类型的犯罪，当自首之罪的客体与事实不符合时，要对所犯之罪和自首之罪进行比较，对于应该加重的差额进行科刑。谋杀没有身份关系的一般人，根据《贼盗律》第9条“谋诸杀人者，徒三年”处断，谋杀舅即母亲兄弟（小功亲属），根据《贼盗律》第6条“谋杀缌麻以上尊长者，流二千里”处断。谋杀舅却以谋杀一般人自首的情况下，谋杀舅的流两千里与谋杀一般人的徒三年，差额为徒一年，[①] 将其作为“不尽之罪”科刑。谋杀一般人却以谋杀舅为名自首，因为谋杀舅的流二千里比谋杀一般人的徒三年之刑要重，所以谋杀罪的自首已尽。根据《名律例》第37条“其轻罪虽发，因首重罪者，免其重罪”，虽然对于谋杀已经没有科刑的余地，但律疏规定将自首状虚的行为作为“不尽之罪”科以不应为轻。

《名律例》第37条问答第四是关于“不实”自首的处理方法。对于赃罪，如果自首了全部赃额，但自首之罪比所犯之罪轻，虽然可以免除赃罪本身，但对于枉法处分或者接受请托等事实要科以“不实之罪”。监临官受财枉法适用《职制律》第48条（参见本文事例19的解说部分），受财不枉法适用《职制律》第48条中“诸监临主司受财……不枉法者，一尺杖九十，二匹加一等，三十匹加役流”之规定，受所监临适用《职制律》第50条（参见本文事例19的解说部分）之规定。受财枉法，却以同样赃额的受所监临自首的情况下，枉法处分之罪，再加上接受不伴有财货授受的请托行为，应依据《职制律》第45条“诸有所请求者，笞五十；主司许者，与同罪。已施行，各杖一百”，以“不实之罪”科刑杖一百以上。若受财不枉法，却以同样赃额的受所监临自首，因《职制律》第45条注中有“谓从主司求曲法之事”，故无法适用《职制律》第45条，应以“不实之罪”科刑不应为重。接受枉法处分的请托但并未实行的情况下，之所以处以比笞五十重三等的刑罚，是因为《职制律》第48条疏中有“虽受有事人财，判断不为曲法”，即将受财不枉法视为进行处分的

① 根据名例律第17条“三流同比徒四年”，流两千里应换算为徒四年。

前提条件。比较衡量的结果是，其处断比接受请托并枉法处分的人要轻，又比接受请托但未枉法处分的人要重。

《名例律》第37条的两条问答之所以提出适用不应为条，是因为《名律例》第37条虽然载明“以不实不尽之罪罪之”，却并没有明确的适用规定。《名例律》第37条问答第一中适用不应为轻，《名例律》第37条问答第四中适用不应为重，是将两个事例的情状进行比较的结果。

【事例27】《擅兴律》第20条疏：

> “私有禁兵器”，谓甲、弩、矛、矟、具装等，依令（作者按：《军防令》复旧第25条）私家不合有。若有矛、矟者，各徒一年半。注云“谓非弓、箭、刀、楯、短矛者”，此上五事，私家听有。其旌旗、幡帜及仪仗，并私家不得辄有，违者从“不应为重”，杖八十。

《擅兴律》第20条“诸私有禁兵器者，徒一年半；谓非弓、箭、刀、楯、短矛者”，是对《军防令》复旧第25条[①]“诸私家，不合有甲、弩、矛、矟、具装、旌旗、幡帜”所定禁兵器之私有行为的处罚规定。根据《擅兴律》第20条的夹注，私有弓、箭、刀、楯、短矛的行为不具有可罚性，但对“私家不得辄有”的旌旗、幡帜及仪仗的私有行为则要处以不应为重。《军防令》复旧第25条禁止私有旌旗和幡帜，因此，私有这些物品被视为《杂律》第61条（参见本文事例4的解说部分）规定的违令行为，处以笞五十，令中没有禁止规定的私有仪仗行为，则应处以比违令更轻的不应为轻之刑罚。律疏中不应为重的规定，是为了实现与《擅兴律》第20条所定刑罚的平衡。

事例24到事例27都很难说只是纯粹补充欠缺的事例。事例24到事例26中，律条规定了行为的罪名却未规定刑罚，因此适用不应为条。事例27是对可以根据违令这一现有罪名进行断罪量刑的行为适用不应为条，从而修正了既定刑罚的事例。这些事例之所以适用不应为条，不仅仅是为了应对现有规定的欠缺，即为了对既无罪名也无刑罚的行为进行处罚，还可以对律条中有罪名无刑罚的行为进行处罚，又或者现有条文虽然规定了罪名和刑罚，但刑罚欠妥，适用该条可以予以适当的刑罚。《杂律》第62条疏与《诈伪律》第24条问答所示不应为条的意义，显然有重新探讨的余地。

---

① 前揭［日］仁井田陞：『唐令拾遺』，第380页；［日］仁井田陞、池田温編集代表：『唐令拾遺補：附唐日両令対照一覧』，第615页。

四、结语

通过本文的分析，关于律疏中不应为条的适用事例，比较衡量型占了多数。中村茂夫氏指出："不应为条的功能，如同比附是为了追求'情罪平允（情节与刑罚的平衡）'而专门发挥作用一样"，[①] 律疏的事例几乎完全符合这一结论。叱责惩戒型的不应为条适用事例数量很少，因为都是假想的情形，自然只能如此。本文虽然没有讨论，但《安西判集残卷》第 6 道[②]的案例是，屯官出于私人感情笞挞了役夫并对其手足造成了伤害，对于该屯官并没有适用斗殴伤害而是适用了不应为轻。虽然受到史料残留情况的制约，但如果将现实案例进行收集和分析，中村茂夫氏的结论对于唐代的情况而言也是可以成立的吧。

不过，律疏中不应为条的适用事例，包含几种情况：对于属于同一类型的行为，根据其情节分别适用不应为轻和重的不同等级；将不应为轻与不应为重作为对同一类型之行为适用刑罚的下限与上限；比不应为重之刑量减一等。其中有些内容已经超出了中村茂夫氏分析的范围。这些情况在清代是通过比附来处断的，即"比附某条论""比附某条加几等""比附某条减几等"等。上文中，对律条中虽然有罪名但未规定刑罚的行为确定刑罚的事例，以及为了修正现有刑罚而适用不应为条的事例，在清代都是以比附等方式处理的。从唐代到清代，不应为条的适用范围与比附的适用范围之间，发生了相当大的变化。因此，不仅有必要重新探讨不应为条的意义，还应对其适用范围的时代变化进行讨论。

律疏的不应为条适用事例中，单独适用不应为轻的情况非常少，几乎都是单独适用不应为重或者分等级适用不应为之轻重的情况。根据《杂律》第 62 条"不应得为而为之者，笞四十；事理重者，杖八十"的规定，不应为条原则上应适用不应为轻，情状重者作为例外，适用不应为重。但律疏的事例正与此相反，体现出"不应得为而为之者，杖八十；事理轻者，笞四十"的强烈倾向。在五刑的刑罚体系中，不应为重即杖八十绝非轻刑，不应为轻即笞四十也不是刑罚的下限。[③] 律疏中也存在适用比不应为轻更轻的刑罚的事例。那么，对于律令中都没有规定的轻微"杂犯轻罪"，为什么一定要适用这样的不应为条之刑呢？对此，有再度考察的必要。

---

① 前揭［日］中村茂夫：「不応為考：『罪刑法定主義』の存否をも巡って」，第 24 页。

② Tatsuro Yamamoto, On Ikeda, Makoto Okano (eds.), *Tun-huang and Turfan Documents concerning Social and Economic History I: Legal Texts(A) Introduction & Texts.*, The Toyo Bunko, 1980, pp. 58(71).

③ 将不应为条视为"白纸的轻犯罪法"（前揭『訳註日本律令五：唐律疏議訳註篇一』第 260 页）等，我国（日本）轻犯罪法上的轻犯罪，警察犯处罚令上的警察犯，以及模仿旧刑法上的违警罪等规定的妥当性，是必须要加以追问的问题。这些罪的法定刑，是作为主刑最下限的拘留或者罚款。

中村茂夫氏的研究，以论述不应为条与前近代中国的罪刑法定主义之间的关系为前提，提出有必要对不应为条的意义和适用方法加以理解的观点。本文尝试对律疏中不应为条的适用事例进行分析，但不过也只是得出了很多新的课题，如清代以前的各朝代中不应为条的意义、适用方法、与比附的关系，及它们的时代变迁等，留待日后加以解明。

想象的共同体：民国司法界派系划分问题辨正*

姜 增**

摘 要 以派系去划分民国司法界，是时人及今人在观察或研究民国司法时的一种做法。其中划分标准有政治派系、司法理念、人际资源等。通过分析可知，民国司法界派系划分存在着划分证据存疑、派系脆弱与模糊以及派系重合等诸多问题。虽然派系划分方便观察者对研究对象进行特征归纳，但也容易导致忽视个人或群体自身的某些独特性的弊病。近代中国的派系司法、派系政治虽曰复杂，但绝非明显与稳固，个人关系在其中既有粘合也有消解作用。未来的研究可将人际关系视角引入近代司法研究领域，在定性化的基础上，定量化关系的强弱度等面向，并据此来重新审视近代司法的相关问题，或是一种可以期待的方向。

关键词 司法界；派系；司法党化；法学教育；人际网络

派系斗争是国民党一大颇具特色的政治文化。① 目前，近代派系问题的研究，多以与政

* 本文系国家社科基金青年项目“民国北京政府时期地方司法行政‘双轨制’研究”（项目号：18CZS044）的研究成果。

** 姜增，绍兴文理学院法律系讲师。

① 相关著作有：郭绪印主编：《国民党派系斗争史》，上海人民出版社，1992；张皓：《派系斗争与国民党运转关系研究》，商务印书馆，2006；金以林：《国民党高层的派系政治：蒋介石“最高领袖”地位是如何确立的》，社会科学文献出版社，2009；张皓：《派系集团之争与民国政治走向》，社会科学文献出版社，2012；等等。

治结合为主要研究视角，在其他领域的延伸并不多见。[①] 就本文所关注的司法界而言，以派系作为观察视角的论著非常之少，只有少量的基本以史料形式存在的新闻报刊、文史资料等。现存资料对于司法界派系的判断以及派系的划分，也大都以政治派系为准。在南京国民政府时期司法党化政策的影响下，司法界受政治文化的影响而由政治派系来推导出司法界派系。然而，这样的划分，似暗含着将司法仅仅当作是政治附庸的预设，有违民国司法的运行实况。司法党化全面铺开和深化，也只是始于 20 世纪 20 年代，特别是南京国民政府成立后的时期。在国民党组织形态的强度、司法党化的普及程度都已遭学者质疑的情形之下，[②] 当下学界在对司法界的派系情形与政治领域的派系情形作既独立又联系的审视方面，则有着进一步的考察空间。

韩策的《派系分合与民初司法界的改造》为目前此论题最优秀的文章，其论述司法界派系的逻辑，仍然是将基于政治因素而分的派系引申到司法界，并在认可司法界派系划分合理性的前提下，去论证“不同的派别趋向也影响着司法理念和政策取向”这一论题。[③] 此种做法，有将一个人或某个群体划分为某一派系后得出脸谱化认识的危险。那么民国司法界派系的划分有哪些标准？现在的划分标准存在哪些问题？以及，是否存在其他角度的划分方法？这便是本文所要探讨的内容。

一、司法界派系划分的现有标准

司法界的派系表述，在 1949 年后的文史资料里面，有过频繁的出现。后来的研究者，大都沿袭了这样的派系表述，给人以民国司法界如政界那般派系林立之观感。考察文史资料、近代新闻报纸以及后世研究等划分司法界派系的论述，大致可以得出民国司法界已有的几种划分标准如下。

（一）政治派系

以司法官所属或所受影响的政治派系来划分其所在司法界的派系。此种分类是运用最

① 较为常见者，为教育史的派系言说，如桑兵：《国民党在大学校园的派系斗争》，《史学月刊》2010 年第 12 期；韩戍：《易长风潮与派系政争：抗战前国立上海商学院院长人选风波》，《民国档案》2019 年第 3 期；娄岙菲：《权威重塑与派系博弈：章士钊与北京教育界》，《北京大学教育评论》2020 年第 2 期。

② 李在全认为，国民党人其实只是掌控了司法中枢，而在司法系统的中下层，国民党力量很微弱，司法党化之实效可见一斑。参见李在全：《以党如何治国：南京国民政府司法建设之推演及难局》，载罗敏主编：《中华民国史研究》，第 2 辑“民国时期的法律、社会与军事”，社会科学文献出版社，2016，第 97 页。

③ 参见韩策：《派系分合与民初司法界的改造》，《历史研究》2020 年第 1 期。

为普遍的方式。

中华民国建立后，党派因素曾一度被明确拒绝于司法界之外，“法官不党”被认为是维持司法独立的当然之事，也为司法中枢所明确认可。① 彼时，虽然司法界也不免受党派的影响，如1913年时任司法总长的许世英就说到“顷外省纷纷来电以选举之事，法官多为党人所牵制”。② 但此种影响总归是间接的以及在话语体系中不被认可的，司法界若太受“行政界牵制”，则会被大家视为是“破坏法律之精神”的不当之举。③

民国初期，军阀林立，因某一军阀派系掌控着某一省的司法，该省司法常被唤作“某系司法”。如1927—1928年间，因白崇禧等桂系得势，江苏一省司法几为桂系所垄断，时人直称其为“桂系司法”。④ 即使不能直呼为某系司法，地方司法官的选任也难以避免军阀的影响，而实质上被烙上某个军阀派系的印记。1918年，桂系军阀占据广东，因此广东高审厅长徐传霖、检察长梁瑛芳都是政学系广西派中人。所有一切事项，均需仰桂系军阀的鼻息。⑤

国民党统治之下的司法界，公开强调党化司法，国民党内部的派系斗争亦由党化渠道逐渐蔓延到司法界。⑥ 直接体现于人事关系上，便是司法考试有条件地开放给了党务人员，⑦ 这使国民党的政治派系因素直接导入司法界当中。更为重要的是，一些党派人士充任司法界重要职位，如CC系骨干洪兰友担任司法院法官训练所所长，另一CC系干将洪陆东则在1935年担任司法行政部政务次长直至1948年。⑧ 这在制度方面为党派因素持续影响司法界提供了可能，国民党的政治派系被嫁接到了司法领域。整个司法界在当时人看来，是完全被CC系渗透的司法界。⑨ 换言之，政治派系CC系在司法界当中，不失为一个重要的派系。

---

① 参见《司法部通令司法官禁入政党》，《时报》1912年12月22日，第5版。

② 《总长演说（闭会词）》，载司法部主编：《中央司法会议报告录》，司法部，1913，第2页。

③ 参见浩然：《司法界之党派》，《新闻报》1917年1月13日，第3版。

④ 《桂系司法谈》，《福尔摩斯》1933年1月8日，第2版。

⑤ 参见黄韶声：《解放前广东司法界的黑幕》，载中国人民政治协商会议广东省委员会文史资料研究委员会主编：《广东文史资料》，第5辑，中国人民政治协商会议广东省委员会文史资料研究委员会，1962，第172页。

⑥ 司法党化的历史进程、论争等情形，可参见李在全：《法治与党治：国民党政权的司法党化（1923—1948）》，社会科学文献出版社，2012。

⑦ 参见《中央及各省市党部工作人员从事司法工作考试科目及应考须知》，国民党党史档案，档案号会4.3/186.8，台北市党史馆藏；《县党部人员参加中央及各省市党务人员从事司法考试案》，国民党党史档案，档案号会4.3/192.16，台北市党史馆藏。

⑧ 参见张朋园、沈怀玉合编：《国民政府职官年表（1925—1949）》，第一册，台湾“中研院”近史所，1987，第260—267页。

⑨ 参见裘孟涵：《CC渗透的国民党司法界》，载中国人民政治协商会议全国委员会文史资料研究委员会主编：《文史资料选辑》，第27册，中国文史出版社，1986，第90页。

（二）司法理念

近代，中国面临千年未有之大变局，古今中西各种理念交汇于此，对于司法理念的不同组合，往往能汇聚成一个所谓的司法界派系。司法界人士，在袁世凯复辟帝制的过程中，围绕司法独立理念被分裂为新旧两派。旧派代表如当时大理院院长董康，这位清末“礼法之争”当中法理派的拥趸，于民国时期却来了个大转变，转向了旧制的拥护者。[①] 在袁世凯复辟帝制期间，董康以法制为之配合鼓吹，以规复秋审、改正判决书形式提倡外结、起用刑幕、废止民事律师等。[②] 这些措施皆与近代以来的司法独立理念潮流有着根本的冲突。因此，董康等人被视为是旧派人物。而司法总长章宗祥对董康等旧派的理念“根本上不赞同”，姚震、江庸等司法界人物对其也不以为然，他们一贯主张维护司法独立。[③] 这些拥护近代新潮司法理念的人则被视为新派人物。

江照信则将中国近代法律转型中司法进程划分为三个阶段：清末修律，民初变法，法律民族化运动。[④] 三个阶段显见的不同之处，便是司法中枢不同的人事组合，这个不同的人事组合背后，则是与各组人马对于司法与政治关系的不同见地，也即以一种司法理念为其分水岭。清末修律阶段为沈家本派的活跃时期，民初变法阶段是以梁启超为代表的立宪派把持司法中枢，前两者大致以赞同西化为主流，20 世纪 30 年代直到国民党退至台湾之间，则是居正辛亥派掌控司法中枢，辛亥派则以建构中华本位法律系为理念。[⑤]

（三）司法长官的人际资源

基于某一范围内司法长官的籍贯、所属家族、教育背景等人际资源因素，围绕这些资源而联结在一起的群体，被视作是司法界的一个派系，常被称作相应的“某某势力”。如曾与郑文礼共过事的东阳同乡金沛仁，称民国时期由郑文礼担任院长的浙江高等法院有“东阳会馆”之称，浙江司法界亦有“无东不成院”的说法。这是指在东阳籍浙江高等法院院长郑文礼的长期控制下，浙江司法界形成了一个以东阳人为中心的势力圈。[⑥] 但与此略有出入的则是有人认为，当时外界虽有用东阳同乡会称浙江高等法院和浙江地方各法院，但实

---

① 参见李在全：《司法官视野中的近代中国法治：路向与功用——以董康、许世英为中心》，《福建论坛（人文社会科学版）》2008 年第 8 期。

② 参见《司法界新旧之暗潮》，《新闻报》1915 年 7 月 21 日，第 1 版。

③ 参见《司法界新旧派之理想冲突》，《时报》1915 年 7 月 19 日，第 6 版。

④ 参见江照信：《民国没有反沈派——立宪派司法与辛亥派司法》，台湾《法制史研究》2013 年第 24 期。

⑤ 参见江照信：《民国没有反沈派——立宪派司法与辛亥派司法》，台湾《法制史研究》2013 年第 24 期。

⑥ 参见金沛仁：《郑文礼与浙江旧司法界》，载中国人民政治协商会议浙江省委员会文史资料研究委员会主编：《浙江文史资料选辑》，第 2 辑，中国人民政治协商会议浙江省委员会文史资料研究委员会，1962，第 114 页。

则两院中东阳人之任推检者，寥寥可数，书记官等属吏，亦不甚多。只是在杭州的义乌同乡人数较多，难免一些不自重的法官有所偏袒，遂引起外界之误会。[①] 实情也好，误会也罢，这些至少证明在话语表达或外界看来，司法界的确存在以籍贯为划分标准的群体。

另如20世纪40年代，由湖北籍居正担任司法院长，湖北人在司法界自成一派显而易见，除此之外，司法界还有苏北系与福建帮之分。前者以江都籍的夏勤为首，后者则有最高法院首席检察官郑烈以及上海高等法院首席检察官杜保祺。[②]

这种分类当中还有一种重要的人际资源分类方式，即以司法官的就读学校、留学国别等去认定司法界所属派系。20世纪30年代，有人认为教育界的门户之见很深，“流弊所及，一人上台，同门同学的人，就曾弹冠相庆。假使不用同门同学的人，就曾被人斥为忘本”。所以国民参政会讨论到选任公务员应如何回避滥用时，有人提议应该“回避同门同学”。[③] 司法界也存在着这样的门户之见。当时任上海地方检察厅检察长的孙绍康得知自己的老同学陈和铣担任江苏省司法厅厅长时，发出了“那更是方便的了”的感叹，可见一斑。[④] 1927年之后，沈锡庆被迫从上海地方审判厅厅长任上离职，而他能继续留任上海市检察厅检察长，则也受了郑毓秀是他的“至好同学”的益处。[⑤]

这是从横向来看，即重视的是同学之间的关系。还有一种纵向的关系，即老师与学生之间的关系，也有被认为存在成为某门某派的可能。如金范澄因在清末浙江法校担任讲师之职，故“其门墙桃李，遍布江浙法界”。[⑥] 在一些对司法人员的控诉当中，也可见时人对于“门生”话语的运用，如在控诉石志泉的言语中，就有着指其“乘罗部长（罗文干——引者注）分身，外交郑次长（郑天锡——引者注）驰驱四出之机会，大放其所教授之学生及其湖北同乡人，尽攫司法权位”。[⑦]

进一步说，人们常以司法长官的教育背景，来对当时的司法中枢进行划分：留日派或东洋系（章宗祥、张耀曾等），留法派（魏道明、朱履和、郑毓秀、谢冠生等），英美派（罗文干、郑天锡、何世桢等）。这样的划分又会辐射到地方司法界。如卢兴原免职之初，外间颇有怀疑与其教育背景有关，“学系之不同”。因为当时在外人看来，中国司法界有英国学系和法国学系之分，卢氏属于英系，代替卢氏的郑毓秀属于法系，而当时南京政府司

① 颓唐：《浙法官特免回避》，《晶报》1932年6月3日，第2版。
② 红梅：《玩火者言：司法界的派系之见》，《力报》1949年2月17日，第2版。
③ 佩骥：《回避同门同学》，《胜利》1939年第24卷第11期。
④ 参见孙绍康：《五五回忆录》，出版社不详，1941，第60页。
⑤ 参见孙绍康：《五五回忆录》，出版社不详，1941，第59页。
⑥ 谢健：《谢铸陈回忆录》，台湾文海出版社，1973，第50页。
⑦ 《上海法学报社呈控司法行政部次长石志泉案》，国民党党史档案，档案号政11/37.9，台北党史馆藏。

法部要人，则多属于法系。①

地方司法界还有一些不同的情形，则是以国内法校来划分其所属派系。如当时的司法官群体中，有朝阳系一说，意指朝阳学院毕业生所占司法界的比例之大。朝阳学院的毕业生中，除少数从事教学和研究之外，几乎均供职于司法界，因此有“无朝不成院”“无朝不开庭”之说。② 另如上海司法界当中的律师群体，则按照毕业于上海法学教育机构的不同，被划分为不同的系属。东吴法学院出身的被称为“东吴系律师”，持志大学法学院出身的被称为“持志系律师”，上海法政学院出身的被称为“法政系律师”，上海法学院出身的被称为“法学院系律师”。③ 除此，上海律师界还有“震旦派”“北京大学派”“东洋留学生派”，及其他“无所属”派等。④

（四）现实利益与司法长官的“个人魅力”

此种划分或是并未发现有明显的政治意识、司法理念、教育背景、籍贯、同乡等上述已经列举过的标准，或是由上述标准所综合而成的，呈现出围绕某个人的人格魅力和现实利益考量而形成“某某派”的经典表述。

在民初的司法界，有着章（宗祥）党与许（世英）党之分。⑤ 20 世纪 30 年代，司法中枢则存在着郑（郑毓秀）派一说。张耀曾日记当中对此派有多处提及：

> 午后刘默存来，谈南京司法界之情形甚详。据云，司法院与司法行政部上下级职员中，各有二三十人系郑毓秀女博士推荐，可见其布置势力之甚。⑥
>
> 早朱炎之来，因余受攻击，致歉意，并言已托杜月笙告邮务工会，不得再有举动，以杜于工会大有力也。余颇疑此事系郑派律师在后鼓动，今知杜可指挥工会，而邮务工会又为工会领袖，则背后有人借机报复，益可猜着八九，拟再注意考查之。⑦
>
> 早董绶经、沈季让来，因同往中社午餐，谈司法改革事甚久。沈言郑魏两派（毓秀、道明）谋恢复甚急，恶势力不易铲除，如此可慨也。⑧

---

① 参见舆人：《上海司法界》，《金刚钻》1927 年 11 月 9 日，第 2 版。

② 参见邱志红：《朝阳大学法律教育初探——兼论民国时期北京律师的养成》，《史林》2008 年第 2 期。

③ 参见浮云：《旧上海律师界概况》，载上海市政协文史资料委员会主编：《上海文史资料存稿汇编》，社会法制(12)，上海古籍出版社，2001，第 57 页。

④ 参见天方：《上海律师界之派别》，《快活林》1946 年第 21 期。

⑤ 参见望齐：《司法部与大理院冲突之详情》，《时报》1913 年 7 月 12 日，第 3 版。

⑥ 张耀曾：《求不得斋日记》，载《宪政救国梦：张耀曾先生文存》，法律出版社，2004，第 265 页。

⑦ 张耀曾：《求不得斋日记》，载《宪政救国梦：张耀曾先生文存》，法律出版社，2004，第 305—306 页。

⑧ 张耀曾：《求不得斋日记》，载《宪政救国梦：张耀曾先生文存》，法律出版社，2004，第 315 页。

另在一次控诉罗文干的文件中，也发现了“郑毓秀派”的提法：“至罗文干撤换法官只问派别势力，不问成绩如何，非郑毓秀派之法官……只因与罗文干无缘，遂被锄而去之。”①

地方司法界存在同样情形。郑烈字晓云，刘通字伯瀛，福建旧法曹在一段时间内有晓云派与伯瀛派的分别；② 广东司法界存在着亲史派、元老派与少壮派等说法。属于“亲史派”的，如曹镛（江西星子人，高院刑三庭庭长）、刘祖禹（安徽南陵人，高院民二庭庭长）等，这一派完全是以史延程为幕后靠山的。“元老派”是以吴天宠（广东海康人，高院民一庭庭长）等为代表人物。所谓“少壮派”则如刘贤年（广东南海人，高院民四庭庭长，抗日战争结束后调广东行营审理日本战犯军事法庭的少将庭长）等，这些人都是资历较浅，而又较为年轻的后一辈。③

从上述已有的对于司法界的派系划分来看，大致为三种划分视角：一为外部视角，强调的是政治派系对于司法的影响；二为内部视角，即从司法界内之司法官的属性，包括留学经历、地缘、血缘等来划分；三为内外混合视角，既有政治因素在内，又有司法官个人的属性。但这样的划分，是否真贴合至少接近历史的真实呢？其间是否有欠妥当之处？下文将以上述现存划分标准为依照，对其中存在的问题作一论述。

二、现有划分标准存在之问题

派系组合是一张复杂的政治文化权力网络，因为派系组织的成员的身份标记在近代具有新旧混合之势，如地缘、血缘、业缘、学缘等。加之派系之间的争斗、融合与递嬗，更加突显了复杂性。换言之，近代中国的派系，存在着严重个人与个人之间相互依赖的关系。④ 所以，相较于西方社会学或政治学当中“派系是人的身份和归属感的一个重要来源”⑤ 的特质而言，近代中国的派系结构相对松散，⑥ 部分成员往往在各个派系中游走不定。因此，想要对某个人的派系进行明晰解剖，并非一件简单的事。在此关照之下，上述

---

① 《请撤惩司法行政部长罗文干案》，国民党党史档案，档案号政 11/37.4，台北党史馆藏。

② 参见陈衡铨：《旧法曹剪影》，载中国人民政治协商会议福建省委员会文史资料研究委员会主编：《福建文史资料》，第 21 辑“法曹内外”，中国人民政治协商会议福建省委员会文史资料研究委员会，1989，第 91 页。

③ 参见莫擎天：《史延程与广东司法》，载政协广东省委员会、文史资料研究委员会主编：《广东文史资料》，第 11 辑，广东人民出版社，1963，第 154—155 页。

④ 参见金以林：《国民党高层的派系政治：蒋介石“最高领袖”地位是如何确立的》，社会科学文献出版社，2009，第 8 页。

⑤ ［美］约翰·斯科特：《社会网络分析法》，刘军译，重庆大学出版社，2007，第 84 页。

⑥ 参见刘维开：《〈中华民国史〉与民国派系政治研究》，《近代史研究》2012 年第 1 期。

对于司法界派系的划分，显然只是代表了时人以及后人对于当时情况的一种认识。若以一种更加全面的视角观之，深究上述种种派系的划分，似存在着诸多值得探讨之处。

（一）据以划分派系标准的证据存疑

单纯就某个人的籍贯、留学背景等特征而言，似很难据以判断其能被归为以籍贯、留学背景等为组成要素的派系当中。以 20 世纪 30 年代曾任职上海地方法院院长的沈锡庆的经历来看，其跟随徐锡麟及其他同仁参与过 1911 年前后的革命，与居正具有政治意识上的契合，而且二人都有留日背景。但是从沈的日记来看，通过对比沈锡庆与其他司法中枢长官，如郑天锡、石志泉等的交往，可以发现他与居正的个人关系并没有那么密切，甚至可以说是相当疏远，更谈不上将二者归为一个派系了。从下面这个事例可以窥见端倪。

1934 年江苏各地院长官纷纷晋谒新任司法行政部长官居正之时，沈氏则显得特立独行。对当时的奔竞之风，即建构并利用社会关系来为自己求得职位或晋升之机，他表现出了不屑的态度：

> 江苏四地院，彼三院长均已往谒新任居兼部长，唯予尚未往谒，嘱速晋京一行云。事承关者，极为可感，唯予意地院管辖于高院，正当公事均应由高院核转，无晋谒部长之必要。现在钻营风盛，颇多逾分要求，直接干谒成风气，予向不以为然。故此次部次长更动，他人皆往，予独不然。殊不知又以此而被人目为奇异。①

即他自己并没有向其他地院院长那样，前往南京拜谒新任司法行政部部长居正，个中缘由，沈氏自述为不愿与钻营之风同流合污。然而，1932 年 1 月，在得知何世桢被任命为司法行政部政务次长，郑天锡被任命为司法行政部常务次长后，沈锡庆便立马以驰书的方式向这些“熟人”道贺。② 虽不是亲自登门道喜，但实际也是一种变相的拜谒。在此次贺信发出后不久，沈锡庆便结束了短暂的赋闲生涯，获任上海地方法院院长一职。③

王思默虽然与沈锡庆是绍兴老乡，但沈氏内心对于王思默似有一种鄙夷的态度，认为其资历甚浅，且“语多外行，显非励精图治之人”。④ 若只看籍贯，就判断二人有较为亲近的关系，更有甚者将他们划为同一派系，似有不妥。

---

① 沈锡庆：《沈锡庆日记》，凤凰出版社，2019，第 269 页。

② 参见沈锡庆：《沈锡庆日记》，凤凰出版社，2019，第 69—70 页。

③ 参见沈锡庆：《沈锡庆日记》，凤凰出版社，2019，第 71 页。

④ 沈锡庆：《沈锡庆日记》，凤凰出版社，2019，第 232 页。

再者以司法中枢长官的留学国别来划分所谓派别，也引来了部分学者的质疑之声。《中国近代留洋法学博士考（1905—1950）》的作者王伟，在翔实考察近代留洋法学博士的基本概况之后，在该书的末尾处，将以留学国别划分法律界派系的做法定位是一种“缺乏证据的推测”。他论述道：王宠惠毕业美国耶鲁大学，按照留学国别决定派别的逻辑，他应该属于典型的英美派，为何专门“提携”留法人士？谢冠生毕业于法国巴黎大学，长期主政司法行政部，既然是所谓留法派领袖，为何会特意提拔倪征燠、杨兆龙等留美人士？[①] 这样的质问，也对以留学国别来划分司法界派别的做法打上了问号。

因此，以籍贯、学缘等作依据对司法界人士进行派系划分，并不是一种百分百可靠的标准。

（二）派系的脆弱与模糊性

以党派所属来划分司法界的派系，此种划分需要成立，则是以党的派系性为前提的。然而，一方面，现有研究表明，国民党的控制是相对脆弱的，呈现的是一种弱势独裁的面向。[②] 因而反映在司法界层面的司法党化也主要集中在司法中枢层面，司法系统中下层，国民党力量微弱，司法党化效果并不理想。[③]

另一方面，中国的派系政治并不等同于近代西方社会所说的“党派政治”或者“政党政治”，中国的派系关系很容易被拆解成具体的个人与个人之间的关系。中国社会的一些团体中存在着严重的个人之间的相互依赖关系，黎安友（Andrew J. Nathan）名之为一种“被保护关系”：

> 所有这些结构都有一个共同点，即首领（或副首领）与追随者之间的关系模式是个人对个人，而不是个人对全体。从结构上看，派系是由一个或几个中心点连接而成，它在个人互换关系基础上得到补充和协调。我将这种关系称作被保护关系。[④]

齐锡生也中肯地评价道：“意识形态在国民党内部提供了大量的组织措施和革新，对党

---

① 参见王伟：《中国近代留洋法学博士考（1905—1950）》，上海人民出版社，2012，第420页。

② 参见王奇生：《党员、党权与党争：1924—1949年中国国民党的组织形态》，上海书店，2009，第357页。

③ 参见李在全：《以党如何治国：国民政府司法建设之推演与难局》，载耿化敏主编：《青年党史学者论坛第3辑》，社会科学文献出版社，2015，第105页。

④ Andrew J. Nathan, *Peking Politics, 1918-1923: Factionalism and the Failure of Constitutionalism*, University of California Press, 1976, pp. 32.

的团结起了很大的作用，但是它的联系也由广泛的个人联系所支持。”[①] 国民党要员刘健群的观察为上述的论断作了注脚：

> 现在军政机关以及各种团体会社，举凡利之所在，有关衣食者，大都以亲戚同乡同学种种封建关系的结合为主，真正想到同志，想到用同志来为党工作，为社会服务，实在不容易见到。[②]

因此由司法党化联动到司法界派系的判断，随着党化强度被“封建”个人关系的消解等情形，以党派因素来划分司法界派系的做法具有脆弱与模糊的特性。

再则，纵观近代司法界个人的不同时段的状况，也会发现这种脆弱与模糊的存在。如上文所说，以司法理念划分司法界派系也是一种划分方式。清末修律时期的董康，“痛斯积弊，抱除旧布新主义，所拟草案，如《法院编制法》《民律》《商律》《强制执行法》《刑律》《民律》《诉讼律》，俱采各国最新之制。凡奏折公牍及签注辩论，其中关于改革诸点，阳为征引载籍，其实隐寓破坏宗旨”。[③] 其在当时是法理派，也是所谓新派的拥护者。但是进入民国后，他的司法理念有明显的调整，因而被时人视为旧派。[④]

（三）派系的重合交叉

在所谓的派别之间，某个人的归属并非是一目了然、泾渭分明的，有可能一个人身上同时会体现若干对立派系的影子，从而使派系的划分具有重合交叉性与融合渗透性。

当时司法高层盛行以留学国家划分派别，而不同国家留学背景的司法中枢人事组合，并未影响司法政策的延续性。特别是民国初期，由于司法界领袖人物多曾留学东西洋，无论是留学哪国，其所接受的新式法学教育都令他们在面对历次政变时，能“颇持独立之精神”。[⑤] 因此，徐小群认为民国初期司法独立的改革能持续有效进行的原因之一，便是彼时的司法总长及次长大都在国外受过法律教育，以及其他司法人事相对稳定。[⑥] 这也表明以留

---

① ［美］齐锡生：《中国的军阀政治（1912—1928）》，杨云若、萧延中译，中国人民大学出版社，1991，第49页。

② 刘健群：《献一点整理本党的意见》，出版社不详，1930，第11页。

③ 董康：《民国十三年司法之回顾》，《法学季刊（上海）》1925年第2卷第3期。

④ 董康的具体转向，可参见李在全：《司法官视野中的近代中国法治：路向与功用——以董康、许世英为中心》，《福建论坛（人文社会科学版）》2008年第8期。

⑤ 参见《周阁尚有难题》，《申报》1920年7月31日，第7版。

⑥ Xu Xiaoqun, The Fate of Judicial Independence in Republican China, 1912-1937, *The China Quarterly*, Vol. 149, 1997, pp. 1-28.

学国别来划分司法界派系的做法，很可能会过度夸大司法中枢的差异，而忽视其相互承继的本质。

再如由江照信所总结的民国司法由立宪派向辛亥派转变的进程，虽前后似有两派，但他自己也认为二者本质上的同一性：均是民族化运动派，只不过是程度不同，问题差异而已。[①] 罗志田在考察近代士绅刘大鹏眼中的所谓文化叛逆时指出：刘氏眼中的叛逆，显然包括了我们平常所说的“立宪派”和“革命派”，这似乎提示着我们学术界过去多看见这两派的异，而忽略了它们之间的同。至少对于刘氏这样的儒生型乡绅来说，两者之间的同多于异。[②] 总之，派系之间不是截然划分的，其间会有融合渗透之势。以某一标准划分出来的派系，极可能突显表面上的异，而抹杀本质上的同。

三、结语

自 1910 年司法界场域空间形成以来，[③] 司法界内部具有按照理念、人际资源等自然形成的不同群体，似乎应是一个正常的现象。只不过不同群体的划分标准是什么，划分以后的群体是否称得上严格意义上的派系，具有可以探讨的空间。我们对某个司法人士或者某个司法群体的派系归类应该慎重，虽然派系的划分可以方便对研究对象的特征归纳等，但这也容易忽视个人或群体自身的某些独特性。再者，近代中国的派系司法、派系政治虽然复杂，但绝非明显与稳固。个人关系在派系演进过程中，既充当着组合派系的粘合作用，亦有着消解派系的功效。具体言之，司法界内每个人都牵绊了太多的个人利益和恩怨，实质上并没有形成真正（西方）意义上的派系，遑论由此而来的派系司法、派系政治。或许以更为细致但琐碎的“关系”为切入点，而并非将“关系”抽象为派系、组织等结构化概念，能更真实还原其时司法界的内部运行实况。

目前将人际关系的视角引入司法史研究，除在日记、书信等私密性材料的挖掘上有提升空间外，还需要在若干人际因素的挖掘方面更加细致深入。如当前的研究往往重视大同乡或曰省界的观念，而较少将视角移到小同乡，如府、县等层面。换言之，当前对于同乡群体之于司法界的影响，研究者往往将其看成是一个整体，而忽视了内部的矛盾和分歧。更进一步，怎样将“关系”可视化，在定性化的基础上定量化人与人之间的关系亲密度，并以此去重新审视中国近代司法的重大问题，或是此领域可以展望的方向。

---

① 参见江照信：《民国没有反沈派——立宪派司法与辛亥派司法》，台湾《法制史研究》2013 年第 24 期。

② 罗志田：《权势转移：近代中国的思想与社会》（修订版），北京师范大学出版社，2014，第 79 页。

③ 关于近代司法界的形成，可参见姜增：《论近代中国司法界的肇端及演进》，《南大法学》2021 年第 3 期。

反对宗祧：由案例考察陕甘宁边区继承法

——兼论《陕甘宁边区继承条例》的史源*

韩　伟**

摘　要　长期被中国法制史教材、论著援用的《陕甘宁边区继承条例》并没有充足历史文献的验证，而现存的《陕甘宁边区继承处理暂行办法》仅是立法初稿，并未正式颁行，其性质属于司法政策或解释。通过对边区司法实践中继承纠纷案例的考察发现，司法机构并没有援引成文的继承法规，基层司法机构倾向于承认地方习俗，而高层司法机构更坚持革命政策法令。通过比较分析发现，边区继承法反对封建的宗祧继承，同时照顾善良习俗，注重当事人自由意志，保障男女平等，并促进互利互助的社会关系。边区继承法的立法与司法实践表明，继承法的制定需要摆脱社会改造式法律观，发现历史传统与社会现实中的继承规范。

关键词　兼祧；继承法；司法档案；陕甘宁边区；马克思主义法学

由于关系到儒家式家庭伦理与财产处分，继承法集中体现中国传统法的特征，同时在法律近代化中，它也受到更大的冲击。在20世纪革命中，伴随着平等、自由价值观的兴起，以

---

* 本文系国家社科基金特别委托项目“革命根据地法律史研究（1921—1949）”（项目号：23@ZH001）的阶段性研究成果。

** 韩伟，西北工业大学法学系副教授。

及家庭结构的重塑，继承法不断地在传统与现代之间拉扯，凸显出革命时期法制建设的特质。

作为中国共产党领导下时间最长、地位最重要的革命根据地——陕甘宁边区（以下简称“边区”），继承法的制定与实施，同样经历过这样的过程。不同于很多专著的论述，[①] 在梳理陕甘宁边区正式颁布的民事法律文献时，并没有发现《陕甘宁边区继承条例》，[②] 也未发现历届参议会有此议案，至少其全文尚未能确证。现存的边区继承法唯有《陕甘宁边区继承处理暂行办法》《陕甘宁边区继承处理办法》，前者共 10 条，后者有 23 条，[③] 未注明立法时间，但从其内容看，后者是修订版，应该较晚出。张晋藩的《中国民法通史》认为，抗日战争初期，边区政府制定《陕甘宁边区继承处理暂行办法》，但条文是“19 条”，[④] 却未标出原始文献来源（参见表 1）。肖周录在考察边区民事法时，首次具体指出了《陕甘宁边区继承处理暂行办法》的文献来源，[⑤] 并分析了其男女平等的立法特色。刘全娥在讨论 1945 年边区推事审判员联席会议时，间接透露该会讨论了“继承处理办法”，[⑥] 由此可初步判断，边区并未制定和颁布正式的《陕甘宁边区继承条例》，抗战时期非正式的《陕甘宁边区继承处理暂行办法》（以下称“暂行办法”）则存在，但其由谁制定，具体何时制定发布，却又难下定论。

表 1　各种教材、著作对陕甘宁边区继承法的表述

立法名称	年代	来源	编著者	出版信息	页码
《陕甘宁边区继承条例》	1942	《中国法制史》自学考试指南	蒲坚	教育科学出版社，1991 年	151
《陕甘宁边区继承处理暂行办法》		《中国法制史》	曾宪义	北京大学出版社，2000 年	369
《陕甘宁边区继承条例》	1942	《中国法制史》	李希昆	重庆大学出版社，2002 年	214

① 蒲坚主编的教材较早提及 1942 年起草《陕甘宁边区继承条例》，并概述其基本内容，其后相关教材沿用此说法，包括司法考试、法律硕士专业学位教材，但对该条例具体信息，却多语焉不详。参见蒲坚：《中国法制史》自学考试指南，教育科学出版社，1991，第 151 页；《中国法制史》，中央广播电视大学出版社，2003，第 417 页。与之相关另一个较早的版本是《陕西省志·审判志》，陕西人民出版社，1994，第 162 页。所见最早提出该“条例”的是范明辛、雷晟生编著的《中国近代法制史》，陕西人民出版社，1988，第 400 页。

② 韩伟、马成主编：《陕甘宁边区法制史稿·民法篇》，法律出版社，2018，第 149、150 页。

③ 艾绍润编：《陕甘宁边区法律法规汇编》，陕西人民出版社，2007，第 305—306 页。

④ 张晋藩主编：《中国民法通史》，福建人民出版社，2003，第 1328 页。

⑤ 《陕甘宁边区继承处理暂行办法》，陕西省档案馆，全宗号 15，案卷号 7。参照其引述条文，全文应为十条。肖周录：《陕甘宁边区民事法律的几个问题》，《法学研究》2009 年第 3 期，第 198 页。2021 年 10 月，笔者在延安陕甘宁边区审判史陈列室看到了《陕甘宁边区继承处理暂行办法》部分条文，盖印为“陕甘宁边区高等法院”，说明其来自边区高等法院档案。该《办法》第一条规定“陕甘宁边区所辖境内遗产继承适用本办法”；第二条规定遗产除配偶相互继承外的继承顺序，排在首位的是“直系血亲卑亲属”。

⑥ 陕西省档案馆：《王子宜院长在推事审判员联席会议上的总结报告及李木庵的几点意见》（1945 年），全宗 15—70，参见刘全娥：《陕甘宁边区司法改革与“政法传统”的形成》，人民出版社，2016，第 125 页。

续表

立法名称	年代	来源	编著者	出版信息	页码
《陕甘宁边区继承条例》	1942	《中国法制史》	蒲坚	中央广播电视大学出版社，2003年	416
《陕甘宁边区继承处理暂行办法》		《中国民法通史》	张晋藩	福建人民出版社，2003年	1328
《陕甘宁边区继承条例》	1943	《中国法制史》	周子良	法律出版社，2006年	325
《陕甘宁边区继承处理暂行办法》		《中国法制史新编》	陈晓枫	武汉大学出版社，2007年	303
《陕甘宁边区继承处理办法》		《陕甘宁边区法律法规汇编》	艾绍润	陕西人民出版社，2007年	305
《陕甘宁边区继承条例》	1942	《中国家庭史》第5卷	张国刚	广东人民出版社，2007年	421
《陕甘宁边区继承条例》		《中国法制史》	曾宪义	中国人民大学出版社，2009年，第3版	290
《陕甘宁边区继承条例》		《中国法制史原理与案例教程》	赵晓耕	中国人民大学出版社，2016年，第3版	327

由于立法档案史料缺失，本文无意于对边区继承法律条文及立法流变作历史文献学考据，而是从涉及继承纠纷的司法档案出发，通过考察边区继承法规在司法审断中的实际运作，进而推断边区继承法律原则的样貌。文中引述的司法档案，主要涉及边区司法的中下层，即边区高等法院分庭，以及县司法处，通过不同层级司法审断的比较，考察其中的差异，并在革命的法制逻辑下，推断边区继承法的原则轮廓。借由革命时期继承立法及其实践，提出对“社会改造”式法律及当代继承法的反思。

一、继承纠纷审断的制度背景

陕甘宁边区尽管没有颁布正式的继承法，但由于继承所涉及的宗族祭祀、财产处分等规范，在革命以来的法律制度中多有体现，因此，从渊源的角度考述相关的政策法制，不难还原出继承纠纷审断的制度背景。

在古代中国，继承法很突出的特点是不仅关涉财产的处置，更关注宗族中身份和“香火”祭祀的延续，“宗祧继承”要解决的就是死后血食祭祀的问题。因为血食祭祀必须是男性，所以首重立嗣，对立嗣的范围，要求必须是同姓同宗，“以昭穆相当者为嗣”，① 即应辈分相当。因此，财产的处分只是部分问题，而继承子的确定，乃至被继承人丧葬的安排、尸骨的埋放更为

① 丁凌华：《宗祧继承浅说》，《史学集刊》1992年第4期。

重要。此外，继承中体现出男尊女卑的特点，尽管宋代司法中有“在室女得男之半”的裁断理由，但仅涉及财产，“它的性质和功能就是嫁资”，[①] 女儿并没有取得继承权。

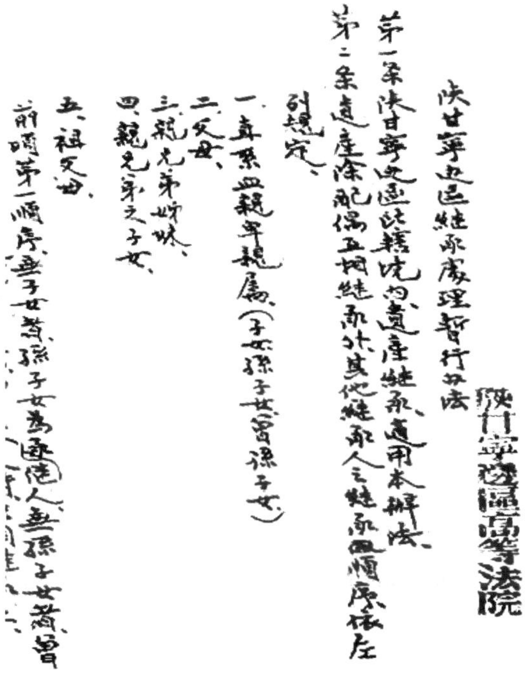

陕甘宁边区继承处理暂行办法

陕甘宁边区高等法院

第一条 陕甘宁边区此种情况内遗产继承、适用本办法、

第二条 遗产除配偶互相继承外、其他继承人之继承顺序依左列规定、

一、直系血亲卑亲属、（子女孙子女曾孙子女）

二、父母、

三、亲兄弟姊妹、

四、亲兄弟之子女、

五、祖父母、

前项第一顺序、无子女者孙子女为继承人、无孙子女者曾

图 1　延安陕甘宁边区审判史陈列馆所藏“暂行办法”

近代以来，家族制度与国家进步被联系起来，宗法式的家族被认为需要改变，“立宪的前提必然是要打破家父长制的家庭，构造以彼此人格互相尊重为内容的家，只有这样的家才能造就‘人之所以为人’的合格公民。”[②] 中国共产党领导的革命政权，同样将宗族亲属，以及父权、族权看作是封建旧时代的产物。“亲属则是革命不需要发展的社会关系，它被排除在法律调整的范围之外，如此一来，婚姻家庭关系变得简单起来，而宗法宗族的纽带在法律上被彻底割断。”[③] 随之产生的嗣子、过继等行为，在政策法令中予以否弃。但是，对于传统继承法中不违背革命原则的内容，仍予以沿用，如“暂行办法”中，没有遗嘱时可以由亲族会议推定继承人，继承人在五等亲内按亲疏顺序选定。

从家族束缚中解放出来，意味着个体自由的伸张，这也构成了革命时期继承法的原则。在宗祧继承之下，继承是为了家族香火的延续，故无论继承还是被继承，既是一种权利，又是义务，继承关系中的个体常常没有选择的自由。革命以来的继承多被看作是权利，其中体

① 柳立言：《宋代分产法“在室女得男之半”新探（下）》，《法制史研究》2004 年 12 月第 6 期。

② 白中林：《亲属法与新社会》，《社会学研究》2014 年第 6 期，第 176 页。

③ 金眉：《中国亲属法的近现代转型》，法律出版社，2010，第 102 页。

现个人的意志。边区的“暂行办法”规定被继承人无亲生子女而有遗嘱的，“从其遗嘱”；“女子自愿抛弃其应继分者，从其自愿。”1941 年《陕甘宁边区地权条例（草案）》中，规定了地权继承权，“依被继承人：之意志或遗嘱支配之”。[①] 即是说，作为财产所有者的被继承人，可以突破家族亲属关系的束缚，自主选择继承人，而被继承人也可以自愿选择放弃。

革命以来的继承法强调了继承中男女权利的平等。早在 1923 年，中国共产党通过的《妇女运动决议案》中就提出“女子应有遗产继承权”，[②] 其后苏区、抗日根据地的政策法规基本沿用了这一原则。边区继承的“暂行办法”中，规定配偶互相继承，直系子女均得继承。相较之古代继承法律或习俗中对女性继承权的种种限制，无疑是一个很大的突破。

革命法律贯彻阶级性原则，在边区体现为扶助贫苦者的法律制度。马锡五谈到边区法律的特点，首先指出其阶级性：“我们边区的政权是新民主主义的政权，无产阶级领导的以工农联盟为主体的人民民主专政，所以她的法律，也是保护各民主阶级首先是工人阶级和劳苦农民阶级利益的法律。”[③] 阶级性特质，强调的是对贫苦工农等无产阶级的保护，“根据私益服从公益，富有者帮助贫苦者之总的原则，首先要保护劳动群众的利益”，[④] 基于此，在同等条件下确定继承人时，优先考虑由贫苦者继承。

综上所述，边区的继承法律制度，目标指向是反对旧的“封建宗法”，以及由此带来的不平等及“压迫”，进而消解族权、父权等封建因素。传统继承中的亲等制度、家族会议被有限度地运用，即不能违背革命法制平等、自由、照顾贫苦者等原则。当然，边区继承法的具体原则，它们是否得以实现，或者在多大程度上得以实现，还需回到司法实践中予以考察和检验。

二、不同层级司法机构的审断

尽管没有颁布正式的继承法令，边区的各类继承纠纷却未杜绝，它们有的通过民间调解解决，有的则进入司法诉讼。由于司法裁判是法律制度发挥效力的重要途经，故即便无法窥见边区继承法规的全貌，通过继承诉讼的裁判，也可以推知其大致的原则。当然，限

---

① 《陕甘宁边区地权条例（草案）》，载张希坡编著：《革命根据地法律文献选辑》，第 3 辑，中国人民大学出版社，2017，第 236 页，史料来源为 1942 年《抗日根据地政策条例汇集》陕甘宁之部（下），张希坡推断其制定年代为 1941 年。1944 年，边区第二届参议会正式通过了《陕甘宁边区地权条例》，未见上述条文，参见中国社会科学院近代史研究所编：《陕甘宁边区参议会文献汇辑》，知识产权出版社，2013，第 242—243 页。

② 中国人民解放军政治学院党史教研室编：《中共党史参考资料》，第 2 册，内部资料，1979，第 533 页。

③ 《人民法院马锡五在延大关于司法几个问题的报告》（1949 年 5 月 22 日），档案号 15—151，陕西省档案馆藏。

④ 《陕甘宁边区高等法院工作报告》（1948 年），载《民事诉讼法参考资料》（第 1 辑），法律出版社，1981，第 66 页。

于边区司法人员的差异，个案的裁判也未必能真实反映边区继承法规的原则，故需要对不同层级的裁判予以比较。

（一）县司法处的初审裁断

边区县一级多设立司法处，司法处的裁判即为初审裁判。继承纠纷多涉及财产争议，而确定“继承子”又是其关键。在米脂的高锦昇与高锦台、高锦有继承争讼案中，高锦台系“老大门”，亡人高锦治是老二门，高锦昇为老三门，因高锦治无子，故需要过继一子“顶门”，判决高锦昇次子高安吉为继承子，裁判理由是：“亡人高锦治死后，既经家长会议决定由高锦昇次子继承，况锦昇为行（按：方言，意思是“找寻”）尸首费洋甚多，当时锦台、锦有既已承认，现就不必无理取闹。”① 在绥德朱维元等继承争讼中，司法处判决朱维元作为老大门之继承子有效，其理由是：“朱姓老大门乏嗣，在合殡时，朱维元三岁上曾打过砂锅，有娘家薛士礼及家族朱彦旺等当庭证明，故朱维元为老大门之继承子理当合也。”② 据此，朱维斌等以继承权为名争夺窑产，不能被支持。两案中，判决并未引用任何法律条文，其主要理据，就是关于确定继承子的民俗习惯，如“家长会议决定”“打过砂锅”等，它们正当化了继承子的地位。

不过，有关继承的风俗习惯未必都得到肯定。在绥德的崔招喜继承诉讼中，招喜为崔家三弟，因幼时母亲病亡，“奶给党家川党生治”，由于党姓无儿，经双方家族商议，“将招喜给了党姓为半子，立了过继合同约”。然而，判决认为：“该党招喜自幼已被其父生前过继与党生治为子，所立之合同约为党姓半子，崔门有半子，事属不妥，即不能成其为有效凭据。今招喜已在党姓家结婚后生有一子，理应为党姓之继承子，而不能在崔姓家再有分产权。”③ 该判决否定了“半子”的过继合同，认为其不合理。事实上，中国古代有“兼祧”的民俗，一般是为了避免宗族零落，“同父周亲”即同父兄弟间独子可以兼祧，但在部分地区，也出现异姓兼祧，“兼祧子的地位是嗣子，理所当然享有被兼祧者财产的继承权”。但是若产生争讼，“官府多会依照律例认定异姓承嗣无效”。④ 陕北的“半子”过继，实质是“兼祧”，因此在两家享有财产继承权是可能的，司法处判决否认其作为崔姓继承子的分产权，尚需分别来看。就过继“半子”合同约，判决认为“事属不妥”，隐含了对“异姓承嗣”否定的传统法理。判决认定招喜为党姓之继承子，因其幼年被过继，并在党家结婚生

① 《高锦昇、高锦台等继承纠纷案》（1946 年），档案号 6—134，陕西省榆林市中级人民法院藏。

② 《朱维元等继承纠纷案》（1946 年），档案号 63—2701，陕西省绥德县人民法院藏。

③ 《崔招喜继承纠纷案》（1946 年），档案号 69—2675，陕西省绥德县人民法院藏。

④ 徐进：《论清代民事习惯中的兼祧规则》，《甘肃政法学院学报》2013 年第 5 期。

子，是基于现实的合理性，却未必符合“兼祧”的地方习俗。

在县司法处的继承纠纷裁判中，还有一些地方化的习俗得到承认。在清涧的韩康氏等争埋尸骨案中，韩康氏之母因夫亡无助，招马治清改名康马俊为夫，立有招夫合同，在康门度日。后因生活困难，随马治清回到马家沟居住，直至病故，旋即因尸骨埋放产生争执，马治清等认为应埋在马家沟，而韩康氏、康俊富等认为应该归康门。清涧司法处判决认为，“此地风俗有招夫养子的事情不少，并调查马治清招妻时约上注有百年后归康姓葬埋，同时该女人病终时，曾言他（她）死后要回归康姓的，并马治清还有前妻二个合骸，按人情习惯，此妇尸骸应归康姓葬埋方为适合。”① 该判决理由首先认定招夫养子合同约的有效性，依照约定“归康姓葬埋”；同时，判决支持了亡人的自主意志，即“死后要回归康姓”。若继续追溯该判决的原理，它实际上维护了传统的家族伦理与祭祀秩序，因为韩康氏之母虽然招夫，但却是为了生活的权宜之计，其身份仍然是“康门”人，负有维护家族承继的义务。

某些案例中，对“昭穆相当”之立嗣习俗的遵从，甚至会超越革命法律中互助的原则。如田汉章等诉讼案中，绥德县司法处仍然确认由有三子的三门为大门承嗣，而不顾二门曾经负责殡葬的事实，判决理由称：“大门田光堂乏嗣，由二门光文之子继承并筹办殡葬等费用，根据家族亲友等人证明，确系事实。今光文只生一子亦去世，三门光武现有三子汉章等，故大门之后嗣理应由光武之第三子继承。”② 这样判决，显然难以让出钱出力的二门满意，但却更符合同族承嗣的地方习俗。

除了援引地方习俗，县司法处还辅之以革命伦理作论证。在郝光杨等人继承争讼中，司法处判决认为，被继承人郝维业生前无子，抚养三门长子郝光武为子，光武又无子，由亲族议定，抚养其弟郝光杨长子仁晁为继嗣孙，“由其父子协同其祖母郝马氏料理维业之殡丧事宜”，由过继抚养关系，确认了继承子、孙的合法地位。争执继承之郝光厚则不同：“维业妻郝马氏所谈光厚是二流子，破家当产，少吃缺穿，其妻要和他离婚。其伯母念他可怜，暂时收容在家，并未说过‘爱他’二字，而光厚不知好赖，反将粮食等物偷盗出去，似此行为，岂能取爱于他，而今争执，实乃横行霸道，强词夺理。”③ 所谓“爱他”，系传统继承制度中之“爱继”。在清代，爱继是立嗣者从家族或宗族范围内，按照“择贤择爱”的方式确定立嗣继承人，④ 以体现立嗣者的自主意志。该判决不仅未确认“爱继”的存在，还

① 《韩康氏、康马俊等纠纷案》（1943年），档案号4，陕西省清涧县人民法院藏。

② 《田汉章等继承纠纷案》（1946年），档案号90—2758，陕西省绥德县人民法院藏。

③ 《郝光杨、郝光厚继承纠纷案》（1946年），档案号49—2618，陕西省绥德县人民法院藏。

④ 吕宽庆：《清代立嗣继承制度研究》，河南人民出版社，2005，第89页。

以革命伦理否定了郝光厚的继承权，即“二流子，破家当产”，甚至还偷盗家产，这些行为自然与革命政权所欲塑造的新人品行完全不符，故郝马氏不可能选择他作为继承人。

运用革命政权的政策否定地方习俗，也非个例。在张春荣等继承子争讼中，区署意见“以爱子原则处理”，经绥德县司法处调查后，“原来不是真的爱子，是为了避免当兵，现在限制你们两家谁也不准继承”[①] 这表明，尽管基层干部更认同民间习俗，但在县司法处，革命法制原则仍构成重要的衡量标准。

由此可见，对于继承纠纷，县司法处的裁判，大多是基于宗族继承的传统习俗，家族会议议定、过继合同约，乃至是“打过砂锅”等，都被作为继承的正当性依据。其原理是在尊尊卑卑的家族秩序下，确立“昭穆相当”的继承关系，以延续一族一门的香火，而财产的分配倒在其次。在这些裁判中，革命伦理偶然被援用，但并非主要的裁判依据。

（二）分庭及高等法院的裁判

边区高等法院在各区设有分庭，类似于中级法院，当事人对初审判决不满，可以上诉至分庭。不同于行政兼理的县司法处，无论是机构设置的完备，还是司法人员的政策法律素养，分庭都更胜一筹，因此所作的裁判也多有不同。

继承纠纷的出现，多因继承子的确定，被继承人无子时，由谁来做继承子，常引发争执。1946 年米脂的崔孝贵与崔孝富继承权争讼案，即由继承子之争产生。崔家有兄弟五门，孝富是二门崔玉福之子，孝贵是五门崔玉琢之子，五门共有六个儿子，其余几门均无子，由五门之子分别过继，其中二子孝礼给了四门崔玉青。因孝礼早亡，膝下又无子，故四门的继承成了问题，孝富认为他也有继承权，致成争讼。当时经家长亲戚等商议解决，由玉琢给孝富土地四垧半、窑三孔作为了结，并写下停止争执的证书。后来合葬孝礼时，孝富又来争继承权，并得到了米脂县司法处的支持，因此孝贵提出上诉。边区高等法院绥德分庭审理后认为：“崔孝富争执继承权，早已抛弃，所谓继承效力，应该是被继承人死亡时开始发生效力，而被继承人孝礼于民国十九年就死了，到现在已十五六年了，孝富当时在孝礼死下时，既未请求继承又未管理孝礼之遗产，更没有敬（尽）其孝礼死后之义务，这许多事实证明，孝富早已放弃自己的权利。再依孝富与孝贵父写下的执据上证明亦是如此，事实形成孝贵从孝礼死下时，就开始继承了，其遗产多年管理以自己所有处理，特别是在廿三年经家长们就将此事处理清楚了，再不得反悔。”[②] 该判决体现更强的法律性，它首先

---

① 《张士荣、张春荣等继承纠纷案》（1946 年），档案号 59－2663，陕西省绥德县人民法院藏。

② 《崔孝贵、崔孝富继承权争讼案判决书》（1946 年 6 月），档案号 6－8，陕西省榆林市中级人民法院藏。

陈述了继承法的原理，继承效力自被继承人死亡时发生，而孝富当时并未请求继承权，因此失去了可能的权利。同时，孝富与孝贵父亲写下过执据，经家长亲戚等公议，不再争执继承权，这是其自主意志的体现。因此，孝富不享有继承权，孝礼之门由崔孝贵子继承。

在绥德高志旺与高士昌继承纠纷中，司法处与分庭裁判判然有别。涉讼之高家兄弟三人，高士昌为大门继承人高志富之子，二门无后由三门之次子高丕柱继承，三门还有长子高丕良，且丕柱与丕良未分家，丕柱无子，仅丕良有子志旺。作为二门继承人的高丕柱过世后，高士昌与高志旺即为继承权起了争执。一审判决依据宗祧继承习俗，认定高志富为高丕柱之后嗣，高志旺保管老二门之遗产应退出土地四垧、窑两孔，理由是高丕柱："生前业已过继给老二门为子，应为继承子，嗣后即应给老二门送终。志旺乃系侄子，岂能阻止其继承权，况志旺之父只生他一人，丕柱生前即为老二门之子，志旺持理相争，以一子继承两老门之后嗣，实属不合。同时根据老家长高志长、高兆珍等当庭供称，志旺现仍乏嗣，招来一儿婿，以致引起士昌之争端，依家长之意见，丕柱继承子应为士昌之父志富，最为合宜，故丕柱之尸柜即应遗葬于老二门之坟内，归终其祖，志富应为继承子，于家族系统理当合也。"该判决理由主要是当地承嗣之习俗，高志旺无子，仅招来"儿女婿"，属于外姓，不能继承两门之后嗣；高志富则有子高士昌，且其他家长意见也是由志富继承。

该案上诉后，绥德分庭撤销一审判决，认定高志旺为高丕柱继承人，其理由是："被继承人生时即不同意他人继承，而要志旺继承，尤其财产一直共同，生时志旺扶养，死后而埋葬，继承财产已有十五年之久已成事实，至于高志富之子士昌，在丕柱生时不要伊继承，并未扶养，死后没埋葬，也未得到被继承人之遗嘱，岂能凭空得财。"① 可见，二审判决理由完全不同，首先肯定了被继承人的自主意志，即不要其他人继承，而要高志旺继承。同时，从现实财产及扶养关系看，高志旺在高丕柱生时扶养，死后负责丧葬，由他继承更符合情理。

在白海清与张芝英财产继承纠纷案中，同样体现出较高层级法庭裁判思路的不同。张芝英前夫白海法于1948年病故，后经人介绍与蔡维海结婚，以"招夫养子"。白海法之弟白海清认为她与蔡姓结婚，就不再属于白家，白海法之遗产应归白家。安塞县司法处初审将遗产完全断给白姓，土地分为五份，只准张芝英继承五分之一。上诉后，陕北人民法院民事法庭审理认为，白海法所遗财产、土地系生前与妻张芝英共同劳动所得，并且尚有子女三人需要抚养，故应由张芝英继承管产。"白海清借口素日对蔡维海不了解，对张氏有帮助，而企图限制张之婚姻自由及强调张芝英与蔡维海另谋生活，意图独得白海法之遗产，

① 《高志旺、高士昌等继承权纠纷判决书》(1946年5月)，档案号53—2707，陕西省绥德县人民法院藏。

纯系封建意识和贪利行为，于法于情均属不合。”[①] 该判决理由，以边区婚姻自由原则支持了张芝英的再婚，对白海清称其再婚后不属于白家之说，则指为“封建意识”，也就是革命政权所反对的封建宗法观念。正是基于革命后的政策与法令，二审撤销了司法处的原判决，支持了张芝英及其子女的继承权。

在边区高等法院，有关继承的法令与情理习惯得以兼顾。如冯秀山等继承及土地争讼案中，边区高等法院推翻了绥德地方法院“嗣约无效”的原判，确认了家庭会议将冯开云之遗产由冯秀山继承之议定事实，以及冯秀山为嗣之嗣约效力，同时又以“家谊”之理由，确认了米脂县抗日救国会对部分争议土地的调解结果，“以维持家族和平”。[②] 该案例虽然未直接援引边区法令，但事实上尊重了当事人的意愿，体现了现代民法“意思自治”之法理。

当然，各层级法庭的处理倾向也是相对的，与主审法官的政策与法律水平亦有关系。如清涧县处理陈维秀继承案时，本以“祭祖先后”系封建习俗为由否定了原告的请求，但绥德分庭变更了原判，最终受到更高级别法庭的批评：“索还既继承多年的窑和场，清涧县司法处以这是封建思想行为，未予准许，陈姓不服，又推出户内陈仲元为代表向绥德分庭提起上诉，该庭竟变更了清涧县原判，取消了陈维秀的继承权。”[③] 这一案例较为特别，作为上诉法院的分庭竟然迁就了“落后”的习俗，但还是遭到了批判，显然为当时主流司法观念所不容。

总体看，较高层级的边区法庭更坚持革命政权的政策与法令，被继承人之自主意志、事实上的扶养关系，以至于相关的“男女平等”“婚姻自由”权利，都成为确定继承权的依据。相反，昭穆相当、宗祧继承的习俗，一家一姓的承嗣观念，以及祭祀的顺序等，都被作为旧的“封建意识”或落后习惯予以否定。

三、司法审断层级差异的原因

通过前述继承案例的梳理，能够明显看出县司法处与高等法院分庭裁判的区别。对此差别的原因，当然可以简单地诉诸司法人员政策法律水平的不同，但放置如边区的历史情境，其实还有更深层次的原因。

与欧美国家的独立司法不同，革命时期的司法机构是深深嵌入到地方的政治文化结构

---

① 《陕北人民法院民事判决书》（1949 年 7 月），载艾绍润编：《陕甘宁边区判例案例选》，陕西人民出版社，2007，第 110 页。

② 《陕甘宁边区高等法院民事判决书》（1942 年 10 月），档案号 15—26，陕西省档案馆藏。

③ 刘时珍：《加强政策业务学习克服办案中的偏差》，《陕北司法通讯月刊》第四期，1949 年 10 月 15 日。

之中的，不同层级司法机构的位置与任务不同，就决定了它们表现有别。这种差别不仅发生在继承诉讼中，在边区的婚姻纠纷中，基层政府在执行政策时更容易和地方习俗妥协，高一级的革命司法机构会更坚持原则。[①] 类似地，“农村妇女对基层的解决不满，会直接将案件诉诸法庭。她们称案件在乡镇不可能得到公正的审理，因为当地调解委员会的成员可能是丈夫的亲友”。[②] 从前述继承纠纷案例，也能看到习俗在其中的作用，这就涉及地方习俗的性质，它们是当地社会文化的反映，构成了群体行动的内在逻辑，比如继承子的确定、过继的方式等。县司法处位于行政层级的低端，它与县城乃至乡村有着广泛的联系，这决定了它必然受到地方习俗更大的影响。从革命政权的任务来看，县级政权也需要更好地联系群众，争取群众的信任，如此才能动员群众支持革命。边区高等法院及其分庭则不同，它们较大程度地脱离了地方社会文化网络，是更专门的司法机构，其任务主要是执行革命政权的政策法令，对地方社会广受认可的风俗习惯，当然不能忽视，但相对而言，较高层级的法庭更重视革命的政策法令，会在司法审判中坚持原则。

不同层级法庭司法人员的来源与知识背景，也决定了裁判方式的不同。在边区高等法院及其分庭，知识分子或有资历的革命干部较多，他们接受的是反抗压迫、追求自由的新文化，对党的政策与革命法令更为熟稔，相对而言，对于地方性风俗习惯缺乏足够的了解。例如延安整风之后，边区高等法院李木庵反思说：“法院现在办案子比较周到了，他现在也肯研究肯讨论了，也了解本地情形。过去是不了解本地的风俗习惯，是主观主义的教条主义的去办。”[③] 李木庵，湖南桂阳人，曾在岳麓书院、京师国子监学习，后考入京师法政学堂，接受专业教育。清末民初，“在广州出任过地方检察厅检察长、闽侯县知事和福建督军公署秘书等职”。[④] 他的这种法律专业知识背景，必然导致在审判中更重视法律条文与法学方法的运用，而不是迁就地方习俗。

高等法院分庭还有一部分司法人员，未受过法律专业教育，但却是资深的革命干部，他们更倾向于坚持党的政策法令。雷经天在总结司法工作时，提出司法应该保护工农群众的利益，贯彻群众路线，尊重群众的意见，“应了解下面情况，尊重地方的意（见），根据民情习惯，但这不能迁就落后”，同时，“司法工作应该适当配合党的政策和政府的政策”。[⑤]

---

① Xiaoping Cong. *Marriage, Law and Gender in Revolutionary China, 1940-1960*, Cambridge University Press, 2016, pp. 138.

② Neil J. Diamant, *Revolutionizing the Family: Politics, Love, and Divorce in Urban and Rural China, 1949-1968*, University of California Press, 2000, pp. 337.

③ 《李（木庵）老的发言》（1943年），档案号15—96，陕西省档案馆藏。

④ 《湖南省志·人物志》，湖南出版社，1995，第112页。

⑤ 《雷经天的发言》（1943年），档案号15—96，陕西省档案馆藏。

马锡五认为法律具有阶级性、革命性，“在人民的新法律还没有系统的颁布以前，则应该以共产党的政策以及人民政府与人民解放军所已颁布的各种纲领、法律、命令、条例、决议作为法律依据”。① 也就是说，体现封建压迫的旧法律、旧习惯不应再被援用，司法裁判应依据体现革命精神的新法律。

在县司法处，推事、审判员等司法人员多是本地人，他们对地方习俗更为熟悉。绥德县县长兼司法处处长霍祝三，出生于清光绪年间，幼年时接受私塾教育，1903 年考入绥德中学堂，“精读古典经籍”。② 可以说，霍祝三对传统文化与地方习俗十分熟悉，这成为他日后工作的重要思想渊源。是故，儒家传统教育，成为霍祝三司法工作的知识背景，也构成他论法析理的主要参照。如 1946 年宋吉祥父子争讼案，宋吉祥卖窑时，宋明祺以继承子身份予以阻拦，声称有“优先权”。霍祝三在肯定其优先权之后，特别提出，“宋吉祥为将本身所有之家产卖完而生活再无法维持时，明祺仍应负责供给其一切生活费用，不然本处即判明祺为忤逆不孝之罪”。③ 其中，忤逆不孝之罪显然不是边区法律的内容，而是中国古代法制的重要部分。《唐律》中有“不孝”罪，“谓告言，诅詈祖父母父母，及祖父母父母在，别籍、异财，若供养有缺，居父母丧身自嫁娶，若作乐，释服从吉”；④ 即是说，父母在而分家，供养父母有缺，都入于不孝罪，其后历代沿袭之。霍祝三未必系统学习过古代法律，但不孝罪作为一种文化传统，已经融入其“旧学”为底的知识体系，故很自然地运用到司法判决中。当然，类似霍祝三这样有旧学功底的基层司法者并不具有普遍性，更多的还是接受革命思想的工农干部，但总体上由于他们更接近底层社会，因此对继承之民间习俗更能有同情之理解。

继承类案件中，不同层级司法裁判的不同，根本上还是因为正式法律的缺失，前述边区继承“暂行办法”未被任何一个判决引用，间接说明该办法未予公布。由于司法者没有明确的法律依据，只能在实践中摸索。尽管革命法制的根本原则是明确的，但继承纠纷往往涉及财产分配、丧葬承嗣等具体问题，处在不同位置的司法机构，具有不同知识背景的司法者，就会形成不同的理解，进而形成不同的裁断结果。

---

① 《人民法院马锡五在延大关于司法几个问题的报告》(1949 年 5 月 22 日)，档案号 15—51，陕西省档案馆藏。

② 王树才：《爱国民主人士的光辉榜样》，载中国人民政治协商会议陕西省榆林市委员会文史资料委员会编：《榆林文史》(第 4 辑)，第 215 页。

③ 《宋明祺等卖窑争讼案》(1946 年)，档案号 31—2552，陕西省绥德县人民法院藏。

④ (唐) 长孙无忌等撰：《唐律疏议》，刘俊文点校，中华书局，1983，第 12 页。

四、边区继承法的原则指向

在现实生活中有效的法律不仅体现在立法的制度文本中，更反映在法律的运行中，尤其是反映在司法审判中。边区有关继承的法律，虽然没有正式的文本，或如“暂行办法”制定后未能颁布，但却反映在继承纠纷的司法审判中，尤其是较高层级法庭的审判，一系列有关继承法的新原则正在形成。

继承应该体现被继承人的自由意志。中国古代的继承法，遵循着儒家的伦理原则，注重宗族尊卑秩序下的承嗣，个人的意志受到压抑。革命以来，族权、家长权等作为“封建意识”被否定，个人的自主意志得以伸张，表现在继承法中，就是被继承人的有关继承的个人意愿得到尊重。在“暂行办法”中，强调了“遗嘱”的效力。在韩康氏等人争讼案中，韩康氏之母称“死后要回归康氏”成为判决的重要理由，本质上是支持了被继承人的自主意志，即便她是女性。在高丕柱继承案中，二审推翻了家族会议认定高志富的意见，指出“被继承人生时即不同意他人继承，而要志旺继承”，由其个人意愿，最终确定高志旺的继承权。当然，基于革命法律观，对被继承人的自由意志的保护，仍然要受到革命原则的评判，若个人自由违反了革命原则，需要维护后者，这在部分否定“爱继”案例中即有体现。

继承权的男女平等原则。传统的宗祧继承是以男性为主体的身份、财产延续，女性除了在特殊情况下享有部分财产权外，并不被看作继承权的主体。革命以后，基于平等的原则，妇女权利被强调，表现在继承法中，就是一家中的女性与男性平等地享有继承权，这对传统的继承法是一大突破。在张芝英等案中，女性的继承权就受到保护。当然，女性继承权实现的程度究竟如何，还与各地的法律执行者的认识相关，如1949年边区的司法总结：“女子继承法，是多年前就公布了的，但现在尚有很多妇女不真正明白这个法的内容和道理，甚至个别干部亦不肯承认他的姐妹有共同继权。我们的基本法也是早已公布了的，但仍有不少的人，不会运用法的力量，向封建社会进行合法的政治斗争。”① 这说明，确定女子平等的继承权，是边区继承法重要的内容，尽管在实践中未必得到全面的落实。

继承人的确定遵循互助互利原则。在新民主主义革命理念之下，富有者提携贫苦者，对贫苦者予以“救济和扶助”，② 是边区民事法律的重要原则，这也体现在继承法中。“暂行办法”规定无遗嘱时，“各房生子相等者，由较贫一房推定一人继承”。在崔孝富等继承案

---

① 《边区人民法院（高等法院）印发：司法工作参考材料》，档案号15—59，陕西省档案馆藏。

② 韩伟、马成主编：《陕甘宁边区法制史稿·民法篇》，法律出版社，2018，第23页。

中，分庭指出崔孝富在被继承人死亡时，“既未请求继承又未管理孝礼之遗产，更没有敬（尽）其孝礼死后之义务”。相反，崔孝礼死时，五门崔玉琢、崔孝贵父子负责埋葬的一切花费，并一直管理其遗产，故应由崔孝贵之子继承。在高士昌继承案中，分庭认为高志旺与被继承人确立了互助的紧密关系，“财产一直共同，生时志旺扶养，死后而埋葬”，而高士昌并未扶养，因此高志旺继承更为适当。判决中对继承人生养死葬的强调，似乎与传统继承中的孝道相通，但在诉诸自由、平等的革命理念之下，其中又有着微妙的差异。新的继承法原则，在继承人与被继承者之间，毋宁说更是一种平等的互助互利关系，而不是尊卑等级秩序下的压迫与顺从。

在互助互利的原则下，对贫苦者的照顾也是重要的取向。在马张氏等继承争讼中，司法处判决在支持宗族所定继承子的同时，对孤寡之马张氏予以了照顾，理由是：“马姓二门乏嗣，由维祺之次子丁人为二门之继承子，甚为合宜，二门之遗产窑二孔应归继承子管理，日后马维祺亦无权出典或出卖，而马张氏无凭强占二门之窑一孔，于理甚属不合，但念其孤寡，又系亲族，准予马张氏借住，五年后归还丁人。”[①] 即是说，按照一般继承制度，该窑产应由继承子管理，但考虑马张氏孤寡，准予其暂时借住，以解决生活困难。

边区的继承法肯定新原则的同时，也对旧的习俗予以了否定。传统继承法以确定昭穆相当之继承关系为宗旨，意在确定家族内的尊卑秩序。新民主主义革命则强调了阶级性，反对各种带有封建压迫色彩的习俗，故宗族谱系下的过继、“儿女婿”的否认等，均无法得到法律的支持。基于司法的群众路线，由家族公议确定的继承多予以承认，但仍以不违背革命法制为限，典型的如经家长公议的高志富案，最终仍改判高志旺为继承人。总体上，边区的继承法反映着革命的价值取向，这种原则取向，也在 1949 年的一份司法档案中得以验证：

> 1. 继承问题，配偶、子女、父母依次均有继承权。
>
> 2. 财产继承暂应维持，宗祧继承绝要反对，如俗语说的活着论爱可以赞成，死则论挨就不亏的，但准继承者其财产亦应照顾其各方经济情形，灵活处理。[②]

---

① 《马张氏等继承纠纷案》（1946 年），档案号 2565—35，陕西省绥德县人民法院藏。

② 《直属县审判员座谈会几个问题的整理材料》（1949 年 12 月 1 日），档案号 0031—1—2，陕西省米脂县档案馆藏。该档案也间接说明了至 1949 年，边区仍没有正式颁布继承法令，故仅提出原则要求。

五、结语

本文的基本结论是，《陕甘宁边区继承条例》这部被多本法制史教材广为援用的边区继承法律，并不能得到可靠史源的支撑，目前能看到的，仅有边区高等法院颁布的《陕甘宁边区继承处理暂行办法》，其性质为司法政策或应用于司法裁判的“解释性”规范，而不是正式的立法文件。边区继承法的基本原则，诸如男女平等、互助互利，反对封建宗祧继承等，可以从边区的司法案例中得到验证，而边区司法实践对革命化继承法律的遵从程度，在不同司法层级有所区别。

延伸来看，继承是主要发生于家庭领域的法律行为，故继承法实质体现出国家对家庭生活的介入。基于现代国家治理，代表国家的法律制度并非不能介入家庭，但究竟应该介入到何种程度，这种介入与家庭自治又该如何平衡，却是值得认真对待的。

近代中国的革命中，法制常常被赋予推动社会革命的使命，是“推进社会改造、变革的重要工具”。[①] 立法不是要发现社会固有的规则，而是基于某种进步的观念，运用法律来改造社会，司法同样是配合这一任务。揆诸边区的继承法及其司法实践，不难发现其破除旧习、改造社会的取向。然而，民间习俗常常落后于国家法制，若司法一味偏重“进步”法制，会导致法律的实施出现障碍。在崔招喜案中，县司法处否定了“半子”的习俗，结果却难以执行，判决下达后“崔区公署”来信：

> 你处来信叫我们把党姓拿了崔姓之东西还给，但党姓不是本区人，是清涧县管，他把东西都借给田其坪的老百姓，借东西的人不见党招喜不给崔贤喜东西，所有我们这里没法召党姓。[②]

当然，类似继承案件的审判，也是边区改进继承法的一个契机，因为边区在实施某个法令的时候，“遇到了很大的阻力，引起社会不满，它会做一些调整”。[③] 继承法不过是边区法制的一个缩影，基于革命政治的总体考虑，它必须要承担更多的任务，比如争取贫苦工农的支持、发展农业生产等。但在日常法治下，立法及其实施还需回归理性，发现潜藏于

---

① 李在全：《法治与党治：国民党政权的司法党化》，社会科学文献出版社，2012，第104页。

② 《崔招喜继承纠纷案》(1946年)，档案号69—2675，陕西省绥德县人民法院藏。

③ 丛小平：《共产党革命与妇女、婚姻、家庭》，《开放时代》2017年第1期，第22页。

社会实践中的规则及法理，崔招喜案的判决结果说明，照顾民间良善习俗而不是改造社会的革命法制，更符合社会实际，也更容易获得民众的认可。

延伸之，继承法的制定，必须要审慎考量中国家族的文化观念与现实变迁，这是因为，继承关系婚姻家庭的秩序，“是法律体系中最能体现一个国家的民族历史文化传统的法律，它是一个国家、一个民族对自己的婚姻家庭生活的内在逻辑的制度表达”。[①] 革命时期的继承法承载着时代的特定任务，而由于时代任务的变动性，使得革命法制难以回归法律应有的社会属性。当代中国的继承法制定，同样考虑对“宗祧继承观念”的更新与改造，“转换民众的继承思维与继承观念，充分体现遗嘱人的意思自治，是《民法典·继承编》编纂的功用价值之一”。[②] 与此同时，要使继承法在社会生活中更好地发挥作用，需要更好地顾及中国自身的历史传统与文化观念，尤其是对“家族”的重视。[③] 当然，在现代化过程中，特别是随着独生子女政策和城镇化的推进，中国的“家族”与家庭面貌发生着巨大的变化，过往数代同堂的大家族正在式微，而以婚姻为核心的小家庭已经兴起，“生育、抚养、教育、生产、养老等传统的家庭功能都在很大程度上被社会服务取代”。[④] 社会生活中的继承对象，以及遗嘱的形式等，[⑤] 都因为科学技术的发展发生了变化。因此，对继承法的“发现”，不仅意味着发掘历史传统中的继承习惯，还需要对当代中国社会中继承规则的再发现，以及对个人自主意愿的真正尊重。唯其如此，继承法的制定与实施才能更贴近社会现实，更能赢得一般民众的认同。

---

① 李拥军：《民法典时代的婚姻家庭立法的突破与局限》，《法制与社会发展》2020 年第 4 期，第 138 页。

② 王歌雅：《〈民法典·继承编〉：编纂争议与制度抉择》，《法学论坛》2020 年第 1 期，第 121 页。

③ 2020 年颁布的《民法典》“继承”一编，回应了“遗赠扶养协议制度”，注重体现当事人真实意愿，确保遗产得到妥善管理等，体现出中国特色。参见《民法典继承编草案：让继承制度更符合百姓需求》，http://www.xinhuanet.com/legal/2020—05/17/c_1125995934.htm，新华网，2020 年 5 月 17 日，最后访问时间 2023 年 2 月 15 日。

④ 丁慧：《再论中国亲属法的立法价值选择》，《西南政法大学学报》2016 年第 1 期，第 123 页。

⑤ 如网络账号、虚拟财产有可能成为继承的对象，以电子邮件、微信语音、手机短信，乃至在亲朋好友面前明言财产留给谁等，是否可以作为有效的“遗嘱形式”，立法仍不够详尽，实践中存在不少争论。感谢深圳龚楚律师提示此点。

"检察"的历史面相

——法律监督的内涵、外延的发展与深化*

段瑞群**

摘　要　"检察"与"监督"的关系始终是人民检察理论与制度的基本问题、基本范畴。在90多年人民检察制度史中，"检察"与"监督"纠葛伴随，"法律监督"的内涵、外延随着时代发展，特别是党和国家形势与任务变化不断调整，多元立体的中国特色社会主义检察制度难以进行精准画像。回答"检察是什么"的类似于"我是谁"的哲学之问，最好的办法或许就是爬梳人民检察演变历史，回顾跌宕起伏的人民检察制度脉络，进而提取经验与教训、思考与启示。本文以历史视角，尝试勾勒人民检察90年的"历史面相"，追溯分析"法律监督"的演进，并主张在"检察权一元论""司法二元论""法治监督组成论"三大核心观点基础上进一步深化拓展新时代"法律监督"的内涵与外延。

关键词　人民检察；法律监督；检察制度史；法治监督

* 本文系最高人民检察院检察理论重点研究课题"90年人民检察发展历程与启示"（项目号：GJ2021B01）的研究成果。

** 段瑞群，中共北京市委政法委机关干部。

在检察系统内部，有一种流传很广的说法，那就是中华人民共和国检察制度历经“三起三落”。[①] 实际上，回顾人民检察制度诞生以来90多年的演变与发展史，其“生存”与“发展”压力始终相随，关于检察制度存废、体制调整等方面的纷争从未停止，涉及检察职权的宪制定位、基本职权等讨论更是层出不穷。也就是说，“检察”的历史面相远比“三起三落”更加复杂多变，甚至其常态就是“跌宕起伏”，检察机关就是一个“尚未完成的机关”。“法律监督机关”的概念在不同社会条件下所产生的变化和衍生出的新内涵，也直接影响和决定了今后人民检察院的职能范围和改革方向。[②]

一、监检职能混同、机构驳杂重叠（1931—1937）

人民检察制度伴随着中国苏维埃运动兴起发展，[③] 创立初期呈现出刻意模仿苏俄政治法律制度的痕迹。1931年11月，中华苏维埃共和国临时中央政府成立后，分别设立了中央工农检察人民委员部、国家政治保卫局检察（查）科、军事检查所以及临时最高法庭、各级裁判部内设的检察长、检察员。这些机构组成了中央苏区时期检察机构体系，这通常被认为是人民检察制度的缘起。

有学者认为，对组织史沿革进行考察，如果预定一个源头，以此为起点进行找寻，极易将各种断裂掩盖，并夸大连续性。[④] 在人民检察制度孕育与萌芽过程中，“监督”“监察”“检察”等制度实践，缺乏理论化、体系化建构，呈现的主要历史原貌是零星闪现、多点并存，特殊历史时期的探索尝试，更难以得出彼此关联，甚至对后世制度产生“影响深远”的结论。例如，1926年3月5日《省港罢工委员会组织法》，规定罢工委员会委员被告发或弹劾查实，则“应罪加一等”，《纠察队纪律》明确设立“广益”“告密”两类投诉举报信

---

① 即第一次是在1951年编制会议上讨论精简国家机构时，有人提出检察工作“可有可无”，应予裁减。第二次是1960年精减国家机构时，康生、谢富治等提出合署办公，由公安部党组统领；地方检察机关的存废，由各省、自治区、直辖市党委决定。第三次是检察机关在“文化大革命”中被撤销。前两次，检察机关据理力争，直接向毛泽东、刘少奇、彭真等中央领导报告反映，使检察机关保留了下来，在“文化大革命”中，检察机构被撤销。

② 王海军：《“法律监督机关”的立法内涵、演进逻辑及内在机理》，《现代法学》2022年第1期，第12页。

③ 通常理解，中国苏维埃运动从1927年9月19日中共中央《关于“左派国民党”及苏维埃口号问题决议案》正式确定以“组织苏维埃”作为自己的中心任务为始，止于1937年9月22日中共中央公布《为公布国共合作宣言》公开承诺“取消现在的苏维埃政府”。参见杨会清：《中国苏维埃运动中的动员模式研究（1927—1937）》，浙江大学中国近现代史博士学位论文，2006，第11页；黄少群：《中国苏维埃运动的发展与中华苏维埃共和国的建立》，《中共中央党校学报》2001年第4期，第43—47页。

④ 刘忠：《“革命的保卫者”——“大公安”格局发生的历史缘起》，《学术月刊》2021年第6期，第124页。

箱，专门受理群众对违法乱纪者的检举揭发。[①] 这通常被认为是中国共产党人民监督或纪检监察制度的重要起始点。再例如，在农民运动蓬勃兴起之时，遭受到了土豪劣绅疯狂报复。农民运动负责人吴焕先全家被黄安北乡大土豪吴惠存残忍杀害。1927 年 3 月 2 日，湖北省革命领导人董必武召集紧急会议，以省党部名义发出“依法惩处吴惠存”指令，并颁布了《惩治土豪劣绅暂行条例》和《审判土豪劣绅委员会暂行条例》。4 月，七里坪革命法庭成立，被称为“中国最早的革命法庭”。[②] 又如，1931 年 7 月，鄂豫皖区第二次苏维埃代表大会通过《苏维埃临时组织大纲》，在革命法庭内设“国家公诉员”。同年 10 月 4 日《怎样建立革命法庭的组织及其工作》中又规定了“国家公诉处”机构设置。[③] 这被认为是新民主主义革命法制史上首次关于检察机关和检察人员的规定。[④] 此时的“国家公诉员”主要体现的是检察机关刑事公诉职能。

中央苏区的检察是什么？这个问题难以简单回答，从职能分工角度分析，是“监检混同”，从机构设置角度分析，则是“驳杂重叠”。例如，根据对中央苏区革命法制文献考察，相关文本中“查”和“察”通用。在表述“工农检查（察）委员部”的时候，多用“查”字；在表述司法监督和诉讼监督意义上的检察职能时，多用“察”字，“军事检查所”也多用“查”字。文字表述的差异，或许更能佐证法律文本制定者对相关概念无意或无需作出清晰界定。再例如，关于工农检察部的定性问题，检察系统一般认为 1931 年 11 月成立的中央工农检察人民委员部是人民检察制度的起始点，甚至人民检察博物馆还将老茶亭杨氏宗厅的门板，称为“人民检察第一门”（据考证这是中央工农检察人民委员部的第一个独立办公场所）。但是，在相当一部分学者看来，似乎检察系统的溯源追本认错了“门”，中央苏区工农检察机关是典型的监察机关，不宜简单一体。更有学者提示，要客观评价工农检察机关与现代检察机关的特殊渊源和交互关系，同时在溯源中华人民共和国检察制度脉络时，不要忽略了负有刑事公诉职能的检察员制度。[⑤] 如何评价中央苏区检察体系，或许可以尝试以下视角。

第一，“监察—检察”视域。有学者主张，把检察制度与监察制度放在同一视域下考察

---

① 王月明：《中国近现代监督权利研究》，华东政法大学法律史博士学位论文，2008，第 130—131 页。

② 中共红安县委宣传部：《经典红安》，2005 年 3 月；湖北省地方志编纂委员会：《湖北省志（大事记）》，湖北人民出版社，1990，第 315—316 页。

③ 韩延龙、常兆儒编：《中国新民主主义革命时期根据地法制文献选编（第 2 卷）》，中国社会科学出版社，1981，第 148 页；中共新县县委党史资料征编委员会编：《中共新县党史资料（第 3 辑）》，1988 年 12 月，第 87—88 页。

④ 孙谦主编：《人民检察制度的历史变迁》，中国检察出版社，2009，第 31—33 页。

⑤ 赵晓耕：《革命根据地独创性法治经验的研究进路》，《荆楚法学》2022 年第 2 期，第 20—21 页。

分析，不仅符合历史实际，也有助于从整体上把握检察和监察制度融合与分离的历史演进过程。[①] 工农检察机关首先是监察机关，或者更加准确地讲是中央苏区时期党、政、群“三位一体”监督体系的组成部分，即以中央党务委员会、中央苏区省县监察委员会、巡视制度等为代表的党内纪律检查机制，以工农检察部（委员会）、控告局、临时性检举委员会等为代表的政府行政监察机制，以突击队、轻骑队、工农通讯员、群众法庭等为代表的群众性的监督举报组织，上述三者统一接受党的领导。[②] 为了保持并加强党政监察机关之间的密切联系，“工农检察委员会的主席应该是党监察委员会中的当然委员”，[③]“省县区市各级工农检察委员会，应与中国共产党省县区市各级监察委员会，合在一个机关内办公”。[④] 总的来讲，工农检察机关监督的范围非常广泛，从国家法律法令的贯彻实施，到扩红、戒严、征收粮食、税费收缴等阶段性中心任务，几乎涉及当时苏维埃政府的一切工作任务。同时，工农检察机关不仅要提出问题、查处问题，还要帮助解决问题。因此，工农检察机关既是检察机关的源头，也是监察机关的源头，并且此时的“检察机关”职权既包括一般监督，也包括司法监督等广义的法律监督职能。[⑤]

第二，“革命一监督”动因。残酷的战争环境，匮乏的物质装备，必然要求局部政权建设，对外要推进“阶级革命”，对内要肃反“阶级异己”。这就决定了“苏维埃政权前面的一切战斗任务，也就是工农检察委员会的任务”，只不过“工农检察委员会是在用检查这些任务的执行的特殊的工作方式，来帮助这些任务的迅速的与正确的实现”。[⑥] 从“革命一监督”动因分析，中央苏区检察系统具备职务犯罪侦查权限。例如，中央苏区工农检察机关设立控告局，规定苏维埃政府机关、经济组织违反苏维埃政纲政策及目前任务，或各级机关工作人员发生贪污浪费、官僚腐化、消极怠工行为，任何苏维埃公民都有权向控告局控

---

① 徐鹤喃、闵钐、韩啸：《中央苏区检察一监察的制度演进——与苏俄实践比较》，《人民检察》2021年第21—22期，第200—205页。

② 颜杰峰、唐锡康：《中央苏区时期纪检监察体制历史作用评析》，《中州学刊》2019年第4期，第130—132页；程维荣主编：《新民主主义革命时期中国共产党党内法规》，上海三联书店，2018，第254—259页。

③ 洛甫：《苏维埃工作的改善与工农检察委员会》，《斗争》1933年12月5日第37期。

④ 肖居孝编：《中央苏区司法工作文献资料选编》，中国发展出版社，2015，第194页。

⑤ 《中华苏维埃共和国工农检察部的组织条例》中存在着浓厚的模仿苏俄检察一般监督制度痕迹，例如规定了工农检察机关主要任务是监督国家企业和机关，以及有国家资本在内的企业和合作社企业，执行苏维埃的劳动法令、土地法令等在内的一切革命法令和革命政策，甚至被称为“敲警钟的机关”，即“必须以极高的阶级警觉性，去检查我们的苏维埃的工作。每一个不良的现象，不论是张地区的饿死人的事件，水口区的枪杀贫农的事件，小溪区群众逃跑的事件，以及关于官僚主义与贪污腐化等等一切大大小小的事件都必须立刻引起我们工农检察委员会的极大注意，敲起警钟来”。参见洛甫：《苏维埃工作的改善与工农检察委员会》，1933年11月21日，《斗争》1933年12月5日第37期。

⑥ 洛甫：《苏维埃工作的改善与工农检察委员会》，《斗争》1933年12月5日第37期。

告，[①] 并先后办理谢步升贪污杀人案、左祥云贪污案、瑞金系列贪腐案、熊仙璧渎职贪污案等一批大要案。另外，中央苏区检察系统还具有刑事公诉权。具体而言，国家政治保卫局、各级军事检查所分别负责反革命案件和军事犯罪案件的侦查、预审和公诉；各级工农检察部负责侦查贪污浪费、放弃职责、徇私舞弊、包庇纵容犯罪分子等犯罪案件，并负责出庭告发或支持公诉。需要说明的是，当时受客观条件限制，裁判部的检察员不仅配备不到位，且由其独立提起公诉的案件也不多，主要是因为当时“反革命案件”范围十分宽泛，加之“左”倾错误和肃反的扩大化，许多普通刑事案件也被当作反革命案件，导致大多数刑事案件由各级政治保卫局侦查、预审和公诉。[②]

第三，“模仿－探索”模式。创立不久的中国共产党试图探索建立融合列宁法律监督与法制统一思想，以及中华法文化传统合理内核、人民监督与“以官治官”思想相统一的法律监督机关。[③] 中华苏维埃共和国政权和法制建设，主要参考的是1920年至1931年期间苏俄政治法律制度，[④] 甚至是根据共产国际指示要求而建立，[⑤] 检察制度具有鲜明的“苏式”特色。这与传统中国的监察御史制度和中华民国仿制的“西式”检察制度，无论是理论基础，还是根本性质都有重大差异。中央苏区检察制度的创设与探索对于人民检察制度来讲，具有独立而又十分重要的价值。以至于，有学者称这段检察史是“中华人民共和国检察工作的伟大预演”“开创了中国检察史的新纪元和新道路”。[⑥] 但是，客观地讲，中央苏区的检察制度是中国共产党创立不久，且又是在极端困难的革命战争环境下的探索，难免存在很多不足与缺憾。特别是，中华苏维埃共和国的国体以及国家机器的设置，政体以及政府机构的称谓和运转，都参照甚至照搬了苏联经验模式。[⑦] 历史实践证明，单纯的模仿他国政治

---

① 韩延龙、常兆儒编：《中国新民主主义革命时期根据地法制文献选编》（第2卷），中国社会科学出版社，1981，第7、25、85页。

② 孙谦主编：《人民检察制度的历史变迁》，中国检察出版社，2009，第74页。

③ 袁宗评：《中华苏维埃检察制度确立了检察制度基本图谱》，《人民检察》2021年第13期，第6—7页。

④ 1917年至1922年期间，苏俄的国家监察人民委员部及其地方机关在执行法律的监督方面发挥了重大作用，其职权于1922年移交于新成立的工农检查人民委员部。1922年苏俄建立了各加盟共和国司法人民委员部内的检察机构，行使一般监督权和司法监督权，1924年又将检察机关内设在法院体系中。概述之，1922年前，苏俄检察机关（包含一般监督和司法监督职能在内）的集中化体系没有建成，相关职能分散于监察机关（工农检查机关）、革命委员会的侦查委员会和控诉人协议会等机构。参见［前苏联］高尔谢宁：《苏联的检察制度》，载谢鹏程选编：《前苏联检察制度》，中国检察出版社，2008，第19页；参见闵钐、谢如程、薛伟宏编著：《中国检察制度法令规范解读》，中国检察出版社，2011，第370—373页。

⑤ 1931年1月15日，共产国际执行委员会致共产国际执行委员会远东局的一份电文中明确提出，中共苏区中央局在建立苏维埃临时中央政府的同时要“成立隶属于苏维埃人民委员会的工农检查机构和隶属于（直至地区）党委的，由工人、雇农和贫民组成的监察委员会”。参见中共中央党史研究室科研局编译处编：《国外中共党史中国革命史研究译文集》（第1集），中共党史出版社，1991，第413页。

⑥ 林海主编：《中央苏区人民检察制度的初创和发展》，中国检察出版社，2014，第239页。

⑦ 余伯流、凌步机：《中国共产党苏区执政的历史经验》，中共党史出版社，2010，第7页。

法律制度通常困难重重，今天我们在肯定中央苏区检察制度成绩的同时，也要看到其弊端与不足，特别是伴随着中国共产党对“左倾”错误的纠正，检察制度或者法律监督的内涵和外延也开启了中国化的探索演进。

二、刑事公诉为主、审检机构合署（1937—1949）

1935 年 10 月中央红军长征到达陕北后，11 月中华苏维埃共和国临时中央政府驻西北办事处成立，下设工农检察（查）局，颁布《工农检察局的组织条例》。1937 年 2 月 13 日，中央司法部颁布第一号训令，确定建立和健全裁判部；2 月 22 日颁布第二号训令，决定在省、县两级裁判部设国家检察员，最高法院设国家检察长和检察员。为建立抗日民主统一战线，工农民主政权向抗日民主政权转变，司法部及省、县、区裁判部（科）撤销。“中共延安政权从苏维埃体制向抗日民主体制的转换，源于共产国际的指示，始于中共中央的决策，成于南京国民政府的认同。”① 1937 年 7 月 12 日，陕甘宁边区高等法院成立，按照国民政府“审检合并”的要求，高等法院编制设置检察长和检察员各 1 人，但实际上只配备了 1 名检察员。1939 年 1 月，陕甘宁边区第一届参议会决定在陕甘宁边区高等法院设置检察处，但未配备检察长。

1941 年 1 月 21 日，边区高等法院检察处正式成立，李木庵担任检察长。② 李木庵主张“审检并立”，虽然行政事务仍由高等法院管辖，但检察工作直接对边区参议会负责，受边区政府直接领导。为了服务抗战大局，1942 年 1 月边区政府开始实施“精兵简政”政策，检察机构被撤销，相关职能由保安机关和裁判机关接管。1945 年 12 月 28 日，中共中央西北局讨论边区司法工作时，肯定了政府领导司法的体制，并认为这是过渡时期的权宜之计。1946 年 4 月召开的边区第三届参议会第一次大会上，边区政府主席林伯渠指出，必须“健全司法机关和检察机关，司法机关对法律负责、进行独立审判，不受任何地方行政的干涉，检察机关执行检察人民和公务人员违法行为之职权”。③ 这意味着“检察”已突破侦查、检控刑事犯罪之意，具备了对其他违法行为进行检察的含义，甚至拓展到了“一般监督”的范围。④

---

① 余伯流：《共产国际与苏维埃共和国的体制转换》，《赣南师范学院学报》2010 年第 1 期，第 42—44 页。

② 《陕西省志・检察志》，陕西人民出版社，2009，第 33 页。

③ 杨永华等：《陕甘宁边区法制史稿（诉讼狱政篇）》，法律出版社，1987，第 15、46 页。

④ 王桂五先生指出：“在我国新民主主义革命时期的农村革命根据地的立法中检察机关就有一般监督的职权，但是当时却没有使用‘一般监督’这个概念。”参见王桂五：《王桂五论检察》，中国检察出版社，2008，第 189 页。

1946年7月23日，首届检察业务研究会召开。同年10月19日，根据陕甘宁边区第三届参议会第一次大会关于健全检察制度的决定，陕甘宁边区政府发布命令，将陕甘宁边区高等法院检察处改为"陕甘宁边区高等检察处"，各分区设高等检察分处，各县（市）设检察处。10月19日，陕甘宁边区政府公布《陕甘宁边区暂行检察条例》，11月12日，陕甘宁边区政府发布《陕甘宁边区政府命令——各级检察机关之职务、组织、领导关系》，明确各级检察机关之职权、组织及领导关系，规定高等检察处受边区政府之领导，独立行使职权。这改变了"审检合署"或"配置制"的做法，标志着人民检察制度独立发展的尝试与探索。但是，1947年3月，国民党军进攻延安，中共中央和陕甘宁边区政府被迫撤离延安。陕甘宁边区高等法院也一并转移，司法人员有的转入部队，有的进入其他机关工作，检察干部被调参战，高等法院检察处无形中被撤销。1948年4月解放军收复延安后，陕甘宁边区高等法院变更为陕甘宁边区人民法院，但检察处和检察员却未恢复。1949年2月，陕甘宁边区政府和陕甘宁边区人民法院联合决定，鉴于"干部的非常缺乏，检察制度可暂时不建立，其职务仍由保安机关和群众团体代为执行"。①

总体而言，抗日战争和解放战争期间，各边区和革命根据地均未成立独立的检察机关，甚至承担一般监督职能的工农检察机关也没有恢复设立（这并不意味着党的组织体系中不存在纪律监察部门），负责公诉职能的检察机构内设于审判机关，即职能以"公诉为主"，机构是"审检合署"。有学者认为，1942年1月实施"精兵简政"撤销检察处前，检察机关就一直时断时续，多数时间并没有检察机关设置。即使在其存续期间，检察机关也保持着苏维埃时代的弱化趋势。② 如何评价这段时期的检察体制与工作呢？或者这个时期的检察工作是什么？

第一，检察体制的形式统一。1932年10月28日，国民政府《法院组织法》确立了"审检合署制"，规定了检察官实施侦查、提起公诉、实行公诉、协助自诉、担当自诉及指挥刑事裁判之执行等相关职权。1937年7月12日在陕甘宁边区政府尚未成立的情况下，"苏维埃政府为了实行抗日的民族统一战线，取消国内两个政权的对立，首先将中央司法部改组为边区高等法院"。③ 有学者认为，这一事实本身就说明陕甘宁边区高等法院创办之初，并不完全基于司法审判工作的需要，更多的还是出于政治方面考虑，陕甘宁边区高等法院的成立是国共第二次合作后中国共产党将自己原有的审判组织同南京国民政府的法院组织

① 刘惠生：《人民检察制度的陕甘宁边区探索》，《人民检察》2021年第13期，第10—12页。

② 陈光中等著：《中国现代司法制度》，北京大学出版社，2020，第15页。

③ 《中央政府司法部改为陕甘宁边区高等法院》，载西北五省区编纂领导小组、中央档案馆：《陕甘宁边区抗日民主根据地·文献卷》（上），中共党史资料出版社，1990，第207页。

相衔接的产物。[①] 与此相适应，陕甘宁边区的检察体制和检察职权与国民政府的检察制度也保持了基本一致。当然，陕甘宁边区的检察制度并非照抄照搬国民政府的做法，而是基于抗日民族统一战线的需要和边区的实际情况，有所发展和创新。

第二，法律监督的内涵拓展。1946 年，陕甘宁边区政府制定的《陕甘宁边区暂行检察条例》，虽然由于客观原因没有实施，但却是中华人民共和国成立前，首部关于检察制度的单行法规，对中华人民共和国检察立法有较大的借鉴和指导作用。[②] 特别是，这部《条例》体现了“民国检察”＋“苏联检察”＋“边区司法”的杂糅特色。例如，“实施侦查”“提起公诉”“协助自诉”“担当自诉”及“指挥刑事判决之执行”“其他法令所定职务之执行”等表述，与南京国民政府制定的《法院组织法》基本一致。而关于宪法、行政法违法行为的检举，则与苏联检察的一般监督密切关联。“关于一般民事案件内之有关公益事项，如土地租佃，公营事业，婚姻等”的规定，属于民事检察公诉，既可以理解为苏联检察制度中“民事审判监督”的范围，也可以理解为大陆法和英美法中检察官在某些情形下代表“公共利益”介入民事诉讼。但是，“土地租佃，公营事业，婚姻”等的列举，当然是与边区司法实践紧密相关的。[③] 此外，部分较为成熟的抗日根据地和解放区在法律监督制度方面也作了积极探索。例如，在山东抗日根据地，赋予了检察官“检举贪污渎职及其他违法失职之工作人员”职权。再例如，1947 年 4 月《旅大检察工作条例（草案）》[④] 明确检察官执行职务的范围是包括“检举一般公民之违法行为和检举一般公务人员之违法失职行为”；6 月，关东行政公署颁布的《关东各级司法机关暂行组织条例草案》规定各级机关、社团，以及公务人员或一般公民“对于法律是否遵守之最高检察权，均由检察官实行之”。这是中华人民共和国成立前检察机关一般监督权的明确规定。

第三，审检关系的探索论证。1942 年 1 月，陕甘宁边区实施简政，决定裁撤检察处及各县检察员。其中，关于检察机关存废的讨论是一起重要法制历史事件。其中，主张裁撤检察机关的代表人物是雷经天，其核心理由：一是边区社会关系简单，案情通常并不繁杂；二是在抗战期间，组织机构不需要那么庞大；三是司法机关法院不只是审判，同样可以检举犯罪，可以说是审检合一；四是根据施政纲领第 6 条规定“人民有用无论何种方式控告任何公务人员非法行为之权利”；五是保安机关及群众团体有检举权；六是对于受害主张不

---

① 侯欣一：《雷经天与人民司法制度关系研究——以陕甘宁边区高等法院为中心》，《法学》2022 年第 4 期，第 18 页。

② 闵钐、谢如程、薛伟宏编著：《中国检察制度法令规范解读》，中国检察出版社，2011，第 411—413 页。

③ 孙谦主编：《人民检察制度的历史变迁》，中国检察出版社，2009，第 96—98 页。

④ 1981 年 2 月，国务院批准同意旅大市改称大连市。

属于国家的案件，准许进行调解。[①] 主张保留检察机关，甚至实行审检分立的代表人物是李木庵，主要从检察制度价值功能的角度阐明检察机关在维护司法公正中的重要意义。例如，“分割权力，防止司法专断；规范程序，避免先入为主；法制建设水平不高，检察制度是有利补益，可以保证各项法律全面贯彻实施”等。[②]

从今日之角度看待当初双方的争论，或许李木庵的观点更加体现“法治思维”或“法治方式”。但是回顾人民检察 90 年的制度史，历史吊诡之处在于每当党和国家特殊时期，需要压缩和精简执法司法机构设置时，首当其冲的就是检察机关。但是，这并不能得出检察机关并不重要或可有可无，或许恰恰说明检察机关是更高层次的法治建设需求。例如，有学者以陕甘宁边区高等法院为中心，专门研究了雷经天的人民司法观，特别指出，雷经天不是简单地反对设立独立的检察机关，而是主张边区的司法机关建设必须符合当时的历史环境和社会发展程度，同时要统一司法权能，积极主动开展各类工作。[③] 概述之，抗日战争和解放战争期间，检察工作总体而言以刑事检察为主，体制上，出现从“审检合署”向“审检分立”的探索；职权上，体现出受苏联检察制度影响的某些特点，有向“法律监督机关”发展的倾向。

三、一般监督统领、审检二元并立（1949—1966）

1949 年 9 月 27 日，中国人民政治协商会议第一次全体会议通过的《中央人民政府组织法》第 28 条规定“最高人民检察署对政府机关、公务人员和全国国民之严格遵守法律，负最高的检察责任”，这为检察机关“一般监督”职权提供了准宪法性法律依据。10 月 22 日，中央人民政府最高人民检察署宣告成立，同时启动检察署组织条例草案起草工作。[④] 12 月 20 日，《中央人民政府最高人民检察署试行组织条例》被批准试行，并按照苏联检察理论，把检察职权分为一般监督和司法监督。为进一步完善检察制度，最高人民检察署在《试行组织条例》基础之上，1951 年 9 月 3 日起草了《暂行组织条例》。其中，《暂行组织条例》关于一般监督职权的规定未作修改，因为“这种工作的加强，无疑的将会极大地加强我们

---

① 《边区高等法院拟制“论边区司法答客问”》（1944 年），陕西省档案馆档案，全宗号 15，转引自侯欣一：《雷经天与人民司法制度关系研究——以陕甘宁边区高等法院为中心》，《法学》2022 年第 4 期，第 33 页。

② 刘清生：《新民主主义革命时期的人民检察制度研究》，《中国刑事法杂志》2009 年第 10 期，第 75—76 页。

③ 侯欣一：《雷经天与人民司法制度关系研究——以陕甘宁边区高等法院为中心》，《法学》2022 年第 4 期，第 33—34 页。

④ 新华社：《最高人民法院、最高人民检察署、法制委员会、民族事务委员会、华侨事务委员会五机构昨相继成立，推定专人负责起草组织条例》，《人民日报》1949 年 10 月 23 日，第 1 版。

人民革命的法治”。[①]

第一，别别扭扭的一般监督立法。1954 年初，中共中央成立宪法起草小组，6 月到 9 月期间，《检察院组织法》《法院组织法》与《宪法》平行起草。《法院组织法》的起草工作非常顺利，《检察院组织法》的起草却遇到很大困难。[②] 董必武说：“我们的检察部门特别没有基础，是平地起楼台，困难很多。”由于没有经验，1951 年制定的检察署《暂行组织条例》，基本上是移植的苏联检察制度，这个法律在实施中遇到不少矛盾。讨论较多的就是一般监督职权的范围。在起草过程中，起草组认为中国的一般监督是检察机关的一项职权，而苏联的一般监督不仅是检察机关的职权，还是检察监督的一种方法。同时，起草组将中国的一般监督的对象界定为国家机关和工作人员，而不包括一般公民。行为的性质是违法，而不是犯罪。当时在移植检察机关一般监督这一最具有“苏联特色”的制度时，起草组也根据中国的实际和自身的理解做了适当“剪裁”，把一般监督的范围和对象，进行了适当的“压缩”。[③]

作为检察院组织法起草组领导人的彭真，认为检察机关的主要任务应是追究违法违纪，但也不是所有违法违纪都管，属于思想作风、违反政纪的问题应由监察委员会来管。这体现了中共中央领导人的一种矛盾心理：保留一般监督的规定，实现不了；取消这一规定又无大的把握。在这种情况下，还是在条文中写上了一般监督，但也没有完全照搬苏联有关法律的规定。[④] 9 月 20 日夜，中央政治局在讨论《法院组织法》草案和《检察院组织法》草案时，毛泽东评价“法院组织法写得好，熨熨帖帖；而且检察院组织法写得别别扭扭”。[⑤] 当时参与起草《检察院组织法》的小组成员认为，毛泽东指出的“别别扭扭”就是在于未能把苏联的检察理论制度与中国的实际结合起来，甚至某些名词用语都是从苏联翻译过来的，没有使之中国化，缺乏中国的气魄与风格。[⑥] 1954 年 9 月 21 日，第一届全国人民代表大会第一次会议通过了《人民检察院组织法》，规定了检察机关的一般监督、侦查监督、审判监督、监所劳改监督以及民事检察公诉、参加诉讼等职权。与 1951 年《最高人民检察署暂行组织条例》和《各级地方人民检察署组织通则》相比，“监督”出现次数很多，体现了

---

① 《加强与巩固人民革命的法治》，《人民日报》1951 年 9 月 5 日，第 1 版。

② 王松苗主编：《检察生涯——高检院二十七位卸任副检察长访谈录（上）》，中国检察出版社，2011，第 57 页。

③ 王桂五：《王桂五论检察》，中国检察出版社，2008，第 275 页；王桂五：《我国第一部〈人民检察院组织法〉的起草情况和经过》，载《王桂五论检察》，中国检察出版社，2008，第 179 页。

④ 《彭真传》编写组：《彭真传第二卷（1949—1956）》，中央文献出版社，2012，第 878—881 页。

⑤ 孙谦：《人民检察制度的历史变迁》，中国检察出版社，2009，第 235 页。

⑥ 王桂五：《熨熨帖帖和别别扭扭——毛主席对检、法两院组织法的评语》，载《王桂五论检察》，中国检察出版社，2008，第 434 页。

“检察”向“监督”转向。至此，虽然针对“一般监督”的概念、范围以及履职方式等存在不同意见，中华人民共和国初期检察机关的一般监督职权初步完成了法律规范的建构。

第二，积极主动的一般监督实践。1950年9月4日，中共中央《关于建立检察机构问题的指示》明确提出：“苏联的检察机关是法律监督机关，对于保障各项法律、法令、政策、决议等贯彻执行，是起了重大作用的。”这里所说的检察制度，就是指苏联检察机关作为法律监督机关意义上的社会主义检察制度，因而我国检察制度也是按照法律监督机关的定位而建立起来的。[①] 1954年12月，最高检察院在总结各地试行一般监督工作时，提出“维护宪法和法律的统一施行，已经成为人民检察院的首要任务，而通过一般监督职能的行使，保障法律的统一和稳定，则是完成此项任务的重要方法”。[②] 1956年2月10日，最高检察院制定《一九五六年至一九五七年检察工作规划》，要求积极开展一般监督工作。[③]

根据历史文献，各级检察机关一般监督工作办理的案件类型主要涉及：一是国家机关决议、命令和措施的合法性审查。例如，1956年7月，福建省人民检察院认为省人民委员会关于护林工作的通知中赋予了乡护林员拘留盗伐森林和引火烧林的不法分子的权限，违反了《中华人民共和国逮捕拘留条例》相关规定，发文要求纠正。[④] 二是人民代表大会法律制度执行情况的检察监督。实践中，地方人民代表大会会期制度并未得到严格遵守。各级检察机关在履行一般监督职权过程中，重点检察纠正了地方人民代表大会会期制度的执行问题。例如，陕西省汉中市检察院等，分别提请当地政府，纠正不按期召开人民代表大会的问题。[⑤] 三是国家机关工作人员违法行为的检察监督。例如，安徽省濉溪县人民检察院从受理群众检举的材料中，发现各乡农业社干部利用夏收和秋收季节，有计划地进行盗窃粮食、隐瞒产量。该院选择了已构成犯罪的典型案件进行侦查起诉法办，并向县委作了书面报告，提出了具体意见。濉溪县委将县检察院报告批转各区委和乡总支，指示各地对农业社干部和社员加强集体主义思想和遵守国家法律的教育。例如，1956年，四川部分地区的基层干部和少数公安、司法干警在“一化三造”中非法搜查，擅自关押群众。6月9日，四川省检察院分党组向四川省委作了《关于目前部分干部中违反法律侵犯公民人身权利的情

① 闵钐、谢如程、薛伟宏编著：《中国检察制度法令规范解读》，中国检察出版社，2011，第336页。

② 《最高人民检察院第一厅：关于各地人民检察院试行一般监督制度的情况和意见》，闵钐编：《中国检察史资料选编》，中国检察出版社，2008，第770—772页。

③ 《一九五六年至一九五七年检察工作规划（1956年2月10日）》，闵钐编：《中国检察史资料选编》，中国检察出版社，2008，第537页。

④ 《违法规定必须撤销》，《人民检察》1956年第7期，第27页。

⑤ 陕西省地方志编纂委员会编著：《陕西省志·检察志》，陕西人民出版社，2009，第229—232页。

况报告》，经省委批转各地党委贯彻执行。[①] 此外，还包括对违反财经法令案件，以及社会主义改造的检察监督等。例如，1956 年 5 月 24 日，最高检察院转发了沈阳市人民检察院《关于资本主义工商业和手工业社会主义改造高潮中进行的一般监督工作总结》，供各地工作参考。

第三，超越时空的法律监督探索。1949 年中华人民共和国建立后，以全面废除“六法全书”为标志，实现了“新法”与“旧法”的彻底决裂，[②] 事实上造成了相当领域法制规范的空白与缺失，客观上导致了检察机关履行一般监督职权的“无法可依”的状况。同时，中华人民共和国初期的检察制度设计者，对于检察机关扮演法律监督机关角色充满了热忱与期待。特别是，坚定认为“一般监督工作是社会主义类型检察制度区别于资本主义类型检察制度的主要特点之一；资本主义国家的检察机关只有对劳动人民侵犯资产阶级利益的所谓刑事案件进行侦查公诉的职能，而没有一般监督的职能”。[③] 这导致了检察制度的设计者，不仅对苏联检察制度认识偏颇，并且对所谓“资本主义”检察制度认识偏激。

此外，从相关文献中可以看出，各地检察机关的一般监督工作实践，不仅对国家机关的抽象行为进行监督，也对国家机关的具体行政行为进行监督；不仅对国家机关的决议、命令和措施是否合法进行审查，也对其合理性开展审查；不仅对国家机关的行为进行监督，也对国家机关工作人员的行为进行监督。实践中，由于一般监督的监督范围过广，监督的事项过于浩繁，检察机关的人力、物力根本不可能应对。此外，由于监督途径有限，监督缺乏必要刚性，几乎所有的监督都要依靠被监督者的配合与支持。另外，实践中检察机关的履职能力也有待提升。[④] 自 1949 年中华人民共和国检察机关建立至 1954 年《人民检察院组织法》颁布前，各级检察机关主要参加了镇压反革命运动、“三反”“五反”运动、司法改革运动等工作，一般监督职权的制度规范并未完全实施，较为普遍的司法实践集中于 1954 年至 1956 年期间。但是，最高检察院内部在涉及一般监督等重大问题时始终存在不同

---

① 所谓“侵权”案件主要是指国家机关工作人员以及各级党员领导干部，特别是基层干部为完成工作任务，而采取非法甚至极端的方式方法侵犯人民群众人身权利的案件。参见四川省地方志编纂委员会编纂：《四川省志・检察审判志》，四川人民出版社，1996，第 74—75 页。

② ［美］费正清、［美］赖肖尔：《中国：传统与变革》，陈仲丹、潘兴明、庞朝阳译，江苏人民出版社，2012，第 444 页。

③ 王桂五：《关于人民检察院的职权和组织原则》，《政法研究》1955 年第 1 期，第 15—16 页。

④ 例如，某检察院对某区领导，未经请示上级及任意召开群众大会批斗地主、富农、中农的违法行为，引用 1954 年宪法第 37 条：“全国人民代表大会代表，非经全国人民代表大会许可，在全国人民代表大会闭会期间非经全国人民代表大会常务委员会许可，不受逮捕和审判。”再例如，1956 年，山西省万荣县检察院出现使用一般监督“建议书”建议县卫生院如何给病人诊治的案件。参见高一：《谈谈一般监督工作的几种法律文书》，《人民检察》1956 年第 4 期，第 22—23 页；山西省史志研究院编：《山西通志・政法志・检察篇》，中华书局，1998，第 180—184 页。

意见。[1] 1958年6月至8月，最高检察院在第四次全国检察工作会议上提出，一般监督职权应当作为一个法律武器保留下来。[2] 8月16日，张鼎丞检察长在总结中指出“关于一般监督问题，中央已经明确指示，保持武器，备而待用”。[3] 9月6日，最高检察院党组向中央报送了《关于召开第四次全国检察工作会议向中央的报告》，提出“应该保持一般监督的武器，备而待用”。10月17日，中央原则批准了报告。[4] 至此，检察机关的一般监督职权被正式确定为“备而待用”。

从今天的角度看，一般监督工作中，对于行政机关和工作人员的违法行为主要通过行政监察的方式解决，涉及具体行政行为侵害行政管理相对人合法权益的，可通过行政诉讼的司法途径解决。对于有关规范性文件的合法性监督，亦可通过立法监督等法律程序解决。行政机关的立法建议、行政法规的草拟等，由政府的法制部门承担监督和审查职责。从权力之间的关系来看，检察机关的一般监督主要体现了检察权对于行政权的监督，监督的内容主要是合法性问题，对于违法程度严重到了触犯刑法需要追究刑事责任的，则进入了“司法监督”范畴，不属于一般监督。[5] 相当长的时期内，特别是中华人民共和国初期关于一般监督权的种种争论，本质就是认为是否拥有这些职权是人民代表大会制度下社会主义中国检察权与西方三权分立框架下检察权的本质区别。事实上，当时理解的所谓“法律监督”，是对苏联检察职权的功能性概括和描述，其内涵并不如我们想象的那么确定，仅仅是一个工具性的阐释。有学者指出，一般监督只在苏联由于抵制地方分裂的特殊需要而被放置在优越于司法监督的显著地位，其他移植苏联模式的社会主义国家中一般监督通常有名无实、备而不用，甚至被废除。[6] 总体而言，源自苏联法律制度的一般监督不适合中国国情，可以说是一次并不算成功的司法权监督行政权的制度与实践尝试，但是从国家政治设计的角度来讲，其积极价值和意义应当肯定。此外，还需要特别指出的是，中华人民共和国初期宪制性法律明确了“审检二元”体制。这一点容易被检察史研究者忽视，但是却非

---

① 参见《赵鹏飞同志对刘惠之错误言行的批判（1957年11月30日在高检院全体干部大会上的发言）》，《人民检察》1957年第12期，第20页；徐益初、民胜：《关于检察院一般监督的争议》，郭道晖、李步云、郝铁川主编：《中国当代法学争鸣实录》，湖南人民出版社，1998，第109—112页；谭政文：《巩固检察工作上两条路线斗争的胜利，为彻底肃清残存的资产阶级法律观点影响而斗争》，《政法研究》1958年第6期，第27—32页。

② 《检察机关的今后任务》（1958年8月15日），闵钐编：《中国检察史资料选编》，中国检察出版社，2008，第596—597页。

③ 《张鼎丞检察长关于第四次全国检察工作会议的总结》，闵钐编：《中国检察史资料选编》，中国检察出版社，2008，第613页。

④ 最高人民检察院研究室编：《检察制度参考资料第一编（中华人民共和国部分）》，1980，第90—123页。

⑤ 孙谦主编：《人民检察制度的历史变迁》，中国检察出版社，2009，第299页。

⑥ 王志坤：《“法律监督”探源》，《国家检察官学院学报》2010年第2期，第33—34页。

常重要，因为这不仅是检察机关“三落三起”的重要制度保障，也是奠定今日“司法二元”体制的重要根基。

四、司法监督为主、探索特色模式（1978—2012年11月）

1977年10月，中央组织征求对修改宪法的意见建议，多数省区市以及各大军区、中央国家机关建议“重新设立人民检察院”。综合当时各方意见：健全法制的需要；实现公检法之间分工负责、相互配合、相互制约的需要；加强对国家机关工作人员遵纪守法的监督，保障人民民主权利，保障国家民主生活的需要；有利于追究国家工作人员玩忽职守、违法失职的犯罪行为，追究破坏经济建设的犯罪案件等。[①] 1978年宪法重新设置了人民检察院，恢复了1954年《宪法》对检察机关一般监督职能的规定。但是1978年宪法关于检察机关一般监督的规定并没有具体实施，仍是“备而待用”，随后启动了《人民检察院组织法》的修改。

1978年12月16日至27日，第七次全国检察工作会议传达了正在召开的十一届三中全会精神，明确检察工作基本任务是通过行使检察权，镇压一切叛国的反革命的活动，以及打击其他刑事犯罪活动、检察纠正违法乱纪行为、保护公民合法权益、保卫社会主义现代化建设。1979年6月，最高人民检察院在《人民检察院组织法修正草案》说明中，明确人民检察院是“国家法律监督机关”的定位。[②] 6月26日，彭真在第五届全国人民代表大会第二次会议作了相关法律草案的说明，特别指出《检察院组织法》比1954年《检察院组织法》作了较大修改是确定检察院的性质是国家的法律监督机关。[③] 1979年7月1日，第五届全国人大第二次会议审议通过《检察院组织法》，开宗明义规定“中华人民共和国人民检察院是国家的法律监督机关”，删除了一般监督职权的规定。同时，全国人民代表大会决定将1954年《检察院组织法》一般监督职权中关于国家机关决议、命令和措施的合法性审查的职能，集中于权力机关。从立法者的角度理解，检察机关的本职工作或“主业主责”就

① 李士英主编：《当代中国的检察制度》，中国社会科学出版社，1988，第183—184页。

② 最高人民检察院：《关于〈中华人民共和国人民检察院组织法修正草案〉的说明（一九七九年六月）》，闵钐编：《中国检察史资料选编》，中国检察出版社，2008，第417页。

③ 彭真：《关于七个法律草案的说明（一九七九年六月二十六日）——在第五届全国人民代表大会第二次会议上的报告》，中共中央文献编辑委员会编：《彭真文选（一九四一——一九九〇年）》，人民出版社，1991，第377—378页。

是对直接受理的刑事案件进行侦查、审查批捕、公诉以及相关司法监督等职权。[①] 类似观点或主张，自中华人民共和国检察机关建立起始，就是党内和国家层面领导人的主流观点。此外，检察机关的预防职务犯罪工作也并非1954年《检察院组织法》意义上的“一般监督”工作。例如，时任最高人民检察院检察长韩杼滨曾在全国检察机关预防职务犯罪工作座谈会上，要求各级检察机关在加强预防职务犯罪工作的同时“不能离开检察职能搞预防，更不能搞成一般监督”。[②] 在宪法明确检察机关“法律监督机关”定位，且抛弃“一般监督”的历史包袱之后，检察机关开启了“中国特色社会主义检察制度”的探索之路，或者说实现了从“检察监督”到“法律监督”的概念转变。[③]

第一，作为检察职能之一的“法律监督”（1978—1988）。在第五至六届全国人民代表大会期间，恢复建设的检察机关秉持“人民检察院作为国家的法律监督机关，实施法律监督，不是对所有法律的执行情况都进行监督，而是按照法律的规定，在一定范围内行使检察权”的理念，把“法律监督”作为检察职权之一推动开展相关工作，落实与公安机关、审判机关的“分工负责、互相配合、互相制约”宪法规定，重点开展了复查纠正冤、假、错案，以及侦查监督、审判监督和监管改造工作的监督。例如，从1979年至1984年，全国各级检察机关协同有关部门复查、平反了“文化大革命”中的冤、假、错案41万余件。[④]

第二，建构以惩治贪污贿赂犯罪为核心的“法律监督”（1988—1998）。1989年8月，最高人民检察院推广了广东检察机关成立反贪污贿赂局的经验。在得到中共中央肯定之后，全国检察机关改革原经济检察部门，正式组建反贪污贿赂局，并将其视为“实施法律监督的具体体现”。建立社会主义市场经济初期，一些领域贪污贿赂等情况易发高发，影响恶劣。1993年中共中央首次作出“反腐败斗争形势是严峻的”重大判断后，检察机关将工作重心转向侦办大案要案，积极开展反贪污贿赂犯罪斗争。例如，仅1993年至1997年，全国检察机关就共立案侦查贪污贿赂、渎职和侵犯公民人身权利、民主权利等职务犯罪案件38万余件，为国家和集体挽回直接经济损失近230亿元。此外，各级检察机关把执法监督作为三项重点工作之一，围绕贯彻落实“从重从快”和“从重从严”两个方针来推进执法监督，把查办案件作为实现法律监督的主要手段，保证各项执法监督工作取得实效。

---

① 顾昂然：《顾昂然讲述检察院组织法出台细节》，《检察日报》2009年7月6日，第5版；《迈出健全社会主义法制关键的一步——王汉斌访谈录之五：恢复和重建国家机构迫切需要有法可依（下）》，《法制日报》2010年12月18日，第3版。

② 《韩杼滨在全国检察机关预防职务犯罪工作座谈会上要求，力争把职务犯罪遏制到最低程度》，《人民日报》1998年12月25日，第3版。

③ 王海军：《“法律监督”概念内涵的中国流变》，《法学家》2022年第1期，第4页。

④ 最高人民检察院《中国检察年鉴》编辑部：《中国检察年鉴（1988）》，中国检察出版社，1989，第5—6页。

第三，以“法律监督”统领检察权运行（1998—2008）。20 世纪 90 年代一段时间，由于社会治安较差、恶性大要案频发，加之司法腐败，政法队伍形象不佳，全国人民代表大会“两高”报告通过率连续低位徘徊，甚至一度面临险些无法通过的尴尬境地。因此，这十年的检察工作以落实 1998 年中共中央关于在政法机关开展集中教育整顿的决定为切入点，重点围绕“强化法律监督”和“维护公平正义”两大主题，加强对侦查、刑事审判、刑罚执行和监管的监督力度，开展民事审判和行政诉讼监督，改进和加强控告申诉检察工作。

党的十六大对推进司法体制改革作出了部署，最高人民检察院先后召开深化检察改革为主题的系列专家座谈会和司法体制改革研讨会，研究论证检察体制改革框架原则。学术界和司法实务界出现了关于取消和削弱“法律监督权”或“检察权”的争论，甚至质疑检察机关的宪法地位，主张取消检察机关。这再次让检察机关感受到了“生存”与“发展”的压力，迫切需要建构一套检察理论体系阐述“中国特色”的检察制度。2006 年 6 月，最高检察院召开了第十二次全国检察工作会议，这就是著名的“十二检”会议。“十二检”会议的历史贡献在于系统论述了“中国特色社会主义检察制度”的历史必然性和内在合理性，及其当代中国检察制度的特色和优越性。尤其值得关注的是，“十二检”会议在表述“法律监督”与“检察权”之间关系时，认为检察机关依法履行审查批准和决定逮捕、公诉、职务犯罪侦查以及对刑事诉讼、民事审判和行政诉讼实施法律监督等职能，均“内在地统一于检察机关的法律监督属性”。[①] 也就是说，检察系统内部主流观点已经主张“法律监督”不是“检察权”的某一项或数项职能的集合，而是超越检察权，具备纲领性与统领性属性，系“元检察权”。多年后，有学者评价，“十二检”会议不仅是最高人民检察院对主张削弱甚至取消检察机关法律监督职能的言论和观点的系统全面回应，也体现了在国家监察体制改革、反贪转隶前，对人民检察制度特征的新认识，推动中国特色社会主义检察制度“更加成熟定型”。[②]

第四，“强化法律监督”与“强化自身监督”双轨并行（2008—2012 年 11 月）。按照深化检察改革 2009—2012 年工作规划，最高人民检察院先后印发《关于进一步加强对诉讼活动法律监督工作的意见》等系列文件，完善了法律监督范围、手段、机制、效力等。2009 年 7 月，全国检察机关内部监督工作座谈会提出“监督者必须接受监督”的理念，要求把

① 张建升：《在新的起点上迈出新的步伐——第十二次全国检察工作会议综述》，《人民检察》2006 年第 7 期（下），第 20—23 页。

② 闵钐：《“中国特色社会主义检察制度”概念演变与制度实践》，《中国检察官》2019 年第 10 期，第 4—7 页。

强化自身内部监督制约放到与强化法律监督同等重要的位置。此后，最高人民检察院设立了代表委员联络室，推动举办“检察开放日”活动，出台执法工作基本规范，成立案件管理办公室，不断强化自身监督。2012 年 2 月 9 日，最高人民检察院召开了全国检察改革推进会暨经验交流会，较为系统论述了“强化法律监督与强化自身监督”。例如，“法律监督”与“自身监督”是不可或缺、相辅相成的两个方面，是检察事业的立身之本和发展之基。再例如，“法律监督是我国宪法赋予检察机关的性质和职能定位，也是我国检察制度区别于西方国家检察制度的重要标志”，“检察机关的法律监督是社会主义监督体系的重要组成部分”，这就要求始终坚持检察机关的宪法定位，努力实现“敢于监督、善于监督”与“依法监督、规范监督”的有机统一。①

五、新时代“法律监督”新格局（2012 年 11 月至今）

2012 年 11 月，党的十八大召开，人民检察事业进入新的历史时期。检察机关先后建立了公益诉讼，实现了反贪转隶，建构“四大检察”“十大业务”。特别是，2021 年 6 月 15 日中央印发《关于加强新时代检察机关法律监督工作的意见》，充分彰显了以习近平同志为核心的党中央深入推进全面依法治国的坚定决心、对完善党和国家监督体系特别是检察机关法律监督工作的高度重视。②“检察机关法律监督是中国特色社会主义政治制度和法律制度的重要特征。”《意见》是当前和今后一个时期加强检察工作的纲领性文件。③ 回顾人民检察制度发展史，可以发现法律监督的内涵不断演进，外延不断拓展丰富，但是“国家的法律监督机关”宪法定位 1982 年以来始终没有变化，且不断得以强化。有学者认为，“法律监

---

① 胡泽君：《继续解放思想深化检察改革不断健全完善中国特色社会主义检察制度——2012 年 2 月 9 日在全国检察改革推进会暨经验交流会上的讲话》，最高人民检察院《中国检察年鉴》编辑部：《中国检察年鉴（2013）》，中国检察出版社，2015，第 44—49 页。

② 徐日丹、戴佳、闫晶晶：《把党中央赋予的法律监督政治责任、法治责任、检察责任落实好——最高人民检察院负责人就学习贯彻〈中共中央关于加强新时代检察机关法律监督工作的意见〉答记者问》，《检察日报》2021 年 8 月 11 日，第 1 版。

③ 中共最高人民检察院党组：《加强新时代检察机关法律监督工作更实担起党和人民赋予的更重责任》，《人民日报》2021 年 9 月 2 日，第 6 版。

督机关”给现行宪制烙上了“中国特色”。[①] 之所以出现如此多的纷争，[②] 其中一个重要原因就是理论分析的架构与基础，也就是说西方“三权分立”的国家权力结构图景难以解释“中国特色”的检察体制，或者“行政权—司法权”范式难以破解中国难题。[③] 但是，学术的讨论与学理的研究，不能也不宜“打棒子”“扣帽子”，否则既不符合政治伦理，更不利于中国特色检察理论的创新发展。

例如，“法律监督专有属性说”在检察系统内部具有广泛影响力，核心主张是检察权等同于法律监督权，法律监督属性高于司法属性。[④] 有学者认为，法律监督是“对法律实施的监督”，是一种专门性、程序性、事后性的监督，并且是中国法律中的一个专门术语。[⑤] 这个描述性概念非常经典，但是却落后于时代发展了。例如，对法律实施进行监督，不仅仅是检察机关职责，国家权力机关、监察机关、行政机关等同样被赋予了监督法律实施的职权，逻辑上难以推导出法律监督就是检察机关专门职责的结论。同时，以公益诉讼为代表的新型检察职能，也远超越了程序性、事后性监督的属性，而具有主动参与社会治理的色彩。有学者认为，法律监督就是要求检察机关成为“法律的守护人”，其具有法定性、程序性、建议性、事后性、救济性、有限性，特别强调“法律监督绝非万能，其功能和作用有其特定的范围和界限”，又指出“检察机关与公安机关、法院等部门是平等的关系，监督与被监督只是一种制度设计，没有地位高低之分”。[⑥] 这种对于法律监督的解读当然符合当下检察机关的实际，但是似乎无意中又模糊了“监督”与“检察”的关系，特别是过分的谦卑姿态反而容易滋生凭什么检察机关成为“法律监督机关”的疑惑。又例如，“法律监督多元属性说”是学术界较为普遍共识。有学者认为，我国检察机关的职能具有政治机关和司法机关双重属性。[⑦] 这种解读非常巧妙，但是在当下的政治话语体系下，特别是政法体制之

---

① 朱全宝：《法律监督机关的宪法内涵》，《中国法学》2022年第1期，第146—152页。

② 一是主张检察权是行政权，质疑全面法律监督，主张检察机关应成为单纯的公诉机关；二是主张检察权是司法权；三是主张检察权是混合型权力，兼具行政权和司法权的特征；四是主张检察权是法律监督权，检察机关的所有职能都统一于法律监督权，属于法律监督的一种形式。其中，第四种观点，即“法律监督权说”因为与现行宪法文本规范相符合，且与检察系统自我定位相同，被实务部门较为普遍接受。代表性学术作品包括：郝银钟：《检察权质疑》，《中国人民大学学报》1999年第3期；陈卫东：《我国检察权的反思与重构——以公诉权为核心的分析》，《法学研究》2002年第2期；万毅：《检察权若干基本理论问题研究——返回检察理论研究的始点》，《政法论坛》2008年第3期；龙宗智：《论检察权的性质与检察机关的改革》，《法学》1999年第10期；朱孝清：《中国检察制度的几个问题》，《中国法学》2007年第2期；等等。

③ 周新：《论我国检察权的新发展》，《中国社会科学》2020年第8期，第66页。

④ 王桂五主编：《中华人民共和国检察制度研究》，中国检察出版社，2008，第57页。

⑤ 朱孝清、张智辉主编：《检察学》，中国检察出版社，2010，第184—187页。

⑥ 孙谦：《新时代检察机关法律监督的理念、原则与职能（上）——写在新修订的人民检察院组织法颁布之际》，《检察日报》2018年11月3日，第3版。

⑦ 余钊飞：《“四大检察”与执法司法制约监督体系之构建》，《法律科学（西北政法大学学报）》2021年第1期，第194页。

内，可以说所有政法机关首先是“政治机关”。与此同时，“政治机关”似乎更多彰显的是政治理念或价值标榜，不属于严格意义上的法律概念，因此“履行国家法律监督权的政治机关”的解读难以理论自洽。有学者试图从文义、历史、目的、体系等多元解释方式界定“法律监督”的内涵与外延。[①] 相关论述虽然具有启发性，可是如果从人民检察90年的历程来看，似乎难以支撑这个结论。从仿照苏俄建立检察机构始，人民检察制度的设计者就没有放弃“一般监督”统领“司法监督”的努力（即法律监督的核心不是“诉讼监督”），进而把“法律监督”标榜成为社会主义检察制度与资本主义检察制度的本质区别。此外，该定义似乎混用了“制约”与“监督”的含义，进而把法律监督的宪法定位与检察机关的法定职权相混淆了。

如果从人民检察历史发展的角度来看，可以发现“法律监督”的内涵与外延始终处于动态演进中，这就要求我们应该始终保持开放性和包容性，结合新时代发展需要，推动中国特色社会主义检察制度更加定型完善。具体而言，需要重点坚持三个核心观点。

一是“检察权一元论”。长期以来，检察机关通常只是被视为刑事犯罪的追诉人。[②] 实际上，检察机关本质上与法治存在“共生”关系，是宪法法律以及公民基本权利的守护者。[③] 为了实现“法治守护人”的价值追求，老一辈检察学人认为必须坚持“法律监督一元论”。[④] 如前文所述，“法律监督一元论”的主张存在着一些难以圆融之处。毕竟检察权本身就具有监督功能，既要保护被告免于法官之擅断，也要保护其免于警察之恣意，它的监督功能是通过办理具体案件时依据诉讼程序为载体而发挥作用（一般监督权除外），是否一定要把这种监督功能全部定位为“监督权”呢？因此，基于检察权在我国是一项独立的公权力的逻辑起点，以“检察”的属性来统领检察职权，才能消解那些长期以来关于具体职权与法律监督的关系问题的争论，也能避免“以监督者自居”的心态。[⑤] 这就是“法律监督功能定位的检察权一元论”主张的基本出发点与落脚点。[⑥]

二是“司法二元论”。“中国特色的法律监督机关”的宪法定位并不意味着赋予了“检察权”超越“司法权”的位阶，进而获得了位居“领导权”“执政权”之下国家权力的地

① 朱全宝：《法律监督机关的宪法内涵》，《中国法学》2022年第1期，第149—152页。

② 张军：《关于检察工作的若干问题》，《人民检察》2019年第13期，第6页。

③ 魏晓娜：《依法治国语境下检察机关的性质与职权》，《中国法学》2018年第1期，第291—292页。

④ 例如，“法律监督”特指检察机关的监督，只有检察机关的监督才是“法律监督”；检察机关的各项职权都统一于“法律监督”，都是“法律监督”的表现形式，因为只有属于法律监督性质的职权，法律才会配置给检察机关。参见王桂五主编：《中华人民共和国检察制度研究》，法律出版社，1991，第252页；朱孝清：《中华人民共和国检察制度的不变与变》，《人民检察》2021年第21—22期，第61页。

⑤ 闵钐：《检察权配置的历史变迁与反思》，《国家检察官学院学报》2010年第5期，第60—62页。

⑥ 闵钐：《检察与监督——兼论“四大检察”的理论基础与时代价值》，《人民检察》2019年第22期，第53—56页。

位。检察权是国家司法权的重要组成部分，由“检察权”与“审判权”共同构成“司法权”，即“司法二元体系”。[①] 有学者主张，“司法二元论”的基本立场是“党的领导一元”前提下的“司法权二元”和“司法机关二元”。[②] 该主张当然符合检察实际，但是需要作出必要补充。“党的领导一元”是对中国共产党领导权、执政权的概述，还要明确检察机关的法律监督是国家权力机关监督之下的法律监督，也就是说应将检察权放置于国家权力的基本框架中，即检察机关并未统揽或独揽法律监督，不能把“法律监督”简单理解为“监督法律”。申言之，在检察权的基本属性中，司法权是监督权的基础，监督权则是司法权的保障。“司法权”与“监督权”的互动主要体现在执法办案中，呈现“在监督中办案，在办案中监督”的状态，辩证统一于检察权之中。[③]

三是“法治监督组成论”。十八届四中全会《关于全面推进依法治国若干重大问题的决定》提出，重点构建“严密的法治监督体系”。法治监督就是对法律实施进行的监督，法治监督体系是中国特色社会主义法治体系的重要组成部分。[④]“法治监督”具有监督主体更加多元、内容更加丰富的特点，更加突出体系性、动态性、整体性、有序性，即“法治监督体系是一个以宪法监督为核心的，统摄执法监督体系、司法监督体系和社会监督体系等子体系所构成的严密的、完整的、动态的监督体系”，可以把法治监督的子体系概括为国家监督体系、社会监督体系，以及执政党的权力监督体系。[⑤] 检察机关法律监督是法治监督体系的重要组成部分，在推进中国特色社会主义法治体系建设中发挥着特殊而重要的作用，[⑥] 也就是说“国家法律监督机关”的宪法定位，要求检察机关在建构“法治监督体系”中发挥更大作用。

一部人民检察史，就是一部党领导检察机关不断健全完善法律监督职能、保障国家法律统一正确实施的开拓史。中国特色社会主义检察制度，是百年来党探索符合国情的社会主义民主政治和权力监督制度的伟大创举，是推进马克思主义国家与法的理论中国化的成

① 2020年11月16日，习近平总书记在中央全面依法治国工作会议上讲话中，明确将“检察权”与“审判权”并列，即“党的十八大以来，党中央确定的一些重大改革事项，健全纪检监察机关、公安机关、检察机关、审判机关、司法行政机关各司其职，侦查权、检察权、审判权、执行权相互配合的体制机制等，要紧盯不放，真正一抓到底，抓出实效”。习近平：《坚定不移走中国特色社会主义法治道路为全面建设社会主义现代化国家提供有力法治保障》，《求是》2021年第5期，第13页。

② 闵钐：《以习近平法治思想为引领把握检察制度“三个逻辑”》，《检察日报》2021年7月5日，第3版。

③ 苗生明：《新时代检察权的定位、特征与发展趋向》，《中国法学》2019年第6期，第227—228页。

④ 曹建明：《形成严密法治监督体系保证宪法法律有效实施》，《检察日报》2014年12月16日，第1版。

⑤ 罗洪洋、殷祎哲：《社会主义法治监督体系的逻辑构成及其定位》，《政法论丛》2017年第1期，第38—39页。

⑥ 张军：《坚持以习近平法治思想为指引加强新时代检察机关法律监督》，《求是》2022年第4期。

功实践。[1] 要始终坚持"检察自信"，坚定不移走中国特色社会主义法治道路，坚持好、发展好中国特色社会主义检察制度。[2] 因此，人民检察制度始终在路上，法律监督的内涵、外延也将在不断发展与深化中。

① 中共最高人民检察院党组：《以史为鉴，开启党绝对领导下的人民检察事业新征程》，《检察日报》2021年12月27日，第1版、第3版。

② 张军：《坚持以习近平法治思想为指引依法能动践行以人民为中心的发展思想》，《学习时报》2022年6月6日，第1版。

学术访谈

绝而不绝，学以为学

——寺田浩明教授访谈录*

［日］寺田浩明　赵　崧**

赵崧（以下简称“赵”）：寺田老师您好，很荣幸能与您进行这次访谈。我初到京都大学开始学习时，有幸参加了您退休前的最后一学期课，当时我的日语和专业知识都很糟糕，除了课上读《刑案汇览》外，其余时间也不敢向您请教。您退休后，直到我毕业回国前，能见面的机会就更少了。这次借《法律史评论》的东风，想就日本东洋法制史的现状与未来以及您专著的相关问题，向您请益。我想，不光是我，对于中国的其他同行来说也是一次十分宝贵的机会。

以往对学人的访问中，一般都会有“当初为何会选择从事本专业”这样的问题。虽然略显俗套，但您作为一个外国人（日本），又是东京大学法学部①出身，最后为什么没有从事部门法而是法制史的工作，相信对这个问题感兴趣的人应该不少。

寺田浩明（以下简称“寺田”）：赵崧好，好久不见。祝贺你获得博士学位并顺利就职。这次访谈确实是一个很好的机会，我也想围绕有关学问的各种话题不设限地聊一下。

刚刚你的问题提到了东京大学法学部，我其实一开始就没有想成为法律事务工作者或官员的打算。大学入学之初就已经把成为研究者作为志愿。东京大学法学部和大部分日本的国公立大学的法学部一样，包含法学和政治学两个专业，所占比重虽然各不相同，但是

* 本文系由对寺田浩明教授的书面采访整理而来，文字有删减，并于必要处添加注释。所提及专著或论文，有中译本的按中文文献名，其余保持日文文献原貌。

** 寺田浩明，京都大学名誉教授，公益财团法人东洋文库研究员；赵崧，华中师范大学法学院讲师。

① 日本的大学采用学部制，相当于我国大学的本科院系，下文中的大学院则相当于研究生院。

学生们是哪个科目都要学的。而且，在最开始的两年中是整个学部一起上教养教育课程，[①] 其他的科目也可以自由学习。在此期间，我在学校主要参加了社会学的讲义和演习，[②] 并且同学中间还组织进行了《资本论》的读书会。在进入专业课程之后，我的兴趣点进一步限缩为用社会科学来解释亚洲社会的特质。至于东京大学法学部的专业课，大致有日本政治思想史、日本政治外交史、日本法制史、亚洲政治外交史、东洋法制史等相关科目。

可是，我并非来自一个非常富裕的家庭，所以要我在大学毕业后支付学费去读大学院是不太现实的。但幸运的是，包括东京大学在内的一些国立大学的法学部有一个“学士助手”制度，如果主管教授愿意并且提出申请的话，成绩优秀的本科毕业生可以立即被聘为助教。恰好此时一位西洋法制史的教授告诉我，滋贺老师正在寻找一位学士助手。于是，我向滋贺老师请求，并且被录用了。所以，我选择中国法制史专业，更多的是多种巧合之下的结果。

赵：现在的法科学生在部门法和基础法的选择上也多有困惑，像您这样很早就确立研究志愿的学生太少了。好像在法学院学习，从事部门法的学习是一件理所当然的事，而选择像法制史这样的基础法学反而显得有些另类。并且，部门法毕业后，就业的选择面相对更广，而法制史似乎只能选择研究型工作。从最后就业来看，法制史并非很好的选择。对此，您怎么看？

寺田：就我的情况而言，正如刚才所说，从一开始我就只考虑成为一名研究者，所以我对学科的选择，单纯只是一个学术兴趣的问题。在当时，东京大学法学部的后继者培养制度中，包括大学院，通常只招收未来有良好就业前景的一定数量的学生。换句话说，学生们最大的难关是要在一开始就确定以成为学者为志业。一旦通过了这个难关，学生本人就不需要太担心找工作的问题，而是应该集中精力写一篇代表作论文，当时的风气基本如此。现在想来，那时的环境真的非常优越。所以，我的经历好像没有什么参考价值。

但是现在（还有从前的东京大学的文学部相关领域以及法学、政治学相关领域的私立大学也是如此），一切人或事都处在一个竞争更为激烈的环境中。当你考虑到找工作的困难和不能成为研究者的风险时，学科的选择也就成了一个重大问题。而且正如你说的，做一个基础法学研究者肯定不是那些以稳定为导向的人所选择的职业道路。但即便如此，一直以来也都有人会这么选择。像冈野诚老师（明治大学大学院）和川村康老师（早稻田大学大学院）这样优秀的研究者，也都是从私立大学走出来的。说实话，我认为这样的学科本

① 通识教育课程。

② 日本大学的课程设置分为“讲义”和“演习”，前者偏重一对多的教员讲授，后者偏重少数学生在教员的指导下进行自主学习与研讨。

来就需要那些想从事的人下很大的决心。

赵：能选择读博士的学生大约都曾下过这样的决心吧。据我所知，您的日本籍学生，比如铃木老师和赤城老师都是您在东北大学任教期间带的博士生，而您到了京都大学以后，学生基本以中国籍的留学生为主。目前，日本的大学能在法学院开设东洋法制史专业的屈指可数，像东京大学、京都大学、金泽大学、九州大学等，而学生人数也不乐观。抛开日本学生整体上就读大学院的意愿降低这样的大环境外，除了少数留学生，年轻一代的日本学生似乎很少会选择东洋法制史。对于以中国法制史为主的东洋法制史在日本的未来，您是否有担忧呢？

寺田：首先，在日本的大学法学部，实际上长期以来，选择从事中国法制史学习和研究的人一直非常少。考虑到供需关系的话，这也是理所当然的，而且在可预见的未来也不会变得更多。在这样的背景下要如何显示这门学科的存在感，我觉得更为重要。具体而言，先是在法制史学中，然后在基础法学中，再进一步，到整个法学，甚至是整个人文社会科学。一开始是在日本，后面则需要放眼全世界。因此，这个领域中每个碰巧获得大学教职的人，与其他热门学科相比，肩上的担子更重一些。而直到现在，像仁井田陞老师、岛田正郎老师和滋贺秀三老师这样的大师们，已经如群星般耀眼。日本的中国法制史学在世界学术格局中一直保持着相当的地位。虽然从外表上看，日本研究中国法制史的好像有一个大群体，但实际上只有少数几个人而已。

虽说如此，大学所拥有的资源也是有限的。中国法制史是否会继续被认为是日本的法学部应该设立的学科（如果有空间的话），以及研究中国法制史的人是否能够保持作为专业研究者的职业地位，最终将是在与其他学科的必要性之间进行平衡判断的问题。这首先由选择中国法制史学科的听讲学生来判断，其次由决定设立该学科的法学部的同僚们来判断，最后则由日本社会来判断。

所以不管怎么样，暂时我所能做的，就是向学生们、向法学部的同事们、向社会展示中国法制史的学术魅力。这也是这次出版教科书的目的之一。

赵：在日本目前的国文教育体系下，学生的汉文能力可能不如几十年前了吧。但是，好像东洋史还是要比东洋法史更有人气一些，东洋史的传统也保留得更好一些。说起来，您觉得在史料的理解与利用上，中国留学生的母语优势明显吗？因为大部分人会觉得，中国人做中国史研究本就是一种天然优势。但其实在日本读史料时，大家都是要逐字逐句翻译成日文，这时偶尔会在某些字词处“卡壳”，虽然通常“不求甚解”也无伤大雅，但要是被旁边的日本学生抢先答出，难免会有不甘心。我的体会是，有时倒不一定是外国人做研究细致，而是中文史料此时作为外语文献，外国人不得不逐字研读。而中国人因为太过熟悉，往往一带而过，其中有些关键信息被错过了也未可知。

寺田：由于法是一个与人们日常生活密切相关的话题，不了解中国人日常生活细节的外国人的压倒性劣势，和中国人的压倒性优势从一开始就很明显。关于汉文的阅读理解能力，不消说便是如此。法制史学终归是语言的研究，因此，史料中容易“读不懂”的地方，正如你所说的，其实对研究来说也有很多好处。

例如，就我自己的经验而言，我曾经“读不懂”财产法中出现的“业”字，尤其是田面田底惯例中的“骨业、皮业”“大业、小业”的表述。就“业主”一词来说，用“土地”来置换“业”字是没有问题的，但说到骨业和皮业时，无论怎么想都不是实体物。以此为切入点来思考这个问题时，可以意识到，这里的“卖”的本质是取得对价并赋予收益行为以正当性。“业”这个词是在从这种收益行为的方面看对象物时出现的一种表达方式，再进一步，反过来说，当保留或转让实施特定收益行为的权利被表达为客观事物的所有或买卖时，就会产生“骨业”和“皮业”这样的词。探究“业”字的含义就能获得这样的认识。①

横跨“禁约”和“合约”之间的“约”字，曾经也很难读。概括来说，这个问题是：为什么在传统中国，纵向的强制命令和横向的自愿协议是由同一个字来表达？在解决这个问题的过程中，我们发现，跨越命令和协议之间的界限正是将人们统合起来的行为所具有的共性，而且两者最终都是所有参与者的“同心”的状态。有了这一发现，于是我写了《明清法秩序中“约”的性质》一文。②

说起来，“欺”字也是我的一个主要研究线索。在日语中，这个字专门用来表示“欺骗”。然而，从史料的上下文来看，有些情况下它丝毫没有欺骗的意思。特别是，当“欺”字用于指欺压时，其基本内涵不是“欺骗”，而是“欺侮”，即毫不犹豫地压迫，将对手视为可以肆无忌惮欺压的人。当时，争端的本质在于与对方的关系，而不是某些事实的存在。有了这一发现，于是就讨论了“欺压与冤抑”。③

仅仅通过考虑这样一个文字的含义和用法的范围，就可以写出一整篇论文。这种事情

---

① ［日］寺田浩明著，郑民钦译：《田底田面惯例的法律性质——以概念性的分析为中心》，分别收录于《中国法制史考证》丙编“日本学者考证中国法制史重要成果选译”第4卷（中国社会科学出版社，2003）、《权利与冤抑：寺田浩明中国法史论集》（清华大学出版社，2012）。日文原稿题为「田面田底慣行の法的性格——概念的検討を中心にして」，原载于『東洋文化研究所紀要』第93册，1983。

② ［日］寺田浩明著，王亚新译：《明清法秩序中“约”的性质》，分别收录于《明清时期的民间契约和民事审判》（法律出版社，1998）、《权利与冤抑：寺田浩明中国法史论集》（清华大学出版社，2012）。日文原稿题为「明清法秩序における『約』の性格」，原载于［日］沟口雄三等编『社会と国家』（シリーズ・アジアから考える第四巻），東京大学出版会，1994。

③ ［日］寺田浩明著，王亚新译：《权利与冤抑——清代听讼和民众的民事法秩序》，分别收录于《明清时期的民间契约和民事审判》（法律出版社，1998）、《权利与冤抑：寺田浩明中国法史论集》（清华大学出版社，2012）。日文原稿题为「権利と冤抑——清代聴訟世界の全体像」，原载于『法学』61卷5号，1997。

（不充分考虑其含义也可以把它读出来）在母语中可能反而比较难吧。

赵：当然，史料的读解能力，不论对于中国人还是外国人，还是一个可以通过勤奋学习得以解决的小问题。您说的这种从小处入手已超越读解能力的范畴，应该算是问题意识的产生过程了。记得您以前说过，清代的资料如山一样多，研究者以个人之力，能过眼的亦是有限。但是，至少在理论上，做研究的动机是先产生疑问，进而努力找寻史料去解决疑问。以前在东洋法制史研究会的夏合宿时，[①] 我请教过您类似的问题，“先看史料，在史料中发现问题并寻求解决”与“先预想问题，在史料中寻求予以支撑的材料并解决”，这两种方法从可行性来说，现在的博士生似乎不得不选择后者，因为前者耗时太久，且有徒劳无功的风险。换言之，很多博士生并不是带着问题来读博士，而是为了读取博士学位而寻找一个可能存在或不存在的问题。日本的博士课程在申请时都会要求提交研究计划，但实际情况是博士入学后，研究计划多数是要变更的。所以，在选题方面，您有什么建议给年轻的博士生？

寺田：对于要在一定时间内产出成果的博士生来说，我相信，在大量的史料中不慌不忙、毫无目的地阅读，从中找到独特的重大问题确实是不现实的。但是，我仍然认为，在史料中寻找问题的环节对于研究来说是必不可少的。

以我的经验为例，我最先投入的工作是弄清田面田底惯例的形成过程。事后描述惯例形成的机缘时都说“因为有开垦肥培”之类，但实际的开垦肥培现场的史料，大多是以当场用货币结算即结束，明示地设定田面的史料反而是例外。

此外，如果该地区事先就存在田面田底惯例的话，就可能出现通过授予田面来回报开垦劳苦的方法，但该地区第一块田面是如何出现的？这一问题在逻辑上是无法回避的。有了这样的疑问，不时出现在史料中的“辗转售耕”“辗转承批”“辗转价买”之类的说法，引起了我的注意。其中发生了什么？这是一个漫长的提炼理论的试错过程，直到我能够“读懂”史料。最后的结果是，得出其中的权利主张是将现状的来历进行正当化的构思。在寄生地主制下，佃户之间的耕作交替流转，这个流转价格逐渐“时价”化。随着田地时价流转（这就是“辗转售耕”）的持续，佃户们开始为自己的佃耕寻找理由，其依据是他们向前佃支付了时价从而承继，基于此，他们要求在退佃时田主要支付时价，甚至声称他们有不基于田主意愿的正当理由。当这种新形式的佃户耕种的正当理由在该地区被社会稳定地接受时，田面所有、田面买卖的表象就出现了。买卖并不是从事物（或客观权利）的存在

① 日本东洋法制史研究会的惯例是在每年的暑假，选择一个旅馆或民宿举办 2 至 3 天的合宿，期间会员们进行研究报告和近况交流。此处所说的是 2019 年在长野县举办的第 38 届夏合宿。

开始的，而是通过买卖形成了买卖的对象（客观权利）。这样一来，史料记载就成了理论形成的线索，而由此产生的理论则有助于对史料的解读。如果没有史料和理论之间的这种对话，历史研究就得不到深化。

在以这种方式进行研究时，还需要有一个构思，即“这个理论将解释史料中的所有记载”。为了检验自己创造的假说是否恰当，绝对有必要掌握某一范围内庞大的史料。在我最初研究土地法的时候，民国司法行政部编《中国民商事习惯调查报告录》发挥了作用。

综合来看，上述情况可以概括为以下几点。在研究之初，当然不可能使用过于庞大的史料，但选择一定规模的史料进行精读还是绝对必要的。要选择的史料可以是任何东西，包括法典、刑案、判语、档案和官箴书。在其中发现用以往的理解框架、解释方法不太能“读懂”的史料记载，于是自己创设可以解释它的理论，然后用整个史料来检验这个理论的有效性。新的理论只能从这样的工作中产生。当然，并不能保证在选定的史料中总是能找到好的问题。但这种构思是无论如何也不能省略的，剩下的就只能是“祝你好运”了。

赵：另外，从20世纪80年代以来，“中国法制史”中的大问题基本已被前人研究涉及了。现在几乎很难提出一个“○○制度”这样的体系性课题，但是对于年轻人，特别是博士生，一个体系性的问题又是其博士论文的基础。我写博士论文的时候对此就很有感触，铃木老师的要求除体系性外，还增加了一个“面白さ（趣味性）”，令人颇为头疼。其实，中国国内每年都有大量的硕博士论文产出，其中多有“重复命题”或“伪命题”，从学术发展来说，肯定有其不合理性，但在前人留下的一些细小问题之外，年轻人能做的实在有限。这里提一下部门法，部门法随着社会和时势的发展，不会缺少话题，而法制史研究，除了新的出土资料（也很有限），几乎不会有太多新素材加入。所以，在选题之外，关于研究方法您有什么建议吗？

寺田：说好做的问题已经被我们的前辈做了，现在的我们已经找不到这样的问题了，前辈们真是幸运啊（前辈们太狡猾了），这算是抱怨吧。不过，有这样的感觉也并不奇怪。

但是，对于这个问题，我想问体系性的问题是否由某人一次性就已经解决完了？或者，更进一步想问的是，我们的前辈们在处理体系性问题时，在那之前是否是一片空白的状态？

例如，滋贺老师的《中国家族法原理》，[①] 在此之前就有中田薰老师撰写的概括性的中国家族法论。而且，对于最初写完的《中国家族法论》，当时已是大家的仁井田陞老师作出

---

① ［日］滋贺秀三『中国家族法の原理』（創文社，1967年），其前身『中国家族法論』（弘文堂）出版于1950年，当时滋贺老师29岁。该书中译本由张建国、李力翻译，先后由法律出版社（2003）和商务印书馆（2013）出版。

了极为严苛的批判，作为反驳，滋贺老师写了《中国家族法补考》。[①] 该论文连载了四次，共计 110 页。《中国家族法原理》正是这一苦斗的结晶。

在我最初从事的土地法领域，以日本殖民地当局出版的《台湾私法》（1909—1911）为代表，研究不可谓不多。特别是作为主要论题的田面田底惯例，在我着手写论文时，当时日本两位活跃的中国史学家藤井宏和草野靖之间，围绕田面田底惯例的形成时期进行的长达十来年的辩论正迎来白热化阶段。我的文章《田面田底惯例的法律性质——以概念性的分析为中心》（1983），在这个意义上说，简直是火中取栗。实际上，我为了批判两人在史料解读上的错误，选取了处于两人论争中心位置的史料《崇明县志》，在上一篇论文之后不得不写了「『崇明県志』にみえる「承価」「過投」「頂首」について——田面田底慣行形成過程の一研究」这样的长文（有 140 页）。[②]

所谓研究方向，是一个问题越是重要，别人已经有过涉及就越是常见，而谁都没有做过的情况则是例外。或者换个说法，“事实调查”确实在一定程度上是结束了，但考虑事实的“意义”的工作，以及讨论这些事实整体上是如何构造的工作，尚有无尽的再重组的空间。当然，所不同的是，前者总是有和花费的时间匹配的成果（就像刷墙或铺砖一样），而后者，一个新的理论构造是否会成功，只有“1 或 0”的差别。此外，还总是存在激烈争论的可能。仔细想想，这是比较吓人的。但这也是没办法的事。学术界的主战场，在大多数情况下恰恰是后者。

当疲惫无力的时候，我也觉得最好能有一个小的但有保证的成果（也不想和别人争得太厉害），但如果我这样想，我就会掉进一个可悲的世界——拼命寻找某人“刷墙刷剩下的那点儿空白”。但如此费劲地跻身学术道路，真是就是想做这些事吗？带着干劲去解决问题才是头等大事啊。

赵：中国史学界有个说法，研究方法无非是：①用新材料做新问题；②用新材料做老问题；③用老材料做新问题；④用老材料做老问题。最见功力的是③，但大多数年轻学者几乎不具备这个能力。④因为没有创新性，必然算不上是好的研究。①太依靠新出史料，能否出现新史料，并非人力所能控制。所以只能寄希望于②。我们也看到，日本的东洋法史研究中，随着如山史料中一些“新”材料（之前或被忽视、或尚未受关注的老材料）的出现，对于清代法制史的理解也在不断细化。具体而言，以往的一些结论可能必须加上时间和空间的制约方才说得通，否则就变得很暧昧。例如，清代的很多制度不是从始至终存

① 该文发表于『国家学会雑誌』67 卷 5 号、9 号、11 号；68 卷 7 号（1954—1955）。

② 『東洋文化研究所紀要』第 98 冊，1985。

在的，时有兴废与变化。另外，铃木老师硕士论文所研究的“详结”和博士论文所涉及的权宜的死刑审判也是一些“特例”。且不说对在此之前的结论是种冲击吧，至少是一种加深理解，您肯定也会觉得“面白い”。但是在中国的一些研究者看来，通常冠以“某某考”的一类研究，关注点显得太过细碎了。

寺田：在上面所说的基础上再补充一点，必须对研究对象的个体特殊性和研究问题的普遍性加以区分。讨论的对象是小的个别事实，并不意味着要处理的问题也会相应减少（只有当研究者以找“刷墙刷剩下的那点儿空白”式的方式寻找问题时才会出现这种情况）。

例如，就你提到的铃木秀光的“详结”和“杖毙”的论文而言，[①] 其中探讨的事实本身在数量上当然是特殊的，在出现的时间上也是有限的。然而，这种一时发生的事实，对清代刑事裁判制度理论的“意义”何在呢？乍一看，这似乎只是对琐事的考证，但实际上，这可能是一个可以翻转支撑以往刑事裁判制度研究的逻辑主干的一枚奥赛罗的棋子（这一点我后面再详细说说）。[②]

虽说如此，现实中的很多情况是，从事工作的本人并不总是从一开始就完全理解自己研究的意义。相反，一开始有的只是意识到有一些奇妙或不熟悉的东西，而这只是对事实本身进行的个别研究。正因为如此，才会起一个“某某考”之类比较克制的标题。然而这种事情，多数是处于该领域中以往学术界理解方法和解释方法的边界上。如果你想为这些奇妙的东西自己探索一个内在的、自然的、更大的理论的话，那么前面只会有一个翻转整个体系的展开在等着你。重要的不是考察对象的大小，而是你是否有志向从个别事实的解说中展开一个更大的理论。

赵：抱歉，再补充一点。虽然中国学者有此批评，但其实在现在中国的历史学和法史学中也有这样的趋势，我理解为是刚才提到的难以提炼出体系性课题的一个后遗症。但与此同时，欧美的学者好像还是比较热衷于大的理论框架或是创造理论模型的方法。过去，黄宗智老师可以和滋贺老师就“清代是否依法裁判”进行对话，而现在随着研究内容的细分化，类似的对话已经很难开展了。几年前，《法律史评论》想筹备一场中日法制史的研讨会，和日方学者接触后，日方的第一反应是“我们要交流哪些内容”，而中方也确实很难具体做出回答。我们大约是想就学科发展上的一些方向性问题进行沟通，而日方学者一直以

---

① ［日］铃木秀光：「詳結——清代中期における軽度命盗案件処理」，『法学』63卷4号，1999。［日］铃木秀光著，娜鹤雅译：《杖毙考——清代中期死刑案件处理的一考察》，载张世明等编《世界学者论中国传统法律文化》，法律出版社，2009。

② 奥赛罗是“黑白棋”的日语音译，在日本有着大量爱好者，如一枚白色棋子被两枚黑色棋子所夹即被翻转。此处将铃木的研究比喻为那枚触发翻转的关键棋子。

来是各做各的研究，本身就不存在“大方向”这样的东西。只不过，就我所见，日本的几位法制史学者虽然关注方向不尽相同，但在学会的报告中，不论什么议题都能讨论起来，但在中国，似乎就有些困难。

寺田：我认为这个问题的大部分已经在上面的问答中回答了。正是双方对一般理论的意见使讨论成为可能，相应地也会产生对立和对话。此外，我认为你反复想问的问题是对无意义且无休止的个别实证的碎片化现象的危机感，但在日本（至少就法制史学而言），这似乎从一开始就不太可能。

在日本式的研究方法中，每一个针对个别事实进行的实证研究，都是在与围绕这些事实的定位的以往学说的紧张关系中进行的，每一个具体的研究主题（如比附）都是作为一个更大的研究主题（传统中国刑事审判中实体法的地位和作用）的一部分来进行。① 并且，这些研究最后有“传统中国法的本质为何”这样的问题意识。由于任何个别研究都是这种本质的各种体现，他人的任何研究都与自己的研究有一定的关联。这就是为什么对话是可能的。或者说，他们努力地以此为抓手来促成对话。这在日本学术界是不言自明的事情。

原理上，详细讨论小的事实和谈论大的理论之间并不存在矛盾。其实我不太理解“研究对象的碎片化＝研究兴趣的碎片化”这一现象。

赵：我注意到您在京都大学的课程讲义以及专著《中国法制史》中关于家族法和刑事法的部分，实际上是对滋贺老师学说的一种阐释与发散，而铃木老师也基本沿用了您的讲义，这是否可以理解为是对滋贺老师的一种传承呢？虽然以您为首的滋贺老师的后辈们，研究方向都各不相同，您主要是民事法，铃木老师和赤城老师是刑事法。再比如，铃木老师在研究中很明显地透露出与“滋贺说”进行对话的意图，我相信他写关于“详结”的硕士论文时，是想提示一种与“滋贺说”不同的情况。但是，近年来，铃木老师好像对此进行修正了，至少口头上表示，滋贺老师所说的“必要的覆审制”的表述并没有严格的界定，因此“详结”也应该理解为是“必要的覆审制”的一种表现类型。而我自己写博士论文时，第一时间也觉得“审判官员的程序”是对“滋贺说”的一种反论，但到了执笔结束时，也意识到更应该作为“必要的覆审制”的一环来理解。在感叹滋贺老师所提“必要的覆审制”具有的高度概括性之余，不谦虚地说，似乎铃木老师和我或有意或无意，都是在为“必要的覆审制”做延伸与阐释。那么在这个意义上，滋贺老师以下虽然不存在“流派”一说，但可能还是有“滋贺系”的吧？

寺田：这个问题我们具体来说下吧。滋贺老师试图阐释的是皇帝官僚制内部对审判的

① 此处所举例子是「比附の機能」（［日］中村茂夫『清代刑法研究』第二章，東京大学出版会，1973）。

分工规则。一个主要的分界线被划定在州县自理和必要的覆审制度之间，前者以笞、杖、枷号以下的刑罚来完结，针对户婚、田土、斗殴、赌博等的处理，后者用于处理命盗重案。后者又进一步分三类：督抚可以单独完结发落的案件（即批结。主要是徒刑的案件），需要征得刑部同意的案件（即咨结。主要是流刑的案件）和需要征得皇帝同意的案件（即题结。死刑案件）。但与此同时，这并不意味着徒刑、流刑的决定权交给了督抚或刑部，通过事后报告制度，皇帝有修改判决的可能。

然而，这种解释从一开始就包含了几个悬而未决的问题：A. 实际程序的分歧重点是刑罚的重度，还是案件的种类（性质）呢？B. 这种分歧的判断是基于某一个规定而客观地机械式实现，还是说在每个个别案件中由某人主观判断呢？毫无疑问，史料表明，至少在一定范围内，有涉及主观判断的机会。然而，即使在这种情况下，在处理方式上也有两个方向。C1. 维持基于上下等级关系的刑罚权限的日常分配的同时，案件的处理方式有变通办法（大事化小，重案的州县自理化）？其中也有被默认（或者推荐）的情况，以及明令严禁的情况（禁止私和），乃至于明明被禁止却仍实行的情况。C2. 另一个方向是下级官僚根据案件的紧迫性和政治形势，自主判断执行超出常规许可的刑罚（主要是死刑）。这在某些情况下也得到了皇帝的赞扬，在另一些情况下则受到非难。

铃木的《杖毙考——清代中期死刑案件处理的一考察》和《恭请王命考——清代死刑判决的“权宜”与“定例”》两文[①]涉及C2的问题（顺带一提，C1问题的一部分，中村茂夫以“起诉犹豫型的处理”的形式已论述过[②]）。在其中起作用的是慎重进行刑罚决定（遵守主张这一点的定例）的必要性和超越这一点的即行正法的必要性之间的轻重判断，有时皇帝积极要求接手案件的官僚要当场做出这种判断。总之，该文以一种决定性的方式表明，需要认真地重新审视关于刑罚权是否按照官僚的级别来分配的讨论。顺便一说，我的文章《自理与解审之间——清代州县层级中的命案处理实况》[③] 也是在处理B问题和C1问题。

如果我们只把开头介绍的部分视为滋贺老师的“必要的覆审制”论的话，那么中村、寺田和铃木的讨论就是对滋贺的批判。此外，滋贺老师的论点假定存在围绕分工的严格的程序性规则，并想阐明其内容。相比之下，铃木（和寺田）的讨论在对当时“制度”的理

---

① ［日］铃木秀光著，吕文利、袁野译：《恭请王命考——清代死刑判决的“权宜”与“定例”》，《内蒙古师范大学学报（哲学社会科学版）》2009年第4期。

② ［日］中村茂夫：「清代の判語に見られる法の適用——特に誣告、威逼人致死をめぐって」，『法政理論』第9卷1号，1976。

③ ［日］寺田浩明著，张登凯译：《自理与解审之间——清代州县层级中的命案处理实况》，台湾《法制史研究》2014年第26期。日文原稿题为「自理と上申の間——清代州県レベルにおける命案処理の実態」，原载于［日］夫马进编：『中国訴訟社会史の研究』，京都大学学術出版会，2011。

解上要宽松一些。如果把所有的东西都集中在皇帝手上，负担就会太重，但如果把太多的东西交给官僚，又会担心他们的任意性，两者之间存在着一种紧张关系。为了遏制官僚机构的任意性，提示规则和强制遵守规则是很容易的，但如果一直这样做，官僚们只会拘泥于规则，而忽略了每个案件中必要的个别主义的处理。在这种相互矛盾的要求之间取得平衡，每个时代的历史制度和实践中都存在。即使在讨论同一制度时，阐明各种起作用的要求及其相互关系也是理论构建的根本。就方法论而言，这也是对滋贺的批判。

然而，从这个角度再看（或者说是越看越觉得），就能真切感受到滋贺老师出色地提取和描述了其中标准平衡的形式。中村、寺田和铃木所展示的，可以说是这种标准平衡的一种“波动”。在这个意义上，这并不是对滋贺理论的否定。无论如何，正是通过这样一个过程，该问题的讨论又放大了一圈。

顺便说一句，你是对以平民为对象的刑事审判制度研究的成果侧面了解后，研究以官员为对象的处理方法。处理官员犯罪和过失的各种要求是什么？它们之间的关系如何？民和官之间既有相同之处，也有不同之处。这样一来，可以说是以不同的方式丰富了清代刑事审判制度论的拓展。

最后，虽然以上这些被说成是对滋贺的继承，而且清代刑事审判制度的问题在日本是由滋贺老师首先提出来的，也只有这里有系统的研究，看起来好像所有的东西都是由个人的学说传承而来，但实际上那里存在的是一个东西和为了解释它而共同进行的事业、各种各样的苦思及其连锁。可以说既有继承，也有批判。而这也只是学术发展的普通形式，所以我在想真的有必要把它称为流派吗?

赵：说到课程讲义的话题，本科生的法制史教学中，中国的大学采用了通史体系，而您和后继者铃木老师是以明清时代（主要是清）为中心的专题形式展开。对于这两种不同的形式，您如何看待?

寺田：值得一提的是，我在东京大学法学部参加的滋贺老师的讲义是这样安排的：前几个小时讲的是作为帝制之前的春秋战国以前的历史，然后用总时间的60%左右讲帝制时期的法典编纂史［后来的滋贺秀三『中国法制史論集——法典と刑罰』（2003年，創文社）第一章「法典編纂の歴史」作了总结］。讲义的其余部分都是关于家族法和清代审判制度，最后非常简短地提到了土地法。

因此，前半部分讨论家族法、土地法和身份法等实体法，后半部分讨论民事和刑事审判状况的讲义结构在日本是由我开创的。而我从讲授的第一堂课（1987年，千叶大学法学部“东洋法制史”）开始，几乎就一直以这种结构讲课。后来，在我2002年调到京都大学后，又增加了最后一节，讨论传统法和近代法之间的关系。

不使用通史形式的原因，当然有我能力的问题。当时并没有教科书可以依靠，滋贺的「法典編纂の歴史」论文也还没有发表。但与此同时，也不能否认我有这种反感：不正面论述传统中国法秩序中法典的定位和作用（我认为这是相当特别的），只是将一本逐条列举刑罚的书不言自明地放在我们刑法典的位置上，描绘其立法史，仅仅这样就说成是法制史（或者是法制史学就是干这种工作的学问）。相反，我想消除这种惰性，以不依赖西洋或近代概念的方式，完整地描绘出传统中国的法秩序，只有这样才有可能理解中国法制史。这样一来，越想就越觉得讲义的结构要从人们日常生活的具体方面入手，然后依次说明其中的审判权力是以什么形式呈现的。为此，有必要限定时代，于是自然地把时代定为明清。

当然，我认为通史最后还是有必要的。一方面，在认识清代的基础上，会有在其"形成史"上逐步回溯的工作。同时，在另一方面，找出其形成过程中失去的其他各种可能性的工作也要进行。这两方面加在一起，最终应该会呈现每个时代的法秩序的整体形象及其转变的状况。可是，不用说，这已是我力所不能及的了。

赵：那么关于博士生课程呢（前期和后期），在培养学术人才方面，有没有什么经验或心得可以谈一谈？比如在选拔学生时，您会比较看重哪些因素？

寺田：经验上，我自己在选择学生方面没有任何限制。我的基本态度是，欢迎所有来的人。然而，当谈到成为一名研究者最重要的素质是什么时，经验告诉我，重要的是这个人的"内在水准"的高度。

在现实中，看似不相容的要素A和B可以同时存在。那么，A和B之间的关系是什么？由于这是一个从来没有人解释过的问题，自然不清楚正确的答案是什么，甚至根本不知道如何回答这个问题。在这种情况下，我不确定要如何解释一个问题才能达到"明白了"的程度。我所说的"内在水准"是指判断力的水平。如果这个水准很低，就会满足于一个简单的（暧昧而模糊的）结论。如果水准高，那么无论是哪种说明，自己都不会接受很简单的东西。他们会进一步地努力（不管是寻找事实还是重新思考逻辑），持续不断，直到达到他们满意的水平。虽然不知道为什么，但这个水平因人而异，差别很大。但最终它会决定研究的水平。

因为这一点很重要，所以我想以某些方式提高学生的水准，但这实在是很难。恐怕这种能力本身不是别人教的，而是阅读名著，然后通过获得"对社会现象提出问题并予以说明，原来是这么回事啊""原来了解事物是这样的心理状态啊"这类动人心魄的体验，才能慢慢习得。

因此，我能给出的最好建议是，趁着年轻（在忙着写博士论文之前），尽可能多地阅读社会科学经典著作。

赵：我们聊了很多关于东洋法制史在大学教育中的话题，下面想就您的研究和著作请教一些问题。

您比较早出版的中译著作是论文集《权利与冤抑》，其中的“序言”部分提到，中国的中国法制史学界以法典的研究为主流，而轻视了法理学与法社会学的视角。当时的情况如此，但是近年来中国学界的变化很明显，有关法制史的论文中如果缺少法理学、法社会学的要素的话很难说是好的研究，反而基于法典、制度等的基础研究渐少。这和中国法制史学界关于法制史到底该法学化还是史学化，或者说偏向于何者的讨论不无关系。读书时铃木老师和我说过，法制史存在于法学院，因此做研究必须要有“法元素”，我将其理解为“法学化”。而上述法典、制度等研究似乎是偏史学化了。倒不是说还原史实不重要，我在写博士论文时就发现很多“史实”的问题其实还有待厘清，只不过似乎现在法学院的各位学者对此兴趣不大。对这个问题，您如何看待？

寺田：首先，必须强调的是，法社会学、法理学研究与法典、法制度研究之间的对比可能是不准确的，而历史学和法学之间的对比与是否需要阐明历史事实之间也可能没有原则性关系。

以我「清代の省例」[①] 一文为例。这是一篇关于清代七种代表性省例的书目学研究，也是对省一级法典的研究。比如其中关于《治浙成规》有以下观点。八卷本的《治浙成规》是在道光年间出版的，但里面收录的条文中不可思议的是，已经有“倘蒙俯允，除通饬外，并请刊入治浙成规册内，俾得永远查照办理”这样的表述了。在此书出版之前的“治浙成规”是什么？通过考证，在乾隆前期就建立了以后将应作为永远参照事例的省的先例、章程在省内各所属衙门里，印刷配发装订成册的制度。早在乾隆二十四年（1759 年），就已经有应将新例“刊入”的形式类别上的“治浙成规”，这种方式一直持续到道光年间（在它短暂停歇之间《治浙成规》八卷本刊行了），这样的大致事实得以明朗。通过分析《治浙成规》中出现的通饬之后不久“补刊”的例，以及带有著名幕友万维翰的“小序”（乾隆三十八年，即 1773 年）的《成规拾遗》一卷（从刊年可知，虽名为《拾遗》但并非道光年间刊行的《治浙成规》八卷本的拾遗。是幕友事后收集上述省中央按年度刊行的“治浙成规”中遗漏的重要通饬后私刊的书目），可以看出，《治浙成规》中没有刊入的事例本身并没有被否定其所有的先例价值。于是，可以得出这样的结论：尽管省例这一形式上的类别确立了刊入其中的事例有作为先例的规范性，但事例本身并没有作为有价值的先例而带有排

① ［日］寺田浩明「清代の省例」（［日］滋贺秀三编『中国法制史——基本資料の研究』，東京大学出版会，1993）。

斥力。

虽然这里所做的完全是史料发掘研究，但其目的同时也是对法理学、法社会学问题的阐释，即立法在省一级意味着什么。这样的理论关注反而支撑并促进了对史料的发掘和阅读理解。这两者之间并不存在哪怕一点点的排斥关系。

在一般的史学和法制史学中，对史料所做的基本工作都是一样的（而且不应该不一样）。所要求的严密程度也是一样的（也不应该是不同的）。那么，所谓法学，需要达到什么程度呢?

答案是，这与进行研究的“知识环境”的水平有关。当人们提出一个问题时，已经有一些支持这个问题的理解框架。自然，这是在研究者的头脑中，但它往往也是社会中人们所持有的理解框架。通过研究，研究人员会遇到一些动摇他们理解的事实，这对他们来说是一个机会，可以将他们的理解框架更新到一个更高的水平。正如铃木所说，一篇文章的“趣味性”指的就是这样一种知识上的冲击。这种冲击首先是论文作者自己的，但（希望）同时也是论文读者的。那么，和谁分享这种发现的惊喜和快乐呢? 当涉及诸如“在清代的审判中，原则上不存在判决的确定力的概念”（滋贺），这样高度的话题时，自然是法律专家们会分享并享受其结论的影响。“法指的是规则，这样的思考方式其实本身是一种西洋的偏见”（寺田），这种想法可能会让所有对法律有一丝兴趣的全体民众感到有些惊讶。一个一个的研究在这样的知识空间内是常有的。

而这种构成了问题的基础并被问题所震撼的理解框架，以及作者和读者之间共享的冲击感，并不限于法制史学，事实上存在于所有好的历史研究中。在某种意义上，它们都具有上述相同的“惊奇”元素，以及对其作出敏锐反应的读者群体。反过来说，“法”元素只是一般历史学中这种“趣味元素”的一种。然而，我们总是需要一些“趣味”的，而且，只要我们讨论的是法律，就没有理由不使用人们围绕这个问题所共享的知识框架——法学。

最后，就冲击读者的是史实还是关于史实的理论这个问题说几句。首先，事实有其自身的力量。因此，如果一个新的事实被发现并被揭示，就有可能冲击现有的理解框架。此外，在这种情况下，被提示这种事实的读者自己也会思考，所以极端地说，甚至不需要作者来解释。然而，这可能只是一种例外现象。大多数新的事实，为了让读者对其感到冲击，需要发现者对事实的提示以及同时对它所具有的意义（这个事实首先让自己受到冲击的理由）进行说明。继而你，甚至你的读者，会因为对大家都见过的事实的“意义”的回顾而感受到冲击。其实，大多数学术发现实际上就是如此的。

赵：《权利与冤抑》收录的论文基本是民事法相关，与刑事法相比，您关注的更多是民事法部分吧？不知道您最近是否有转变，或者现在有哪些关心的论题?

寺田：由于我研究的起点是土地法，后来的论文自然扩展到民事法方面。但是，刑事审判从一开始就在我的备选范围之内，我也从一开始就在课堂上讨论。在我早期的论文《日本的清代司法制度研究与对“法”的理解》[①] 中，我对民事审判和刑事审判中的“法”的定位进行了比较研究。但是，1992 年被调到东北大学后，出现了铃木、赤城等弟子，他们都开始写刑事审判领域的论文。我不能抢在弟子前头把成果弄出来。所以我有一段时间没有写这个领域的论文。然而，在我的弟子们可以独当一面之后，我又开始写关于刑事审判和律例运作的一些论文，其最终结果就是教科书中关于断罪的部分。然而，话虽如此，我从未像中村茂夫和中村正人那样进入刑法学的讨论。这并不是要否认他们的重要性，单纯只是表示我从来没有机会去写。

执笔教科书以后，我对中国法制史的主要思考是在以下几个问题上。关于清代审判制度，一方面，民事和刑事审判没有区别，只是在从州县到皇帝的单轨式审判制度中上升的程度不同。这当然是事实。但另一方面，就审判的方法和目的而言，听讼和断罪之间也存在着明显的二元对比（类似于现代式的民事和刑事对比，但不尽相同）。在西洋的前近代时期，实际上也存在着一种对比，即由各团体负责的包含轻微刑罚的审判，和由国家负责的直至死刑的重大案件的审判（与中国的细事和重案的对比非常类似）。总之，在东西两方，我们现在所说的民刑事混合的审判就是一个整体。这种跨越东西而存在的原始二元性的背景是什么？经过什么样的转变导致了原则上和一切刑罚无关的民事审判的出现，以及近代式的民事和刑事审判的二元性的出现？等等。

赵：不论是《权利与冤抑》还是《中国法制史》，都很明显地透露出您很看重比较法研究。饶有趣味的是，在法制史研究中对中国与欧洲运用比较法的研究方法，您觉得有哪些需要注意的地方？比如说，名词和概念的通约问题，这似乎是直到现在都让人比较头疼的。我之前看到过一篇写“就地正法”的文章，在摘要部分就有“清王朝的死刑复核制度”一说，“死刑复核”显然是近代法话语，我第一反应是“清代有这样的制度吗?”但随即又能明白作者指代的是死刑案件的审判程序。大概作者在执笔时也为此犯难了吧。

寺田：比较法制史研究方法中最常提到的问题是，在研究非西洋的传统法时，使用西洋法或近代法的概念是否可行。比如说，我们能不能用所有权的概念来讨论中国近世的人民对自己土地的权利？我在一开始也很担心这一点，所以我太害怕不能正确地使用这个词。

然而，随着研究的深入，我逐渐意识到了以下几点。当时的民间土地秩序是一种制度，即向周围的人宣称自己目前对土地的收益经营（管业）的正当性，通常是通过展示获得地

① ［日］寺田浩明著，王亚新译：《日本的清代司法制度研究与对“法”的理解》，分别收录于《明清时期的民间契约和民事审判》（法律出版社，1998）、《权利与冤抑：寺田浩明中国法史论集》（清华大学出版社，2012）。日文原稿题为「清代司法制度研究における「法」の位置付けについて」，原载于『思想』792 号，1990。

位的经过（来历），这种宣称被周围的人接受。从前主那里授予正当性基本上有卖（绝卖）和典（活卖）两种类型。如果一开始就做出这样的解释，就会发现，如果把持有绝卖来历的管业者称为所有权者，且绝卖称为所有权转移的话，不会产生任何误解，甚至我们在这种比较的基础上来解释带有西洋近代所有权概念的历史特点也是可以的。

归根结底，区别在于你是否对有关现象有一个独立且具有结构性的解释。没有这一点，就会不必要地感到胆怯。反过来说，简单地回避用语并不能解决任何问题。需要的是全面阐明现象的位置关系，只有这样才有可能因应某些时候的需要而重新定义现有的概念，甚至创造自己的学术概念。

赵：在历史学与法制史的研究中利用档案，在中国和日本都是比较常见的，您的研究也是如此。但是，现存的档案在数量和区域上都有诸多限制，时间跨度较大且具有相当规模的清代档案，比较为人熟知的就是“巴县”“淡新”“顺天府”以及近年的“龙泉”，覆盖了中国的西南、台湾岛、华北和华东。我们虽然使用这些档案，但常对其代表性怀有忧虑。比如，“巴县”是否可以代表四川省，或者更进一步，整个西南，这本身是个问题。更不用说哪个地方档案可以代表当时的整个中国了。反过来说，如果认同某一地区的档案具有较强的代表性，那么对于一些利用了该档案所研究的课题，即便后面再有新档案被发现，这些新档案也没有太大的价值了。可是，现实是大家都在期待发现新档案，一旦出现了，据此可以产生数量可观的研究成果。这在事实上其实已经在否定或者限缩所谓的“代表性”了。可是，真要是很慎重地将一个县或一个地区的档案只作该县该地的表述的话，这种研究的意义就不会很大。当年，铃木老师评价我写的关于民国时期无锡土地整理的硕士论文时说道“你这就是写了个京都市左京区的东西，好歹再加一些内容，做个京都府和大阪府的比较研究嘛”。诚然，比较几个不同区域的档案确实是个好办法，但实施起来比较困难。比如“淡新档案”中肯定有清代台湾地区特有的一些现象，或多或少反映了地域性（台湾地区的一些学者更多强调地域性），但是何者为其特有，何者可以佐证中国大陆的状况（我们更想强调共通性），很难把握。更不用说，档案作为公文书，在制作和保存过程中，都会存在其内容真实与否的顾虑。

寺田：首先，在原则上，我认为所有的历史现象都是个别的。此外，即使我们把话题扩展到类似的现象，也不是所有与之对应的东西都留在史料中。当你开始笼统地谈论某件事情时，研究者已经开始从中抽象出来了。

此外，法制史学家想要阐释的对象通常是相当抽象的东西，是各种各样个别现象背后的体系性原理。一方面，有些情况下，根据历史和社会环境的差异，表现形式略有不同，但背后的逻辑其实是完全一样的；另一方面，有些情况下，表现形式相似，但逻辑却完全不同。而在这两者之间，有些情况下，逻辑在某一点上是共同的，但在这一点之外，逻辑就会出现分歧。一个更大的逻辑的一部分在这里和那里显示为一个具体的现象。整个逻辑系统在事实中是固有的，但把它变成文字的任务则完全留给了研究者。如果有一种模式可以在各地反复看到，它自然会形成逻辑体系的基础，但也可能有一些案例只能在一个地方看到一次，却能揭示事物的本质，所以也不能忽视。

毕竟，哪些现象是特殊的而哪些是普遍的（哪些史料是有代表性的），这个问题不能脱离构建理论体系的工作而存在吧？反过来说，为了平衡这样的操作，不就是要尽可能多地收集不同社会环境的案例（并比较它们）吗？不能忘记最基本的机制：在无限差异的个别事实之上，还有一层横跨这些事实的一般理论，而这一层是需要研究者负责构建的。

赵：您在《中国法制史》的“后记”中提到“本书作为法学部的教科书”，但是我们看内容，很明显是超过了教科书的水准，即便是作为大学院的教科书都稍难了些（高见泽老师在作书评时也提到了这一点）。我个人感觉，脚注太少了，很多地方要想理解的话需要有一定的基础。这么说可能不恭敬，这本书让人有“教科书以上，学术著作以下”的印象。能够感觉出来，因为教科书这个定位，很多地方有点欲言又止。

寺田：我不熟悉中国的情况，但在日本，大学教科书的内容各不相同。有些是为完全不懂的人准备的入门书，有些则是专门的体系书（对某一学术领域进行概述的书在日本称为“体系书”）。而且，前一种类型是在过去二三十年才出现的，而在过去，大学教科书只有后一种类型。此外，即使在今天的日本，也可能不存在将大学院生用书与大学生用书分开的想法。换句话说，在日本，最高级别的体系书原则上是采取大学教科书的形式。

首先，需要的是对整个体系进行均衡的介绍。而有些事情，无论你试图让它们变得多么简单，都无法简化到某种程度。并非所有的东西都能被每个人在初读时理解。相反，学术书籍中包含自己不知道的东西是很自然的，而阅读这些书籍的目的之一就是要找出自己知识中的不足。如果有你不知道的东西，最好可以去图书馆自己学习。这本书就是按照这种日本的旧常识来写的。

这也是日本教科书的写法之一。关于“教科书以上”的部分，这样解答应该足够了吧。关于另一个问题，“学术著作以下”，后面我再谈。

赵：《中国法制史》的英文译名是“China's Traditional Legal Order”，并非是“中国法制史”的直译。而中译本的译名选择了《清代传统法秩序》。诚然，如前面说到的讲义一样，本书以清代为焦点，但是整体关照的是整个帝制时期中国的法秩序，并且最后还有相当篇幅在讨论近代法和比较法的问题。出版方或许是有顾虑，但是有《宫崎市定中国史》这样的译作在前，哪怕不是通史体系，取《寺田浩明中国法制史》为名可能更合适吧，而不是用“清代”作定语。这是我个人的观点。与之相关，作为一本法制史的教科书，书中一部分是“现代中国的法”，您的考虑是怎样的？

寺田：事实上，该书的英文标题正是我一开始想到的日文标题「伝統中国の法秩序」。“中国法制史”这一教科书式、体系书式的书名，是出版商东京大学出版社在该书即将完成时建议的。当时，责任编辑为了和我商量这个建议，专程从东京坐着新干线来到我在京都的研究室。在商谈后，我也想了很多。首先，这本书确实是我在各大学以“东洋法制史”或“中国法制史”为课程名进行的讲义内容。用大学课程的名称作为书名的建议是合理的。其次，除了少数例外，这一领域唯一广泛流传的教科书、体系书是仁井田陞的《中国法制史》（1952年第一版，1963年增订版）。[①] 对这一领域感兴趣的日本人，无论喜欢与否，都别无选择，只能拿起这本书，这本书也在2005年再版了，可能是有需求的原因。然而，在过去的半个世纪里，日本的中国法制史学的发展是令人瞩目的。出版一本书来替换仁井田陞著作的工作，几乎是接手这门学科的人的义务。因此，我下定决心以“中国法制史”作为书名。不过，至于英文书名，我决定用“China’s Traditional Legal Order”，以配合实际内容，也是为了纪念我当初给自己起的书名（东京大学出版社的英文书籍负责人看过此书后，也同意这个想法）。这就是日文书名和英文书名不一致的背景。

接下来是简体中文版的书名，即《清代传统法秩序》，这个标题与原书名“中国法制史”相比，虽然在内容和文法上我有一些不同意见，但既然已经确定，也只能接受。另外，还有第八章的内容也与原书有些差异，我想出版社必然也有自己的考虑。不管怎么样，我要感谢出版社的各位编辑，他们为这本书的出版付出了辛劳。

幸运的是，中译本出版之前，第八章的全译文早已在中国期刊上发表过了，[②] 有意者可自行参考。

关于将现代中国法的话题纳入法制史中，当然是基于这样的问题意识：讨论传统中国法与现代中国法的关系，自然是法制史学研究的重要组成部分。

赵：整体而言，《中国法制史》给人的感觉是“意犹未尽”，作为作者，您是否有同感？您觉得有哪些地方尤其如此。以日本大学教师的传统而言，本书作为您教学生涯的一个总结，恕我冒昧，您后续会考虑将研究成果以其他专著的形式呈现吗？

寺田：这里就继续说下刚刚出现的关于“学术著作以下”的话头。

---

① 该书的中译本为牟发松翻译的《中国法制史》（上海古籍出版社，2011）。

② ［日］寺田浩明著，黄琴唐译：《传统中国法与近代法》，《中国古代法律文献研究》（第12辑），2018，第590—625页。

这本书旨在以一种逻辑上和概念上自成一体的方式描绘出传统中国法秩序的全貌。要叙述的“故事性层次”是第一步。然而，这并不是把已知事实罗列一下就能推导出来的东西。如果我们把那些只描述可以从各种事实中确定得出东西的作品称为“学术著作”，那么，目前中国法制史研究的学术水平在解决这类问题的能力方面还有些欠缺。充分意识到这一点后，我试图以我目前能做到的最好的方式描绘出一个整体。或者可以说，这本书有点冒险，利用了法学部教科书（体系书）的框架结构，目的却是在法学部的讲义中向学生系统地介绍一门学科方向的全貌。

在这个意义上，我无意质疑该书可能获得“学术著作以下”的评价，但如果你问我在这个问题上是否已经有其他可以称为学术著作的东西，那么至少在我看来，目前还没有。而这也是我目前有能力写的东西的上限了。因此，我自己不认为有丝毫的“意犹未尽”，我也没有打算再写一本相同主题的书。

赵：我知道您从京都大学退休后也没闲着，虽然嘴上说优游岁月，实际还是承担了很多工作。再次感谢您百忙之中促成这次访谈。您在教授会的退休演讲是以“绝学”为题，用以描述东洋法制史在日本的处境，我不揣浅陋、狗尾续貂，想以“绝而不绝，学以为学”为题来结束此次访谈。不论中国法制史，或者说东洋法制史，是哪种意义上的“绝学”，其都是绝不会断绝的，此为“绝而不绝”。而从事中国法制史研究的后来者，为了让这门学问延续下去，必须努力提升自己的研究能力与业绩，此之谓“学以为学”。您觉得如何？

寺田：非常感谢你还记得我的那句话。我在京都大学退休时的演讲——《绝学》，原文已收录在『東洋法制史研究会通信』第 32 号（2018 年 8 月）。[①] 这个词在不同的语境中都很有意思。对此感兴趣的话，可以看下原文。

这次通过和你的对话，我对中国年轻研究者面对的问题有了很多了解。看来，你们也有一些深深的忧虑啊。我试图根据个人经验，粗略地分享我自己的想法，但我不确定这对你们有多大的帮助。最重要的是，我们所面临的情况因国家而异。最后，每个人只能自己为自己找到正确的答案，除此之外别无他法。而这门学问在未来会发生什么，最终将取决于年轻人的选择。首先，作为同行的大家肯定要尝试多交流啊。在此，我衷心地祝愿大家在今后的工作中一切顺利。

赵：感谢您以上精彩的分享和最后对后辈们殷切的期盼。相信各位同行在了解寺田老师的想法后能够多多受益，同时也会更加有干劲地努力下去。

---

① 原文可见 http://www.terada.law.kyoto—u.ac.jp/tohoken/32_trd.htm，该网站原名为“寺田浩明的中国法制史研究主页”，寺田先生退休后，主页由接任者铃木秀光管理，同时名称有所变更。

法史书评

“场域”中的讼师行动逻辑

陈艳风*

一、引言

法律文化的分析不宜过于抽象和宏大，讼师是我们洞察中国传统法律文化的一个独特视角。讼师既是一种法律职业，“也是一种文明传达意义的符号”。①

在历代诉讼档案、刑科题本、朱批奏折等官方资料中，讼师一直都是以“讼棍”“官鬼”“唆讼棍徒”等负面形象示人。而在一些小说、戏剧、笔记等文学作品中，特别是在明清时期的讼师秘本中，讼师则被描绘成维系社会正义与秩序的正面形象。正如麦柯丽所言：“虽然有一种传统强烈谴责讼师的道德堕落，但另一种传统却颂扬讼师的才智和能力，从而在政府官员和地方乡绅的不足之处映射出道德的光芒。”② 官方资料与民间史料勾勒出两种“似乎截然不同、却又异常鲜活”的讼师形象。也由此，法史学界的讼师形象之争不绝于耳。学者梁治平感叹，关于讼师“绝少有利的材料”，为讼师翻案，难度极大。③ 学者马作武则依然极力为讼师辩护，试图为讼师“平反”，肯定讼师存在的价值。④ 伴随着这些异见杂陈、众声喧哗的论争，讼师的形象越发模糊不明，以至于成了“谜”一样的存在。

---

* 陈艳风，洛阳师范学院法学与社会学院副教授。

① 李栋：《讼师在明清时期的评价及解析》，《中国法学》2013年第2期。

② ［美］梅丽莎·麦柯丽：《社会权力与法律文化：中华帝国晚期的讼师》，明辉译，北京大学出版社，2012，第12页。

③ 梁治平：《法意与人情》，海天出版社，1992，第177页。

④ 马作武：《法律史思辨录》，法律出版社，2011，第209—213页。

我们似乎习惯了用两个标尺来评价讼师：架词兴讼的贪利者，或是道德高尚的法律人。当我们纠结于讼师形象的时候，往往忽视了一种本真的存在状态：在具体的法律纠纷中，讼师面对的是一个充满张力的世界，他需要在利益交织的冲突中给予自己某种位置感，寻找“我”的栖身之所。讼师的形象如何，在其关系场域的行动逻辑中已经有了答案。

“学术的力量在于穿透由常识构造而成的知识‘硬木板’。”[①] 如何摆脱讼师形象的刻板构建，这需要研究者重拾法史研究的学术想象力，将关注的目光投向讼师所处的“生活意义世界”的理解。麦柯丽的《社会权力与法律文化：中华帝国晚期的讼师》（以下简称“《社会权力与法律文化》”）的独特之处在于，避免做简单、武断的价值判断，将讼师形象问题暂时“悬置”，在一个个特殊而典型的关系场域中呈现讼师的行动逻辑，在这种周旋与应对各种充满张力的关系网的行动逻辑中，讼师有血有肉的鲜活形象自然呈现开来。

“场域”概念源于物理学中的“场论”。在物理学中，“场”是各种力的作用空间，这种空间有着清晰的关系结构，对这种结构的把握是理解作用空间的关键。布迪厄的社会学理论在两种意义上使用场域概念：一是将社会理解为一个各种力量运作和冲突的场所，持一种冲突论的观点；二是认为社会空间有特定的结构，持一种结构主义的观点。[②] 这两种意义上的理解坚持的都是一种关系主义的方法论。“一个场域可以被定义为在各种位置之间存在的客观关系的一个网络，正是这些位置的存在和它们强加于占据特定位置的行动者或机构之上的决定性因素之中，这些位置得到了客观的界定，其根据是这些位置在不同类型的权力（或资本）的分配结构中实际的和潜在的处境，以及他们与其他位置之间的客观关系（支配关系、屈从关系、结构上的对应，等等）。”[③] 在布迪厄看来，生活世界由众多具有相对自主性的小世界构成，这些社会小世界实际上就是一个个场域，具有自身特有的逻辑法则和必然性。“场域是一种冲突的社会空间，场域中各种行动者都在利用自身的资源来取得各自的利益。”[④]

讼师的个体实践并不是在真空中或抽象的社会关系中进行的，讼师所面对的是一个充满张力的世界。正是在一个个具体而特殊的纠纷场域中，讼师的个体实践与其他的行动者或参与者相互联结起来，并形成一个动态的过程。

---

① 罗祎楠：《“当国家遇上马路”：基层官僚如何思考》，《读书》2020年第7期。

② 侯钧生主编：《西方社会学理论教程》（第三版），南开大学出版社，2010，第413页。

③ 侯钧生主编：《西方社会学理论教程》（第三版），南开大学出版社，2010，第413页。

④ 侯钧生主编：《西方社会学理论教程》（第三版），南开大学出版社，2010，第414页。

二、诬告：不得已的行动策略

香港中文大学卜永坚教授详细解读了发现于安徽婺源县沱川乡篁村的《钦定例案》残本，并推测《钦定例案》当刊行于嘉庆十年至十四年（1805—1809）间。《钦定例案》记录的是沱川余姓与葛胡二姓家族之间的诉讼纠纷，历经县衙、布政司、按察司、巡抚、总督等衙门，历时长达30年。[①] 在双方的明争暗斗之中，“图赖”是一种极其常用的诉讼策略。这里的“图赖”也就是“诬告”。传统法律诉讼中，诬告之普遍由此可见一斑。

在《社会权力与法律文化》所收集和考证的诸多讼案中，诬告是讼师为使纠纷进入司法程序而常用的一种手段。该书甚至断言，诬告是中国传统法律文化不可或缺的组成部分，具有“更少戏剧性而更多制度性的理由”。[②]

地方官府由于经费支绌，提供司法公共服务的能力极其有限，受理和审判民事和商事“细故纠纷”的积极性普遍不足。至少在整个清代甚至更早时期，讼案积压一直是一个较为严重的问题。而官府陈年累积的大量讼案提示我们，民间调处的效果可能极为有限。“在调处失败之后，为了生存与生活，咬牙一讼应该是民众最无奈、也最现实的选择。”[③] 为了能成功引起官府的重视，使纠纷进入到正式的司法程序，致力于“把事情闹大”的诬告就成了一种不得已而为之的策略。在对私力救济和各种民间调处方式感到绝望的情况下，放手一搏的诬告就顺势成了最后的救命稻草。地方精英以及家族长老之所以痛恨讼师，就是因为他们的诬告策略让纠纷当事人得以接近上级法律权威，随之而来的官府调查更是可能带来各种不可预料的后果。

在一个由当事人、讼师、地方势力、官府构成的关系场域中，讼师直接感知到的，既非早已算计好的私人利益，也非大而化之的职业操守。在各种利益和规范交织与冲突的场域中，讼师时刻都在面对和想象与他者的关联，在各种关系的权衡与考量中做出最佳的行动策略。“人的行动总是应对自己的某些想象，这样的想象是关于‘他人’如何看待‘自我’的。”[④] 与他者的关联，特殊情境中的利益权衡，是我们理解讼师行动逻辑的起点。在

---

① 卜永坚：《从“葬实仆真”到“一体开豁”——以徽州婺源余姓的〈钦定例案〉为中心》，《中国古代法律文献研究》（第4辑），法律出版社，2010，第287—309页。亦可参见陈艳凤：《更谨慎地走向“历史现场”：残本〈钦定例案〉的发现与新研》，《中国社会科学报》2012年12月31日，第5版。

② 参见［美］梅丽莎·麦柯丽：《社会权力与法律文化：中华帝国晚期的讼师》，明辉译，北京大学出版社，2012，第141—143页。

③ 汪雄涛：《无讼、健讼，还是不得不讼?》，《中国社会科学报》2018年12月19日，第5版。

④ 罗祎楠：《“当国家遇上马路”：基层官僚如何思考》，《读书》2020年第7期。

场域之外，从局外人的角度来看，诬告无论如何都是一种道德污点。而在场域之内，诬告既是给更有权势的对手制造麻烦的手段，也是对慵懒的国家机器的抗议。

以《社会权力与法律文化》提及的“尹氏自杀案”① 为例。尹氏因与其岳父产生纠纷而自杀，尹氏家庭并未得到自杀者岳父的任何补偿。在民事调处中，势利的村长周隆大站在更为富裕的老岳父这一边。自杀者的兄弟对调解感到无望，加之个性懦弱，只好求助于在当时“备受民众称赞”的讼师庄午可。对于庄午可来说，他身处其中的这个特定的纠纷场域就是一个复杂的充满张力的世界，他必须权衡各种利益和规范冲突，给出最审慎的诉讼策略。庄午可要考虑的具体因素包括但不限于：（1）尹氏兄弟个性懦弱胆怯，靠暴力斗狠的方式解决纠纷显然不太可行；（2）由于死者岳父的经济能力和地方关系网络更为强大，尹氏在民间调处中获胜的希望渺茫；（3）官府由于讼累而厌讼，将纠纷直接诉至官府，被受理的可能性很小。权衡之下，庄午可向尹氏家族提出了“诬告”的建议。在他看来，“诬告”能够达至的预期效果至少有：（1）可以达到报复对手的目的，让其陷入被动和恐慌之中；（2）“诬告”可以将“事情闹大”，大闹大解决，大大增加纠纷进入正式司法程序的几率；（3）成功地摆脱对手强大的地方关系网络，让纠纷得到更公正的处理。事实证明，庄午可的诬告策略奏效了。虽然诬告被发现，但这一纠纷得到了在正式权力场域进行公正处理的机会，是一种策略意义上的胜利。

三、“决绝的寡妇”：作为拯救者的讼师

《社会权力与法律文化》考证并整理了乾隆至宣统时期的《朱批奏折》以及《刑科题本》中涉及女性原告的28起讼案，其中除2人之外，其他女性原告均为寡妇。② 寡妇作为一个“沉默的少数群体”，在传统法律文化图景中是不能忽视的存在。

“各个阶层的中国人都非常清楚地意识到，只要是因为他们可能想将该财产重新交由（已故夫家）家族中的其他男性家庭使用，那么一个控制着其死去丈夫财产的寡妇就很有可能会遇到与其死去丈夫的家庭和家族有关的问题。”③ 在古代中国社会，寡妇是最易遭受伤害和不公的群体之一。在该书剖析的那些典型讼案中，大多数寡妇都是因其财产遭到姻亲

① 参见［美］梅丽莎·麦柯丽：《社会权力与法律文化：中华帝国晚期的讼师》，明辉译，北京大学出版社，2012，第178页。

② 参见［美］梅丽莎·麦柯丽：《社会权力与法律文化：中华帝国晚期的讼师》，明辉译，北京大学出版社，2012，第150页。

③ ［美］梅丽莎·麦柯丽：《社会权力与法律文化：中华帝国晚期的讼师》，明辉译，北京大学出版社，2012，第155页。

家族的争夺而向讼师求助。在没有成年子嗣或与其已故丈夫家族失和的情况下，她们在夫家的地位变得更加卑微。“她们不仅是导致家族焦虑的一个来源，并且若她们仍然年轻的话，还会成为家庭中其他男性‘性紧张’的对象。”[①] 为反抗丈夫家族而抗争的寡妇往往会陷入焦虑和绝望之中，沦为一个“决绝而孤立的女人”，因为无论是法定的权利还是习惯的力量，都是不利于她的，亲赴词讼并不是一个明智的选择。尤其是如果一个寡妇生活在远离娘家的地方，那么对她而言，寻找一位富有同情心且具备专业技能的男性包讼人就成为最迫切的需求。在此需求之下，作为拯救者的讼师登场了。

寡妇、讼师、丈夫家族、官府共同构成了一个“社会小世界”，这个“社会小世界”就是一个有其自身特有的逻辑和必然性的“场域”。这个关系场域是各种“力”的冲突的空间，每一个身处其中的参与者或行动者面对的都是一个充满张力的意义世界，各自的行动逻辑就此展开。从讼师的视角来看，恪守职业道德或纯粹为一己私利，在一个充满张力的场域中似乎都难做到，因为他会被各种具体的要求和诉求持续地牵扯。身处这样一个各种利益和规范交织的场域，讼师踌躇于各种可能的选择之间，最为关切的是如何应对和平衡各种利益和规范的冲突，进而做出相对理性化的行动策略。在现实利益与职业操守之间，身处张力之中的讼师的选择不应是简单化的非此即彼。汉斯·约阿斯（Hans Joas）将此种特殊场域冲突中的能动性称为统合（Coordination）。“所谓统合，并非是非此即彼的选择，而是将彼此都变得可以被自我的经验理解，使它们不再是不可调和的选项，自我也就不会为那些看似正确（或错误）的规范而犹豫彷徨。”[②]

《社会权力与法律文化》剖析了发生在道光十二年（1832 年）的“蓝陶氏案”。[③] 安徽的蓝陶氏因不满其已故丈夫家族的“虐待”，在对家族调解已不抱希望的情况下，向当地一位“极富同情心”的讼师（一名被革生员）寻求帮助。为了摆脱可以预见的不公正的地方调处，使纠纷成功地进入到正式的“司法程序”，蓝陶氏接受了她的讼师的建议，在词状中夸大种种“虐待”情节，将自己描绘成一个身处绝境的孤立无援的受害者形象。这种策略果然奏效，成功引起崔山县令的注意，案件迅速受理。在这位县令的眼中，蓝陶氏遭遇的已不是一般的虐待，甚至还牵涉到这位贞妇的名节。但最终，县令经过调查，判定并不存在对蓝陶氏的严重虐待，认为这纯属一场“家事纠纷”。尽管蓝陶氏失败了，“但她是在抗

---

① ［美］梅丽莎·麦柯丽：《社会权力与法律文化：中华帝国晚期的讼师》，明辉译，北京大学出版社，2012，第 160 页。

② 罗祎楠：《“当国家遇上马路”：基层官僚如何思考》，《读书》2020 年第 7 期。

③ 参见［美］梅丽莎·麦柯丽：《社会权力与法律文化：中华帝国晚期的讼师》，明辉译，北京大学出版社，2012，第 151—153 页。

争到最后才失败的”。[①]

蓝陶氏遭遇夫家不公的待遇，不论是亲赴词讼，还是由其夫家所在的地方势力调解，结果都可想而知。“陷于男性缺失困境的妇女，要么沦为腐败地方官府和邪恶社会势力的无助的受害人，要么就是遭到他们的性欲以及在社会上可以预期的后续违法行为的摧残。”[②]作为一个讼师，面对一个绝望寡妇的求助，很难不激起作为一名男性的本能的同情心，将其从自我毁灭的绝境中拯救出来。讼师大多是地方落魄的下层文人，包揽词讼既是生活所需，同时也是一种身份和价值的认同，在迫切的需求者那里，讼师的存在感是充沛的。而为了给自己的拯救对象主持公道，摆脱地方调解机制的不公，讼师采用夸大其词的惯用策略成功地使纠纷进入到正式的“司法程序”。地方县衙由于经费支绌，提供司法服务的能力有限，但当面对涉及“严重虐待”甚至贞妇名节的“要案”时，再慵懒的国家机器也要运作起来。身处由讼师自身、蓝陶氏、已故丈夫家族以及崔山县令构成的司法场域，讼师经历了一个选择信息、权衡利弊、价值认同和利益伸张的复杂过程，并最终做出了一个最优的行动策略。在这个特定的利益和规范持续牵扯的关系场域中，做一个有职业操守的好人，或是一个唯利是图的讼棍，并不是作为一个“局内人”的讼师首先考虑的事情。

四、史料的科学运用

《社会权力与法律文化》运用的史料巨量而多元，既包括《名公书判清明集》《大清律例》《清实录》《清史稿》《刑案汇览》《刑科题本》《朱批奏折》以及地方志等官方史料，也包括大量涉及讼师故事的小说、戏剧、民间故事等，同时还有明清时期的讼师秘本。对于史料的鉴别和运用，作者的态度是批判性的，审慎而克制。

讼师秘本《新锲萧曹遗笔》卷一之“法家管见”中有这样的表述：“凡豪杰之士，岂能万无一失，告则必胜哉？但须审己有理，则力举而行之，彼若服输，准其处和，审己无理之事，则密下而息之，彼若倔强，方行斗敌。如此则盛名可保，而出人头地矣。”[③] 在明清时期的讼师秘本中，这种言辞恳切、重视情理、教人节制诉讼的劝诫和教诲可见多有。这似乎表明，讼师是具有相当的职业操守的，与传统的挑词架讼、贪得无厌的讼棍形象判然

---

① ［美］梅丽莎·麦柯丽：《社会权力与法律文化：中华帝国晚期的讼师》，明辉译，北京大学出版社，2012，第153页。

② ［美］梅丽莎·麦柯丽：《社会权力与法律文化：中华帝国晚期的讼师》，明辉译，北京大学出版社，2012，第149页。

③ ［日］夫马进：《讼师秘本的世界》，李力译，《北大法律评论》第11卷第1辑，北京大学出版社，2010，第216—217页。

有别。

《社会权力与法律文化》对于讼师秘本的使用是克制的。在当时的厌讼文化之下，讼师秘本是官府打击的非法出版物，只能地下流传。讼师的一面之词是否可信？即便讼师秘本中的文字表达是真诚的，但由于文本与实践可能背离，它们究竟在多大程度上被讼师践行，也是值得探讨的。“与此同时，这些（讼师）秘本同样向选择性理解法律与运用法律场所开启了法律之门，而这种理解和运用是与国家利益背道而驰的。这正是为什么清代厉禁讼师秘本的原因所在。”① 在该书看来，讼师秘本更多是一种“讼师自我呈现”，甚至不免有为狡黠讼师做法律广告的嫌疑，在一定程度上只是为了满足特定读者的阅读需要。如果把讼师秘本中呈现的讼师形象当真，就过于草率和武断了。

《社会权力与法律文化》中运用了大量的文学作品，包括《儒林外史》《红楼梦》《鲛绡记》（昆曲）《四进士》（京剧）《中国恶讼师》《中国大状师》，等等。作者清醒地意识到，文学表达是形塑普通民众对于中国传统法律体系态度的一个重要文献来源，在运用文学作品进行法史研究时，对于文学作品“文以载道”的功能要保持自觉和警惕。诚如苏力指出的，文学作品在一定程度上履行了意识形态教化功能，法律与文学实际上共同参与了传统中国社会控制的基本格局的型构。② 由于文学本身的修辞特点，文学作品中的讼师形象呈现，不论是正面的还是负面的，往往更显夸张。该书更多的是将文学作品作为官方史料的一种补充和参照，让讼师形象的构建在多元史料的互鉴中更为鲜活、立体、真实。

对于《诉讼档案》之类的官方资料，该书也保持批判性的态度，客观、理性地看待其可信度和价值，并不过度依赖。

五、结语

在不同类型的史料中，讼师的形象多面而鲜活。究竟应如何看待承载在同一角色上的判然有别的人物形象，不同史料类型的参照与互鉴必不可少。在认真地“清理材料”之外，“清理思维”同样重要。在错误而混乱的内在生产观念之下，即便掌握再多的史料，知识的生产也是盲目且危险的。麦柯丽的《社会权力与法律文化》的独特之处在于，一方面科学、理性、有节制地对待和使用不同类型的史料，另一方面将关注的目光投向“场域”中的讼

① ［美］梅丽莎·麦柯丽：《社会权力与法律文化：中华帝国晚期的讼师》，明辉译，北京大学出版社，2012，第46页。

② 参见苏力：《法律与文学：以中国传统戏剧为材料》，生活·读书·新知三联书店，2006，第29—31页。

师行动逻辑，在挑词架讼的讼棍与道德高尚的法律人之外，为我们呈现了一种更加真实、有血有肉因而可以更加“共情”的讼师形象。

婚姻纠纷与司法的社会治理*

伊卫风**

《自主：中国革命中的婚姻、法律与女性身份（1940—1960）》是丛小平教授从英文专著翻译成中文的学术著作，全书七章内容从开篇到结尾始终围绕着“封张案”这宗婚姻纠纷展开讨论。作者充分发挥了自身的历史学专业特长，借助陕甘宁边区的历史档案及对当事人的访谈，详细地梳理了该案的来龙去脉及被艺术化的过程。读者通过该案的演变可以清晰地窥见中国革命传统的形成逻辑，故而它可被视为以小见大的研究典范。然而，专业优势有时也会限制作者的研究视野。丛小平教授借助史料对“封张案”的衍生史分析的确无人能出其右，但该案的核心终究是一宗法律纠纷，处理该案的司法实践也成为陕甘宁基层社会中司法民主的典型象征。因为这种司法民主既不同于西方法律实践中的法律至上，也不同于传统中国的非专业化审判，而具有鲜明的通过司法进行社会治理的特征。然而作者对此却着墨不多，更没有论及司法的社会治理功能，使得读者有些意犹未尽。

一、“封张案”的革命化叙事

中国共产党经历长征到达陕甘宁边区之后，仍继续与国民党、地方军阀、地主势力进行着各种各样的斗争，直至1939年才真正全面控制了该地区，继而才有余力进行边区的社会革命。“直到1939年陕甘宁边区的紧张局势改变，革命政权足够稳定之后，社会革命的

---

* 本文系国家社科基金重大项目“中华优秀传统文化传承发展的立法对策研究”（项目号：18VHJ009）的研究成果；感谢王安逸、张博涛、张宁在本文撰写过程中的批判性意见，但文责自负。

** 伊卫风，西北政法大学副教授。

议题才被提上了正式日程。"① 中国共产党在陕甘宁的社会革命是从婚姻家庭问题着手的，所以该书讨论的"封张案"能够在后来得到广泛传播并被艺术化，完全与党推行社会革命的大趋势不谋而合。

"封张案"最早可追溯到1928年甘肃省华池县一个小村庄。农民封彦贵当时将自己4岁的女儿封芝琴许配给邻村张金才5岁的儿子张柏。张家于1942年到了封芝琴的法定结婚年龄后多次催促结婚，但封彦贵置之不理，张金才遂诉至法院，状告封彦贵意图悔婚。由于封芝琴之前并未见过张柏，故在法庭上"坚决不愿意"这桩包办婚姻，县政府也未能调解成功，只能宣布双方婚约无效。取消婚约之后的封彦贵又将女儿另许张宪芝之子，张金才得知此事后则以"买卖婚姻"之名将封彦贵再次告至政府，结果封彦贵二次订立的婚约被华池县政府宣告无效。封彦贵旋即又将女儿许给一个叫朱寿昌的求亲者，并收取了大额彩礼。封芝琴一次外出时机缘巧合地碰到了年轻英俊的张柏后才得知他就是自己原来的定亲对象，两人旋即私下定了"海誓山盟"。② 张柏返家后告诉父亲想娶封芝琴，但她已另许别家，于是张金才集结了一帮族人直接将封芝琴抢走。封彦贵以绑架女儿为由将张家告到华池县司法处，司法处判决张金才六个月劳役，以绑架罪为由关押了张柏，同时宣布封芝琴与张柏的婚姻无效。封芝琴对婚姻无效的判决尤其不满意，便找到陕甘宁边区陇东分区行署马锡五专员，向其诉说了自己的冤屈。马锡五专员受理了封芝琴的上诉后立即走访了封氏所在的村子，并与村民及村干部谈话调查后做出了二审判决：首先谴责了封彦贵的买卖婚姻行为，判处其三个月苦役；其次批评了张金才等人夤夜的抢婚行为，以聚众胁迫他人罪名判处相关人员有期徒刑两年六个月；最后不仅对张柏免于处罚，还判决他与封芝琴的婚姻有效。③ 这份判决不仅得到了当事人的认同，而且也受到了周围群众的普遍赞誉。

该案的处理方式赢得了边区群众的广泛认可，中国共产党因而对该案进行了革命化改造，焦点从婚姻纠纷变成了政府应对社会冲突的处理机制。"在这些文章和报道中，故事的主题已经从边区某一村庄中两个家庭间的婚姻纠纷，转向了边区政府的治理方式和工作作风。"④ 但因边区受过教育的人并不多，舆论报道在广大群众中的影响力其实非常有限，直到一位革命女青年袁静根据报舆论道将此案改编成戏剧并在边区广泛巡演，才真正让"封

① ［美］丛小平著译：《自主：中国革命中的婚姻、法律与女性身份（1940—1960）》，社会科学文献出版社，2022，第127页。

② ［美］丛小平著译：《自主：中国革命中的婚姻、法律与女性身份（1940—1960）》，社会科学文献出版社，2022，第47页。

③ ［美］丛小平著译：《自主：中国革命中的婚姻、法律与女性身份（1940—1960）》，社会科学文献出版社，2022，第152页。

④ ［美］丛小平著译：《自主：中国革命中的婚姻、法律与女性身份（1940—1960）》，社会科学文献出版社，2022，第259页。

张案”在普通民众中传播开来。袁静改编的戏剧相比案件事实有三个明显的革命化塑造：首先，突出婚姻自由的社会革命要求，现实中的封芝琴化身为戏剧中追求婚姻自由的刘巧儿，在革命政府的帮助下积极反抗包办婚姻并成功地获得了自己的幸福；其次，强调边区妇女组织的力量，封芝琴的生身母亲在戏剧中被一位社会母亲替代——妇女主任李婶。这位革命女干部是主人公巧儿的邻居，因同情巧儿没有母亲而对她关怀备至，甚至成为巧儿追求自由婚姻的力量和勇气来源。最后，明确了革命原则和阶级冲突，巧儿强烈反对包办婚姻，积极追求自己的恋爱对象戏柱儿——年轻英俊又勤劳朴实，还是变工队的队长；她强烈反对的包办婚姻对象王寿昌则是个又老又丑的地主老财，双方不同的阶级身份也得到了彰显。袁静改编的戏剧影响深远，同时期延安地区的盲人艺人韩起祥在袁静的基础上进行了再创作。只不过韩起祥注重与地方传统的结合而忽略了革命精神，所以后者的戏剧版本《刘巧儿团圆》重点突出了巧儿与柱儿的喜结良缘，符合地方传统中对美好姻缘的期待，却与推行的社会革命有很大距离，最终流传范围和影响力都非常有限。

中华人民共和国成立后，为执行推广宣传新《婚姻法》的政治任务，北京市文化局推出了由专业编剧和导演改编的评剧《刘巧儿》，希望能够借此继续推进社会革命。这次改编，一方面铺垫了巧儿对柱儿的爱慕之情，更符合《婚姻法》以情感为基础的立法理念；另一方面突出了官方对包办婚姻、买卖婚姻的反对以及自由婚姻的支持，尤其突出了妇女组织对受害者巧儿的支持，“将李婶这个人物重新加入剧中意味着巧儿们的斗争不是孤单的个人的抗争，她们的背后站着革命政权的组织系统，支持妇女反抗包办婚姻，为遭遇不幸的妇女提供帮助，这就将巧儿的故事置入了革命政权改造社会改造婚姻的重大叙事中去。”① 1956 年长春电影制片厂将评剧《刘巧儿》搬上了大银幕，以“封张案”为基础演绎出来的“刘巧儿”故事从此传遍了整个中国。刘巧儿的形象甚至成为全国女性学习的榜样，为中国的妇女解放、争取婚姻自由起到重要的推动作用。

尽管“封张案”经过艺术化的“刘巧儿”变成推行社会革命的文化产品，却不能掩盖它作为一宗法律纠纷的事实。事实上，边区法院对该案的处理方式才是引发社会舆论广泛关注的根本所在。这种实践中的司法民主与边区的社会治理密切相关，但丛小平教授全书讨论重点却是“封张案”的艺术化衍生过程，似乎有些舍本逐末了。

---

① ［美］丛小平著译：《自主：中国革命中的婚姻、法律与女性身份（1940—1960）》，社会科学文献出版社，2022，第 391 页。

二、婚姻家庭改革的社会冲突

作为历史学家，从小平教授详细地分析“封张案”艺术化的变迁史当然无可厚非。但该案为何能从边区众多法律纠纷中脱颖而出并引发舆论界和文艺界的注意，作者鲜有相关的讨论。客观地说，“封张案”之所以成为舆论界和文艺界关注的典型，主要归因于处理婚姻纠纷的独特司法实践，尤其是边区法院把纠纷解决与社会治理有机地结合起来了。中国共产党自成立以来就重视社会治理，但早期因现实所迫，只能侧重于政治动员和革命斗争而无力顾及社会治理。随着中国共产党在延安的立足，社会治理问题也变得迫在眉睫。由于陕甘宁边区相较于北京、上海等城市地区是非常边缘化的，民众大都没有受过教育，普遍热衷于地方的民间风俗信仰，所以新文化运动带来的各种新思想观念在该地区几乎没有留下任何痕迹，反而自然灾害、地方叛乱以及大量流民涌入使得该地区的社会冲突频发。中国共产党进入该地区之后，如何化解社会矛盾和冲突将是一项艰巨的治理任务。

中国共产党在陕甘宁边区的社会治理是从婚姻改革入手的，部分原因是延续中央苏区的社会改革实践，但主要还是受到五四新文化的影响。“陕甘宁边区政府在1940年代所推行的婚姻改革实际上是晚清以来家庭改革运动的继续。面对西方帝国主义强权，在中国的民族主义浪潮的推动下，从晚清改革派到五四一代进步知识分子均不断号召进行家庭改革，将其视为建立强大民族国家的途径。”① 近代思想家康有为撰写的《大同书》被其学生梁启超总结为“其最要关键，在毁灭家族”，因为康有为的公羊三世说强调世界遵循了乱世、升平世到太平世的演进逻辑，世界大同则是一个男女平等、政治民主、经济公有的完美社会，但旧家庭制度会成为实现完美社会的根本障碍，故而康有为才激烈地批判旧家庭制度。五四新文化运动紧随其后，从思想观念到制度设计全面“破家非孝”，例如陈独秀在《东西民族根本思想之差异》一文中也激烈地批判旧家庭制度，“重家族，轻个人，而家庭经济遂蹈危机矣。蓄妾养子之风，初亦缘此而起。亲之养子，子之养亲，为毕生之义务”。中华民国的亲属法也逐渐剔除了旧家庭制度的痕迹，例如宗祧继承制度、嫡庶制度、妻妾制度等就被彻底废除。中国共产党则直接承袭了五四新文化运动的思想传统，批判旧家庭制度的同时又积极吸收马克思主义的妇女解放思想，强调女性作为被压迫者，深受帝国主义、地主阶级、宗法传统的束缚，所以早期的思想宣传，主要集中在“打破奴隶女子的旧礼教”“男

---

① ［美］丛小平著译：《自主：中国革命中的婚姻、法律与女性身份（1940—1960）》，社会科学文献出版社，2022，第23页。

女教育平等”“女子应有继承权”“男女社会自由”“结婚离婚自由”等妇女解放的问题上。正如毛泽东1939年7月《在延安中国女子大学开学典礼上的讲话》中所指出的：“假如中国没有半数的妇女的觉醒，中国抗战是不会胜利的。妇女在抗战中具有非常重大的作用：教育子女，鼓励丈夫，教育群众，均需要通过妇女；妇女都动员起来了，全中国人民也必然会动员起来了。”毛泽东的主张直接把近代以来家庭改革运动提升到了民族解放的高度，边区时代的中国共产党将婚姻家庭改革作为社会治理的切入点也意在于此。

然而，借助思想宣传推动婚姻改革对于受过教育的人或许有用，但对于未受过教育且思想观念封闭的人而言，这种方式的局限性就非常明显了。中国共产党早期在边区的婚姻改革主要依靠来自城市的革命知识女性通过思想宣传的方式展开，宣传对象也主要针对边区的女性同胞。她们将所学到的种种启蒙话语悉数传播给边区女性，希望后者也能追求婚姻自由，反对包办婚姻等。但革命知识女性无论如何努力地宣传各种先进的婚姻观念，结果都非常令人沮丧，因为她们的努力完全得不到边区女性的任何共鸣，于是认定后者是“思想落后”“不思进取”等。对此，丛小平教授在书中也有论述：“从1936年到1942年前后，陕甘宁边区的妇女运动开展不太顺利。许多基层妇女干部抱怨说乡村妇女对革命运动不感兴趣，推动妇女工作比想象的要难得多。”[①] 仔细分析可知，通过思想宣传动员的方式推动边区婚姻家庭改革的效果不尽如人意完全是情理之中。革命知识女性在城市中或多或少地接受了相应的启蒙教育，且城市生活也为她们提供了相应的机会，使其能够进入医院、报馆、学校等机构工作以获得经济上的独立。这些因素构成了革命知识女性潜意识里的优越性，却也妨碍了她们换位思考边区女性的思想观念和实际处境，使得她们面对边区女性时总有种高高在上的距离感，难以和后者建立有效的信任关系。最终在思想宣传过程中，革命知识女性基于自身的优越性热衷于讲述女性解放、女性独立等大道理，也不认同边区社会中那些粗鄙的风俗习惯，认为这些难登大雅之堂而应被彻底放弃或推翻，更不会迁就边区女性的话语体系和表达习惯了，结果就是革命知识女性的思想宣传工作成效大打折扣。事实上，边区不仅男性受过教育的非常有限，甚至绝大多数女性都是文盲，认知能力和接受能力都非常有限，使得她们面对革命知识女性的思想宣传时常常不知所云；她们深受地方风俗习惯的影响，主动抛头露面可能是不守妇道，但如果恪守传统家庭美德又被革命女性批评为思想落后，这种矛盾处境加剧了她们面对革命知识女性时的窘迫；边区女性也许更愿意讨论相夫教子、儿孙满堂、健康长寿等家庭化或生活化的问题，而这些又被革命知

---

① ［美］丛小平著译：《自主：中国革命中的婚姻、法律与女性身份（1940—1960）》，社会科学文献出版社，2022，第126页。

识女性认为不值一提，结果双方在思想宣传中难以形成有效的交流沟通。结合以上种种因素可知，尽管中国共产党早期的婚姻改革承袭了五四运动的路径，侧重于思想宣传动员，但是那些来自城市的革命知识女性又难以真正把握边区女性所关心的问题，导致边区社会的婚姻家庭改革效果差强人意。于是中国共产党不得不进行相应的政策调整，从侧重思想宣传转向了强调制度建设，这也为后来中国共产党在边区的社会治理奠定了基础。

中国共产党在边区的婚姻家庭改革从思想宣传转向了制度建设，主要体现在一系列婚姻法律法规的制定和修订上。中国共产党从1931年到1950年先后颁布的婚姻法律法规有六部之多，最早是1931年的《中华苏维埃共和国婚姻条例》，三年之后修订成为《中华苏维埃共和国婚姻法》，但该法因红军长征并未付诸实施。党中央以陕甘宁为根据地后颁布的《陕甘宁边区婚姻条例（1939）》改进了《中华苏维埃共和国婚姻法》，更体现了中国共产党在这一问题上的决心和力度："条例也显示了政府决心取缔当地许多不法行为，如纳妾、重婚、早婚、童养媳、站年汉、买卖婚姻、包办婚姻和强迫婚姻等。"[①] 该条例也成为1944年和1946年婚姻条例修改的基础和蓝本。不可否认，该条例的内容在许多方面明显保护了女性的权利，对边区的女性解放的确起到了推动作用，但也引发了诸多社会问题。该条例在边区的生效使得女性在婚姻上的自主性得到显著提升，例如"封张案"中的封芝琴为反对父亲主导的包办婚姻而借助政府力量追求婚姻自由；已婚女性的家庭处境也明显得到了改善，例如"左润诉王锁银案"中的左润借助离婚诉讼来改善自己的家庭境遇；边区女性还可以自由地参加各种妇女组织而不再受到"有违妇德"的指责或其他更为严重的家庭暴力或虐待行为；她们积极地纺线织布，为革命军人制作军鞋、军衣、军被等后勤物资。在这个意义上，婚姻家庭法律制度的建设使得边区女性从附属于男性的婚姻家庭关系中走出来了，开始向独立自主的道路迈进。

尽管边区女性通过《婚姻条例》的确获得了更大的自由，但引发的社会问题也不容忽视。陕甘宁边区地处偏僻，既有的包办、买卖婚姻习俗力量非常强大，所以中国共产党通过法律推行的"婚姻自由"与边区既有的婚姻习俗产生了明显的冲突，尤其是彩礼习俗带来的法律纠纷和社会冲突。边区民众普遍接受的社会习俗——天上无云不下雨，世上无媒不成亲。男方为了结婚需要支付大量彩礼，而且家越贫彩礼的数额越大；女方若只因法律上的"婚姻自由"就能轻易离婚，必然会让男方曾经巨大的经济支出付之东流。"由于1940年代普遍的通货膨胀，即使女方归还彩礼，甚至再加上一些补偿，也远远低于彩礼原来的

---

① ［美］丛小平著译：《自主：中国革命中的婚姻、法律与女性身份（1940—1960）》，社会科学文献出版社，2022，第66页。

价值，更不足以支付重新娶媳妇的费用。"① 这样的现实会给男方造成"人财两空"的后果，进而引发男性群众的不满。边区政府为了改革婚姻家庭制度而禁止买卖婚姻或包办婚姻，却又引发了更大的现实社会问题。即使允许离婚时退还彩礼或进行赔偿，女方则会将赔偿成本转移到未来丈夫的身上，也即收取更加高额的彩礼，这样的后果完全与政府禁止买卖婚姻的初衷背道而驰了。如果政府帮助男方追回彩礼，民众相信政府允许买卖婚姻的；如果政府不允许赔偿彩礼，那么会导致更多的女方家庭违约而无需做出任何赔偿。这些问题累积起来给边区的社会冲突埋下了隐患。另外，陕甘宁边区的卫生健康知识、医疗技术条件、整体人均寿命等因素决定了边区民众普遍偏向于早婚，所以当地女性普遍在十五六岁甚至更早就结婚，但婚姻法所规定的结婚年龄却要晚的多，同样也引发了边区民众的极大不满。那些年纪稍大女性若尚未嫁人，亲朋好友会因其变成所谓"老姑娘"受到街坊邻居的嘲笑。更易引发社会问题是抗日军人配偶（简称"抗属"）的婚姻问题，革命军人因为战争、交通、通信等因素的限制和家庭数年毫无联系，抗属因为长期见不到丈夫往往会要求离婚。如果法院判决离婚，革命军人返家后发现妻子离婚另嫁要追回配偶，继而引发社会的军民冲突，会影响军队的战斗力；如果法院不判决离婚，抗属又会吵闹不休，同样还会造成边区的社会矛盾。以上种种社会问题表明，"1940 年代中国共产党在陕甘宁边区的社会改革政策，主要是婚姻改革政策引起村民各种抵制与不满，由此引发了不少争端。"② 这些问题清楚地提醒我们，单纯地通过法律进行婚姻家庭制度改革以推动社会革命的做法，实际上是将问题简单化了，毕竟婚姻家庭作为社会的根基，其改革必然是牵一发动全身的社会治理工程。

三、婚姻家庭纠纷的司法治理

由于改革婚姻家庭的制度建设与既有的风俗习惯相冲突，中国共产党对此采取了两种应对机制。一方面调整婚姻家庭法律中的激进内容，另一方面重视司法的民主实践以赢得边区群众的认同和支持。"封张案"成为边区司法民主的典型代表，因为通过民众参与司法的方式增进了政府与群众的积极互动，促进了各种方针政策的有效落实，尤其将党的群众路线精神带入司法实践，更极大地推动了边区政府的社会治理，正如该书所指出的："听取群众意见并不单纯是为了安抚乡村，减少老百姓对政府的不满，更重要的是，这是一种群

① ［美］丛小平著译：《自主：中国革命中的婚姻、法律与女性身份（1940—1960）》，社会科学文献出版社，2022，第 88 页。

② ［美］丛小平著译：《自主：中国革命中的婚姻、法律与女性身份（1940—1960）》，社会科学文献出版社，2022，第 259 页。

众参与司法的方式，它使得司法的群众路线得到贯彻。”[①] 尽管群众普遍支持封芝琴与张柏的婚姻有效，并反对将他们拆散，但群众更热衷于讨论政府在此事中的积极作用。因为边区政府处理法律纠纷的方式完全不同于民众毫无言论自由的国民党政法体系，更不同于依靠“青天大老爷”的传统司法体制，而是通过座谈问案的方式听取群众意见，这为中国共产党在地方社会治理中增添了无与伦比的优势。

陕甘宁边区在中国共产党到来之前，当然存在着固有的社会纠纷处理机制。正如前文所述，该地区偏远闭塞，城市中的新思想观念几乎在当地毫无影响，传统的情理法观念却根基深厚。当马锡五妥当地处理了“封张案”后，“马青天”就成为许多当地群众对他的称呼，足以说明当地群众潜意识里仍会把党的优秀干部视为传统社会中德行高尚的“青天大老爷”。“把某些好的政府官员称作‘青天’在中国文化中具有悠久的历史，‘青天’一词常被用来指称那些在审判复杂案件时，通过彻底的调查、缜密的思考和公正的裁决来彰显才能的官员。他们睿智的判断驱散了暂时的阴云（如腐败、无能的法官造成冤案），将晴朗的天空（神圣的正义）带给人们，洗刷无辜者的冤屈。”[②] 但党当然深知，这种“青天式”的官员是可遇而不可求的。相较而言，群众路线才是一种理性化的制度设计。即使没有马锡五，也会有王锡五或张锡五，通过巡回审查、下乡调查、座谈群众等方式收集民众意见或查明案情。这种逻辑也同样适用于边区政府的治理实践。政府通过群众路线在制定方针政策时可以充分了解民众的所思所想，使未来出台的政策更加符合地方实际，另外地方群众也能充分感受到自己的意见受到官方重视，从而增强了对边区政府的认同感。

除此之外，中国共产党之所以坚持群众路线还有当时社会现实的考虑，即希望能在传统的地方权威和边区的革命干部之间建立顺畅的连接纽带，借助群众路线可以将地方权威吸纳到革命队伍中来。由于中国的基层社会有着悠久的乡绅治理传统，乡绅作为地方权威并非民主选举产生，而是基于自身的德行、声望、年龄等因素日积月累形成的，自然难以轻易更换。中国共产党进入陕甘宁边区之后的社会治理要务就是处理好与地方权威的关系。如果地方权威对党产生政治认同，群众基于对地方权威的信任自然也会对党产生政治认同，再由地方权威将革命精神带入基层社会，比直接介入基层社会更加有效，也更有利于实现社会治理，反之就会像丛小平教授所描述的那样：“对于革命政权而言，放任乡村完全自主将不利于政府实现社会改革蓝图，也难以达到动员群众、教育群众的目的。同时，政府还

① ［美］丛小平著译：《自主：中国革命中的婚姻、法律与女性身份（1940—1960）》，社会科学文献出版社，2022，第290页。

② ［美］丛小平著译：《自主：中国革命中的婚姻、法律与女性身份（1940—1960）》，社会科学文献出版社，2022，第301页。

需要培养一批符合革命理想的地方基层新精英分子，与民间长者的保守力量相抗衡。在传统长者与新型革命精英之间，通过政府干部与基层群众在公开法庭上相见的形式，政府发挥了调解者的角色，促使社会改革理想在既定轨道上向前推进。”①

马锡五在“封张案”中坚持群众路线，判决因而得到边区民众的普遍认可。这种处理纠纷的机制后来被称为“马锡五审判方式”——群众参与司法实践的做法成为边区社会民主的表达方式，直接影响了党在边区的社会治理，毕竟边区群众相对于边区干部更熟悉地方实际，所以群众参与司法实践乃至行政决策，既可兼容地方社会的固有风俗习惯，也能满足群众期待，更能贯彻革命精神。然而，实践中政策法律的落地仍有许多挑战，因为边区社会真正受过教育的人并不多，甚至绝大多数人都是文盲，遇事习惯于诉诸传统的地方权威来决断是非曲直，对推行的社会民主实践鲜有参与的热情和动力。中国共产党的群众路线其实是一种激励机制，例如要求干部下乡进行社会调查，听取群众对边区政府的意见和建议；边区法院甚至规定打官司不要钱，群众可以口头起诉和上诉等，所有这些激励机制，都直接推动了边区群众积极参与民主实践。另外中国共产党还注重培养新的地方精英，“乡村建设产生了一群新的基层社会精英，诸如村长、劳动模范、互助组组长、变工队队长、农民委员会的代表，还有乡村民兵连长、抗日救国会会长、妇女主任等，这些都是革命政府在当地存在的基石，是新政权下的新草根精英。”② 他们积极宣传推广党的方针政策，对于基层社会观念变革起到了重大的推动作用。随着这些新精英在地方社会的成长，曾经的地方权威慢慢就式微了；旧的地方权威所代表的地方风俗习惯在新草根精英的改造之下也逐渐消失了。所以党并没有直接废除既有的风俗习惯，实际上也没法直接废除，而是提供更好的替代品——政策法律。这些政策法律一方面体现了革命政权进行社会改革和治理的目标，另一方面也给予地方新精英足够的支持，使其能够积极参与到边区建设中来并得以迅速成长。传统的地方权威与边区的新草根精英之间有着完全不同的形成逻辑，前者是基于年龄、经验、德行等而自然形成的权威，后者则是基于革命、立场、表现等而被选拔任命的权威。所以新草根精英在社会治理实践中对党推行的群众路线和社会民主话语体系更加适应，与传统的地方权威相比在社会治理事务上具有明显优势，并逐渐替代了传统的地方权威，使得边区的社会治理由传统的权威治理逐渐走向了现代的民主治理。这充分表明中共的社会治理与民主化的司法实践在边区社会中真正做到了相得益彰。

---

① ［美］丛小平著译：《自主：中国革命中的婚姻、法律与女性身份（1940—1960）》，社会科学文献出版社，2022，第 288 页。

② ［美］丛小平著译：《自主：中国革命中的婚姻、法律与女性身份（1940—1960）》，社会科学文献出版社，2022，第 298 页。

国家法和民间法规则在司法中的分工与合作*

于语和　穆　亨**

一、引言

20 世纪初期，在救亡图存的背景下，中国开启了民法的近现代化路程。在传承传统与现代化大潮的夹缝之中，各政权之立法须直面一个问题，即如何平衡传统生活中诞生的习惯和必须西化的现实形势。在当时的情况下，对外国法的认同被认为是法制的进步，对中国传统礼法进行维护则被认为是守旧，移植西方成为了中国民法典制定的必然选择。能够直接借鉴当时先进的西方法律理念制度固然是中国作为法治后发型国家的优势，但在另一方面，西方民法是其历史与文化的产物，与中国传统思想形成下的许多规则制度并不能直接对应。从 1929 年分编颁行到 1931 全部生效的《中华民国民法》是中国第一部真正意义上的民法典，它的出现宣示着西方大陆法系终于在中央与政治精英的认可下得以实行，也意味着法律近代化进程中，中西方的碰撞悄然转变成了中央顶层法律制度与地方基层司法传统的摩擦。刘昕杰教授的《后民法典时代的司法实践》① 为我们呈现了一幅传统规则被改造为顺应时代的国家法的图景，也从司法的角度，借其所选取分析的四川新繁县与四川其他基层县域档案，描绘了民国民法典实施后基层民众与司法官在传统与现代的冲突中寻求

* 本文系国家社科基金项目“依法治国的中国传统法律文化溯源研究”（项目号：19BFX021）的研究成果。

** 于语和，南开大学法学院教授；穆亨，南开大学法学院博士研究生。

① 刘昕杰：《后民法典时代的司法实践：民国四川基层诉讼中的法律与习惯（1935—1949）》，社会科学文献出版社，2022。

调和方案的景象，表现出了民国时期国家法与民间规则在司法中的分工与合作。

二、清末民初民事立法的宏观图景

刘昕杰教授的作品着眼于民国社会转型时期传统法律的改造问题，从而引出了“典”“佃”“婚约”“离婚”“承继”“坟产”等旧有传统法律在民国民法典的制定中被西化的过程。刘昕杰教授并未将传统与现代法律的摩擦简化为中西方的摩擦，他认为在这一历史时期，从地方司法实践的视角看，《中华民国民法》的颁布施行也造成了中央法律与地方司法的冲突。他通过研究四川基层县域司法档案发现，被迫转化为民间规则的传统法律制度仍然参与着基层司法实践这一现实情况，无论是传统法律还是民间规则实际上依然被基层司法官大量应用。沿着后民法典时代的地方司法实践这一视角，也可以观察到传统法律被西化改造程度的不同，以及不同现代法律制度在民众认知中的接受程度以及在司法实践中的落实情况。该书不仅丰富了民国民法研究的多个位面，甚至还回应了中与西、法与习惯、中央与地方之间的隔阂和合作的原因。

与西方大陆法系不同，传统中国并没有明确完整的民事权利体系。传统中国是熟人社会，财产和身份关系更多地靠人际关系维护，而非清晰的“权利”。因为权利意味着边界，这种边界造成的关系隔阂是传统社会所不乐见的，但这并不意味传统中国没有民事规则。民事规则不仅存在，而且十分丰富。这些规则一部分为国家法所认可，存在于制定法之中，如户婚、田土、分家析产等，但相当大一部分散见于民间习惯之中，并未形成规则体系。从历代典章来看，国家法与其说是针对万民的律令，不如说是官吏行动的指南。国家法的目的无非是巩固政权、道德教化和必要的行政管理，除此而外，涉及乡民切身利益的大量民商事关系被国家法长时间地忽视了。民间规则遂得以在强悍的国家法之外继续生存并与之分庭抗礼。由于关照的对象各有侧重，国家法与民间规则在调整范围上存在着“分工”关系。国家法不屑、同时在事实上也无力规范乡民的“户婚田土”等薄物细故，民间法则在相对封闭和自给自足的乡土社会中起到了分配权利、义务并定分止争的作用。[①]

但无论是对于世界还是中国，20世纪是民法发展的重要阶段。史学界一般认为中国法律的近代化自清末法制改革起，以南京国民政府六法体系的确立为止。清廷开始修律的谕旨中就有令出使大臣查取各国法律咨送国内之语，所以清末修律改制之时沈家本等人对东西各国法律的翻译移植极其重视，沈家本甚至明言“欲明西法之宗旨，必研究西人之学，

① 于语和、戚阳阳：《国家法与民间法互动之反思》，《山东大学学报（哲学社会科学版）》2005年第1期。

尤必编译西人之书”。[①] 而经过对多国的考察，《大清民律草案》作为中国近代第一部民法草案，最终选择了通过学习日本来移植德国民法的模式，即以日本为“中继站”来学习近代的德国民法。该草案采取了总则、债权、物权、亲属和继承五编制体例，可谓深得欧陆各国和日本民法之精髓。尽管它具有诸多不足之处，尤其在涉及人身法的部分多有封建残余，却奠定了中国民法学习大陆法系中潘德克顿体系的整体走向。而清末修律的原则也被后世所继承并发扬了下来，即清末修律大臣俞廉三所提出的民法编纂之四要旨：（一）注重世界最普通之法则；（二）原本后出最精确之法理；（三）求最适于中国民情之法则；（四）期于改进上最有利益之法则。[②] 而这些原则中的“法则”“法理”实际都源自大陆法系，也从侧面表现出，我国清末民初民法规则的制定以西方民法思想和制度为要，兼采传统法律的发展思路。

伴随着辛亥革命的胜利，清廷覆灭以及法律界对《大清民律草案》的争议，南京临时政府并未采用尚未审议通过的该草案。民事规则“应仍服前清现行律中规定各条办理”，[③] 以沈家本等人对《大清律例》修改而成的《大清现行刑律》中的民事有效部分为适用主体，并通过一系列单行法规，如《不动产登记条例》《验契条例》《清理不动产典当办法》等，以及大理院判例和民事习惯等形式一起构成了民初民事司法的规范来源。不过《大清民律草案》的价值并没有因未能实行而被完全减损，它依然为北洋政府以西方民法体系为蓝本编纂1926年《中华民国民律草案》积累了丰富的材料。《中华民国民律草案》依照《大清民律草案》的总体思路进行构建，亦可见民法西化实受各个政治集团之认可。但无独有偶，在清末民初的乱世之中，政权的更迭亦会影响法律的存废，1927年国民党结束了北洋政府的统治并建立了南京国民政府，《中华民国民律草案》也随之夭折。

北洋政府被推翻之后，南京国民政府一方面依然暂时延续了北洋政府的民事法规、判例以及民事习惯来处理民事案件，但同时也设立法制局，开始着手制定《中华民国民法》。与前两次不同，此次编纂历时三年，终于从1929年到1931年以总则、债编、物权编、亲属编和继承编的顺序先后公布实行。学者们通常也对《中华民国民法》给予了高度的评价：如曾参与立法的吴经熊先生便言“此后，中国已为一个有民法典的国家了，这是在法制史上何等重要、何等光荣的一页”；[④] 梅仲协先生也说该法“集现代各国民法之精英，而

---

① 沈家本：《寄簃文存》，商务印书馆，2015，第212页。

② 中国人民大学法律系法制史教研室：《中国近代法制史资料选编》（一），中国人民大学法律系法制史教研室，1980，第329页。

③ 谢振民编著：《中华民国立法史》（上册），中国政法大学出版社，2000，第55—56页。

④ 吴经熊：《法律哲学研究》，上海法学编译社，1933，第27页。

弃其糟粕，诚巨制也”；[①] 谢怀栻先生则直言《中华民国民法》可比肩他国民法，开创了中国的私法文化与制度，“这是中华民族可以引以为豪的一部民法法典”。[②] 另一方面吴经熊先生和梅仲协先生亦曾分别指出该法多采德国和瑞士之成法，兼采他国之规，可见《中华民国民法》同样在编纂起草过程中十分注重外国民法的移植。

纵观清末民初的民事法律编纂进程，其实质是一场由国家主导的移植西方法制的“运动化”进程。客观而言，该“运动”对于国家法律体系的建构以及民众法治思维的树立都大有裨益。但我们必须看到，一个国家和民族不可能与传统割裂，所谓的取而代之最终通常会呈现为在旧传统上的创造性改造。法、德、瑞士甚至是日本的民法典之所以成功，很重要的一点便是它们将继受而来的罗马法、教会法与本国传统法以及民间规则整合于民法体系之中，使得诸民法资源在该体系中能够保持分立与统一的姿态，正如克利福德·吉尔兹所言“法律就是地方性知识”。[③] 清末民初的民法编纂运动的确开创了以西方法律制度和文化为基础的重新构建成文民法体系之先河，但成功的中国民法体系建构绝非仅是一个形式意义上建构，更重要的是移植西方法律的同时，将本国固有民法资源进行传承改造，保证民众不会在传统与现代中被割裂。清末民初的各个政权也意识到了这一点，因此在大举学习西方民法的同时，十分重视对传统法和民间规则的改造。

三、《中华民国民法》制定的游移与折中

《大清民律草案》在编纂时虽然强调“兼用守成、统一、更新三主义”，并组织了两次民事习惯调查，但在实际操作上，处理西方法律制度与中国传统法律时，却造成了总则编、债权编、物权编前三编全面继受德、日民法，使得“典”等传统特色制度不见踪影而“不符国情”，以及后两编亲属编和继承编多源于“道德经义”而“太符国情”的状况。这导致了继受法与传统法形成了大相抵牾的个人主义和家族主义二元价值冲突。因此《大清民律草案》对传统法的改造与体系建构并不成功，这也是造成该草案未能于民初实施的原因之一。鉴于《大清民律草案》体系构建的失败，北洋政府优先修订了《民律草案亲属编》，希望重新构建传统法与继受法和谐共存的体系。恰逢当时西方私法学术思潮，尤其是随着社会法学的流行，正与中国传统法偏重群体利益的伦理精神找到了形式上的契合之处，这为

① 梅仲协：《民法要义》，中国政法大学出版社，2004，“初版序”，第 1 页。

② 谢怀栻：《大陆法国家民法典研究》，中国法制出版社，2004，第 124 页。

③ ［美］克利福德·吉尔兹：《地方性知识：事实与法律的比较透视》，邓正来译，载梁治平编：《法律的文化解释》，生活·读书·新知三联书店，1998，第 126 页。

当时中西法律价值冲突的整合提供了历史性的契机。加之北洋政府自1918年起以奉天省高等审判厅厅长沈家彝呈请为直接原因，亦基于“鉴于司法制度侧重习惯”[①] 需要，仿照清廷和日本进行了民事习惯的调查。与晚清相比，这次习惯调查更为充分完备。奉天民事习惯调查会提前制定了《奉天民商事习惯调查会简章》，其余各地也多以奉天为蓝本建制筹划。同时此次调查也引起了各级审判机关，尤其是当时的最高审判机关——大理院的重视。大理院通过对习惯的甄别，以民事判例和解释的方式对各种民间习惯进行了积极或消极的选择，其中部分案例更是按照总则、债权、物权、亲属、继承分门别类转化成了具有结构性、抽象性的规范，在形式上具备了民法典的结构特征，并将《大清民律草案》习惯规范的二十条扩充到了三十八条，为《民国民律草案》积累了丰富的传统法材料。该草案除继承了《大清民律草案》的家制外，亦在财产和身份法中加入了许多传统法，如家谱、家产、定婚、宗祧继承等，其中并未编入《大清民律草案》的“典权”也被设置专章并制定了三条习惯规范，包括典权期间、转典、典物灭失责任。[②] 而且因为这些传统制度已经过大理寺民事审判案例和裁判要旨的体系化整合，因此《民国民律草案》中的传统法部分并非虚有其名，通常能够反映传统法和民间规则的内涵与功能。但由于《民国民律草案》的编纂动因有借列强来华调查司法状况以收回领事裁判权的因素，所以时间紧迫，对传统法的改造和民间规则的吸收依然有些粗糙。如《民律草案亲属编》只是对清末的亲属编做了部分修改，将总则改为通则、将他节内容合并等，并无甚新意，依然保持了家族主义的特征。亦有学者认为若以亲属编为观察点，或许难以高估民国初年民事习惯调查对《民国民律草案》的实质贡献。[③] 因此，对民法全面体系化改造的任务落到了南京国民政府的肩上。

南京国民政府于1929年1月在立法院下设了民法起草委员会，它一摒北洋时期的折中立法方案，采取了更为激进的方式，以期对传统法进行更深入的体系化改造。作为政治家的立法院院长胡汉民提到立法政策时，常谈及三民主义，以进行一种革命式的鞭策。他在民法典起草初期希望民事立法在吸取和改造外国民法的同时，也能将民族、民权、民生理念杂糅到中国传统法中。但在实际操作层面，此次立法，除了亲属编第六章“家”部分承认了家是一种亲属团体，乃是个人与社会的纽带，体系化地保留了传统价值理念和规范功能外，其他传统法的改造则是以德国民法的体系为纲要，如物权编中规定的典权。典乃是西方法律所没有的，附有回赎权的一种土地转让制度，其渊源可追溯到宋代之前的“贴

① 司法部公报处：《司法公报》（第232期），国家图书馆出版社，2011年影印本，第1页。

② 刘昕杰、李诗语：《我国民法典编纂史上习惯规范的变迁——从〈大清民律草案〉到〈中华人民共和国民法典〉》，《民间法》2021年第3期。

③ 陈斌：《不可承受之重：民国法典编纂时刻的习惯调查》，《西部法学评论》2020年第2期。

卖”，典的核心制度在于典当的回赎以及找贴。典存在回赎是因为古代的土地不仅是具有经济价值的财产，也是具有伦理价值的祖产，因为后一层价值，出典人往往将典当作一种暂时性的融资方式，而非买卖。而为了保证出典人能够顺利回赎土地，回赎权并没有时间上的限制，司法上也会更偏袒出典方。民国民法中的典虽然相对较多地保留了传统法的内容，但典权处于物权编却减损了它本身的存在逻辑。按照松冈义正的观点，典权是比照了日本民法不动产质权的，而《中华民国民法》则认为典权是用益物权。这种设置是从保障物权占有的角度出发，即这种设置更多的是保护现实中占有土地的承典人，可以说与传统的典反其道而行。沿着这个思路民国民法还规定了典权的最长存续期为 30 年以及出典人只可以找贴一次的限制，而这两项规定的理论来源一者为德国民法的消失失效期间理论，一者来源于德国物权法体系的稳定性要求。而且，虽然典权中规定了承典人的先买权，但中国自古流传的亲属、地邻、合伙人等先买权民间习惯却在《中华民国民法》并无体现。如果说，典权是一种经过西化改造得以部分存活下来的传统法，那么物权编中的永佃权则是只有传统之名，而无传统价值之实了。中国传统的永佃与西方大陆法系的永佃有一些相似，因此在民法移植的过程中采用了一种重述保留的方式，即借本土概念之名，用西方同名理论加以填充，以做到传统民事制度既进入现代民法体系又不失原本的内容。但西方的永佃与中国的概念并不相同，中国传统法的永佃权是“一田二主”，田骨与田皮共存于同一土地，但彼此具有一定的独立性。田皮权比西方多出两项权利，一者是独立转让权，一者是不因欠租而夺佃，强调租佃关系的固定化。但经过德国物权法一元的物权体系改造后，成了“两分的自物权和他物权”。虽名为永佃权，实则是土地所有权的从物权，已丧失其相对独立性。当然，《中华民国民法》在传统法的改造上亦有可取之处，如其直接规定了女性在解除婚约上的权利、将坟产纠纷由刑转民以及否定宗祧继承等。但无论是之前提到的被部分改造的典还是保留重述的佃，抑或是宗祧继承等被国家法剔除的具有较大封建伦理属性的传统规则，它们也因过去的深入人心而存续着，并以民间规则的形式发挥着自己的作用。纵然如此，如果从规则内容与价值内涵统一的方面来看，传统法恐怕在民国民法典中十不存一。

我们可以看到，清末民初的民事立法除了直接移植外国法律外，最终就连传统法的改造也大多是按照当时先进的外国民法理论和制度进行的。然而，最先进的未必是最适合的，无论是从经济发展水平还是社会思想来看，这种立法方式都可称得上是一种超前立法。从经济发展水平来看，当时中国的商品经济的确得到了发展，产生了一些具有影响力的近现代企业，但也依然存在不少的家庭作坊与个体工商，且呈现出了沿海与内陆发展不平衡的态势，加之外国势力与内部因素的干扰，还表现出了不独立的特点。因此从经济基础来看，除了少数发达地区，中国的大部分地区并未完全形成欧陆商品经济法律发展的条件。而从思想上看，传统社会的等级性、伦理性产生的忠孝观和家国一体理念也与欧陆自由、平等基本价值所产生的民法追求有所出入。换句话说，当时的这种立法思路更多的是近代中国政治精英们在民族危亡之际下的应急选择，而非中国社会发展到一定阶段的自主选择。我们虽然赶上了世界民法发展的潮流，但却是以先接受西方民法制度与思想，而后再以西化传统法律和民事习惯中的近似因素进行应对。在当时救亡图存的背景下，政治精英们和法学家们固然普遍存在一种敬祖法古的心态，却难以产生像萨维尼那样的学者和坚实的声音，这不仅造成了时存的民事习惯规则与中国传统国家法的割裂，也使得原本的国家法在这场西化浪潮中被迫沦为了民间规则。但理想法律价值的达致如果仅靠适用国家法便可实现的话，那么我们还没有真正地理解民间规则与国家法之间的关系及共同价值追求。任何一个国家的社会生活都不可能也没必要被国家法所完全覆盖，在实践中常有的是法律规则随现实情况的变化以适应社会生活，而非反之。可以说，即便是完全与传统相契合的国家法在面对复杂的社会生活时也不可能从容应对。那么当《中华民国民法》缺乏坚实的社会基础和固有法律文化的支撑时，即便国家层面对其进行推进，它或许依然远没有民众内化于心的传统价值和民事习惯规则更让人信服，或者说国家法有时并没有办法代替民间规则对民众的日常社会生活进行调控。法律的生命在于实践，《中华民国民法》在编纂时体现的中西方法律观念与制度设计的迥异，在现实中则表现为了中央顶层立法与地方司法实践的紧张关系。那么在复杂多样的基层社会生活中，司法官们必须秉承何种精神，采取哪种方式选择适用国家法和民间规则，以达到法律效果与社会效果的平衡呢？这便是刘昕杰教授在《后民法典时代的司法实践》一书中最想传达给我们的，也是最值得我们去思考的。

四、官民中西综合为用

法律史作为法学和史学的交叉学科，不仅要靠概念辨析和逻辑推演，更重要的是“有一分史料说一分话”，因此这一学科对问题的深入挖掘程度更多地取决于作者对史料的选择与甄别。而对司法实践的研究则一定离不开对地方司法档案的整理，它相较于正史、判牍、地方志等类型的史料而言，更有助于研究者观察到不同的历史叙事，进一步还原司法实践的历史原貌。因为它涵盖了其他史料少有的诉讼从开始到结束的完整过程，以及当事人的各种身份背景，能更全面的体现两造、官员以及地方宗族等方的真实态度。就如同美国历史人类学家安·斯窦乐所说，历史档案不是“找回”历史知识之所在，而是“生产”历史知识之所在。与清代地方司法档案不同，从基层文献保存的角度说，民国时期的史料相对完整，从国家制度的角度来说也更容易理解。刘昕杰教授选取的新繁县等四川基层县域司法档案正具有着上述的特点。此外，有突破性的研究和分析，一定是建立在对史料深入细致地综合考察和批判性思考之上的。由于在此领域已深耕多年，相对于问题意识的产生，刘昕杰教授更重视问题的深化。为了体现《中华民国民法》颁布施行后，地方基层司法的真实情况，刘昕杰教授并未将中国整体作为研究对象，而是将视角从时间转化到了空间上，将目光放在了具体的民国四川基层县域，不仅关注到了传统民事制度在民法典中是如何被改造的，更从侧面引出了从中央推行到地方实践的民法典实施状况。而且就一省之内的司法档案进行研究，则避免了因民间规则的不同，而无法证明书中所表达的司法实践特点的可能性。因为中国幅员辽阔，尽管各地都存在民间规则，但是因为地域的不同，民间规则之间也会有所差别，甚至是相反。如民国时期在江苏省内处于西北的砀山、丰县习惯租赁房屋“无故不准业主退租”，“如不欠房租，准房客自退。不准房主要房”；与此相反处于中部地区的丹徒县则有“租赁房屋、土地本无年限，其契约得随时解除”的习惯，[①] 正所谓“十里不同风，百里不同俗”。正如作者在书中回应的，这些县域档案中的“非典性”正构成了基层民事司法的真实面貌，并展示了民法典、传统文化与基层实践之间的复杂关系。同时基层司法官在中西法律观念与制度中闪转腾挪，寻求案件解决方案的样貌能够体现一种官民中西综合为用的特有司法景象。

学者们对古代中国基层司法实践运用何种规范一直存有一定的争议，换言之，学者们争论的是在司法过程中，国家法、民间习惯或者其他规则是作为唯一还是复数的司法渊源的问题。以清代司法研究为例，有的学者认为中国古代县官是以国家法为裁判的唯一依据，这类学者以黄宗智教授为代表，他以淡新、宝坻、巴县三大档案为基本史料得出了清代的县官实际上是以法律为裁判依据的观点。[②] 而以日本学者滋贺秀三为代表的另一类学者则认为清代的司法是以民间法或者说民间规则为依据的，他说：“中国古代社会在解决民事纷争时，根据‘情理’，融通无碍地寻求具体妥当的解决就是地方官的职分。”[③] 而且在他看来，特别是民事纠纷，情理和民间规则是司法官在解决纠纷时的唯一裁判依据。而第三类学者与上述两类学者的观点不同，这类学者以何勤华教授为代表，认为中国古代县官的裁判是复数司法渊源的，运用的乃是杂糅了国家法与民间法的“综合法”。何勤华教授在研读了《刑案汇览》《驳案新编》《汝东判语》《吴中判牍》《樊山判牍》《徐雨峰中丞勘语》等一批

① 前南京国民政府司法行政部编纂：《民事习惯调查报告录》上册，胡旭晟、夏新华、李交发点校，中国政法大学出版社，1998，第215、217、209页。

② 黄宗智：《清代的法律、社会与文化：民法的表达与实践》，上海人民出版社，2007，第189页。

③ ［日］滋贺秀三、［日］寺田浩明、［日］岸本美绪等：《明清时期的民事审判与民间契约》，王亚新、范愉、陈少峰等译，法律出版社，1998，第13页。

有代表性的清代判例汇编后提出了："在清代，不仅《大清律例》等国家正式法典在'法院'审判活动中得到严格遵守，而且习惯、情理、民俗等也是司法官判案的重要依据。"[①]何勤华教授的观点得到了许多档案和史料的印证，县官在针对"薄物细故"时通常会对国家成文法给予足够的尊重并依"律"断案，但与此同时也会充分考虑当地的习俗习惯，暗中给民间规则留下适用的余地。其实这种司法技巧在古代中国县域中相当常见，县官们通过有意识地寻找国家法和民间规则的契合点来达到二者在司法实践中的有机统一。

从清代开始，政治变革所带来的法制变革使得立法与司法同样经历着巨大的变化。但一国基于历史和文化因素，必然存在着所谓的历史惯性或者说历史连续性，这点在司法上也不例外。因此，处于传统与现代民法交替的民国时期司法实践也脱离不出国家法和民间规则综合为用的方式，只是在民法转型的特殊时期，这种综合为用呈现为官方推行的"西法"和民间"中法"一起发挥着各自的作用而已。如果只是将关注点放在民国民法颁行后，基层裁判的"依法"或者"不依法"，无疑是弱化了司法的历史连续性和小看了中国自古以来的基层治理智慧。自古以来，传统中国的司法权便并非独立，这点在地方行政长官兼任司法官的基层尤为明显。在中央，虽然并不存在与行政权形成制衡关系的司法权，但确有专门的司法职能部门。而在基层则形成了行政兼理司法的全能型公权力，在地方具有说一不二的权威。同时，政权的更迭并未影响这种地方权力结构，即便到了民国，远离政治中心的基层首长权责并未发生根本性变化。对此刘昕杰教授在书中有许多精妙的分析，本文在此不做赘述。这种行政和司法不分的形式使得兼任司法官的地方基层公权力只是将对纠纷的审判作为其地方政务的一部分，对司法本身很难有独立的认识。他们需要考量的是如何运用司法这个工具快速解决纠纷，完成好社会治理的任务，而非类似西方社会那样利用法律去划定当事人权利义务的边界。正如刘昕杰教授在书中所言，"实用"无疑是传统司法过程的最佳解释。因此，我们可以看到该书的许多案例中，司法官并不拘泥于适用国家法或者民间规则，而是将司法程序当作解决实体问题的方式之一。可以说，这种纠纷解决导向的裁判风格所关注的本来就不是法律适用问题，基层司法官们也并非认可最新颁行的民国民法典。如书中提到的离婚案件，司法官通常会基于民情用家长式的口吻对双方好言相劝，而很少去重视现代法理所倡导的程序正义；在佃的转租和押租问题上，并没有严格的依照法律禁止这些行为，而是采取不告不理的态度，默认这些违法习惯的存在；针对依然盛行的分家承嗣，司法官则有时会运用和解这种少受"依法裁判"约束的方式来进行定分止争；在坟产纠纷方面，民众常因不认可坟产被当作一般财产规制而不愿接受调解，但司

① 何勤华：《清代法律渊源考》，《中国社会科学》2001年第2期。

法官们却希望以调解的方式息事宁人，以免累讼；而在“典”的回赎上，面对国家法和民间法的冲突时，或许说服出典人服从裁判的并非对国家法的认同，更多的是“县官不如现管”的权力强制。因此，可以说即便在民国民法典颁布后，民间规则和国家法也绝非对立，它们都是司法官工具箱中的重要组成部分。

同时，刘昕杰教授书中所运用的案例，也为我们展现了在民法转型时期，在基层纠纷解决的过程中国家法并非总是最佳选择。当国家法和民间规则发生冲突时，不能公式化地强调以国家法来同化民间规则，而是寻求二者的平衡、妥协与合作。而这种合作也是具有基础的，其基础在于两方面，一方面在于国家法和民间规则纠纷解决范围的契合，另一方面则在于二者纠纷解决的目的契合。在纠纷解决的范围方面，民间规则是民众在日常生活中形成的经验性规则，因此民间规则常常涉及与民众生活最为密切的家庭、婚姻、继承和产权交易等方面问题。也就是说，民间规则与民商事法律中的规定具有天然的契合性，这也是民国司法官能够在国家法和民间规则之间跳转的前提。而在纠纷解决的目的上，前文其实已经给出了一定的解答，民国基层的司法只是社会综合治理的方式之一，除却国家法和民间规则定分止争的方式和逻辑不同外，司法官运用二者的根本目的都在于纠纷的和缓解决。而在国家法和民间规则的合作中，民间规则在民国基层司法实践方面至少有如下几个作用。第一，增加民众对基层司法活动的接受程度。我们一般更容易接受与自己价值和知识体系相近的事物或行为，进而配合它们发挥自身功能。在民国，我们可以看到，民事立法虽然部分回应了中国传统法律所体现的价值，但作为超前立法的结果，正如刘昕杰教授在书中所体现的一样，基层公众通常对其少有认可。如果司法者完全采取“高压”态势，完全无视基层民众更乐见的民间规则，只会增加官民矛盾，甚至阻碍现代民法向基层的延伸。而司法官有限度开放民间规则的适用不仅不会损害司法权威，[①] 反而会增加司法结果的可接受程度。第二，民间规则能够补强国家法的论证。当民间规则被纳入司法的视野之后，必然面临着国家法的审视和评价。然而四川基层的司法官却用民间所能识别的语言加强了国家法的说理能力，扩展了国家法的语义，以民间规则的事实性为司法权威提供了根基。民间规则以这种方式进入国家法场域实际上补强了国家法规则，促成二者的一致性，甚至达成一种用民间规则的话语体系说出国家法想表达的内容的效果。这当然是基层司法官以裁判结果为导向下必然采取的措施，但司法有意隐去国家法的面纱也使得民间规则成了贯彻国家意志的手段，民间规则在客观上更大程度上地参与了国家法律秩序，甚至增强了国

① 彭中礼：《当前民间法司法适用的整体样态及其发展趋势评估》，《山东大学学报（哲学社会科学版）》2010 年第 4 期。

家法本身的权威。第三，与国家法合作达致善治。民国民法典更多的是一种自上而下推进的理想“法治图景”，但若以国家治理的角度来说，单向度的推进反而会导致水土不服，与善治相背离。国家治理往往需要多元的规则组合才能达致善治，民间规则作为内生的规则，具有强大的文化根基，这种自下而上的规则与国家法恰好形成了互补关系。如何合理有效地运用民间规则，保持国家法和民间规则的平衡，形成良性互动，实现和谐稳定的基层社会秩序，正是在社会转型时期的民国基层司法官所持续考虑的问题。以上这几种民间规则在司法实践中的作用既是民间规则本身固有的功能，另一方面也是民国司法官们在传统与现代的夹缝间，以基层社会治理为导向的裁判方式迸发出的传统“实用型”司法的变体。

综上所述，刘昕杰教授的作品为我们展现了后民法典时代四川基层司法的独特景象，即当时所司之“法”为何，为何司这些“法”，如何司这些“法”。该书所言的司法实践不仅代表了近代中国，甚至指向了一种中国司法实践的连续性。不同于西方以法律适用为核心，中国司法官的作用跃出了纸面的判决，纠纷解决为核心的价值取向会让司法官运用一切合理规则的身影贯穿于裁判的全过程。处于传统与现代磨合期的民国是中国民事司法的大变局时代，具有十分特殊的位置，但本书呈现出的这一时期中国法律文化的稳定性却更令人深思。该书所还原的地方司法细节正是中国独特法律文化依然为人所传承的重要证明。探求运行于司法的全部过程的实用型特征不仅是一种法律文化的溯源，也是理解现在的重要基础，承认和还原这种法律文化更是我们把握和引导未来的方式之一。

综述

中国古代“法理”的来源、表现与凝练*

——“中国古代法典中的法理”学术研讨会暨“法理研究行动计划”第十八次例会述评

姜 翰**

2017年，张文显教授针对“法理”在法理学知识体系、理论体系、话语体系中处于缺席或半缺席状态，在部门法学研究中缺乏足够关注的状况，提出将“法理”作为法理学研究的中心主题，并倡导部门法学与法理学共同关注“法理”问题。① 以此为契机，全国性的“法理研究行动计划”得以启动，此前已召开十七次例会。研究主题逐渐从法理的整体性面向转向部门法的分领域研究，其间还穿插了方法论的理论探讨。② “以法理为法理学中心主题和法学共同关注，为中国法理学和整个法学的发展开辟了新途径，法理研究已经成为中国法学新常态。”③ 与此同时，张文显教授尤为强调以“法理”为中心主题的法理学对传统法律文化的关注，他指出“传统法理是现代法治的文化基因，是现代法学的思想精华”“法理学中心主题的转换必将重燃法学界对中华民族世世代代形成和积累的优秀传统法文化的热情，涤荡法学领域的历史虚无主义思潮，以时代精神激活中华优秀传统法文化的生命力，推进中华优秀传统法文化创造性转化和创新性发展”。④ 中国古代具有悠久的法典编纂传统，

---

* 本文系国家社科基金一般项目“唐律中的‘法’‘理’与‘法理研究’”（项目号：2013FX021）的阶段性研究成果。

** 姜翰，吉林大学法学院讲师。

① 张文显：《法理：法理学的中心主题和法学的共同关注》，《清华法学》2017年第4期。

② 张文显：《寻找法理概念的科学共识》，载《法理泛在：法理主题致辞集》，法律出版社，2020，第294—295页。

③ 张文显：《法理研究：新时代中国法学新常态》，载《法理泛在：法理主题致辞集》，法律出版社，2020，第168页。

④ 张文显：《法理：法理学的中心主题和法学的共同关注》，《清华法学》2017年第4期。

以《唐律疏议》为代表的中国古代法典，凝结着中国古代社会法治发展的实践经验和丰富成果，是中华民族文化特色与民族精神的集中表达，也是中古时期世界范围内法治文明发展成就的集中体现。《唐律疏议》不仅在概念、原理、思想、精神等方面代表了中国古代立法的最高成就，即便立足于现代法学观念审视，亦极富先进性，[①] 可谓古代法理的宝库。

在“法理研究行动计划”启动会议上，张文显教授已将“中国传统法学和法律文化中的法理”作为法理研究的基本问题之一。[②] 历次例会研讨主题各有侧重，但在深入研讨的过程中，都在不同领域、不同程度上涉及中国古代法理的内涵、载体与表现。如第六次例会关于“法理思维与法律方法”的研讨，即强调要追溯法理思维的中华传统，虽然“法理思维”是新近提出的概念，但“法理思维的传统早已深深融入了中国法律文化的脉络之中”；[③] 第十次例会关于“法理的概念”的研讨，指出“推进法理研究，必须清除法学研究中的历史虚无主义思潮，深入挖掘中华传统中的法理宝藏”；[④] 第十五次例会关于“法典化时代的法理研究”的研讨，追溯了中国古代法典编纂的历程，认为总结我国法典的历史传统，“有助于树立中华民族的法典自信，弘扬中华法典文化的优良传统”；[⑤] 第十七次例会，聚焦“中国古代经典中的法理”，以中国古代正史文献与诸子经典著述为主，对法理进行了初步探索与分析。[⑥] 各次例会针对中国古代法理与传统法律文化进行了各有侧重的探讨，成效卓著，也为本次会议的召开奠定了基础。张文显教授指出：“中国法理集中体现在法典当中，尽管在儒家、法家、道家、墨家等诸子百家的论著中也有法理的经典格言金句，但是这些法理在‘法典化’之前还处于不成熟状态。所以，研究中国古代法典中的法理是我们深化中国法理研究的主渠道，也是我们走向世界、与不同法治文明国家进行法理对话的重要路径。”[⑦] 中国古代法典作为传统法制与法律文化最为重要的载体，是传统“法理”最为直接的来源与最为集中的表现。从中国古代法典中凝练“法理”，是必经之途、必由之路；而能否将抽象的“法理”还原于具体的律令条文，也是验证凝练过程的重要标准。

---

① 刘晓林：《中华法系新诠》，《法制与社会发展》2022年第5期。

② 张文显：《新时代开展法理研究的18个基本问题》，载《法理泛在：法理主题致辞集》，法律出版社，2020，第67页。

③ 吕玉赞、吴冬兴：《聚焦与拓展：法理思维的纵深展开——第六届“法理研究行动计划”暨“法理思维与法律方法”学术研讨会述评》，《法制与社会发展》2019年第3期。

④ 苗炎：《探寻法理概念，凝聚法理共识——“法理的概念”学术研讨会暨“法理研究行动计划”第十次例会述评》，《法制与社会发展》2019年第4期。

⑤ 瞿郑龙：《新时代法典化的法理——“法典化时代的法理研究”学术研讨会暨“法理研究行动计划”第十五次例会述评》，《法制与社会发展》2021年第2期。

⑥ 蒋海松：《探寻中华法理思想之源——“中国古代经典中的法理”研讨会暨“法理研究行动计划”第17次例会述评》，《湖湘法学评论》2022年第4期。

⑦ 张文显：《在中国古代法典中的法理学术研讨会上的致辞》，http://law.jlu.edu.cn/info/1082/20040.htm，2023年2月11日。

为深入揭示中国古代法典中蕴含的“法理”，凝练共识性“法理”，弘扬中华优秀法律文化，“中国古代法典中的法理”学术研讨会暨“法理研究行动计划”第十八次例会于2021年10月16日在长春召开。会议由吉林大学法学院、吉林大学理论法学研究中心、吉林大学全面依法治国研究中心、“法理研究行动计划”秘书处、《法制与社会发展》编辑部与《当代法学》编辑部联合主办，并得到了中国法律史学会、吉林省法学会法治文化建设研究会、辽宁省法学会法治文化研究会与《法律史评论》编辑部的支持。来自中国社会科学院、中国人民大学、中国政法大学、浙江大学、四川大学、山东大学、湖南大学、苏州大学、中南财经政法大学、西南政法大学、西北政法大学、南京师范大学、天津财经大学、沈阳师范大学以及吉林大学、东北师范大学、吉林省社会科学院等二十余所高校和研究机构的近五十位专家学者参加会议。会议开幕式由吉林大学法学院副院长刘晓林教授主持，中国法学会党组成员、学术委员会主任、吉林大学哲学社会科学资深教授、“法理研究行动计划”发起人张文显教授发表书面致辞，系统阐述了开展中国古代法典中的法理研究的重要意义。随后，吉林大学法学院院长何志鹏教授、吉林大学社会科学处副处长许玉镇教授先后致辞。何志鹏教授认为，在百年未有之大变局的背景下，法律史作为中华优秀传统文化的一部分，有助于民族复兴，建设社会主义现代化强国，并期待通过本次会议，各位专家学者分享高见，凝聚共识，推进中华优秀法律文化、法治文明的进一步发展，使中国文化自信能够得到更大的提升。许玉镇教授对各位专家学者的到来表示热烈欢迎，对各位专家学者长期以来对吉大法律史专业的关心、帮助与支持表示由衷感谢，期待通过本次会议，为建设有中国特色、中国风格和中国气派的法学学科体系、学术体系和话语体系贡献法律史学人的智慧。

本次会议设置主旨发言与“中国古代的法制、法典与‘法理’”“中国古代的‘法理’与原理”“古今‘法理’之间的反思”四个单元，与会专家学者围绕相关主题进行了卓有成效的讨论与交流。会议闭幕式由吉林大学法学院吕丽教授主持，沈阳师范大学法学院霍存福教授、吉林大学法学院刘晓林教授分别进行了会议总结。本文基于“中国古代法典中的法理”学术研讨会主要内容，结合参会专家学者的发言及相关著述，述评如下。

一、古代法理的研究意义

张文显教授在开幕式书面致辞中指出，开展中国古代法典中的法理研究具有重要意义，具体而言主要包括以下四个方面：首先，这是深化习近平法治思想研究的需要。习近平总书记对中华传统法律文化和法理精华独有深情，注重对其进行创造性转化、创新性发展，使中华法律文化的精髓得到传承和弘扬，使法治的中国精神和民族品格得以彰显，极大地增强了中国人民在法治和国家治理上的文化自信和民族自信。会议的开展就是落实习近平总书记重要指示和践行习近平法治思想的实际行动，是对中华优秀传统法律文化进行创造性转化、创新性发展的实际行动，是不忘本来、学习外来、面向未来的实际行动。其次，这是深化“中国法理”研究的需要。“中国法理”是一个概括中国法治文明之精粹的特指概念，专指中国古代尤其是先秦到清末之间在法律典籍、法律制度、法律实践、法学论述中得到呈现的法理，它集中体现在法典当中，所以研究中国古代法典中的法理是我们深化中国法理研究的主渠道，也是我们走向世界、与不同法治文明国家进行法理对话的重要路径。再次，这是树立中国法理自信的需要。对中国古代法典中的法理研究，有助于在新的起点上推进中国法律史的持续性创新，也有助于焕发法理的中国风采和中国精神。最后，这是推进新时代立法法典化的需要。随着《中华人民共和国民法典》的编纂和实施，中国立法进入了法典化时代。我们系统、深入、认真研究中国古代法典中的法理，将为我国的法典编纂工作提供历史经验和法理支撑。①

张中秋教授指出，我们原本就应该以积极宽容的态度，努力从历史文化的联系中寻求法理，切不可轻易放弃从文化传统中发掘推动现代中国法制与法学建设的努力。否则，我们就要失去对自我文化的解释权，从而使中国成为一个没有自己法律传统和法理之根的国家。

侯学宾教授认为，传统法理有其生命力，它对当下社会生活和法律体系的运行产生着影响，其存在的意义可以从两个角度去思考：第一个是中观的角度，也可以说是从功能的意义上去理解。传统法中的法理能够解释当前很多社会现象，或者说它能够为我们现在的社会现象提供一定程度的佐证，比如现实生活中涉及祭奠问题的司法判决，很多时候会受到传统法理的影响。第二个是宏观的角度，中国传统文化中的法理应该走出中国。历史上它曾经影响了整个东亚文化圈，或者说它的普遍性不局限于一个国家之内，中国传统法律文化也能够影响西方。在中西交融的背景之下，有效凝练古代法理能够为世界法律文化提供中国贡献。

侯欣一教授高度评价本次会议主题的重要性，反思了长期以来国内其他学科对法史学科缺乏理论性的批评，认为一方面，法律史学科也在努力理论化，积极挖掘中国古代的法理，以期指导以后的法律史研究；另一方面，有利于法律史学科形成统一性共识，为学科

① 张文显：《在中国古代法典中的法理学术研讨会上的致辞》，http://law.jlu.edu.cn/info/1082/20040.htm，2023年2月11日。

内部的对话交流提供平台。

瞿郑龙副教授强调了法典化背景下基本法理议题的重要性，认为认真对待法典和法典化，重塑新时代的“法典观”和构建新时代的“法典学”要求我们重访法典和法典化的基础法理议题。①

霍存福教授认为，法律史学者对于中国古代法典中的法理缺乏理论自觉，这在一定程度上阻碍了关于中国古代共识性“法理”概念的凝练；法理学研究中的概念性思维与思辨能力对于法律史学科具有明显的方法论意义。这也更加凸显本次研讨会的重大意义。

刘晓林教授指出，提取中国古代“法理”的内涵，并将其融入凝练当代共识性“法理”的过程中，使得作为法学共同关注的“法理”，既彰显了中国法学的主体性和民族性，又向世界展示了中国古代悠久的法典传统、丰富的法理遗产与深厚的法治底蕴。这对于坚定文化自信、弘扬优秀传统文化具有直接的推动作用。②

二、古代法理的基本概念

张文显教授指出，法理的概念是“法理研究最根本、最核心、最原点的问题”，“我们对法理概念的重视还不够、眼界还有限、发掘还不多”，③ 有鉴于此，“法理研究行动计划”第十次例会曾达成了关于法理研究和法理概念的理论与方法论共识，即“青岛共识”。④ 正所谓“理一分殊”，中国古代法典中的法理既具有法理的普遍性，也包含了自身的特殊性，与会学者从法理概念的界定与辨析，以及对法理概念的领域性、层次性阐释，充分发掘了中国古代法理的多重内涵。

（一）法理概念的界定

张文显教授曾指出“法理”是包容了一切美好价值元素的综合概念；法理是一个文化概念，体现了法律和法治文化传统中定分止争、惩恶扬善、治国理政的智慧，积淀着法治文明的优秀成果；法理是一个具有普适内涵的概念，融通了古今中外关于法和法治的原理、理论、学说、共同价值；法理是一个实践理性概念，来源于实践、在实践中凝练、在实践中运用、在实践中发展；法理是一个纯正的中国本土概念，“法理”作为一个词语是中国人

---

① 瞿郑龙：《重访法典（化）的基本法理议题》，《苏州大学学报（哲学社会科学版）》2022 年第 3 期。

② 刘晓林：《中国古代的“法理”与“法典”》，《检察日报》2021 年 5 月 27 日，第 3 版。

③ 张文显：《寻找法理概念的科学共识》，载《法理泛在：法理主题致辞集》，法律出版社，2020，第 295 页。

④ 张文显：《“法理概念”的青岛共识》，载《法理泛在：法理主题致辞集》，法律出版社，2020，第 297 页。

的首创，作为一个概念也是由中国人凝练，法理在古代律学和现代法学中像精灵一样穿梭于法学体系之中，并在法律体系和法治体系中激发美德和智慧。①

张中秋教授指出，从中国人的思维方式出发，万物皆有其理，正像物理为物之道理一样，法理亦就是法的道理，或者说法之为法的内在理据。传统中国的法理是先贤关于法的基本问题的实践理性和历史经验的凝结，是作为一种秩序文明的中华法系的共通理论。②

（二）法理概念的辨析

张文显教授指出，“法理”既是法学概念，也是一个在范畴体系中发展的文化概念，需要在“法理”与“道”“理”“天理”“原理”“条理”等其他中国文化范畴的关系中，深刻理解“法理”的意涵和精髓。③ 因此，“法理”与“天理”“常理”等相关概念的差异与关系是需要特别关注的问题。如正史文献与诸子经典中的“法理”，主要是统治者与思想家立足于“天理”“常理”而针对与“法”相关的事件所作的表述，其与来源于律令条文的“法理”之间的关系需要深入辨别。

侯欣一教授认为，对中国古代法理的研究，需要与其他重要的概念形成对应，比如“法理”与“常理”。两者经常会被混淆，但其实它们之间既有联系，又有区别。例如常理说杀人者死，但从法理出发，并非所有的杀人者都会被处以死刑。只有把它们的关联搞清楚，然后才能真正找到中国古代的法理。这可能是首先要做的基础性、前提性工作。

（三）法理概念的领域性、层次性阐释

陈翠玉教授指出，古代法理概念在立法场合中主要体现在对立法活动正当性的论证以及对具体立法原理的分析；在释法场合中主要体现在对法律条文背后的意旨及正当性的分析；在司法场合中除了体现在司法官员履职资格及选拔任用条件上，还体现在发现判案依据、解释法律条文、评价行为正当性、进行司法推理和判决说理等环节；在民众生活和治国理政等领域，则主要表现在评价民众行为的正当性、维护社会秩序以及被作为治国手段和原理等方面。④

霍存福教授认为，对法理的讨论可以采取分层的办法，立法领域与司法领域可能都有它的法理，守法领域大概也存在其法理，按照这一路径进行下去，应该可以形成一个范畴

① 张文显：《法理：法理学的中心主题和法学的共同关注》，《清华法学》2017年第4期。

② 张中秋：《传统中国法理观》，法律出版社，2019，第271页。

③ 张文显：《“法理概念”的青岛共识》，载《法理泛在：法理主题致辞集》，法律出版社，2020，第301页。

④ 陈翠玉：《中华经典文献中法理概念之考辨》，《法制与社会发展》2019年第6期。

体系。例如参照部门法的划分，探索刑事法、行政法、民事法等领域的法理。这也是针对中国古代“法理”概念的认识逐渐系统化、体系化的有效路径。

刘晓林教授指出，“法理”作为中华传统文化的内生产物，具有多样的表述形式，主要侧重两方面的含义：一是强调法理对于治国理政的基础性与根本性作用，并通过“以法理为本”“资法理以成化”等话语表达此种作用；二是强调法理在各级官吏履职过程中的重要作用，并将“明达法理”“明识法理”等内容作为考核与评价的重要标准。① 针对中国古代“法理”的认识，除了要充分关注其规范层面之外，也不能忽视规范背后蕴含的深层次内容，如立法者的意图、旨趣等。

三、古代法理的表现形式

“法理”的存在形式是其意蕴呈现的方式，是法理内容与法理要素的载体。② 对法理载体的充分认识，也是发现法理的前提条件。张文显教授提出，法理的载体包括概念、命题、论述、谚语、经典名句、文本、案例、事例等，我们要善于运用不同方法、在其不同存在形式中发现法理或法理要素。③ 与会学者围绕法理存在形式的讨论，一方面注意到法理存在的广泛性，另一方面也关注到法典作为法理载体的重要地位。

（一）法理泛在

张文显教授指出，法理范畴内涵于法律思想体系、法律制度体系、法治运行体系之中，几乎是无处不在、无时不有、无所不能。法理像一个个精灵在法律的灵魂深处跳跃，它们穿越在法律的时空中，播扬在法律和社会的广阔领域，是它们激活了法律的生命之源，是它们点燃了法治的理性之光，也是它们成就了法学的逻辑之美。“法理”范畴渗透于法律制度、法律生活、法治实践、法学理论各个方面、各个层面，可谓“法理泛在”。④

陈翠玉教授指出，法理概念自东汉见诸文字以来，在中国古代的很多思想和学术典籍中，都出现了它的身影，其中既包括《汉书》《三国志》《魏书》《隋书》《宋史》等正史，也包括《宋刑统》《庆元条法事类》《唐大诏令集》《宋大诏令集》等立法性文件，同时亦包

① 刘晓林：《中国古代的“法理”与“法典”》，《检察日报》2021 年 5 月 27 日，第 3 版。

② 丰霏：《如何发现法理？》，《法制与社会发展》2018 年第 2 期。

③ 张文显：《新时代开展法理研究的 18 个基本问题》，载《法理泛在：法理主题致辞集》，法律出版社，2020，第 66 页。

④ 《走进法理新时代——专访“法理研究行动计划”的倡导者和推进者张文显教授》，《中国法律评论》2019 年第 3 期。

括《名公书判清明集》《折狱龟鉴》等判词集或案例汇编，此外还包括学者文集、名臣奏议、文人笔记、人物编年史等。[①]

彭巍副研究员认为，中国古代法理，是一种受儒家思想主导并与成文法传统紧密结合的认识体系，以历代法典为核心载体，以具体法律规范为表现形式，在紧密围绕实在法律规范的律学作品中被贯彻和表达。

丰霏教授指出，依据形式差异和解析法理要素技术方法的不同，可以将法理的载体分为有关法理的词语与概念、谚语与格言、命题与论述、判例与案例、故事、法条等六组十种代表形式。借助它们来探究发现法理，不仅是出于研究便利的考量，也是法理呈现的必然要求。[②]

（二）法典与法理

张文显教授在书面致辞中指出，与英美法系国家相比，中华法系法理的载体主要是法典（即成文的法律、法令、法规等），英美法系法理的主要载体是判例；与大陆法系国家相比，中国古代并不存在类似古罗马拉别奥学派、卡皮托学派那样的法学家群体。中国古代法典是中国法理的富矿，而且基本上是没有被规模开采过的富矿。[③]

侯欣一教授认为，本次会议的主题"中国古代法典中的法理"为我们探求中国古代的"法理"指明了方向，即"法理"应该主要在法典中寻找，只有如此才可能真的找到中国古代的"法理"，即"法之理"。在此基础上，再从律学文献及六经中寻找补充。与此同时，还应关注到民众的日常生活，及其对法理的影响，将它们结合起来，可能会找到更多真实的中国古代法理。

张中秋教授认为，中国古代的法理在先秦时期主要表现在经典里面，借用章学诚所言"六经皆史"，也可以说"六经皆法"。六经里面特别是《书经》或《尚书》中的《皋陶谟》《吕刑》，就是古代中国的法理文献，后来的法律原则、思想和原理都蕴含其中。随着社会变迁，这种蕴含在经典中的法理，成为人们立法的一个基本理论依据，表现在法中，融入为法典，所以在法律和法典中寻找法理是可行的。尤其是法律与法典中《名例》部分开篇的论述，可以说就是中国的法理文本，是法史、法理、法哲学的浓缩，此外包括法典的"御制序"等都可以成为我们通过法典解读法理的重要表达形式。

① 陈翠玉：《中华经典文献中法理概念之考辨》，《法制与社会发展》2019年第6期。

② 丰霏：《如何发现法理?》，《法制与社会发展》2018年第2期。

③ 张文显：《在中国古代法典中的法理学术研讨会上的致辞》，http://law.jlu.edu.cn/info/1082/20040.htm，2023年2月11日。

陈翠玉教授认为，法典编纂离不开相应之法理，法理对法典具有执一御万的功效，是法典自成一体、高度融贯协调的关键。以魏晋时期为例，以儒家经义为实质内容的法理作为法典的价值导引、内容渊源、法律基本原理，构筑法典之魂。而作为思维方式与方法论指导，法理在不断探求科学合理的篇章体例、刑罚体系、法律概念、原则、规则及其背后的义理依据的过程中，塑造了法典之形。总结而言，法理是法典之本，这个“本”不仅是本质、本源、本体，也是主导性的思维方式和方法论。此外，邓长春副教授同样认为，魏晋时期成为中国古代法典从无到有的转折点，正是由于长期以来法典理论的积累和成型，明理律学与礼法新义不仅是支撑法典编纂的理论柱石，深度参与了编纂过程，而且通过对法典的解读进一步发掘和升华了其理论价值。

刘晓林教授指出，传世法典是古代“法理”的直接载体，其他经典文献尤其是儒家经典著述对提炼中国古代的法理也有非常大的意义和价值。但古今法理概念的“最大公约数”是其皆为“法律基本原理”且蕴含于“法律条文”中。传世法典尤其是具有划时代意义的法典中蕴含着丰富的法理资源。作为中华法系代表的《唐律疏议》，是同时期世界法治文明成就的集中体现，也蕴含着中国古代法理最为成熟与完备的形态，尤其值得重视与发掘。①

四、古代法理的总结与凝练

“法理是存在的或潜在的，但不是自显的或自明的。”② 晚清民国时期，时人已围绕中国古代法理进行了探索与阐释。③ 张文显教授指出，我们不能局限于已有的法理格言、金句、命题、论语，而是要根据法治文明发展，特别是中国特色社会主义法治建设的实践，不断地去凝练新的法理。④ 如何发现法理，并将其概念化、体系化、理论化，离不开科学的方法与途径。⑤ 与会学者围绕如何进行法理的提炼，总结出如下路径。

（一）从概念的比较与分析中提炼法理

侯欣一教授认为，中国古代法理的研究需要以概念之间的区分为前置性工作，例如在

---

① 刘晓林：《中国古代的“法理”与“法典”》，《检察日报》2021 年 5 月 27 日，第 3 版。

② 邱本：《如何提炼法理?》，《法制与社会发展》2018 年第 1 期。

③ 刘晓林、姜翰：《中国近代“法理”话语的传入与演化——以吉林大学藏程树德编〈法律原理学〉为中心的考察》，《吉林大学社会科学学报》2023 年第 1 期。

④ 张文显：《全面推进法理研究的若干问题》，载《法理泛在：法理主题致辞集》，法律出版社，2020，第 77—78 页。

⑤ 关于法理提炼的相关研究，还可参见侯学宾：《凝练法理的多重维度》，《中国社会科学报》2020 年 5 月 13 日，第 6 版；邱本：《如何提炼法理?》，《法制与社会发展》2018 年第 1 期。

区分“常理”与“法理”关联的基础上，尝试将中华民族日常几千年以来的常理进行抽象概括，然后再从其中提炼出法理。

陈翠玉教授指出，中国古代已经存在关于法之理的思想观念体系，并由此生发了相应的词语和概念，法理则是其中被高度抽象和凝练的最清晰、准确的词语和概念。除此之外，中国古人在探索法之理的过程中也提出过法义、刑理、律经、律本、法意等词语和概念，它们与法理概念互相混合、交织，形成了复杂的概念图景、术语体系和话语系统。从法理观念和思想当中凝练出法理概念，是古代中国人法律发展认知史上的重大进步。①

（二）从法典的创制与适用中凝练法理

丰霏教授认为，虽然学界存在“法之理在法外”的说法，但可能最凝结法理的其实就是法条本身，因此从法典中我们能够获得法理。第一，法典的制定过程就是发现法理的过程。每一部法典的产生，从无到有、从旧到新、从改到废，都是一个法理发现的过程。第二，法典的注释也是对法理的阐释。例如中国古代《唐律疏议》对法典的注释，它也是发现法理的一个渠道和方式，而且是一个很重要的方式。第三，法典中的词语概念，蕴含了很多法理的元素。第四，法典的实践，即在司法案例中可以发现法理。第五，法典当中的条文是凝结了的法理。有的一个条文凝结成一条法理，有的几个条文综合起来凝结成一条法理。丰霏教授还指出，“通过法条透视法理，就要将这些历史的和现行的立法文本、立法解释、司法解释等作为研究质料，把其中的法律原则、法律规范和制度安排视为命题和论述，运用究源、比较、反思的方法对其开展文本式的研究，从而发现‘法理’”。②

（三）从规范的剖析与印证中提取法理

刘晓林教授认为，法理概念本身具有很强的不确定性，对法理内涵的探寻应当形成最大限度的共识，也就是为不确定性的问题找到确定的切入点。因此，对法理的研究需要关注到法理的来源。从常识出发，“法理”应当与“法”有关，那么古代的“法理”，则应当与古代的“法律”有关。学界目前的研究主要集中于儒家经典著述中相关表述的阐释，其重要性不言而喻。但脱离了律令条文，仅从经典著述中谈中国古代的法理可能是行不通的。因此，从规范中提取法理是法理研究的必由之路，应当通过具体的律令条文确定法理的内涵。“法之理在法外”的论述值得重视，但其具有明确的前提，即充分关注到“法内之理”

① 陈翠玉：《中华经典文献中法理概念之考辨》，《法制与社会发展》2019年第6期。

② 丰霏：《如何发现法理?》，《法制与社会发展》2018年第2期。

的前提下，不应当忽略“法外之理”的重要意义，而不是说“法之理都在法外”。倘若对规范的认识存在偏差甚至错误，而将其上升为原理，这样的结论自然不够稳妥。概言之，对法理的寻求应当从规范当中、法典当中出发。与此同时，法理既然来源于法典，自然能够还原于具体的规范、条文当中。对于法理的抽象与凝练，如果无法还原于具体法律规范，或许抽象与凝练本身存在问题。

（四）从法制的机制与运作中总结法理

与会学者还从法制的具体观念、制度与实践层面入手，对凝结于其中的法理进行了发掘和讨论，如霍存福教授以明代吕坤所著《刑戒》为对象，着重梳理了该书的文本流传、结构、主要概念、核心精神以及观念基础、实践基础、制度基础，并进一步讨论了其地位与影响，呈现了吕坤控制决罚、拷讯过度的技术方案。陈景良教授以“对越”为核心概念，从价值、规范、方法三个层面呈现了宋代法理的新贡献。赵晓耕教授围绕罪名之制与刑名之制的争论，梳理了传统律典的体系结构，并讨论了传统律典的编纂依据和标准。张中秋教授以《唐律疏议》为例，对传统中国的法律关系进行了分类和排序，呈现出传统中国法律关系的整体面貌及其内部构造，在此基础上探讨传统中国法律关系的正当性，以及它们不同的历史命运和于今可用的资源。闫晓君教授系统论述了秦律的创制过程及特点，为凝练古代法理提供了制度基础。吕丽教授分析了清代礼典及其与会典、律典的关系，认为其中体现着古代中国政法模式的一般特征，蕴含着中华法律文明深厚而独特的法理。朱红林教授通过对传世文献与出土简牍的释读，认为中国早期法律中的均平思想，不是完全相同或相等，而是强调事物相辅相成、各安其位的有机存在。高汉成研究员讨论了清末变法中“法律与事实的分野”等问题，反映了其中新旧法理的递嬗。

五、古代法理的创造性转化

习近平总书记指出，走中国特色社会主义法治道路，“要注意研究我国古代法制传统和成败得失，挖掘和传承中华法律文化精华，汲取营养、择善而用”。[①] 正如张文显教授所言，“习近平法治思想重视对古今中外优秀法治文化特别是中华优秀传统法治文化（法律文化）的创造性转化、创新性发展，使之与现代法治理论‘交汇’‘融通’，彰显跨越古今的通透

① 习近平：《加快建设社会主义法治国家》，载《论坚持全面依法治国》，中央文献出版社，2020，第111页。

性”。[①] 关于该问题的重要性与可行性，得到了与会学者的一致认可。苗炎副教授认为，研究中国古代法典中的法理，要关注到法学学科的实践性，如何面对传统，如何实现转化可能是推进研究的重要方向。朱振教授指出，虽然中国古代法具体的法典结构与条文设计，已经无法通过创造性转化适用于当今，但法典背后的立法思想以及具体规定背后的法理，却可以经过创造性转化，为当下立法和司法提供借鉴。[②] 彭巍副研究员认为，梳理、揭示、辨析和阐发中国古代法理，应当成为中国法律史研究的中心和主要方向，这是其实现创造性转化和创新性发展的必由之路，也能够为当代中国的法学研究和法治实践提供丰富的有效资源。[③] 围绕如何实现中国古代法典中法理的创造性转化与创新性发展，与会学者在充分讨论基础上，总结出如下方案。

（一）法律传统的抽象继承

李拥军教授指出，在全面复兴中华传统文化的背景下，法律传统的继承问题是无法回避的。借助冯友兰的抽象继承法与徐复观的高低次元传统划分法，隐藏在传统法律制度背后的理念、解决同类问题的具有合理性的逻辑以及在实践中成长并得到验证的经验，只有通过抽象继承的方式才能获得。高次元法律传统更具有可继承性，低次元法律传统的继承须经过高次元法律传统的“反省”，而在两个传统领域内进行法律继承都要借助抽象继承法。创造性继承是当下对待法律传统最为务实的态度。它以整体批判与局部继承为立场，以抽象继承和具体批判为策略，强调以传统作为现代法律的参照系，面向现代进行“自我理解”和创造性转化，借助拟制的方法来对传统进行创造。[④]

陈景良教授认为，古今之法理相同和相异之处，务必从人之本质属性、人所做之事、对物的看法三个角度进行分析，如此既能加深对中国古典法理的理解，亦会找到古今沟通之处。

（二）名实范畴的古典挪用

许娟教授认为，“名与实”是中国古代的一对基本范畴，从中国法理学出发，可以视为关于法的理论与实践、一般与特殊、整体与部分、实质与形式等范畴的总称。“名与实”基

① 张文显：《论习近平法治思想的鲜明特色》，《法制与社会发展》2022 年第 4 期。

② 朱振：《探寻中国古代法的法理》，《中国社会科学报》2019 年 11 月 15 日，第 5 版。

③ 彭巍：《论梁启超与沈家本的“法理”观——兼论以法理为中心主题的法律史研究》，《法制与社会发展》2021 年第 3 期。

④ 李拥军：《论法律传统继承的方法和途径》，《法律科学》2021 年第 5 期。

本范畴构造了中国法理学发展历史的古典认识范式，其衍生出法理的“公理、原理和原则”的三个层次的组合结构，分别对应价值论、方法论和解释论的三种法理学方法之维。将中国法理的“名与实”范畴挪用到西方法理的“权利与义务”的语境之中，为现代西方法理学的“权利与义务”范畴增添了中国法的“名与实”之维，形成了中国法理学范畴的“古典挪用”。古典挪用不仅是法理学中西转化的关键概念，也是中国法理学古今演化的关键概念，更是中国法理学创造性转化的关键概念。

（三）思想时空的融合重组

刘小平教授认为，第三单元的主题是古今“法理”之间的反思，当我们谈古今的时候，很大程度上是在谈中西，或者说传统与现代之间的交汇。关于它们之间的关系，“思想时空”的概念很有启发，他认为中国自孔孟以来形成了自己的思想时空，西方自古希腊、古罗马以来形成了另外一种思想时空。这两种思想时空的碰撞对理解古今法理是非常重要的问题。中国与西方各自的思想时空，实际上是体量相当，势均力敌的。在思想时空碰撞的视角下，中西/古今法理的交汇并非胜负问题，而是融合重组，建立新的思想时空的问题。我们实际上需要深入到不同思想时空的思想密码中，进行编码与解码的工作，这一工作不能仅仅停留在表层的描述，而需要把握深层次的法理。从具体途径出发，第一，要关注不同思想时空的问题背景，即他们在讨论什么问题；第二，从对问题的讨论中入手，提炼出命题，观察命题对于问题解决的优缺点。从问题与命题两个层面同时用力，那么尽管这两个思想时空的话语体系、表达结构不同，但是我们可以在一般的意义上实现对话，在命题的意义上实现分析。

六、结语

本次研讨会紧密围绕“中国古代法典中的法理”这一核心主题，针对古代法理的研究意义、基本概念、表现形式、总结与凝练以及创造性转化等方面进行了卓有成效的讨论，取得了丰硕成果，达成了广泛共识：首先，作为中国古代“法理”最为直接的来源与最为集中的表现，传世法典与出土简牍律令都值得当代法律史学者立足于现代法学理论进行重新审视；其次，法律史学者尤其是从事中国古代法制研究的学者，尤其要重视现代法学理论所具有的方法论意义，这是凝练“法内之理”的必由之路，当然，针对具体问题的研究，基础史料的辨析与考证仍是基础；最后，针对中国古代法典中的法理进行深入、系统的研究，有助于在新的起点上推进中国法律史的持续创新，也有助于焕发“法理”的中国风采和中国精神。正如张文显教授所言，我们要充分借鉴现代法学理论的最新成果，立足中国古代法典，摄取其中的法理元素并将其融入中国特色社会主义法治之中，使其成为良法善治，并向世界展示中国古代悠久的法典传统、丰富的法理遗产与深厚的法治底蕴。[①]

---

① 张文显：《在中国古代法典中的法理学术研讨会上的致辞》，http://law.jlu.edu.cn/info/1082/20040.htm，2023年2月11日。

图书在版编目（CIP）数据

法律史评论. 第 21 卷 / 里赞，刘昕杰主编. — 成都：巴蜀书社，2023. 10

ISBN 978-7-5531-2091-1

Ⅰ. ①法⋯ Ⅱ. ①里⋯ ②刘⋯ Ⅲ. ①法制史—中国—文集 Ⅳ. ①D929—53

中国国家版本馆 CIP 数据核字（2023）第 198055 号

法律史评论（第 21 卷）

Falüshi Pinglun（Di 21 Juan）

里 赞 刘昕杰 主编

责任编辑	吴焕姣 王欣怡
封面设计	冀帅吉
出 版	巴蜀书社 成都市锦江区三色路 238 号新华之星 A 座 36 层 邮编：610023 总编室电话：(028) 86361843
网 址	www. bsbook. com. cn
发 行	巴蜀书社 发行科电话（028）86361852
经 销	新华书店
印 刷	成都蜀通印务有限责任公司
版 次	2023 年 10 月第 1 版
印 次	2023 年 10 月第 1 次印刷
成品尺寸	185mm×260mm
印 张	24. 75
字 数	480 千
书 号	ISBN 978-7-5531-2091-1
定 价	138. 00 元